琴 心 ◎ 著

汉朝匈奴四百年

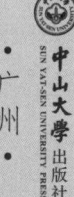

中山大学出版社
·广州·

版权所有　翻印必究

图书在版编目（CIP）数据

汉朝匈奴四百年/琴心著. —广州：中山大学出版社，2021.8
ISBN 978 – 7 – 306 – 07253 – 5

Ⅰ. ①汉… Ⅱ. ①琴… Ⅲ. ①匈奴—民族历史—研究 Ⅳ. ①K289

中国版本图书馆 CIP 数据核字（2021）第 134665 号

HANCHAO XIONGNU SIBAI NIAN

出 版 人：	王天琪
策划编辑：	金继伟
责任编辑：	叶　枫
封面设计：	林绵华
责任校对：	姜星宇
责任技编：	何雅涛
出版发行：	中山大学出版社
电　　话：	编辑部 020 – 84110283，84113349，84111997，84110779，84110776
	发行部 020 – 84111998，84111981，84111160
地　　址：	广州市新港西路 135 号
邮　　编：	510275　　传　真：020 – 84036565
网　　址：	http://www.zsup.com.cn　E-mail：zdcbs@mail.sysu.edu.cn
印 刷 者：	广州市友盛彩印有限公司
规　　格：	787mm×1092mm　1/16　23 印张　350 千字
版次印次：	2021 年 8 月第 1 版　2021 年 8 月第 1 次印刷
定　　价：	68.00 元

如发现本书因印装质量影响阅读，请与出版社发行部联系调换

书写是最温馨恒久的记忆。

——题记

序　言

本书讲述的是汉朝与匈奴长达四百年和战博弈的历史。

汉朝与匈奴堪称一对天敌。汉朝前后延续了大约四百年，匈奴作为一个国家，有记载的历史也是四百年左右，而且两者几乎相始相终，是当时东亚版图上最大最强的两个国家。在中国古代历史上，任何其他朝代都没有出现过像汉朝与匈奴那样势均力敌、互相缠斗了四百年之久的对峙关系。这四百年的关系史可以概言如下。

秦朝末年，刘邦逐鹿中原建立了西汉王朝，匈奴单于冒顿则在蒙古高原东征西伐，成就了匈奴帝国。西汉与匈奴原本以长城为界，井水不犯河水，岂料高祖六年（前201）韩王信叛变匈奴，不由分说地瞬间将汉匈双方推到了战争前沿。更岂料战端一开，刘邦就在平城（今山西大同市）陷入匈奴重围，险些殒命。尔后，西汉向匈奴屈辱和亲——西汉送公主给匈奴单于为阏氏（即妻子），每年向匈奴进贡一定数量的布绢、酒和食物——持续了半个多世纪，历经高祖、惠帝、高后、文帝、景帝时期以及武帝初期。匈奴收了还要抢，背信弃义屡犯边境；西汉忍了继续贡，韬光养晦积聚力量。

武帝元光二年（前133），汉军在马邑（今山西朔州市）设伏，正式吹响武力讨伐匈奴的号角，自此和亲遂绝。西汉先有卫青、霍去病双星闪耀迭获大捷，奈何匈奴桀骜难驯，屡以寇掠报复西汉，最后李陵、李广利相继兵败投降匈奴，西汉被迫止戈罢战。从元光二年马邑设伏到征和三年（前90）李广利兵败投降，这场旷日持久的战争到武帝末年已断断续续打了四十四年，最终胜负难分，双方都深陷战争泥潭，被拖得筋疲力尽、苦不堪言，继之而来的和谈则因彼此的诉求大相径庭而无疾而终。

西汉经过昭帝、宣帝两朝休养生息，逐渐恢复了国力；匈奴则因外患、天

灾、内乱而日趋衰弱，国家分崩离析，一度出现五单于并立，最终分裂成南匈奴和北匈奴。南匈奴于宣帝甘露三年（前51）向西汉俯首称臣，北匈奴远遁西域康居国。后单于被甘延寿、陈汤攻杀，北匈奴覆灭，西汉来自匈奴的边患始靖。

元帝、成帝以降，汉室倾颓，匈奴复兴。王莽篡汉后，外交手段异常强硬。匈奴不满而趁机挣脱控制，在两汉之交兴风作浪，妄图扶立中原傀儡政权。

东汉初期，光武帝刘秀专注国内无暇外事，他的坚忍在建武二十六年（50）意外地获得了惊人的回报：匈奴因内部矛盾激化再次分裂成南匈奴和北匈奴，南匈奴爽快地倒向东汉，成为东汉的属国，从此丧失了作为国家的独立性，直到最终灭亡。和帝永元元年（89），车骑将军、元舅窦宪率师讨伐北匈奴，"一举而空朔庭"，北匈奴自此烟消云散，不复为国，其残部数度攀附东汉，东汉始终不承认其合法地位。

只可惜东汉好景不长，强势开局却高开低走。和帝（88年至105年在位）去世后，东汉陷入了外戚与宦官轮番专权的死循环，国运从此江河日下。南匈奴蠢蠢欲动，频频反叛；东汉左支右绌，勉力控制着局面。桓帝时期，外戚宦官互相倾轧日趋尖锐，终于在桓、灵年间酿成惨烈的"党锢之祸"，提前半个世纪便敲响了东汉灭亡的丧钟。其后，黄巾揭竿、军阀割据混战，东汉渐渐陷入风雨飘摇、有名无实的境地。献帝建安十年（216），南匈奴单于被魏王曹操强留于邺。延康元年（220），汉献帝禅位于魏王曹丕，作为国家的东汉和南匈奴双双消失在历史的尘烟里。

在汉朝与匈奴长期胶着的缠斗中，西域始终是双方拼死争夺的一个焦点。西汉武力反击匈奴之前，匈奴一直是西域"横蛮"的霸主，西域各国"故皆役属匈奴"。武帝建元二年（前139）张骞"凿空"西域后，复经霍去病于元狩二年（前121）击破匈奴右地（今甘肃河西走廊一带），丝绸之路始得通行。匈奴在西域的霸主地位开始瓦解。武帝元鼎二年（前115），张骞第二次出使西域，实施"断匈奴右臂"战略，最终促成西汉与乌孙联姻。西域其他国家也纷纷与西汉通好，使匈奴在西域的势力进一步削弱。宣帝神爵二年（前

60），匈奴日逐王降汉，西汉在西域设置都护，取代匈奴成为西域新的霸主。纵观西汉、王莽新朝及东汉时期，汉朝与匈奴在西域的激烈较量从来没有消歇过。世界闻名的丝绸之路经历了"三绝三通"，涌现出许多值得铭载史册的英雄人物和他们非凡的英雄故事。

汉朝与匈奴的关系史约略如此。自高祖七年（前200）平城之围到献帝延康元年（220）东汉灭亡，内含十五年王莽新朝和两年更始政权，要而言之，汉朝与匈奴之间的较量持续了四百年之久。汉兴匈奴亦兴，汉亡匈奴也亡。

感谢中山大学出版社，特别感谢负责编辑的叶枫先生，使本书能够以漂亮的面貌顺利问世。本书的每一个字符都是作者在轻松愉快的心情中完成的，希望能带给读者朋友们同样轻松愉快的阅读享受。如果说历史是任人打扮的小姑娘，那么化妆师不能不受其出身、教育、阅历、时代、环境、风俗、文化、审美、潮流等诸多因素的影响，化妆的自由度反映化妆师所处时代的思想言论的自由度。现在，我把《汉朝匈奴四百年》这个"小姑娘"按照我自己的手法、眼光装扮一新，亮相示人。媸妍俗雅，任由读者朋友们砸砖点赞。

目　　录

第一章　序幕	1
一、平城之围	3
二、匈奴帝国	10

第二章　在和亲的日子里	17
一、始作俑者	19
二、权责背离的和亲约	26
三、空谷足音	38
四、深挖将、广积粮、筑高墙	48

第三章　战火纷飞的年代	53
一、少年皇帝的宏大志向	55
二、马邑设伏	61
三、双星闪耀击匈奴	67
四、千年的感叹：李广难封	85
五、尔虞我诈的和亲试探	96
六、西汉军队连吃败仗	101
七、西汉的危机与匈奴的忧患	115
八、当年他们那样爱国	126

第四章　在西域的军事外交角力	145
一、张骞"凿空"西域	147

　　二、断匈奴右臂：联姻乌孙 …………………………………… 154
　　三、龙颜一怒为天马：征服大宛 ……………………………… 163
　　四、铁血手段定西域 …………………………………………… 171

第五章　匈奴第一次分裂与称臣　183
　　一、五单于并立 ………………………………………………… 185
　　二、南匈奴向西汉称臣 ………………………………………… 190
　　三、明犯强汉者，虽远必诛 …………………………………… 196
　　四、元成以降，匈奴复兴 ……………………………………… 204

第六章　王莽新朝至东汉初期的汉匈关系　219
　　一、王莽强压匈奴 ……………………………………………… 221
　　二、两汉之间，盛产天子 ……………………………………… 230
　　三、匈奴的野心 ………………………………………………… 234
　　四、光武帝的安内策略 ………………………………………… 239

第七章　匈奴第二次分裂与称臣　247
　　一、匈奴再次分裂为南北两部 ………………………………… 249
　　二、南匈奴向东汉称臣 ………………………………………… 253
　　三、微妙的三角关系 …………………………………………… 258
　　四、东汉大军征伐北匈奴 ……………………………………… 262

第八章　断北匈奴右臂：东汉重夺西域　267
　　一、从西域伸过来的橄榄枝 …………………………………… 269
　　二、耿恭的坚守：车师保卫战 ………………………………… 272
　　三、班超的神奇：镇定西域 …………………………………… 276

第九章　北匈奴的覆亡 ………………………………………… 289
　　一、新的形势和考验 …………………………………………… 291
　　二、勒石燕然：窦宪击溃北匈奴 ……………………………… 295

第十章　东汉与南匈奴相与偕亡 ……………………………… 303
　　一、南匈奴君弱臣强引发的内乱 ……………………………… 305
　　二、北匈奴死灰复燃再争西域 ………………………………… 308
　　三、东汉提前敲响的丧钟：党锢之祸 ………………………… 317
　　四、南匈奴在挣扎中与东汉偕亡 ……………………………… 327

附　录 …………………………………………………………… 343
　　一、汉朝匈奴大事年表 ………………………………………… 345
　　二、汉朝历代皇帝年表 ………………………………………… 352
　　三、匈奴历代单于年表 ………………………………………… 354

跋 ………………………………………………………………… 356

第一章 序幕

一、平城之围

秦末汉初。

就在刘邦、项羽都铆足了劲逐鹿中原，眼睛不约而同地盯着阿房宫里那个宝座的时候，游走在蒙古高原上的匈奴在冒顿单于的统领下东征西伐，迅速崛起，以草原霸主的姿态雄踞漠北，对长城南边中原大地上的一举一动虎视眈眈。

公元前201年，汉高祖刘邦称帝后的第二个年头，塞外的初秋天蓝草黄，正是一年中大好的狩猎季节。冒顿单于和他的匈奴骑兵此时却无暇逐猎草原上的飞禽走兽，他们正在合力围捕一只更大、更有价值的猎物——驻守马邑的汉军。马邑就是今天的山西朔州，在秦汉时期是北方的军事重镇。这支汉军的将领是韩王信（约前231—前196），他姓韩名信，刘邦封他为韩王，为了跟同时期那个自诩领兵多多益善的淮阴侯韩信区别开来，史书上就把这个韩信称为韩王信。他原本统辖的地区在今天河南洛阳、淮阳一带，历史上属于韩国的地域。刘邦见他"壮武"，于是调他去管辖太原以北的地区防备匈奴，其都城原本在太原，这里曾经是赵国的辖地。韩王信认为太原离边塞太远，主动请求将都城迁至北边的马邑，不料在这里遭到匈奴包围。韩王信是战国时期韩襄王的庶孙，韩襄王在位时，有一回楚国出兵包围了韩国的雍氏城，韩襄王吓得要死，赶紧向秦国求救，最后楚国迫于秦国的压力解除了包围。韩王信颇有乃祖遗风，他身长八尺五寸，人高马大却胆小如鼠，面对匈奴的包围，他既不组织指挥军队拼死战斗，也不派人驰报刘邦请求火速增援，却三番五次遣使与匈奴媾和。这消息传到刘邦耳朵里，他怀疑韩王信"有二心"，龙颜怫怒，立即叫停正要赶去救援的部队，赐给韩王信一封信，严厉地责问他："一心求战死不算勇敢的军人，一心求生存不算合格的将领。我给你的兵力难道不足以守住马邑吗？虽然处境危险，保持忠信难道就不能安存吗？"韩王信阅毕刘邦的信，不禁想起自己当年在荥阳兵败降楚那耻辱的一幕：高祖三年（前204），刘邦率部撤出荥阳，留下韩王信和周苛等人守城，项羽的楚军随后攻破荥阳，周苛拒降被杀，韩王信降楚苟活，不久逃归刘邦，刘邦既往不咎继续让他做韩王。韩王信心想：那时楚汉相争正处于胶着状态，刘邦才对自己那样宽容，如今天下鼎定，皇恩还能一如既往那样浩荡吗？他顿感如芒在背，手心额上津津冷汗，情急之下他索性一不做二不休，在马邑城头竖起白旗向匈奴投降了事。

韩王信怎么也不会想到，他这一投降便拉开了汉朝与匈奴和战博弈的序幕。此后，汉朝与匈奴之间的恩怨情仇跌宕起伏地上演了四百年，直到最后相与偕亡，双双消失在浩渺的历史尘烟里。

且说冒顿接收韩王信的降军后，随即马不停蹄挥师南下，越过句注（今山西代县雁门关）攻占了太原。汉军这边，高祖刘邦起初并没有把韩王信与匈奴联军当回事，韩王信叛变的第二年（前200）冬天十月——汉初以冬季为一年之首，秋季为一年之末，后一年冬季紧接前一年秋季，这一历法直到武帝太初元年（前104）才改变，太初历法以正月为一年之首——刘邦还在刚刚落成的长乐宫接受文武大臣的盛大朝贺，初尝皇帝滋味的他连连感叹："吾乃今日知为皇帝之贵也！"可是韩王信这小子竟然在这个时候搅局，背信弃义犯上作乱，挑战他皇帝的至尊地位，他决定要御驾亲征，好好教训一下这个叛徒。刘邦率领数千精锐骑兵先行北上击敌，将他的连襟樊哙（前242—前189）率领的三十万大军远远地甩在后面。时值隆冬，北方飘雪，汉军将近三分之一的士卒被冻伤，可是英勇顽强的汉军势如破竹，一举攻破铜鞮（今山西沁县一带），斩杀了韩王信的部将王信，又打败韩王信部将曼丘成、王黄与匈奴左、右贤王的部队，没费多大功夫便攻克了太原。刘邦命令部队在这里驻扎下来，一边休整及等待后面的部队，一边研究部署下一步军事行动。听闻冒顿在代谷

(今山西繁峙县一带），刘邦决定向匈奴展开进攻。当时有一位名叫成的御史劝谏刘邦不能那样做，他说："匈奴飘忽不定，忽如野兽聚集，忽如鸟类分飞，追赶他们就好像跟影子搏斗一样，无从下手。现在陛下有这样盛大的功德却要去攻击匈奴，我认为这么做既不值得又很危险。"刘邦没有听取他的意见，武断派人前往侦察敌情，准备伺机进击。

冒顿早已料到汉军会派兵来侦察，事先将精兵壮马全部隐藏起来，汉军前后派出十个探子，看见的全是老弱的匈奴兵和羸瘦的牛马牲畜，回来后都说匈奴不堪一击。刘邦毕竟身经百战，心里仍不踏实，又派他最信任的郎中刘敬去察看。刘敬，原名娄敬，齐国人，生卒年月不详，本是戍守陇西的一介士卒，高祖五年（前202）经其同乡、一位姓虞的将军引荐，向时在洛阳的刘邦建议定都关中。虞将军让身着粗布衣服的娄敬换上一套华美的衣裳，娄敬婉拒说："我穿的是丝帛衣服，就以丝帛衣服拜见；穿的是粗布衣服，就以粗布衣服拜见，不必更换衣服。"见到刘邦后，娄敬从周朝定都的历史娓娓道来，最后建议定都关中，小时候不怎么爱读书的刘邦听得将信将疑。后来，在张良的力挺下决定接受娄敬的建议，并赐他刘姓，授职郎中。见多识广的刘敬一眼便看出匈奴使诈，回来禀报刘邦说："陛下，两国交战，照理彼此都巴不得露出肌肉展示实力，但我看见的全是匈奴的弱兵羸马，这不正常，匈奴一定是故意示弱，引诱我们深入，然后用奇兵袭击我们，陛下万万不可出兵。"刘邦听罢大怒，责骂刘敬是个混蛋，以前靠耍嘴皮子得到一官半职，现在却胡说八道扰乱军心。刘邦为什么会龙颜大怒呢？原来他事先没有传令后面的部队停止前进，此时三十万大军正浩浩荡荡赶来，准备合力一举击溃韩王信与匈奴联军。刘敬劝他不能出兵，岂不是要动摇他的军心、挫伤他的士气？他喝令将刘敬拘禁起来，随即自己率领骑兵继续追击匈奴，一路高歌直抵平城。

平城东南十几里的地方有一座小山叫白登山，白登山虽然只有几十米高，却有战国时期赵国留下的军事要塞，刘邦自然不会错过。这一天天气有些阴晦，空中飘着些许薄薄的烟雾，刘邦率领部队来到山上察看地形。突然间天降"神兵"，冒顿的四十万精锐骑兵齐刷刷地出现在汉军面前，将小小的白登山团团围住。刘邦朝山下望去，但见人头涌涌尘土飞扬，又听得人喊马嘶杀声震天。再仔细一看：东面是清一色的青马，南面是清一色的红马，西面是清一色的白马，北面是清一色的黑马，将白登山围得像铁桶似的密不透风，汉军内外不能互相救济。刘邦纵然久经沙场，也没有见过这样的骑兵布阵，心理上、气势上顿时矮了一大截：冒顿不但可以"吃掉"他，还可以优雅地、很有"艺术范儿"地"吃掉"他。刘邦心想：正常突围已绝无可能，樊哙的三十万大军则至少还需要七八天时间才能赶到平城，眼下区区数千兵马，何以敌匈奴数十万铁骑？他懊悔没有听从刘敬的劝告。难不成此番要全军覆没，大汉江山就要毁于一旦了？正在心急如焚、一筹莫展之际，谋士陈平（？—前178）向他献计说：陛下不必担心，如此如此，围便可解。刘邦以往遭遇险境，只要陈平献计，每次都能逢凶化吉，所以此刻他不敢耽搁，当即传旨照陈平计谋行事。

刘邦在这座小山包上度日如年，熬到了第七天，这时雾越来越大，刘邦的心事也越来越沉重，他不知道这一回陈平能不能再次助他化险为夷，如果不能，他亲手打下的大汉江山可真的就要毁了。刘邦还在喃喃自语，懊悔不迭，部下奔来禀报：匈奴骑兵有解围迹象！刘邦急忙朝山下细看，只见西北面黑白色的匈奴马阵奇迹般地让出了一条通道，刘邦与陈平、夏侯婴等部众赶紧下山，士兵们用强弩搭上两支箭，在刘邦前后左右贴身护卫，趁着浓雾，从匈奴骑兵阵中冲出了包围圈。惊魂未定的刘邦慌忙跨上马立即就要飞奔逃走，被稳重老道的夏侯婴一把劝住，在夏侯婴的压阵下，汉军保持队形有序撤退。刘邦回到平城，樊哙率领的三十万大军正好也到了。冒顿得知汉军大部队已赶来增援，而先前约好的韩王信部将王黄等却迟迟不见踪影，他怕中了圈套，于是下令班师。史书上将这次包围称作"平城之围"，又叫"白登之围"。四年后，韩王信与汉军交战于参合（今山西阳高县东北），兵败被杀。

从白登山逃出生天的刘邦随后做了三件事：杀掉先前说匈奴不堪一击的那些军探；释放刘敬，向他认错并封他为建信侯；封陈平为曲逆侯。

这恐怕是中国历史上最匪夷所思的一次突围战。按照正常的思维逻辑，匈奴以近百倍于汉军的兵力，这场战争的胜负自不待言，西汉的江山必定要易主，中国的历史也必定要改写。可是，刘邦和他的区区数千部众只是被匈奴严严实实地围在白登山上,并未受到匈奴的任何攻击,七天后竟然毫发无伤地冲出了包围圈。陈平究竟用的是什么妙计,能让匈奴铁桶般的包围不攻自解呢?这在当时是国家机密,"世莫得而闻",现在则成了历史谜团,想解开已不可能。平城之围大约一百年后,这件事由司马迁(前145—?)写进《史记·匈奴列传》:

> 高帝乃使使间厚遗阏氏,阏氏乃谓冒顿曰:"两主不相困。今得汉地,而单于终非能居之也。且汉王亦有神,单于察之。"冒顿……取阏氏之言,乃解围之一角。

阏氏,读作"焉支",就是匈奴单于或诸王的妻子。西汉的皇后妃子偏爱红装,往往精通琴棋书画;匈奴的阏氏则更爱武装,她们不但出得了厅堂,会外交、能议政,而且上得了战场,能骑马、会射箭,英勇顽强,不逊须眉。刘邦到底暗中"厚遗"了什么贵重礼物给冒顿的阏氏?阏氏为什么会在汉军生死存亡、千钧一发的时刻替刘邦说好话?司马迁没有说,他在《史记·高祖本纪》中对此也只字不提,只说"匈奴围我平城,七日而后罢去"。司马迁写完《史记》,没有将之藏诸名山,而是把它藏在家里,直到他去世几十年后,他的外孙杨恽才向汉宣帝提起这部著作,"遂宣布焉"。班固(32—92)的《汉书·匈奴传》关于平城之围的记述几乎只字不易地抄录司马迁的《史记·匈奴列传》,而他在《汉书·高帝纪》中则说:"为匈奴所围,七日,用陈平秘计得出。"到底是什么秘计让两位大史学家讳莫如深呢?东汉时,"博学多通"的给事中桓谭(约前23—约56)著有《新论》,也论到了这次诡异的解围。不知道是不是博学的人都比较喜欢八卦,还是喜欢八卦的人都比较博学,反正桓谭是挺八卦的。他平常爱跟朋友聊天,有一次朋友问他能否猜到陈平用的是什么秘计,他得意地侃侃而谈,说陈平的秘计一定是这样的:陈平跟冒顿的阏氏说,汉朝有很多天下无双的美女,我们已经派人去迎接了,准备献给冒顿单于,单于见了那些美女,一定会特别宠幸她们,到时候你就会被单于疏远,不如趁汉朝美女还没有到来之前,让单于解围,汉军回去后就不会送美女

来了。果真如此的话，陈平的这条秘计可谓不输鸡鸣狗盗，难怪桓谭说它"薄陋拙恶，故隐而不泄"。桓谭生活在司马迁和班固之间的年代，大约在司马迁去世后半个世纪出生，他去世时班固约莫二十四五岁的样子。桓谭将《新论》呈献给光武帝刘秀，刘秀钦阅后说写得好。桓谭去世时，《新论》还有一篇没有写完，汉章帝"使班固续成之"。这在范晔（398—445）的《后汉书》里都有记载。照这么说来，东汉光武帝和章帝间接承认了陈平的秘计，班固想来对桓谭的猜测也是没有异议的。桓谭的八卦大对世人的胃口，唐代的《艺文类聚》和宋代的《太平广记》《册府元龟》都把它当作史实记录下来。只有司马光细心谨慎地糅合司马迁《史记·匈奴列传》和班固《汉书·高帝纪》的记述，在《资治通鉴》里不肯多费笔墨："帝用陈平秘计，使使间厚遗阏氏。"他真是个老成持重的人。

平城之围后，刘邦好长一段时间闷闷不乐。他从平城返回长安时途经赵国。赵王张敖的父亲张耳在刘邦未发迹时就跟刘邦有交情，后来追随刘邦打天下，有功封赵王，两年前已去世，儿子张敖承袭王号。张耳助刘灭项居功至伟，刘邦将女儿鲁元公主许配给了张敖。张敖见老岳父驾到，毕恭毕敬地侍茶奉饭，丝毫不敢怠慢。刘邦却一反常态，既不像岳父那般亲切，也没有皇上那种庄严，一屁股坐在席子上，叉开两腿成簸箕状，懒散没有正形，就像今天的"葛优躺"，指着张敖破口大骂，骂得让人费解。张耳的老部下贯高、赵午等几十个人甚至被他气得快要发疯，纷纷扬言要杀掉他。回到长安，看见萧何修建的未央宫美轮美奂、富丽堂皇，刘邦顿时无名火起，大骂萧何："天下那么乱，建造给谁看！如今成败尚不可知，宫室修筑得这么豪华干什么？"萧何说："正是因为天下还不安定，所以才可以趁势营造宫室啊。何况天子拥有四海，宫殿不壮丽怎么能显出威严呢？皇上您看现在这未央宫，后世宫室的建筑规模都别想超过它了。"刘邦听了立刻转怒为喜，哈哈大笑起来。刘邦脸上是笑了，可心里头平城之围留下的阴影还是很大。第二年冬天，刘邦率部在东垣（今河北正定县）追击韩王信余党，经过赵国的柏人城（今河北隆尧县），本想在此留宿一晚，忽问左右："这个县叫什么名字？"左右回答说："柏人。"刘邦的心脏蓦地"咯噔"一下，脑海里立即浮现出被围在白登山的场景,沉吟道:"柏人,受迫于人。"于是马上离开,不在此地住宿,从而鬼使神差却歪打正着地躲过了一场本来将直接置他于死地的刺杀——赵国相贯高等人早已安排刺客藏匿于柏人县刘邦打算驻跸的驿馆中,准备等刘邦一来就动手干掉他。

二、匈奴帝国

匈奴究竟是何方神圣,能让那个一统天下、豪情满怀高唱《大风歌》的汉高祖刘邦重重地挨一闷棍?按照司马迁的说法,匈奴的先祖是夏后氏的后代子孙,名叫淳维(《史记·匈奴列传》:匈奴,其先祖夏后氏之苗裔也,曰淳维),而夏禹则是黄帝孙子的孙子(《史记·夏本纪》:禹者,黄帝之玄孙而帝颛顼之孙也),所以说到底,匈奴跟华夏炎黄子孙还是同祖同宗,单看"淳维"这个名字就让人很有亲切感。不过作为一个民族,匈奴的名称有很多:戎、狄、胡、戎夷、山戎、犬戎、猃狁、荤粥、混夷、鬼方,没有一个是美好的、褒义的词。这也难怪,自淳维以来,这个民族就没有进入过中原华夏政治权力的核心,却在华夏文明演进的过程中一而再地遭放逐、受讨伐、被边缘化。生存和繁衍的需要使他们跟塞外偏远地方的其他民族越走越近,久而久之与中原华夏民族的风俗习性相距越来越远。他们居无定所,长年游走在广袤的蒙古高原,哪里有水草,蒙古包就在哪里安扎,哪里就是暂时的家园;不会农耕,专事畜牧,擅长骑射;没有文字和书籍,传情达意全凭一张嘴;黄口小儿即会骑羊射鸟,翩翩少年身手敏捷能搏兔,成年男子更是个个立马引弓如家常便饭;自君王以下咸以畜肉为主食,穿皮革衣服,披带毛皮袄;父死,儿妻后母,兄亡,弟通寡嫂;天性爱自由,不喜受约束,有吃有喝的日子就成天在草原上骑马射箭游戏打猎,揭不开锅的时候就聚众结伙以盗掠为务。在农耕文明高度发达的中原华夏民族看来,匈奴活脱脱就是趴在长城外面睁大着眼睛窥伺长城里面状况的一群野蛮人。

虽然匈奴从未执掌过中原政治的权柄，在中原政治军事的舞台上却并不少见他们鬼魅飘忽的身影。周武王（约前1050年—约前1045年在位）兴师伐纣，顺带把戎夷驱逐到了泾水和洛水以北，还迫使他们按时向周朝进贡，叫作"荒服"。按《尚书·禹贡》的说法，古代王都以外的地方由近至远分为五服，即甸服、侯服、绥服、要服、荒服，每服五百里，则荒服离王都二千五百里，可见戎夷多么不受周天子待见。此后很长一段时间，他们悄无声息地在偏远的蛮荒之地野蛮地生长着，渐渐就假装把进贡之事给忘了；到周懿王（约前895年—约前871年在位）时更是反客为主，频频进犯中原，"暴虐中国"。当时的诗人们把中原人民的切肤之痛反复愁唱在《诗经》里："靡室靡家，猃狁之故……岂不日戒？猃狁孔棘……我心伤悲，莫知我哀！"（《小雅·采薇》）直到周宣王（约前828年—约前782年在位）"出车彭彭"，"薄伐猃狁，至于太原"，周朝的百姓才过上了几十年的太平日子。后来周室衰微，犬戎趁机再次进犯中原，伙同申侯残暴地将周幽王（约前781年—约前771年在位）杀死在骊山之下，幸赖秦襄公伸出援手，周平王（约前771年—约前720年在位）才得以迁都洛邑（即今河南洛阳市），延续着周朝的香火。然而经此一劫，元气大伤的周天子已是有名无实，完全不能号令那些尾大不掉的诸侯国君。诸侯国君目无天子，为争夺地盘经年累月无休无止地展开厮杀。戎狄趁火打劫，再次踏足中原，这一回他们将目标直接指向天子周襄王（约前652年—约前619年在位）。周襄王当初为了联合戎狄共同讨伐郑国，娶了戎狄的女子做王后。后来狄后被废黜，大恨襄王，而襄王的后母想立自己的儿子王子带为王。两个各怀心思的女人充当内应，洞开王城城门招来戎狄军队长驱直入，周朝军队一触即溃。狄后如愿以偿泄了私愤，王子带心满意足做了天子。丢了江山的周襄王只好灰溜溜地逃到他之前联合戎狄讨伐过的郑国躲起来，这一躲就是四年。直到想成就一番霸业的晋文公重耳做了晋国国君，才下令发兵驱走了戎狄，杀死了王子带，迎扶周襄王坐回天子的位置。

公元前453年，晋国贵族韩、赵、魏三家联手瓜分了晋这个曾经不可一世的春秋霸国，并经周天子册封成为诸侯，中原大地进入战国时代。战国七雄当

中，秦、赵、燕三国均与匈奴交界，从这三个国家对匈奴的态度来看，这一时期匈奴对中原国家构成了相当严重的威胁：燕国不得不将一位贤能的将领秦开送去匈奴做人质——当时实力相当的两国之间为了互相牵制而互送人质，或者弱国为了表示臣服而将人质送去强国，是很常见的做法——这说明当时的匈奴至少跟燕国一样强大，甚至可能比燕国强大得多。秦开就是后来同荆轲一起去刺杀秦王的秦舞阳的祖父。他博得匈奴的信任，很可能从匈奴那里学到了先进的骑射战术，回国后率军击退了盘踞在今天中国大兴安岭一带的东胡，迫使东胡向后撤退了一千多里，而东胡在当时也是一个强国。燕国的西邻赵国，国君赵武灵王眼看匈奴的骑射格外厉害，立即虚心地放下中原文明国君的架子，苦口婆心地劝谕国人改穿胡服练习骑射。他的锐意变革使赵国学到了匈奴的长技，继而打败了北方的林胡和楼烦——两个大致生活在今天山西北部到内蒙古鄂尔多斯一带的少数民族部落。即便如此，来自匈奴的威胁仍然时时存在，无奈之下，燕国、赵国、秦国只好纷纷在北部边疆的崇山峻岭之间修筑长城，凭借人工和天险抵御北方匈奴洪水猛兽般的入侵。秦灭六国统一中原后，秦始皇派大将蒙恬率领数十万大军长年戍卫在北方边塞。劳工们、将士们修筑的长城西起临洮东至辽东，延绵万余里，一定程度上成功地将"野蛮"的匈奴挡在了长城北边。当其时，匈奴的东边有东胡，西边有月氏，"东胡强而月氏盛"，匈奴周边强国林立，日子过得并不舒坦，直到秦朝末年他们的民族英雄冒顿单于横空出世之后，匈奴才迅速强大起来，在辽阔的蒙古高原上扬眉吐气、翻云覆雨了好几百年，其间唯一能够与之抗衡的就是长城南面的汉朝。

冒顿是史书有记载以来匈奴第一个单于头曼的儿子，其名"冒顿"，读作"墨毒"，乃蒙古语"勇猛"的意思。冒顿大概是头曼最年长的儿子，所以起初被立为太子。后来头曼宠幸的一个阏氏生了小儿子，头曼很喜欢，便忘了初心想立这个小儿子为太子。头曼不想亲自废掉冒顿，于是用心险恶地布下一条借刀杀人的毒计：先将冒顿送去月氏做人质，然后举兵急攻月氏，企图借月氏的刀杀掉冒顿，然后立小儿子为太子。就在月氏准备对冒顿下手的时候，机智的冒顿抢了一匹良马飞奔逃回到头曼身边。头曼乍见冒顿孑然一身驰马归来，很惊讶：这小子命真大！又很欢喜：这小子真勇敢！所以，头曼不但没有杀他，还提拔他，给了他一万骑兵让他当小头目。大难不死的冒顿心里怀揣着仇恨和梦想，从此变得更加残忍和勇猛。请看他的表演：

为了弑父篡位，冒顿制造了一种响箭，训练他的部下骑马射箭的本领，并命令："凡不跟着我的响箭全力射击目标者，杀无赦！"冒顿出去打猎，有人不射响箭所射的目标，冒顿立即杀了他；不久，他用响箭射自己的良马，身边的人有不敢射的，冒顿又杀了他们；过了些日子，他又用响箭射自己的爱妻，身边的人有害怕不敢射的，冒顿又把他们杀了；又过了些日子，他出去打猎，用响箭射单于的良马，身边的人这回学乖了，都跟着射单于的良马，冒顿知道他身边的人已经完全效忠于自己。后来他跟随头曼单于去打猎，瞅准时机用响箭射头曼的脑袋，他身边的人立即跟着"嗖""嗖""嗖"地射向头曼，头曼一命呜呼。冒顿杀掉后母、弟弟和那些不服从的大臣，自立为单于。这一年是秦二世元年（前209）。

冒顿刚坐上单于宝座时，东边的邻国东胡正当强盛，听说冒顿弑父自立，派使者对冒顿说，想得到头曼的千里马。冒顿问群臣，群臣说："千里马是匈奴的宝马，不能给。"冒顿说："怎么可以与人为邻却吝惜一匹马呢？"于是把千里马给了东胡。过了一段时间，东胡觉得冒顿懦弱可欺，又派使者对冒顿说，想要单于的一个阏氏。冒顿问左右大臣，左右大臣很愤怒："东胡没有人道，竟然想要阏氏，灭了它！"冒顿说："怎么可以与人为邻却吝惜一个女人呢？"于是，又把自己喜爱的阏氏送给了东胡。东胡自以为得计，从此更加肆无忌惮。东胡与匈奴之间有一片一千多里的空地无人居住，双方在空地的两头各自修建了哨所，东胡派使者对冒顿说："这片无人居住的空地你们匈奴到不了，我们想占据它。"冒顿问群臣给不给东胡，有人说："这是被丢弃的空地，可以给他们。"冒顿勃然大怒，说："土地是国家的根本，岂能拱手让给他人！"立即杀了那些说给东胡空地的人，然后飞身上马，传令后退者斩，率领骑兵气势汹汹杀向东胡。东胡起初以为匈奴是一只任人欺凌的病猫，没有一点点防备，冒顿的骑兵突然像饿狼恶虎般扑来，东胡军队根本招架不住。东胡这个国家就此消失于历史的舞台，它的残余部众躲进境内的乌桓山和鲜卑山，很久很久以后才逐渐翻过身来向匈奴复仇，这是后话。

单于姓挛鞮氏,是匈奴的最高军事行政首领,匈奴人称之为"撑犁孤涂单于","撑犁"指"天","孤涂"为"子","单于"则是"广大的样子",所以"撑犁孤涂单于"是说单于是上天之子,如同天一样广大。匈奴的官职有左右贤王、左右谷蠡王、左右大将、左右大都尉、左右大当户、左右骨都侯等。自左右贤王以下,官职大的率领一万多骑兵,官职小的率领数千骑兵,共有二十四个首领,设立"万骑"的称号,二十四个首领也各自设置有千长、百长、什长、裨小王、相、都尉、当户、且渠之类的官职。左、右官职设置完全对称,以左为尊,所以大臣中最尊贵的是左贤王,其次是左谷蠡王、右贤王、右谷蠡王,称为"四角";其次是左右日逐王、左右温禺鞮王、左右渐将王,称为"六角"。四角、六角都是单于的儿子兄弟,按照顺序,为继位单于的人选。异姓大臣有左右骨都侯,辅佐单于治国。除单于为挛鞮氏世袭外,其他重要官职由呼衍氏、兰氏、须卜氏、丘林氏世袭,这些部族都是匈奴的贵族。单于庭在匈奴国土的中央,南面正对西汉的代郡(今河北蔚县)、云中(今内蒙古土默特右旗及托克托县)地区,左右都有王、将护卫:左王左将居于东方,南面正对上谷(今河北张家口市)以东的地区,连接秽貊、朝鲜;右王右将居于西方,南面正对上郡(今陕西绥德县)以西,与氐、羌接壤。匈奴每年有三次隆重集会:正月,各部首领在单于庭举行小集会进行春祭;五月,在茏城举行盛大集会,祭祀祖先、天地、鬼神;九月,草黄马肥的时节,在蹛林举行大集会,统计人口和牲畜的数目。匈奴以攻战为务,善于诱敌深入后包围歼灭。其军法为斩敌一首级赏赐酒一壶,谁缴获战利品归谁所有,谁抓到俘虏归谁为奴仆,谁用车将战死的匈奴人运回来,死者的家财全归谁所有。故每次征战,人人皆为利益奋勇向前。

雄心勃勃的冒顿以雷霆之势击灭东胡之后继续武力扩张,他剑指祁连山,向西打败了以前收他为人质的月氏;他饮马黄河边,向南吞并了楼烦王和白羊王的领土;他投鞭贝加尔湖,向北降服了浑庾、屈射、丁零、鬲昆、薪犁五个小国。趁着楚汉相争、中原混战的机会,冒顿还收复了秦时蒙恬所夺走的匈奴故地(在今内蒙古河套以南一带),并占领了西汉边关原河套以南诸要塞到朝那县(治所在今宁夏固原市)、肤施县(辖区在今陕西延安市)一带的大片土地。这些都是冒顿自立单于之后、刘邦称帝以前发生的事情，时间大约在公元前 209 年至公元前 202 年。

匈奴在冒顿时期最为强盛，其控制的国土范围最广时，大致东到今天内蒙古东部大兴安岭，南与西汉以长城为界，西到阿尔泰山，北到贝加尔湖。另外，匈奴还在今天新疆焉耆一带设置了僮仆都尉，管领西域各国，势力一直延伸到今天咸海、里海一带，是名副其实的"百蛮"大国。这个游走在蒙古高原上的桀骜不驯的彪悍民族，注定成为汉朝的劲敌对手。

第二章 在和亲的日子里

一、始作俑者

回到长安后,刘邦整日眉头紧锁,心事重重,那个匈奴单于冒顿一直让他寝食难安。他环顾着壮丽辉煌的未央宫,深深感到无助和迷茫,陷入了莫名的幻觉。他感觉像是侥幸地逃出了一个小的包围,却不知不觉进入了另一个更大的包围,仿佛这未央宫的主人不是他刘邦,而是那个弯弓立马的冒顿似的,想到这里他仍不免心有余悸。自他从白登山上捡了一条老命回来以后,冒顿已经好几次带领他的匈奴骑兵到代地(今天山西中北部、河北西北部一带)烧杀掳掠,闹得边陲鸡犬不宁、万民恐惧。照这样下去,这未央宫恐怕迟早要易了主人。这可怎么办呢?再跟冒顿在战场上刀兵相见?自从白登山上活着下来他就死了这个心,他已没有信心和勇气再跟冒顿交手。难道就这样坐视不管,任他冒顿到边境来滋扰生事、为害百姓?刘邦又咽不下这口恶气。他端坐在龙椅上苦思冥想,绞尽脑汁也没有想出什么办法来。突然他想到一个人,就是他最信任的郎中刘敬,当初定都长安就是他的建议,去年在太原没有听他的话,导致自己陷入重围差点被冒顿瓮中捉鳖,这回把他召来好好听听他有什么妙计。

刘敬听说皇上召见,赶忙换了一套新衣服,来到未央宫刘邦面前。

刘邦见刘敬到来,顾不得寒暄,劈头就问:"冒顿现在兵强马壮,经常到边境来惹是生非,你有什么应付的办法吗?"

刘敬说:"天下初定,国家疲惫,现在有的大臣上朝都只能坐牛车,这仗是不能再打了。可是冒顿好勇斗狠,又不能用仁义劝说他。"说到这里,刘敬

故意停顿了一下,他要卖个关子:"如果从长计议,倒是有个让冒顿的子孙称臣的办法,就怕陛下不肯这么做。"

刘邦迫切地问刘敬:"如果可以让冒顿的子孙称臣,朕为什么会不肯做?只是朕该如何去做呢?"

刘敬没有马上将他的计策和盘托出,而是不紧不慢地讲述了春秋时期晋国与秦国结成秦晋之好以及越王勾践献西施灭吴国的故事,然后对刘邦说:"陛下如能将嫡长公主嫁给冒顿为妻,赠给他丰厚的礼品,冒顿必定会立汉公主为单于阏氏,汉公主生的儿子必为太子,太子以后就会继位成为单于,因为他们仰慕咱们大汉的财物。这样一来,冒顿活着,单于是陛下的女婿;冒顿一死,陛下的外孙就是单于。哪里听说过外孙跟外祖父对抗的呢?大汉的军队可以不用出征,潜移默化中就能使匈奴臣服。当然,如果陛下不嫁嫡长公主,而让宗室或后宫的人去冒充公主的话,一旦被冒顿他们知道,他们就不会尊重、亲近汉公主了,那样是没有用处的。"

刘邦把心一横,说:"好!就照你说的办。"

可是,国家大事刘邦说了算,家庭大事他却未必做得了主。把嫡长公主嫁给匈奴单于,还得吕后同意才行。吕后不是没有政治眼光的普通人,诛灭彭越就充分显示出她的见识远非一般人所能及,可一听刘邦说要把她唯一的女儿鲁元公主嫁给冒顿,她就死活不肯答应。她哭着跟刘邦说:"我只有一子一女,现在老了不能生了,你为什么要把她扔到匈奴去呀?那种蛇鼠出没的地方,哪里是人居住的呀?连个亲人也没有,说的话又听不懂。再说,他冒顿虽然说是单于,可我听说匈奴人吃就吃牛羊肉,穿就穿牛羊皮,一大家子人挤着挨着睡在一个什么包里,一年四季在戈壁草原上游走,连个固定的房子也没有。咱们的女儿哪里会受得了呀?"刘邦说:"入乡随俗嘛,这些慢慢都会习惯的。"吕后抹抹眼泪,继续哭诉:"我可听说匈奴男人死了,他的大儿子就要娶他的后妈,那咱们的女儿嫁过去,万一冒顿他病死了,或者打仗战死了,他跟别的女人生的大儿子岂不是要娶咱们的女儿?这不是丧尽天良吗?一想到这个我都不想活了,哎哟我的天哪,真是造孽啊!"

看着吕后捶胸顿足,伤心欲绝哭成泪人的样子,刘邦很无奈。说实话,他心里也不愿意把女儿嫁给冒顿，可眼下除了跟匈奴和亲，实在是没有别的办法啊，他只好安慰吕后：女儿嫁过去了不就不打仗了嘛。谁知他话音刚落，吕后就连珠炮似的一连串反问："不打仗就不会死吗？万一他比咱们女儿早死呢？还是你想咱们女儿早死啊？再说了，咱们女儿已经嫁给了赵王，是有婆家的人了，凭什么要再嫁给那个匈奴冒顿？你的亲家翁当年可是提着脑袋跟你一起出生入死打江山的，我们怎么能做这种伤天害理的事啊！"说完又是一阵嚎啕大哭。

女人一哭闹，皇帝也没辙。刘邦最后拿吕后没有办法，但和亲这件事还是要落实，无奈之下他只好在后宫选了一名家人子（即没有官职和名号的宫女）冒称公主，嫁给冒顿单于为妻。中原华夏国家跟域外少数民族和亲的历史即肇始于此，班固在《汉书·匈奴传》中说："昔和亲之论，发于刘敬。"刘敬就是我国历史上主张和亲的第一人。

专制政权的决策施政就是高效，和亲这事一经刘邦点头，立刻板上钉钉，火速付诸行动。高祖九年（前198）的冬天，郎中刘敬奉命率使团前往匈奴，护送公主远嫁漠北。这位公主带去了她的人、她的委屈、她的不愿、她的哀愁、她的思念、她的万千次回眸和她的无尽泪水，带去了属于她所有的一切，最后却连名字都没有留下。

西汉与匈奴的和亲约，基本内容是这样的：

一、西汉嫁公主给匈奴单于为阏氏；
二、西汉每年向匈奴奉送一定数量的丝绵、绸绢、酒和食物；
三、彼此约为兄弟，互不侵犯；
四、以长城为界划地而治，北属匈奴，南属西汉；
五、开通关口贸易。

上述和亲约的内容不是一次达成的，而是经过多次讨价还价后才形成的，后来由司马迁在《史记·匈奴列传》中首次记录下来。这是刘邦政权在西汉初期社会尚未完全安定、国家满目疮痍、人民亟须休养生息的严峻形势下，跟

当时正处于强盛时期的匈奴达成的不平等和约。和亲约看似简单，其实一点也不简单，它是西汉希望与匈奴和平相处的基本原则。对当时的西汉来说，这是一个艰难的决定，从历史的发展来看，这是一个明智的决定。和亲使西汉与匈奴紧张的敌对关系暂时缓和下来，避免了爆发西汉无力承受的大规模军事冲突，为西汉赢得了极其宝贵的医治战争创伤的时间，其意义远远不是奉给匈奴的那些美女美酒、美食华服所能比拟的。

虽然和亲约规定西汉每年向匈奴奉送一定数量的财物，实际上西汉并非每年都如约照做。这里面固然有匈奴单方面"绝和亲"的原因：匈奴背信弃义动辄大举侵犯西汉边境，西汉当然不会在这种情况下还傻傻地送钱送物给匈奴。那么，西汉会不会有时候假装忘了进贡的事呢？这恐怕也难说，至少从史书的记载来看，这是有可能的。因为匈奴不是每年都犯边，而西汉也不是每年都进贡，毕竟对西汉来说，这是一个完全不平等的约定，西汉大概不会心甘情愿地严格遵守。自高祖九年（前198）西汉与匈奴和亲始，至武帝元光二年（前133）西汉在马邑设伏止，有史料记载的和亲一共十次，其中分别在高祖九年（前198）、惠帝三年（前192）、文帝六年（前174）和景帝五年（前152）四次明确提到汉朝嫁公主给匈奴单于为阏氏。嫁给匈奴的公主并不是皇帝的亲生女儿，而是家人子，或者宗室女、翁主，即刘姓诸侯王的女儿。虽美其名曰"和亲""嫁"，实际上对西汉来说，送女人求和平是极不体面的屈辱之举，所以这些嫁给匈奴单于的公主全都没有留下芳名，连具体是哪个诸侯王的女儿也没有记载。西汉每年奉送给匈奴的丝绵、绸绢、酒和食物的数量同样没有明确的记载，不过在征和三年（前90）李广利兵败投降匈奴后，匈奴单于在给武帝的信中提到恢复和亲的条件：西汉每年送给匈奴酒一万石、粮食五千斛、各种布绢一万匹，"他如故约"。据此可以推测西汉初期和亲奉送给匈奴的丝绵、绸绢、酒和食物大概跟这几个数字相差不大。除此之外，西汉朝廷为了笼络匈奴，还时不时赠送价值不菲的礼物给匈奴，例如文帝"遗单于秫糵金帛丝絮佗物岁有数"，景帝"给遗单于"，武帝一开始更是财大气粗"饶给之"。总之，西汉朝廷为了边境安宁，花费再大也在所不惜。

冒顿通过和亲，既得到了西汉美女，又得到了大量财物，自己既不用花一分钱聘礼，又不必喊刘邦一声"岳父"，他大概觉得这买卖很划算。所以，匈奴此后就很少到两国边境来侵扰汉民了，《史记·匈奴列传》和《汉书·匈奴传》都说"冒顿乃少止"，而《史记·高祖本纪》《汉书·高帝纪》和《资治通鉴》都不见有自和亲约成至刘邦去世这段时间匈奴侵扰西汉边境的记载。边境和平对刚刚建立不久的西汉政权来说意义十分重大，因为彼时西汉政权尚未完全稳定，那些手握重兵的将领未必个个都心悦诚服地拥护刘邦。西汉北有匈奴南有南越，国内当时流行着"不北走胡即南走越耳"之说，刘氏政权尚未获得普遍的政治认同。和亲对那些企图倒向匈奴或南越的西汉将领可能起到了一定的阻止作用，或者说在一定程度上消弭或降低了西汉将领投敌叛变造成的负面影响，一个明显的例子就是刘邦的发小卢绾（前256—前194）投靠了匈奴，但是并没有在西汉政坛掀起多大的波澜。

卢绾与刘邦同里同乡，刘、卢两家是世交，刘邦和卢绾又是同年同月同日生，两人从小就很要好，一起上学一起玩耍。刘邦调皮捣蛋，卢绾本分规矩；刘邦捅了篓子东藏西躲，卢绾就跟着跑前跑后；刘邦横刀立马南征北战，卢绾就贴身护卫不离左右。刘邦对他这个发小给予殊遇，宠信超过了萧何、曹参，还想方设法让卢绾立下战功以名正言顺地封他为燕王。汉初异姓封王者寥寥无几，而燕王卢绾的地位在诸侯王中更是无人可比。按理卢绾不该叛逃，可是随着形势的微妙变化，事情就是那样意料之外又情理之中地发生了。这是韩王信叛变匈奴留下的后遗症，是陈豨（？—前195）反叛的副产品：卢绾之反与陈豨有关，而陈豨之反又与韩王信及其部将王黄等有关。

人生的际遇真是不可言说。宛句（今山东菏泽市）人陈豨不知道什么时候起悄悄跟在刘邦身后做了郎中，等到刘邦从白登山上下来、回到长安后，陈郎中又被封为列侯，刘邦还让他统领赵国、代国的边防部队。手握重兵在外的陈豨效仿战国时期的魏公子信陵君，广为招揽、收养宾客，有一回他回乡省亲，途经赵国，随从宾客的车队超级庞大，足足有一千多辆，把邯郸官府的客馆挤得爆满。盛大的排场充分彰显出主人的地位，但过分的招摇也容易引起别人的猜疑。那个说话口吃又耿直敢言的前御史大夫周昌当时担任赵国相，对陈豨的做派很看不顺眼，于是跑到京城去告御状，向刘邦揭发了陈豨的种种可疑行为。刘邦暗中派人从陈豨的宾客查起，顺藤摸瓜深入调查，很快让真相水落石出，种种证据表明许多违法事件均涉及陈豨。陈豨察觉被查，立即准备后路，密派亲信联络韩王信的部将王黄和曼丘臣。表面上，皇帝与大臣之间还是一团和气，直到高祖十年（前197）刘邦的父亲去世，陈豨本应主动赴京吊丧，却迟迟不肯动身。刘邦派人传召陈豨，陈豨起初托病推辞，后来干脆图穷匕见，伙同王黄等人反叛并自立为代王，在赵地、代地一带抢劫掳掠，为害百姓。

刘邦要坐稳未央宫里的那张龙椅，对这样的叛臣自然只有一个字——剿！而且为了显示他的皇位正当稳固，不容染指，他还要御驾亲剿。陈豨所部辖区的东北即是燕国，所以燕王卢绾就成了刘邦剿灭陈豨最方便借助的力量，可问题偏偏就出在这里。受到夹攻的陈豨派王黄向匈奴求救，卢绾也派他的部下张胜到匈奴，告知匈奴陈豨的军队已被击垮。卢绾的初衷可能是晓谕匈奴事件的利害关系，言下之意匈奴即使派救兵也是枉然。可是张胜到了匈奴后，却受到早前逃亡到匈奴的已故燕王臧荼的儿子臧衍的一番蛊惑。臧衍对张胜说："你在燕国受尊重，是因为熟悉匈奴事务。燕国能够长期存在，是因为诸侯屡有反叛，朝廷连年用兵不能安定。如今你为了燕国想赶紧消灭陈豨等人，等到陈豨等人被消灭后，接着就轮到燕国了，你们也就要做俘虏了。你为什么不让燕王暂且放过陈豨而同匈奴联合呢？事情留有余地，燕王就能够长久地统治燕国，即使汉朝征讨燕国，燕国也能凭借跟匈奴的关系得以保全。"张胜听后犹如醍醐灌顶，茅塞顿开，未经禀报卢绾便自作主张叫匈奴出兵佯攻燕国。卢绾一开始不明就里，以为张胜结交匈奴谋反，上书奏请族灭张胜；等到张胜回来向他详细说明原委，卢绾立刻心领神会，连忙替张胜及其家属开脱罪责，弄虚作假为张胜找了替罪羊，使张胜免受惩罚。这样，张胜就成了燕国与匈奴暗通款曲的密使。卢绾还密派另一个部下范齐到陈豨驻地，希望陈豨反叛朝廷的战祸长期延续下去，以便自己从中渔利。

最终陈豨被杀，他的副将向刘邦供出了卢绾派范齐串通陈豨的阴谋。刘邦一开始将信将疑，派使者召见卢绾。卢绾害怕，托病不敢往见。刘邦恼怒，复派辟阳侯审食其、御史大夫赵尧前往迎接卢绾，借机向卢绾身边的人取证。卢绾更加害怕，干脆托言重病躲起来，不接见审食其和赵尧。卢绾的近臣见卢绾装病躲避，一个个明哲保身纷纷避匿。但人多嘴杂，不能做到天衣无缝，审食其和赵尧从话里话外找到了一些蛛丝马迹，回到京城详细禀报刘邦，刘邦更加恼怒。恰好有匈奴降者说张胜流亡在匈奴充当燕国的使者，刘邦这时才如梦方醒："卢绾果反矣！"没办法，兄弟发小也得剿，以国家的名义！刘邦派樊哙讨伐卢绾，卢绾带着他的宫人、家属和数千骑兵驻扎在长城外等待、观望。刘邦此前在征讨黥布时为流矢所伤，此时已经病重卧床不起。卢绾希望等到刘邦痊愈后亲自进京请罪，但上苍没有给他解释的机会，不久刘邦即病逝于长乐宫。因忌惮那个心狠手辣的吕后，卢绾不敢贸然回到长安，便带领部下逃入匈奴，匈奴封他为东胡卢王。卢绾在匈奴的日子并不好过，经常受到欺凌掠夺，因此时时梦想回到汉朝，但他的这一愿望也没有得到上苍的眷顾，一年多后，卢绾在异国他乡寂寂而亡。

刘邦去世前抓住与匈奴和亲带来边境和平的大好时机，接连剪除了谋反的贯高、陈豨、韩信、韩王信、彭越、黥布等乱臣，收服了南越王。到高祖十二年（前195）他驾崩时，总算将一个相对安定的大汉江山交到了继任者手里。

二、权责背离的和亲约

吕太后忍气吞声

高祖刘邦驾崩后,十六岁的太子刘盈继位,他就是惠帝。刘盈只做了七年有名无实的皇帝就去世了,班固在《汉书》里称他是一位"宽仁之主"。用"宽仁"二字评价中央集权专制社会的皇帝,可以说不但不是褒扬,简直就是差评。当然,这不能全怪惠帝,大部分责任要归咎于他那个"虎妈"吕太后,是她的霸道和淫威让年轻的惠帝无所作为,甚至间接害得他早死。班固说吕太后"为人刚毅",这种性格表现在宫斗中就是手段极其残忍。

刘邦有个宠姬戚夫人,常伴左右,遭到疏远的吕后心生妒忌。但她年老色衰,敌不过年轻貌美的戚夫人,只好强压心中的委屈和怒火。身为结发夫人,丈夫未发迹时默默承担为人妻的责任,丈夫做皇帝后却遭到冷落,吕后内心的愤怒和煎熬只有她自己知道。戚夫人生了个儿子刘如意,刘邦很喜欢。刘如意被封为赵王,按规定必须住到他的封国去,刘邦却常把他留在长安。刘邦又觉得刘如意"类己"而太子刘盈"仁弱",曾几度想废掉刘盈更立刘如意为太子,最终因为大臣们竭力反对而作罢。这件事给吕后造成巨大的心理冲击,她感到十分恐惧,毕竟自己受到冷落疏远后,被立为太子的儿子就是她唯一的依靠和指望,是她政治上翻身的全部本钱。一旦太子被废,他们母子二人只能任人宰割,很难再有出头之日。所以,当耿直的御史大夫周昌一番廷争使刘邦放弃废立后，躲在东厢房里屏息侧耳聆听的吕后再也抑制不住内心的惊恐和喜悦，仿佛在就要坠落万丈深渊那一刻被人从死亡的边缘拽了回来似的。她连忙召见周昌，放下皇后的架子向周昌跪谢。

妒忌、压抑、恐惧、愤怒，在经历了长期折磨人的心理煎熬之后，等到刘邦一闭眼，刘盈当了皇帝，吕太后就开始了丧心病狂的报复，将心中仇恨的怒火歇斯底里地喷向戚夫人母子，手段之残忍堪称空前绝后：她先强迫戚夫人剃光头发，颈束沉重的铁圈，身穿红色的囚徒衣服，再命令她春米做苦役。这种刑罚不仅对人体造成痛苦和伤害，对人格更是极大的侮辱。戚夫人尽管身体受到摧残折磨，但精神上还有寄托，她指望着自己的儿子赵王刘如意有朝一日为她出头，在囚中作《春米歌》曰："子为王，母为房，终日春薄暮，常与死为伍！相离三千里，当谁使告女？"吕太后知道戚夫人的心思后，强行将刘如意召到长安，意欲斩草除根。宽仁的刘盈对这个曾经差一点取代他成为太子的同父异母弟弟倒是不憎恨，反而生出怜悯来。他亲自到灞上迎接刘如意，将他带进宫中与自己同吃同住，这样朝夕形影不离几个月，吕太后一直无从下手。惠帝元年（前194）冬的一天早上，惠帝早起出去打猎，年仅十三岁的赵王还在睡梦中，吕太后立即遣人令其喝下毒酒，等到刘盈打猎回来，刘如意早已被鸩杀在宫中。这还不够解恨，吕太后又下令砍掉戚夫人的手脚，挖去她的眼睛，熏聋她的耳朵，灌药使她变成哑巴，然后将她扔进茅房，称之为"人彘"，意为像猪的人。宣泄仇恨之后，吕太后不知出于什么心态，竟然叫惠帝来欣赏自己的"杰作"。惠帝得知眼前这个"人彘"就是戚夫人，简直不敢相信自己的眼睛。他无法想象自己的母亲怎么会干得出这种惨绝人寰的事情，顿时嚎啕大哭，哭完即重病一场，"岁余不能起"。从此，他丢下朝政不管，天天饮酒作乐，皇帝位置还没有坐热，朝政大权便落到了吕太后手中。

惠帝三年（前192），有一天，冒顿单于派遣使者给吕太后送来一封信，吕太后看了大怒，立即召见陈平、樊哙、季布等将相大臣，商议杀掉匈奴使者，出兵攻打匈奴。这到底是怎么回事呢？原来是冒顿玩了一出恶作剧，说他想跟守寡的吕太后成亲。这可真是个天大的玩笑！冒顿在信中写道：

> 孤偾之君，生于沮泽之中，长于平野牛马之域，数至边境，愿游中国。陛下独立，孤偾独居。两主不乐，无以自虞，愿以所有，易其所无。

信写得不错，看来冒顿也是有点文化的。大臣们听说竟然有这等匪夷所思、无耻之尤的事，纷纷谴责冒顿。屠狗出身的将军樊哙眼看他的妻姐被冒顿明目张胆地调戏，当即自告奋勇地向吕太后请战："杀匈奴如杀一条狗！我愿意率领十万兵马横扫漠北，踏平匈奴！"他的匹夫之勇立即遭到其他大臣的非议，季布第一个站出来讥讽他："樊将军你就吹牛皮吧！当年高祖被匈奴包围在平城的时候，你可是统领着三十多万兵马呢，结果怎么样？你冲破匈奴的包围了吗？如今四方百姓哀苦之声尚未断绝，受伤的士兵刚能起身走动，你却妄称以十万兵马横扫匈奴，这不是存心想搞乱天下嘛！"樊哙听后羞愧得没有再说话。季布接着说："匈奴这样的夷狄就像禽兽一样，听到他们的好话不值得高兴，听到恶语也不值得生气，犯不着跟他们一般见识。"陈平也说以高祖之贤武尚被围困于平城，强虏兵锋未可轻犯也。吕太后只好忍气吞声，说："那好吧。"随即吩咐大谒者张释写了一封回信让匈奴使者带给冒顿，措辞十分谦卑：

> 单于不忘弊邑，赐之以书，弊邑恐惧。退而自图，年老气衰，发齿堕落，行步失度，单于过听，不足以自污。弊邑无罪，宜在见赦。窃有御车二乘、马二驷，以奉常驾。

两辆车加八匹马当然塞不饱冒顿的胃口，朝廷只好舍车保帅，又挑选了一位宗室女子冒称皇女嫁给冒顿。冒顿收到回信，感觉有些自讨没趣，不过一封信换来香车美女，心里也很满足。所以他又派使者来到长安向吕太后道歉，说他们匈奴没有听说过中原国家的礼节，请太后多多海涵。一场闹剧就这样收场，此后吕太后掌权的十几年里，汉匈双方基本相安无事。

高后八年（前180）三月，吕太后循例参加一项祛灾祈福的祭神活动，结果福还未求着，灾祸却惹上身了。黄屋左纛正缓缓驶过长安东北一座名为

"轵道"的亭子，突然一只像灰狗一样的小东西倏地窜到吕太后的腋窝"咚咚咚"猛扑几下，吕太后未及反应过来，这只小东西转眼间已消失得无影无踪。惊魂甫定的吕太后不知是凶是吉，赶忙叫人占卜此事，答曰："赵王刘如意在闹鬼。"吕太后听罢吓出一身冷汗，从此一病不起，半年之内便归了西天。没过多久，她生前在朝中苦心孤诣经营了十几年的吕氏势力被一众老臣和刘氏宗室联手铲除得干干净净，西汉重新归为刘氏的家天下，登上皇位的是刘邦的第四子、代王刘恒，他就是汉文帝。

汉文帝拍案而起

刘敬当初建议刘邦嫁公主给冒顿时，打的如意算盘是：公主嫁给单于就成了阏氏，公主生的儿子就是单于的太子，也是汉朝的外孙，太子将来就是匈奴的单于，等到汉朝的外孙做了匈奴的单于，汉朝与匈奴的关系不就一切都好说了嘛，哪里有外孙敢跟外祖父作对的？很显然，这种逻辑只是刘敬的一厢情愿，经不起推敲。且不说汉朝公主能不能生下儿子，就算生了儿子也不一定能成为太子，就算成为太子也不一定能成为单于，而且，就算成为单于也不见得一定不会跟汉朝作对。这个道理刘邦应该不会不明白，只是他当时可能确实没有别的更好的办法了，才不得不走和亲这条路。

事实上，早在高后时期，匈奴就开始明目张胆地违背和亲约，一再地寇掠汉朝边境：高后六年（前182），匈奴寇狄道（古县名，即今甘肃临洮县，《汉书·百官公卿表》："县，有蛮夷曰道。"这个地方古代为狄人所居，故名狄道），攻阿阳（今甘肃张家川县和静宁县一带）；翌年，复寇狄道，还掳走了两千多人。至少从史书的记载来看，西汉对匈奴的这两次入侵都没有作出任何反击，哪怕只是外交辞令方面的。到了文帝时期，匈奴的入侵更加疯狂大胆，其规模、频率以及对汉朝边境居民造成的伤害都达到了顶峰。

文帝三年（前177）五月，匈奴右贤王率领匈奴兵民进入汉朝统治的黄河河套以南地域。他不把自己当外人，在这里安家落户居住下来，鸠占鹊巢还不算，更纵兵盗掠上郡边塞的部族，烧杀抢掠无恶不作。仁厚爱民的文帝坐不住

了,他颁发诏令,指出匈奴右贤王违背和亲约,侵入西汉塞内烧杀抢掠,西汉军队必须给予反击。文帝命令丞相灌婴率领从各地征发的车骑八万五千人开赴高奴(今陕西延安市),进击右贤王。同时征发中尉所统领的步兵,归属一位姓卫的将军指挥,镇守长安。为了给匈奴一个严重警告,文帝亲临甘泉,随后又从甘泉前往高奴督战,借着这个机会,他顺便巡视了太原郡。这里是代国的封地,文帝就是从代王的位置走到未央宫的,他故地重游,在这里接见了旧部,前后逗留了十多天。

右贤王听闻西汉大军来攻,自知理亏,赶紧拔起帐篷逃到塞外。西汉军队没有出塞追击,因为文帝在巡视太原时接到报告:济北王刘兴居造反。文帝命令灌婴立即停止攻击匈奴,火速回师平定叛乱。济北王刘兴居是齐王刘肥的儿子,而刘肥则是刘邦尚未发迹时的非婚生子。朱虚侯刘章是刘兴居的同胞哥哥,兄弟俩平定吕氏之乱有功,大臣们曾私下里答应他们会向皇帝建议把所有赵地封给刘章为王,把所有梁地封给刘兴居为王。文帝继位后,得知这兄弟俩当初那么卖力铲除吕氏原来是想拥立他们的兄长齐王刘襄为皇帝,因此有意贬抑这两个侄子的功劳(按辈分文帝是刘襄、刘章、刘兴居的叔父),等到分封宗亲为王时,才从齐地划出城阳、济北二郡,分别封刘章为城阳王、刘兴居为济北王。刘兴居觉得这跟自己的期望值相差太大,颇为不满。这次听说文帝离开长安巡视太原,以为有机可乘,遂铤而走险发兵造反。文帝命令丞相灌婴率领的军队和其他准备开赴前线抗击匈奴的军队全部立即返回长安,任命棘蒲侯柴武为大将军,统领四位将军、十万军队围剿济北王;任命祁侯缯贺为将军,率军驻守荥阳。刘兴居胳膊拗不过大腿,不到两个月就兵败自杀了。

右贤王被汉军赶出塞外,冒顿当时没有立即作出回应,等到第二年(前176)才给文帝送来一封信。在这封信里,他展示了极其巧妙高超的外交辞令:

> 天所立匈奴大单于敬问皇帝无恙。前时皇帝言和亲事,称书意合欢。汉边吏侵侮右贤王,右贤王不请,听后义卢侯难支等计,与汉吏相恨,绝二主之约,离昆弟之亲。
>
> 皇帝让书再至,发使以书报,不来,汉使不至。汉以其故不和,邻国

不附。

今以少吏之败约，故罚右贤王，使至西方求月氏击之。以天之福，吏卒良，马力强，以灭夷月氏，尽斩杀降下定之。楼兰、乌孙、呼揭及其旁二十六国皆已为匈奴。诸引弓之民并为一家，北州以定。

愿寝兵休士养马，除前事，复故约，以安边民，以应古始，使少者得成其长，老者得安其处，世世平乐。

未得皇帝之志，故使郎中系雩浅奉书请，献橐佗一，骑马二，驾二驷。皇帝即不欲匈奴近塞，则且诏吏民远舍。使者至，即遣之。（《汉书·匈奴传》）

这短短两百多个字信息量非常大。冒顿首先倒打一耙，说西汉的边境官吏侵犯侮辱右贤王，右贤王不向他请示，听信别人的意见，与西汉官吏结仇，致使断绝了汉匈两国君主的和约，割离了两国兄弟般的情谊。他将挑起事端的责任推到西汉这边，把自己撇得干干净净。

接着他委婉地数落文帝：您两次送来责备我的书信，我都派使者带信去回复，我的使者却没有归来，西汉的使者也不到匈奴来了，西汉因为这个缘故不跟我们匈奴和好。言下之意，要是今后双方发生不愉快，那是你西汉的责任。

然后他巧妙地将惩罚右贤王跟降服西域诸国串在一起说出来，他说：右贤王破坏和约，我惩罚了他，派他去西域攻击月氏。靠了老天的保佑，将士精良，战马强壮，已经消灭了月氏，彻底降服了他们。楼兰、乌孙、呼揭以及他们附近的二十六国都已经归属于匈奴。各游牧民族合为一家，北方已经平定。这样，既惩罚了右贤王，又炫耀了匈奴的武功，恐吓西汉。

他又冠冕堂皇地说：我希望停止战事，让士兵得到休息，牧养战马，消除以前的不愉快，恢复过去的和约，以安定边民，继承汉匈两国自古以来的友好传统，使年轻人得以成长、老年人能安居乐业，世世代代和平欢乐。

最后他警告文帝：我的使者到后，请立即打发他们回来。那意思就是说，你再扣留我的使者，我就不客气了。

这封信堪称外交文书的典范，文帝和他的大臣们看得都惊呆了。文帝让大家讨论是战是和,大臣们纷纷说:匈奴刚刚攻破月氏,正在胜利势头上,不能跟他们打仗,况且就算夺得了匈奴的地方,那些盐碱地也不能居住,还是和亲好。不过,西汉君臣们觉得不能就这样被冒顿欺负,至少在文字上要给西汉挽回一些颜面,于是给冒顿回了一封信。对冒顿在来信中说的"希望停止战争,休养士卒,消除以前的误会,恢复我们原来的和约,以安定边民,世世代代平安欢乐"的愿望表示赞赏;指出背叛盟约、使兄弟亲情疏远的责任在匈奴;希望单于按来信中说的去做,明确要求部属讲求信义,不要背负盟约。文帝派中大夫意、谒者令肩将这封信递送给单于,一起送去的还有一批礼物:御用绣夹绮衣、长袄、锦袍各一件,金发饰一件,黄金装饰的腰中大带一条,黄金带钩一枚,彩绸十匹,锦缎二十匹,赤绨、绿缯各四十匹。

冒顿还没有享受到文帝送给他的这批礼物就先死了,这是文帝六年(前174)的事情。冒顿是匈奴历史上最有建树的单于,他在位的三十五年是匈奴的鼎盛时期。冒顿去世后,继位的是他的儿子稽粥。也许是因为看到西汉皇帝有谥号,或者是因为自己继位单于时年纪大了,又或者是因为喜欢自称"老子",稽粥给自己取了一个号叫"老上",史书上就称他为"老上单于"。

老上单于在位期间(前174—前161)干了一件令匈奴人觉得特别扬眉吐气的事情,他杀死了月氏国的国王,并割下他的脑袋做成饮器。每逢重要集会或歃盟的场合,匈奴单于就拿出这个饮器来盛酒,它俨然成了匈奴的传家宝和单于武功的象征。此后一百多年间,匈奴经历了无数次战乱,但这个饮器一直被匈奴单于珍藏着。元帝初元五年(前44),汉使韩昌、张猛擅自与南匈奴盟誓,呼韩邪单于就拿出这个饮器来饮酒歃盟,可见单于们对这个饮器的重视和爱惜。用仇敌的人头做成饮器这种野蛮瘆人的行为,在春秋时期的中原大地上也曾发生过,韩、赵、魏三家分晋的时候,赵襄子杀死了晋大夫智伯,并且以智伯的首级为饮器,古代中原汉族人的野蛮程度跟塞外的匈奴不遑多让。且说月氏也跟匈奴一样是个游牧民族,他们逐水草放牧,随着季节的变化而迁居。月氏从前很强大,曾收过冒顿为人质,后来冒顿弑父自立为单于,匈奴势力强盛,反过来打败月氏。到了老上单于时,月氏王身死国灭,月氏人也被匈奴从敦煌与祁连山间的故土赶跑。其中大部一路向西流窜,逃到伊犁河流域上游

（今新疆伊犁、哈萨克斯坦一带），赶走了那里的塞种人并定居下来。后来，乌孙又打败了月氏占据此地，月氏人继续向西迁逃，越过大宛，征服了大夏，最后定都妫水北，为大月氏。妫水即阿姆河，发源于帕米尔高原东南部的高山冰川，向西北流经土库曼斯坦和乌兹别克斯坦，蜿蜒注入咸海。还有一小部分月氏人则自故土向南迁徙，与羌人杂居，为小月氏。

中行说充当军师

老上单于刚刚登上单于宝座的时候，他老爸冒顿的余威还在，西汉不敢怠慢，立即挑选了诸侯王的女儿冒称公主送去给他做阏氏。也许是考虑到语言沟通的问题，文帝派燕地人、宦官中行说去辅佐公主。

哪知中行说竟然违抗圣上旨意，说：我不去。

文帝说：不去也得去！

中行说老大不乐意，放出狠话：如果硬要逼我去，我就为害西汉。

西汉可不是吃素的，就强迫他去。

中行说到了匈奴后更不是吃素的——匈奴自单于以下全都吃肉，他说到做到，立刻叛变，成了匈奴单于身边的重要谋臣。中行说教单于身边的人写字算数、统计牲畜和人口，还不分日夜地教单于如何对付西汉，单于如获至宝，"爱幸之"，中行说从此成了匈奴单于的重要谋臣。

中行说对西汉大量奉赠匈奴、单于爱好西汉的财物非常警惕，他提醒单于："匈奴的人口比不上西汉的一个郡，然而却很强大，是因为穿衣吃饭与汉人不同，没有什么需要仰赖西汉的。现在单于您改变匈奴的习俗，喜爱西汉的东西，西汉只要拿出十分之二的财物，就能让匈奴全国吃饱穿暖，这样下去匈奴就会受制于西汉。希望您把从西汉得到的棉布、丝绢，让人穿着在野草荆棘中奔跑，使衣服裤子都开裂破烂，以显示不如匈奴的毡裘坚固；把从西汉得到的食物全都扔掉，以显示不如匈奴的乳酪方便好吃。"

西汉给单于的书信，用的木简长一尺一寸，开头的问候语是"皇帝敬问匈奴大单于平安无恙"，中行说教单于用一尺二寸长的木简给西汉皇帝写信，信的印章和封缄都做得很长很大，开头的问候语是"天地所生、日月所置匈奴大单于敬问汉皇帝无恙"，处处显示匈奴的强势和傲慢。

西汉使者嘲讽、贬损匈奴的风俗习惯，中行说更是极力为匈奴辩护。西汉使者说匈奴的风俗不好，轻视老年人，中行说诘问西汉使者："你们汉朝的风俗，对那些正准备去守卫边防、从军作战的人，他们的父母不也是让出暖衣美食来供给他们吗？"西汉使者说："是这样。"中行说说："匈奴人以行军打仗为正事，老弱的人不能参加战斗，他们把肥美的食物给壮健的人吃，以便保卫自己，这样父子才能安全无恙，怎么能说匈奴人轻视老年人呢？"西汉使者说："匈奴父亲与儿子住在一个帐篷里，父亲死了，儿子便娶后母为妻子；兄弟死了，活着的兄弟娶死者的妻子做自己的妻子，而且没有服饰讲究和礼仪。"中行说说："匈奴人的风俗是吃牲畜的肉，喝它的奶汁，穿它的皮革。牲畜吃草喝水，随着季节转移地点。所以在紧急的情况下，人们就练习骑马射箭，平时无事人们就安居乐业。匈奴人的约束简单，容易施行，君臣间的关系也很简单直率，所以能够长久维持，整个国家的政务就好像一个人的事务一样。父亲、兄长死了，儿子、弟弟就娶他们的妻子做自己的妻子，是怕本族本姓没了后代。所以匈奴人虽然婚姻生活混乱，却一定要立本族的人传代。现在中原人虽然不娶自己父兄的妻子，亲属却逐渐疏远，以致互相杀戮，改姓改族。况且礼仪的弊病很多，使得人们上下辈之间互相怨恨，而出于礼仪而大肆营造宫殿，则把民力都要用尽。至于汉人努力耕田种桑以求衣食，修筑城郭以自我防卫，导致在紧急情况下人民不会战斗，平时则疲于生产。唉！你们这些住在土石房子里的人，就不要多说了，就不要显示你们的好衣服了，光是戴着高帽子显得高贵又有什么益处？"从此以后，西汉使者再挑起辩论，中行说总是很不屑地说："你们不要多说了，只要记着汉朝送给匈奴的绸绢、丝绵、米、酒保质保量就行啦，何必说三道四？如果送来的东西短斤缺两粗制滥造，到秋熟季节就等着我们的骑兵去践踏你们的庄稼吧！"

文帝十四年（前166），中行说开始为害西汉了，老上单于在他的教唆下率领十四万骑兵攻入朝那县萧关（在今宁夏固原市东南），杀死了北地郡（治所在今甘肃庆阳市）都尉孙卬，抢掠了许多人口、牲畜、财物，随后直抵彭阳（在今宁夏东南部），并派一支轻骑放火焚烧回中宫（故址在今陕西陇县），侦察放哨的匈奴骑兵也已到雍地的甘泉宫（故址在今陕西淳化县）。这是平城之围后汉朝四百年间匈奴入侵规模最大的一次，来势汹汹的匈奴兵突入塞内，已经能够远远地举目望见长安了，西汉朝野震动。在这危急关头，文帝任命中尉周舍、郎中令张武为将军，出动战车千辆、骑兵十万，驻守在长安附近，以防备匈奴入侵；又任命昌侯卢卿为上郡将军、宁侯魏遫为北地将军、隆虑侯周灶为陇西将军，分别率军屯守上郡、北地和陇西（治所在今甘肃临洮县）三郡。文帝脱下龙衣换上戎装，亲自慰劳将士，操演军队、颁布训令、奖赏士卒，还准备亲自统兵抗击匈奴，大臣谏，不听，太后劝，乃止。于是，文帝任命东阳侯张相如为大将军、成侯董赤和内史栾布为将军，出动大批战车、骑兵攻打匈奴。匈奴在塞内折腾祸害了一个多月才撤出，气焰十分嚣张。汉军赶走匈奴人就撤兵回来了，没有对匈奴造成杀伤。

这次侵害之后，匈奴日益骄横，每年都入侵西汉边境，许多百姓惨遭杀戮，受害最严重的云中郡（治所在今内蒙古托克托县东北）和辽东郡（治所在今辽宁辽阳市），每郡各有一万多人被杀。西汉政府十分忧虑，却没有别的办法，只好继续花钱消灾，"增厚其赂，岁以千金"，又派使者送书信给匈奴单于再议和亲之事。书信说：

>皇帝敬问匈奴大单于无恙。使当户且渠雕渠难、郎中韩辽遗朕马二匹，已至，敬受。先帝制，长城以北引弓之国受令单于，长城以内冠带之室朕亦制之，使万民耕织，射猎衣食，父子毋离，臣主相安，俱无暴虐。今闻渫恶民贪降其趋，背义绝约，忘万民之命，离两主之欢，然其事已在前矣。书云"二国已和亲，两主欢说，寝兵休卒养马，世世昌乐，翕然更始"，朕甚嘉之。圣者日新，改作更始，使老者得息，幼者得长，各保其首领，而终其天年。朕与单于俱由此道，顺天恤民，世世相传，施之无穷，天下莫不咸便。汉与匈奴邻敌之国，匈奴处北地，寒，杀气早降，故诏吏遗单于秫蘖金帛丝絮佗物岁有数。今天下大安，万民熙熙，独朕与单于为之父母。朕追念前事，薄物细故，谋臣计失，皆不足以离昆弟之欢。

朕闻天不颇覆，地不偏载。朕与单于皆捐细故，俱蹈大道，堕坏前恶，以图长久，使两国之民若一家子。元元万民，下及鱼鳖，上及飞鸟，跂行喙息蠕动之类，莫不就安利，避危殆。故来者不止，天之道也。俱去前事，朕释逃虏民，单于毋言章尼等。朕闻古之帝王，约分明而不食言。单于留志，天下大安，和亲之后，汉过不先。单于其察之。（《汉书·匈奴传》）

老上单于收到这封信后，同意和亲，于是文帝下诏令："汉匈和亲局面已定，从今起匈奴人不准入塞，大汉人不许出塞，违令者斩，以确保边境长期和平，消弭日后灾祸。朕已允诺匈奴，兹布告天下，使明知之。"

文帝后元三年（前161），老上单于死了，他的儿子军臣单于继位。中行说又辅佐军臣单于为害西汉。文帝后元六年（前158）冬，匈奴断绝与西汉的和亲，大举突袭上郡、云中郡，每郡入侵的骑兵各达三万之众。匈奴兵大肆杀伐掳掠，把这两个郡搞得哀鸿遍野，满目疮痍。西汉人财损失惨重。朝廷紧急调兵遣将，任命中大夫令免为车骑将军，率军屯守飞狐口（在代郡之南的一个险扼之处）；原楚相苏意为将军，守句注；将军张武屯守北地郡，沿边境居住的官吏百姓全民皆兵，紧守险要以防备匈奴入侵。文帝又任命河内郡守周亚夫为将军，驻扎细柳；任命宗正刘礼为将军，驻扎灞上；任命祝兹侯徐厉为将军，驻扎棘门，在长安西面构筑防线，保卫长安。匈奴骑兵侵入代地的句注山边，汉军报警的烽火传到了甘泉、长安。几个月后，汉军大部队开赴边塞，匈奴兵闻讯才撤兵远离边塞而去，汉军没有出塞追击。

第二年（前157），文帝驾崩，景帝继位后立即送财物给匈奴，挑选诸侯王的女儿冒称公主嫁给单于，互通边境贸易，一切照以前的盟约办事。景帝一即位就这么着急与匈奴和亲，自是有他难言的苦衷。彼时诸侯王渐成尾大不掉之势，御史大夫晁错极力建议削藩，引起诸侯王强烈不满。尤其是吴王濞，通过采铜铸钱、煮海为盐两项赚钱的买卖使吴国富甲天下，自以为有能力跟中央政府"掰手腕"了，于是联合其他诸侯王在景帝三年（前154）发动了吴楚七国之乱。七国的首脑是吴王濞、胶西王卬、楚王戊、赵王遂、济南王辟光、淄川王贤和胶东王雄渠，他们打着"清君侧""诛晁错"的旗号，实际上是企图推翻景帝。赵王遂还暗中派人勾结匈奴，意欲对长安进行夹击。景帝令太尉周亚夫将兵及时平定了叛乱，匈奴才不敢轻易南下。景帝在位期间（前156—前141），匈奴虽不时有小规模劫掠，但始终没有大规模入侵。

　　武帝即位之初，仍旧恪守和亲政策，在边境贸易中十分优待匈奴。匈奴自单于以下的人都与汉人亲近，往来于长城下，边贸市场熙熙攘攘，热闹非凡。这种和谐融洽的景象一直维持到武帝元光二年（前133），这一年，西汉军队在马邑引诱伏击匈奴，正式拉开了西汉武力征伐匈奴的序幕。

三、空谷足音

西汉与匈奴缔结的和亲约，双方的权利义务是完全背离的，西汉只有义务没有权利，匈奴只享受权利不承担义务。所谓和亲，实际上是西汉向匈奴纳贡以求得匈奴不侵扰西汉边境。可是，匈奴收了贡品却往往仍不满足，一而再而三地纵兵突入西汉境内盗抢掳掠；西汉谨守高祖定下的和亲政策，对匈奴的背信弃义一忍再忍。这种匈奴收了还要抢、西汉忍了继续贡的状态从高祖九年（前198）汉匈缔结和亲约算起，一直持续到武帝元光二年（前133）西汉军队在马邑伏击匈奴为止，长达六十六年。不过，事情也不是铁板一块，自文、景两朝开始，朝廷里渐渐有了不同的声音，先后有两个年轻的河南人审时度势，认为西汉不该一味被动地屈从、侍奉匈奴，而应当主动地采取积极措施分化、瓦解匈奴，甚至以武力抗击、讨伐匈奴，他们的观点和主张在当时堪称空谷足音。这两个年轻的河南人就是贾谊（前200—前168）和晁错（前200—前154）。

贾谊： 三表五饵

文帝六年（前174）的一天，长沙王太傅贾谊奉诏来到长安未央宫，因为文帝想念他了。《汉书·贾谊传》：

后岁余，文帝思谊，征之。至，入见，上方受釐，坐宣室。上因感鬼神事，而问鬼神之本。谊具道所以然之故。至夜半，文帝前席。即罢，曰："吾久不见贾生，自以为过之，今不及也。"乃拜谊为梁怀王太傅。

汉代朝廷或郡国祭祀天地后，将祭祀用过的肉送回给皇上享用，以示受福，叫作"受釐"。贾谊被召回到长安时，文帝正坐在未央宫宣室殿接受神的降福保佑，因有感于鬼神之事，君臣的谈话自然就从鬼神开始。文帝向贾谊询问鬼神的本原，贾谊周详地讲解了鬼神之事的种种情形。文帝听得格外入神，到半夜时分，座席上的身子不自觉地往贾谊身边挪动。文帝不耻下问，贾生侃侃而谈，君臣欢洽不知昼夜。这温馨和谐的画面，晚唐的大诗人李商隐却在《贾生》中把它写得很消极："可怜夜半虚前席，不问苍生问鬼神"，极容易让不明真相的人误以为文帝不关心民瘼，不器重贾谊的贤才。事实上，文帝可以说是西汉历史上最关心百姓疾苦的皇帝，对贾谊也是器重有加的。如果文帝不器重贾谊，他不会将贾谊千里迢迢召到长安来亲面请教，请教完了还拜他为梁怀王太傅，梁怀王可是文帝最疼爱的小儿子。在那个时代，鬼神之事也不是小事，事关社稷苍生，所以，文帝在宣室向贾谊询问鬼神之事即是关心社稷苍生。李商隐感慨自己没有施展才华的机会便肆意借题发挥，他一心想把自己灌醉，却错拿了别人的酒杯，完全曲解了事件的性质和意义。班固说贾谊"虽不至公卿，未为不遇也"。贾谊不是怀才不遇，文帝对他恩遇有加，他只不过是生不逢时，文帝也是没有办法。

文帝没有做过太子，他是在诸侯王的位置上被拥立为皇帝的，这样的履历自然使他在朝廷中缺少亲信和人脉，决策施政时往往捉襟见肘无人可用。所以，他当上皇帝后立即采取措施打造属于自己的班底，诏令"举贤良、方正、能直言极谏者"，这是汉代察举制的雏形，贾谊就是这一制度最先受益者中的佼佼者。贾谊出生于刘邦被匈奴围在白登山上那一年（前200），他文名早著，"颇通诸家之书"，经人推荐，二十出头就被文帝召为博士，一年之内又受到破格提拔，任太中大夫，这是一个掌议论的四品官。可能是因为他蹿升太快又锋芒毕露，惹毛了朝廷那帮老臣，过了两年文帝打算再次擢拔他时，周勃、灌婴等人纷纷在文帝面前诋毁他，说他嘴上无毛，滋事生扰。文帝没有办法，要不是周勃他们当年发动宫廷政变铲除吕氏，未央宫的龙椅还轮不到他刘恒呢，所以文帝不能进一步擢拔贾博士，只好把他外放到长沙去做长沙王的太傅。长沙王是彼时西汉唯一的外姓诸侯王，文帝将贾谊外放到这里可能是为了消除那帮老臣心中的怨怒和疑虑，实际上他应该是很欣赏贾谊的。贾博士虽然离开了朝廷，朝廷里却一直还有他的传说，文帝的很多政令都受到了他的影响，班固说"追观孝文玄默躬行以移风俗，谊之所陈略施行矣"，便是如此。

对西汉朝廷年复一年实行大量送财物、嫁美女给匈奴的和亲政策，贾博士满腔忧愤：

> 天下之势方倒县。凡天子者，天下之首，何也？上也。蛮夷者，天下之足，何也？下也。今匈奴嫚侮侵掠，至不敬也，为天下患，至亡已也，而汉岁致金絮采缯以奉之。夷狄征令，是主上之操也；天子共贡，是臣下之礼也。足反居上，首顾居下，倒县如此，莫之能解，犹为国有人乎？（《汉书·贾谊传》）

他说天下就好比一个人一样，西汉是天子、是头，匈奴是脚，头在上脚在下是自然的道理。本来应该是匈奴敬奉天子，现在却是天子向匈奴进贡，这就好比一个人倒悬过来了，头在下脚在上。这是病，得治！他说得头头是道，文帝听得频频点头。

那么该怎么治呢？贾博士开出了处方，归纳起来就是两副灵丹妙药：一副是"三表"，一副是"五饵"。所谓"三表"，就是建议大汉天子对匈奴树立诚信；喜爱匈奴的状貌；爱好匈奴的技能。所谓"五饵"，就是"赐之盛服车乘以坏其目；赐之盛食珍味以坏其口；赐之音乐妇人以坏其耳；赐之高堂邃宇府库奴婢以坏其腹；于来降者，上以召幸之，相娱乐，亲酌而手食之，以坏其心"。说白了就是厚德怀服，用物质财富引诱匈奴臣民归顺大汉："三表"让匈奴臣民对大汉天子感到无比亲切，"五饵"则让他们对大汉财富产生深深依赖，这样匈奴的臣民自然就会归顺到大汉来了。贾博士还建议在靠近匈奴的长城边塞多开设关市，市场上摆满各式各样吃的喝的让匈奴人垂涎三尺、流连忘返，这样招徕匈奴的臣民就会愈见成效（《新书·匈奴》："大每一关，屠沽者、卖饭食者、美膹炙腤者，每物各一二百人，则胡人著于长城下矣。"），匈奴人见到大汉有那么多好吃的好喝的，哈喇子都流出来了，就算驱赶，他们都不会离开。不必在战场上缴了单于的刀枪弓箭，就可以诱惑招徕匈奴臣民归顺大汉，使匈奴单于众叛亲离成为光杆司令——"则下匈奴犹振槁也"，拿下匈奴就像摇落枯树的叶子一般，容易得很。

处方开出来后，贾博士又毛遂自荐当主治大夫，请求文帝封他为典属国（负责少数民族事务的官职），亲自去匈奴试验药方。他坚信一定能活捉单于和中行说，让全体匈奴人都听从大汉天子的号令：

> 臣窃料匈奴之众不过汉一大县，以天下之大困于一县之众，甚为执事者羞之。陛下何不试以臣为属国之官以主匈奴？行臣之计，请必系单于之颈而制其命，伏中行说而笞其背，举匈奴之众唯上之令。（《汉书·贾谊传》）

但是文帝没有批准——幸好没有批准，因为贾博士对匈奴的把脉显然是不准的。他说"臣窃料匈奴之众不过汉一大县"；"窃料匈奴控弦大率六万骑，五口而出介卒一人，五六三十，此即户口三十万耳，未及汉千石大县也"。事实上，匈奴冒顿弑父自立的时候（前209）"控弦之士三十余万"，后来白登山围高祖时（前200）"冒顿纵精兵四十万骑"，就在贾博士去世后两年即文帝十四年（前166），老上单于"十四万骑入朝那萧关"，可见匈奴的士卒远远不止贾博士估计的数量，贾博士严重低估了匈奴的人口数量和军事实力。

贾博士说要活捉的那个中行说，就是文帝六年（前174）朝廷派去辅佐西汉公主、后来投靠匈奴的燕人宦官。老辣的中行说早已洞识西汉的套路，他一到匈奴便极力劝说单于抵制西汉财物的诱惑，《汉书·匈奴传》曰："初，单于好汉缯絮食物，中行说曰：'匈奴人众不能当汉之一郡，然所以强之者，以衣食异，无仰于汉。今单于变俗好汉物，汉物不过什二，则匈奴尽归于汉矣。

其得汉絮缯，以驰草棘中，衣裤皆裂弊，以视不如旃裘坚善也；得汉食物皆去之，以视不如重酪之便美也。'"中行说为匈奴之计鄙弃西汉的财物，与贾博士两人可谓是英雄所见，针尖对麦芒，可想而知贾博士的处方难以在匈奴身上得到有效试用。

贾博士对医治对象把脉不准，自然就不能对症下药，所以他开出的处方是不可靠的，班固说贾谊"欲试属国，施五饵三表以系单于，其术固以疏矣"，因此文帝不批准贾博士的计策是英明的。大概在开出上述处方后不久，贾博士因梁怀王堕马而死深感自责，忧郁而终，年仅三十二岁。贾博士虽不免书生意气，但无愧赤子之诚，他处理汉匈关系的思想观点虽然未必切合实际，但毕竟对汉初以来一成不变的和亲政策提出了质疑和改变的思路，这是很难能可贵的。

晁错：以夷制夷

晁错与贾谊同一年出生而成名稍晚，文帝十二年（前168）贾谊死后，朝廷中纵论国家大事最意气风发的人恐怕就要数晁错了，在如何对待匈奴的问题上，他的言论比贾谊更加激进。文帝时，晁错任职太子（即后来的景帝）家令，就是太子家的总管。当时匈奴数度侵扰西汉边境，小侵则小利，大侵则大利，晁错看在眼里忧在心头，他上了一道《言兵事疏》，主张选择良将，以夷制夷，跟匈奴开战。他列举匈奴入侵狄道的例子，狄道因为靠近匈奴地界，从高后时起就经常受到匈奴侵扰，"攻城屠邑，驱略畜产""杀吏卒，大寇盗"，自高后以来"三困于匈奴矣"。匈奴前两次寇掠使西汉边民损失惨重，但是最近一次匈奴来犯的时候，却遭到西汉军民迎头痛击，"和辑士卒，砥砺其节"，"用少击众，杀一王，败其众而有大利"。晁错认为之前不能御敌而这次能够取得胜利，"乃将吏之制巧拙异也"。因此，他得出结论："故《兵法》曰：'有必胜之将，无必胜之民。'由此观之，安边境，立功名，在于良将，不可不择也。"他说战争的关键有四个方面：明君、良将、勇卒、利器。他分析敌我优劣，认为匈奴有三长技：马匹好、善骑射、耐饥渴。而西汉有五长技：匈奴的马匹虽然好，但在平原地带作战，西汉的轻车骁骑一冲击，匈奴的阵形就会立刻大乱；西汉的强弩长戟远胜匈奴，匈奴还没有冲过来，西汉的士卒就能将他们撂倒；西汉的坚甲利器、长短结合，游弩往来支应，列队的士兵一齐向前，匈奴就会节节败退；西汉的强弩步兵朝着一个目标劲射，匈奴的皮革铠甲和木制盾牌就会稀巴烂；匈奴兵善于骑马战斗，但是，下马在地上搏斗，剑戟相交，前后移动，匈奴人的脚步就很笨拙。他还建议将投降西汉的匈奴等少数民族人民武装起来，以"蛮夷"制"蛮夷"，与西汉军队协同作战抗击匈奴："今降胡、义渠、蛮夷之属来归谊者，其众数千，饮食、长技与匈奴同。可赐之坚甲、絮衣、劲弓、利矢，益以边郡之良骑，令明将能知其习俗、和辑其心者，以陛下之明约将之。即有险阻，以此当之；平地通道，则以轻车、材官制之；两军相为表里，各用其长技，衡加之以众，此万全之术也"；"陛下又兴数十万之众以诛数万之匈奴，众寡之计，以一击十之术也"。主张跟匈奴刀兵相见。

晁错洋洋洒洒虽然是纸上谈兵，却让人觉得不无道理。"文帝嘉之，乃赐错玺书宠答焉"，晁错说他是昧死上狂言，希望陛下裁择。文帝却表示首肯："言者不狂，而择者不明，国之大患，故在于此。使夫不明择于不狂，是以万听而万不当也。"欢喜之情溢于言表。但是，文帝没有同意晁错提出的跟匈奴开战的主张。晁错想，不开战也行，那就防御吧，但不是派军队驻守在边塞，而是徙民实边，将百姓迁移到边塞，在那里永久地生活、开垦、耕种、守卫。于是又上了一道《守边劝农疏》，文帝说这个可以有，当年高祖就是这么做的。

汉高祖九年（前198）冬天，刘敬跟匈奴缔结和亲约之后返回长安，在回来的路上，他看到匈奴的白羊、楼烦两个部落距离长安很近，约莫只有七百里左右。刘敬心想：这么近的距离，匈奴的骑兵一日一夜就可杀到关中，对长安是个很大的威胁。关中遭受连年兵燹，人口已大幅减少，人少就势力弱，人多才力量大，而关中平原一马平川、沃野千里，可以盖很多房子增加很多人口，让它成为中心城市。于是他向刘邦汇报完和亲工作后，建议将齐国及楚国的望族豪强如田氏、昭氏、屈氏、景氏、怀氏等迁到关中来。他说："如今陛下虽已定都关中，但关中人口却很少，这里北部靠近匈奴，匈奴的骑兵一日一夜就可以杀到。一旦匈奴突然袭击，陛下能高枕无忧吗？我希望陛下迁徙这些名门望族到关中来，既可以防备匈奴南下，也可以应付诸侯叛乱。"刘邦当即同意，并指令刘敬负责将上述各个宗族大家十余万人口全部迁徙到关中。

晁错在《守边劝农疏》里说，遣将派兵守卫边塞好是好，只是这些士卒远道而来，年年轮换，对匈奴的情况都还未摸清楚又被调回到原籍去了，不如选拔那些可以在边塞建家立室的兵民，在那里永久地开垦耕种、驻守边防。晁错勾画了一幅边塞新城的美好蓝图：在险要的、有水流经的地方规划并建设城邑。建设城邑要因地制宜，筑高墙、挖深沟，准备垒石，布下铁蒺藜，在城中再造一城，两城之间相距一百五十步，城邑中居民不少于千户，城邑周围设置防护篱笆。城邑中的居民，首先招募罪人及免去徒刑处罚一年劳役的人；人数不够，再招募那些被官员和大户用来赎罪或买爵的奴婢；再不够，便招募百姓中愿意去边塞的人。为了使这一美好蓝图能够顺利实现，晁错还提出一系列配套的优惠政策：移民一律赐给高爵位，免除全家赋役；发给冬夏衣服，供给饮食，直至能自给时方停止供应；郡县百姓可以买爵位，买到高级爵位可同列卿；移民有丧失丈夫或妻子的，由官府给买奴、买妻子、买衣服；匈奴入侵抢掠，能阻止其抢掠的将被抢的一半财物奖赏给他，同时由官府出价赎回被掳掠的百姓。

晁错说："陛下徙民充实边塞，让内地的百姓没有屯戍负担，边塞的百姓父子相保，没有被俘虏的后患，好处流传给后世，陛下就是圣明之君。这跟秦朝服役的怨民相比，利害相差太大了。"文帝接受了他的建议，"募民徙塞下"。

晁错看到文帝对他的建议很重视并且能够付诸实施，又趁机建议削藩，但是文帝没有接受他的这个建议。景帝即位，晁错先任内史，随后被提拔为御史大夫，特别受到宠信。彼时诸侯王的势力已经很大，目无中央，为所欲为，晁错向景帝提出《削藩策》，建议削藩："今削之亦反，不削亦反。削之，其反亟，祸小；不削之，其反迟，祸大。"晁错"为国远虑"的一番话识见高超，可惜景帝却不是一位遇事果断、富有魄力的皇帝，他不够冷静、易动感情，经常在不同的意见之间摇摆。

梁王刘武是景帝的同母弟，都是窦太后生的。景帝三年（前154）冬季十月，梁王来长安朝见景帝。当时景帝还没有立太子，兄弟俩在宫中宴饮，酒酣耳热之际，景帝居然对梁王说："等我百年之后，把帝位传给你。"梁王嘴上知趣地谦谢，心里却是美得不要不要的，他母亲窦太后听了更是喜不自胜。这时，窦太后的侄子、詹事（相当于皇家大内总管）窦婴（？—前131）当即捧着一杯酒献给景帝，说："这个天下是高祖的天下，帝位由父亲传给儿子，这是汉朝的规定，皇上怎么能够传给梁王！"窦太后因此憎恶这个侄子，不许他再出入皇宫，窦婴干脆称病辞职，卷铺盖走人。后来太子刘荣被废掉后，窦太后又想让梁王成为帝位继承人。还是在一次家宴上，她对景帝说："你出入乘坐大驾安车，要让你弟弟梁王在你身旁。"景帝跪坐在席上，挺直了身子毕恭毕敬地应承道："遵命！"由于遭到袁盎（约前200—前150）等大臣强烈反对，传位于弟这事才作罢。窦太后是个强势的女人，直到武帝初期，她仍然以太皇太后的身份影响着武帝施政。

当初，吴国太子进京朝见文帝，与皇太子（即景帝）饮酒、博戏。吴太子在博戏时与皇太子发生争执，对皇太子出言不逊，皇太子操起棋盘朝吴太子砸去，吴太子当场毙命。宗室子弟打架，施害者又是皇太子，当然不用负什么法律责任，可是当朝廷派使者将吴太子的灵柩送回到吴国时，吴王刘濞非常恼怒，对使者说："天下同宗，死长安即葬长安，何必来葬为（天下都是刘氏一家的天下，死在长安就葬在长安，何必送回来安葬呢）！"他说的"天下同宗"是当年刘邦立他为吴王时对他说过的话，据说刘邦看出他这个侄子有反相，警告他将来不要谋反："汉后五十年东南有乱，岂若邪？然天下同姓一家，慎无反！"现在他把当年刘邦对他说的话重复一遍，明摆着是话中有话。他强硬地下令将吴太子的灵柩送回长安安葬，既表示对皇太子的愤怒，也是表达对朝廷的不满，从此渐失臣礼，产生了谋反的念头。他在吴国即山铸钱、煮海为盐，不上朝、不纳税，与中央分庭抗礼。

景帝征召此时赋闲在家的窦婴为大将军，当景帝将晁错的削藩建议交给大臣们讨论时，大臣们都噤若寒蝉不敢开口，只有窦婴表示异议。反叛的诸侯王一看朝廷上下并没有保持高度一致，于是纷纷叫嚷要清除皇帝身边的"佞臣"，这个"佞臣"毫无疑问指的就是晁错。在吴王的串联煽动下，吴、楚、赵、胶东、胶西、济南、淄川七个诸侯国在景帝三年（前154）春天联合叛乱。这时窦婴就成了一个非常关键的人物，他建议景帝启用闲居在家的袁盎，袁盎和窦婴此前都做过吴国相。景帝居然同意了。司马迁的《史记》和班固的《汉书》都将袁盎和晁错并列在同一卷中作传，可是，如果两位史家有机会征求两人的意见，他们一定都会死活不肯——两人是天生的死对头。人与人之间的关系如果真的有缘分的话，这缘分真的就如此奇妙：有的人一见面就互相喜欢得不得了，有的人一见面则彼此避之唯恐不及；有的人一辈子经常见面却形同陌路，有的人从未谋面却能神交一世。袁盎与晁错就属于彼此避之唯恐不及那种："盎素不好晁错，错所居坐，盎辄避；盎所居坐，错亦避，两人未尝同堂语。"景帝启用此前做过吴国相的窦婴和袁盎操刀削藩，矛头首指吴王，而这两个人却跟提出削藩建议的晁错水火不容。景帝要不是韬略深邃到常人难以理解的程度，那就只能说是他政治上实在太幼稚了。

袁盎是一位忠诚能干的大臣，当初他力阻景帝传位给梁王，梁王因此怨怒而派人刺杀他，第一个刺客去到袁盎的住地，听说袁盎口碑绝佳而不忍下手。袁盎的一生如果说有什么瑕疵的话，就是他任职吴国相时接受过吴王的贿赂，对吴王的所作所为睁一只眼闭一只眼，没有起到规劝、监督、警醒、限制作用。袁盎在文帝时任职郎中，曾建议文帝适当削去日益骄横的淮南王刘长的封地，可见他对诸侯王势力膨胀、威胁中央政权是有所警惕的，按理他应当支持晁错的削藩建议。可是事情就是那么复杂，关系就是那么微妙：当一个人不喜欢另一个人时，他看另一个人做什么事都不会顺眼，即使这件事情本身并没有做错。因为事情可以由其他人去做，或者可以换一种方法去做，总之就不要按照自己不喜欢的人的意志去做。袁盎跟晁错是死对头，况且袁盎还做过吴国相，他自然要跟着举荐他复出的窦婴一起反对晁错了。

"峭深刻直"的晁错则我行我素，他利用御史大夫的职权调查袁盎任职吴国相期间接受吴王贿赂的情况，这消息传到袁盎耳朵里，他连夜找到窦婴，声称自己知道吴王反叛的真实原因，愿意亲面向景帝陈述。窦婴立即报告景帝，景帝连夜传召袁盎。当袁盎来到未央宫时，景帝正与晁错商讨平定叛乱的策略。景帝问袁盎有何良策，袁盎请求景帝叫身边的人回避。景帝将侍从支开，只剩下晁错在旁边，袁盎还是不肯讲，他说："我要讲的话当大臣的也不应该知道。"景帝示意晁错退出去。晁错很愤怒，无奈只好退了出去。晁错出去后，袁盎说："诸侯王的土地是高祖分封的，现在晁错要削去他们的封地，所以他们才反叛。为今之计，只有杀掉晁错，恢复诸侯王原有封地，才能化解这场危机。"袁盎一番话更动摇了景帝那颗惯于犹豫不定的心，他沉默良久，最后说："不这样做还有别的什么办法吗？如果能够使这场叛乱得到平息，我不会爱惜一个人。"袁盎说："这就是我的计策，请陛下仔细考虑。"于是，景帝拜袁盎为太常，秘密整装准备出使吴国。

可怜的晁错并不知道袁盎跟景帝说了什么，更不知道景帝竟要拿他的脑袋去换和平的大局。当景帝授意丞相陶青等联名弹劾晁错"无臣子礼，大逆无道。当要斩，父母、妻子、同产无少长皆弃市"时，晁错还蒙在鼓里；当景帝派中尉传召晁错，欺骗他乘车巡行时，晁错还信以为真。晁错高高兴兴地换上一身干净的朝服，与中尉同车来到长安东市，等候在那里的刽子手一把将他拉下车，光天化日之下腰斩于长安东市。

晁错被干脆利落地斩掉，诸侯叛乱的战火却越烧越旺，景帝似乎感觉到哪里不太对劲。一天，校尉邓公向他报告战况，他问邓公：晁错已经处斩了，吴、楚为何还不罢兵？邓公心下想：陛下您真像小孩子一样好骗呢！嘴上则说："吴、楚口口声声诛晁错，其意不在晁错，他们谋反已经有几十年了。削藩本来是有万世之利的事，现在晁错被诛，不但为诸侯王报了仇，还堵塞了忠臣直谏之口，今后恐怕没人敢提削藩的事了。"景帝如梦初醒，懊悔不迭，幸好有他弟弟梁王拼死抵抗、有周亚夫将军指挥的威武之师压阵，才安然度过七国叛乱一劫：吴王刘濞逃亡东越（又称东瓯），被东越王杀死，其余六王自杀的自杀、伏诛的伏诛，叛乱不到三个月即被平息。

当初晁错建议削藩时，诸侯王群情激昂。晁父闻知，问他为何要做离散皇家骨肉的事情，晁错回答说："这是必须做的！如果不这样做，天子不尊贵，宗庙不安宁。"晁父说："你这样做，刘氏的天下安稳了，晁氏的家族却危险了，我不忍心见到大祸临头。"晁父随后仰药自尽。当晁错身着朝服巡行东市被刽子手拉下车、见到明晃晃的屠刀那一刻，他心里或许曾坚定地闪过这样一个信念：我行将离去，唯理想永存，诸藩必削！

有理想的人怕什么死呢？

四、深挖将、广积粮、筑高墙

文帝继承大统的时候,许多开国元勋均已离世,辅佐文帝登上帝位的陈平、灌婴和周勃也在不久后相继薨去。国难思良将,也许是受了晁错那篇《言兵事疏》强调良将之重要的观点影响,面对匈奴一次又一次大规模的入侵,文帝更是求将若渴。文帝十四年(前166)冬,就在西汉军队将大举入侵萧关的匈奴驱逐出塞外之后的一天,文帝乘着辇车缓缓经过郎中署,令停,下车,入署。花甲年龄的署长冯唐见皇上驾到,赶忙叩迎,文帝示意平身,笑问冯唐:您老分明是大叔一个,怎么还是郎呀?冯唐知道皇上在跟他开玩笑,没有即刻回答,心想:您是皇上,您不提拔我,我岂不就一直是郎嘛。文帝接着问:"您老原籍在什么地方?"冯唐答道:"臣祖父是赵国人,父亲迁居代国。"文帝说:"朕在代国时听说过当年赵国将军李齐的贤能,特别是他与秦兵大战于巨鹿城下的故事,朕到现在吃饭睡觉都会想象李齐与秦兵大战巨鹿的情景,您老知道吗?"冯唐回答说:"李齐还不如廉颇、李牧为将带兵的本领大。"文帝拍着大腿说:"唉!朕偏偏得不到廉颇、李牧那样的将军!有了那样的将军,朕还用担忧匈奴入侵吗?"冯唐说:"陛下即使得到了廉颇、李牧也不能任用他们。"文帝冷不丁被老冯唐这一抢白,没有再说话,转身悻悻离去。

回到宫中,文帝心里仍气不过。过了许久,他把冯唐召来,责问他:"您为什么要当众让朕难堪呢?那些话就不能在别的时候说吗?"冯唐谢罪说:"我是个乡鄙之人,不懂得忌讳。"文帝正担忧匈奴入侵的问题,于是再问冯唐:"您凭什么说朕不能任用廉颇和李牧呢?"冯唐回答说:"我听说上古明君派遣将军出征时,跪着推动将军的战车前行,对将军说:'国门之内的事,由我来决定;国门之外的事情,请将军裁决。'一切军功、封爵、奖赏的事都由将军在外面决定,回国后再奏报君主。这并不是虚假的传言。我的祖父说:'李牧为赵国将军时,赵国对他委以重任,让他驻守边防并且充分信任他,所以李牧才能充分发挥他的聪明才干,他率领着训练有素的将士在北方驱匈奴、击东胡、灭澹林,在西方抑制了强大的秦国,在南方抵御了韩国和魏国。在那个时候,赵国几乎成为一个霸主之国。后来,赵王迁听信郭开的逸言诛杀李牧,命令颜聚代替李牧统兵,赵国最终被秦军消灭。'现在我私下听说魏尚担任云中郡守时,清正廉洁,体恤士卒;匈奴曾经入侵云中郡,魏尚率领车骑部队出击,杀了很多匈奴人,从此匈奴远避,不敢接近云中边塞。可是,魏尚因为上报斩杀敌军首级的数量差了六个,陛下就把他交给官吏治罪,削去爵位,判罚徒刑。由此说来,陛下即使得到廉颇、李牧,也不能任用啊!"文帝听罢,转怒为喜,接受了冯唐的批评,当天就诏令冯唐持天子符节去赦免魏尚,重新任命魏尚担任云中郡守。而冯大叔也不再是个郎了,他被任命为车骑都尉。这个故事后来被苏东坡在《江城子·密州出猎》中化用过,"持节云中,何日遣冯唐?"由此非常著名。

后元六年(前158)冬的一天,文帝和扈从一行人策马前往细柳营(在今陕西咸阳西南,渭河北岸),视察周亚夫将军驻守在这里的军队,但事先没有通知周亚夫。只见将士们身披铠甲,手执锋利的武器,张满弓弩。文帝的先行卫队到达后却被告知不能进入军营,卫队士兵说:"皇上马上就到。"把守军门的都尉说:"将军有令:军中只听将军的号令,不听皇上的诏令。"过了一会儿,文帝驾到,同样被告知不能进入军营。于是,文帝便派使者持节诏告将军:"朕想进入军营慰劳军队。"周亚夫传令打开军营大门,守卫军营大门的军官对皇帝的车马随从说:"将军有令:军营内不许策马奔跑。"文帝的扈从只好拉着马的缰绳缓慢前行。来到军营中,周亚夫手执兵器对着文帝拱手作揖说:"身上穿着盔甲的武士不能下拜,请允许我以军礼参见陛下。"文帝被眼前的一幕幕深深地打动了,他天颜庄重肃穆,手扶车前的横木,向军营将士致意,并派人向周亚夫示谦说:"皇帝恭敬地慰劳将军。"礼仪完毕后即离去。走出军营大门,群臣都表示惊讶,文帝说:"看见没有?周亚夫才是真正的将军呢!有这样的将军在,匈奴敢来侵犯吗?"对周亚夫连连称赞,擢拔他为中尉。

这是文帝深挖将的两张剪影。文景时期抵御匈奴入侵的西汉将领中,郅都和李广也值得一提。

郅都,河东郡大阳县人,出生年月不详,以郎官的身份侍奉文帝,景帝时任中郎将。他勇武有力,敢于向皇上直言进谏,在朝廷上当面斥责大臣的过失。有一次,郅都随侍景帝去上林苑,当景帝宠幸的贾姬如厕时,突然有一只野猪窜进了厕所,景帝示意郅都去保护贾姬,郅都不为所动。景帝情急之下亲自拿兵刃想去救护贾姬,郅都跪伏在景帝面前说:"失去了一个贾姬,又有一个新的贾姬进来,天下缺少的难道是贾姬这样的人吗?陛下纵然不以自己为念,万一有意外,怎能对得起国家和太后?"景帝听了郅都的话,便退了回来,野猪也没有伤害贾姬。景帝从此器重郅都,先任命他为济南太守,有政声;后调任中尉,执法必严,不避皇亲国戚,列侯宗室见到他都不敢正视,称之为"苍鹰";再后来任雁门太守镇守边防,抵御匈奴。郅都是个为官公正廉洁、无欲则刚的人,在忠孝不能两全时舍孝取忠,常对人说:"我丢下亲人,离乡背井外出为官,固然应当忠于职守,尽忠死节,妻子儿女最终是顾不得了。"匈奴素闻郅都气节,全部撤离边境部队,直到郅都死为止都不敢近雁门一步。匈奴刻了个酷似郅都的木偶人,令骑兵奔驰射击,全都没有能够射中的,从此更加忌惮,可见匈奴被郅都震慑到什么地步。

李广(?—前119)是经历文、景、武三朝的名将,他跟匈奴作战流传更多的故事是在武帝时期。事实上,李广对匈奴的进攻战乏善可陈,而在文景时期对匈奴的防御战表现倒是可圈可点。文帝十四年(前166),匈奴老上单于十四万骑兵大入萧关时,李广以良家子的身份从军一战成名,授职郎官,侍卫文帝左右。所谓良家子,顾名思义就是出身良家的子女,指不在七科谪内者,及非医、巫、商贾、百工之子女。景帝时,李广因平定吴楚七国之乱有功,调任上谷太守,匈奴经常来犯,遭到李广强力抗击。典属国公孙昆邪哭着对景帝说:"李广的才气,天下无双,他自己仗恃有本领,屡次和敌人正面作战,朝廷恐怕会失去这员良将。"于是,景帝调他任上郡太守。其后,李广转任陇西、北地、雁门、代郡、云中太守,都以奋力作战出名。他的故事我们还将在后面的章节中详细讲述。

汉元帝(前48年—前33年在位)时,太中大夫谷永曾经说:"臣闻楚有子玉得臣,文公为之仄席而坐;赵有廉颇、马服,强秦不敢窥兵井陉;近汉有郅都、魏尚,匈奴不敢南乡沙幕。"成得臣(字子玉)是春秋时期楚国的名将,廉颇和赵奢(爵号马服君)则是战国时期赵国的名将,谷永将郅都、魏尚与他们相提并论,可见这两位将军对匈奴的震慑力。

这些著名的将领就好比是西汉的"塞上长城"。西汉通过深挖良将,在北部边境有效地筑起了一道坚固的防线,匈奴寇掠汉朝边境越来越难得到好处了。"终景帝世,时时小入盗边,无大寇";到了武帝时期,在元光三年(前133)西汉军队武力反击匈奴之前,更是没有一次匈奴入侵的记载。

农耕时代,农业是国家的根本。西汉自刘邦以来历任统治者都十分重视农业生产。文帝十二年(前168)惊蛰刚过,又到了一年播种的季节。这一天,文帝率领着一班文武大臣来到长安郊外的籍田,照例在这里举行隆重的春耕典礼。文帝轻挽龙衣,亲把耒耜,庄重娴熟地三推田土,祈求一年风调雨顺五谷丰登,文武大臣高呼"万岁"。自登基以来,文帝一直非常重视全国的农业生产工作,多次下诏强调农业乃立国之本,要求各级官吏重视农业生产、关心农民生活、做好粮食储备以应对可能发生的各种自然灾害,又劝谕百姓多种果树。这一年已是文帝连续躬耕籍田的第十年,他不仅亲力亲为,还要求皇后亲手种桑织布。十三年(前167)春二月,文帝下诏说:朕亲自领人进行农耕以推动粮食生产的发展,皇后亲自种桑养蚕以供宗庙祭祀之需,并建立耕桑的礼制。两千多年以后,读着这段历史,我们仿佛还能听到皇宫里皇后领着一群妃子宫女用纺车织布"唧唧复唧唧"的声音。这是西汉前期历代统治者重视农业生产的一个缩影。

从高祖到景帝,西汉经过统治者半个多世纪的励精图治,社会安定了,人民乐业了,马匹更多了,钱也不差了,出现了中国帝制时代的第一个太平盛

世——文景之治。《汉书·食货志》记载：

至武帝之初七十年间，国家亡事，非遇水旱，则民人给家足，都鄙廪庾尽满，而府库余财。京师之钱累百巨万，贯朽而不可校。太仓之粟陈陈相因，充溢露积于外，腐败不可食。众庶街巷有马，阡陌之间成群，乘牸牝者摈而不得会聚。守闾阎者食粱肉；为吏者长子孙；居官者以为姓号。人人自爱而重犯法，先行谊而黜愧辱焉。于是罔疏而民富，役财骄溢，或至并兼；豪党之徒以武断于乡曲。宗室有土，公卿大夫以下争于奢侈，室庐车服僭上亡限。

这是西汉武力反击匈奴的本钱。

第三章 战火纷飞的年代

一、少年皇帝的宏大志向

性格摇摆的景帝错杀了一心"为国远虑"的晁错，却在无意中为西汉选中了一位大有作为的皇帝，改变了西汉历史的走向。

故燕王臧荼有个孙女叫臧儿，臧儿嫁给槐里王仲为妻，生有一子王信和两个女儿。王仲死，臧儿改嫁长陵田氏，又生了两个儿子田蚡和田胜。文帝时，臧儿的大女儿嫁给金王孙为妻。臧儿有一次请人替子女占卜命运，卜者说："两个女儿都是大富大贵命。"臧儿二话不说就从金王孙家中夺回大女儿，金王孙很愤怒，死活不肯跟妻子分手。但臧儿手眼通天，硬是把大女儿送到太子（即景帝）宫中，生下儿子刘彻。传说王夫人怀着刘彻的时候，曾梦见太阳进入她的怀中。

景帝即位后，立长子刘荣为太子。景帝的同母姐姐、长公主刘嫖是个精力旺盛、很爱生事的女人，进入后宫的美女都要经过她挑选，刘荣的生母栗姬为此心里很不爽，所以当刘嫖提议把自己的女儿嫁给太子刘荣时，栗姬坚决不同意。刘嫖攀不上太子，便打其他皇子的主意，于是相中了王夫人所生的皇子刘彻，王夫人爽快地答应了这门亲事。从此以后，刘嫖天天在景帝面前东家长西家短说栗姬的坏话，称赞王夫人的美德。景帝耳根子软，自己也觉得王夫人贤惠，又有之前梦日入怀的吉兆，心里在犹豫要不要改立太子。景帝有一次卧病于龙床，悲闷不乐，把封了王的儿子们都托付给栗姬，对她说："我死了以后，你要好好照顾他们。"栗姬竟然跟景帝置气，不但不肯答应，还出言不

逊。景帝很气愤,强压怒火没有发作。王夫人知道后,趁着景帝怒气未消,暗中派人去催促大行(负责接待宾客的官员),让大行请求景帝立栗姬为皇后。景帝听了大行的劝说后大怒,说:"这是你应该管的事吗?"一气之下将大行问罪处死,并执意要废掉太子,无论太子太傅窦婴和太尉周亚夫怎么劝谏都没有用,景帝就是不听。前元七年(前150),无辜的太子刘荣被废为临江王,胶东王刘彻被立为太子。景帝后元三年(前141)正月,景帝崩,太子刘彻继位,他就是汉武帝,这一年他十六岁。

人们总是爱讨论到底是时势造英雄还是英雄造时势,事实上,真正能使社会天翻地覆、英雄名垂青史的是时势与英雄两者的完美结合。试想,如果武帝继承了汉高祖的皇位,他可能会陷入巧妇难为无米之炊的窘境,甚至有可能将刚刚诞生的西汉政权折腾进万劫不复的深渊;又假使惠帝处在武帝的位置,他可能会像小学生要完成一篇博士生论文那样感到茫然不知所措,或者像一个人徒手面对一座金山而不能有所获取。雄才大略的武帝不早不晚恰好在西汉"文景之治"后入主未央宫,这正是他个人与那个时代最完美的结合。武帝登基后立即显示出与其前辈皇帝不同的政治抱负,大刀阔斧锐意变革,一扫西汉保守沉闷的政治空气,给西汉政坛带来了清新活泼的气息。

自高祖刘邦开始,经过半个多世纪的休养生息,西汉出现了一个新的社会阶层——士。他们是一群先富起来的读书人,这些腰包很鼓、墨水又多的人群逐渐受到社会的关注,他们自身也要求在社会上有更多的话语权。武帝审时度势,将西汉政府的大门向新兴的士敞开,让他们通过正式的渠道参与到管理国家的队伍中。武帝即位后下的第一道诏令就是"诏丞相、御史、列侯、中二千石、二千石、诸侯相举贤良方正直言极谏之士",并亲自策问古往今来的治国之道。大儒董仲舒(前179—前104)提出罢黜百家、独尊儒术,他的原话是:"《春秋》大一统者,天地之常经,古今之通谊也。今师异道,人异论,百家殊方,指意不同,是以上无以持一统,法制数变,下不知所守。臣愚以为诸不在《六艺》之科、孔子之术者,皆绝其道,勿使并进,邪辟之说灭息,然后统纪可一法度可明,民知所从矣!"武帝认为他说得很好。那些来自三教九流,"或治申、商、韩非、苏秦、张仪之言"的人选,被丞相卫绾(?—前

131)的一道奏章以"乱国政"为由"请皆罢",武帝御批一个"可"字,便将那些人多少年的寒窗苦读统统付诸东流。卫绾这位以敦厚、廉洁、忠诚而受到赏识的三朝老臣,最初侍奉文帝,景帝后元元年(前143)被任命为丞相,"然自初宦以至相,终无可言",上奏罢黜百家可能是他为官一生的最大亮点。毫无疑问,国家是需要统一的,国民的思想却不需要也不可能统一,百家争鸣才能生机勃勃,百花齐放才能活力无限,武帝虽然批准罢黜百家,但他自己也并非独尊儒术。当然,作为管理国家的官僚系统,朝廷及地方政府内部思想不能不统一,否则就会政出多门、莫衷一是,造成混乱。诸侯王经过七国之乱、在跟中央政权的"掰手腕"中败下阵来后,景帝趁机削了他们的权力,从此势力的天平更加倾向中央一端,强化、巩固中央集权渐成瓜熟蒂落之势。所以,武帝继位后,推崇大一统的思想是必然的。上面那道诏令一出,选拔上来的几乎都是儒学之士,主要代表除大名鼎鼎的董仲舒外,还有公孙弘、司马相如、东方朔、枚皋、严助、朱买臣、吾丘寿王、主父偃、倪宽、终军等,他们在武帝半个多世纪的文治武功中都发挥过重要作用。

卫绾上了那道罢黜百家的奏折后自己也被罢免了丞相职位,取代他的是魏其侯窦婴,武帝又任命武安侯田蚡为太尉、赵绾为御史大夫、王臧为郎中令,这几个都是皇帝身边的重要职位,担任这些职位的都是好儒人士。当时窦太皇太后还健在,她是皇祖母,"好黄老言,不悦儒术"。御史大夫赵绾认为一个老太太不应该过问政治,于是奏请国家政务不要再向窦太皇太后禀报,之后又奏请兴建明堂以接受诸侯王的朝见,但他显然严重低估了窦太皇太后的能力。武帝和大臣们正在商议有关兴建明堂、天子巡视各地、改换历法和服色等一系列加强中央集权的事宜,窦太皇太后知道后雌威大发,厉声责问:你们搞什么名堂?是想做第二个新垣平吗?新垣平是文帝时期的一个方士,曾向文帝建议修建五帝庙,文帝亲自行郊祭之礼,并谋议巡狩、封禅等事宜。文帝赐给新垣平一千斤黄金,后来有人告发新垣平是个骗子,于是文帝诛杀了他,从此对郊祭、巡狩、封禅之事意兴阑珊。现在窦太皇太后旧事重提,对年轻的武帝和他的大臣不啻当头棒喝。老太太还有更厉害的一手,她暗地里搜集了赵绾、王臧贪赃的证据,以此责备武帝用人不当,说怎么处置他们圣上自己看着办吧!小

皇帝迫于皇祖母的压力,只好将赵绾、王臧交由法办,最后两人自杀,丞相窦婴、太尉田蚡也被免职,这是建元二年(前139)的事情。直到四年后窦太皇太后去世,武帝才重新任命舅舅田蚡为丞相。

发生在建元二年(前139)的另一重大事件是武帝批准给晁错平反。晁错被冤杀,后果有二:一是长了诸侯王的威风、损害了中央朝廷的权威,二是阻塞了忠臣进谏的渠道。现在为晁错平反,效果也有二:一是重开言路,二是树立中央的权威、打击诸侯王的气焰。朝廷官员动辄弹劾、揭露诸侯王的过失和罪行,有时候甚至到了吹毛求疵的程度,用笞刑威逼诸侯王的臣子屈服,迫使他们指证诸侯王的罪行和过失,诸侯王悲愁怨恨却无可奈何。建元三年(前138)冬天,代王刘登、长沙王刘法、中山王刘胜、济川王刘明进京朝见武帝,武帝设宴款待他们。宫廷里音乐袅袅、舞女翩翩,筵席上金樽清酒、玉盘珍馐,面对如此良辰美景,中山王刘胜却停杯投箸不能食,伤心地哭了起来。武帝问他为什么哭,刘胜回答说:"悲伤的人听不得抽噎的声音,忧愁的人听不得叹息的声音。现在我心中积压了许多忧伤,每当听到幽妙精微的音乐,不知不觉就会涕泪横流。我有幸得到朝廷重用,受封为藩臣,从亲属关系说来,又是皇上的哥哥,现在朝廷群臣与皇上之间没有血缘亲情,没有承担国家的任何重任,却结成朋党发出偏私的议论,相互勾结,使宗室皇族受到打击和排斥,骨肉亲情冰雪般融化,我私下为此而悲伤!"接着他把朝廷官吏侵夺欺凌诸侯王的事情一五一十向武帝报告,武帝看他可怜兮兮,于是废止了有关朝廷官吏检举诸侯王不法行为的文书,增加了优待诸侯王亲属的礼遇。后来,武帝对诸王说:朕对你们增加恩遇,你们也要对诸王子增加恩遇,何不将封地分一些给你们的王子呢?诸侯王没有办法,只好将本国的封地再分封给自己的儿子。最终,一个诸侯国被分成几个甚至十几个,好比一张大钞兑换成零钱分给了好多人,购买力自然就小了,诸侯王从此更难与中央抗衡。那些得到了封地的诸侯王子欢天喜地,千恩万谢,他们首先感谢国家,感谢武帝这个英明的皇上,然后才感谢他们的父王。这就是主父偃(?—前126)想出来的推恩令,它巧妙地分割了诸侯王的封国领地,朝廷没有采用削夺的政策,而诸侯王的势力却逐渐变弱了。

当初七国之乱兵败时,吴王刘濞逃亡依附东瓯,西汉军队利诱东瓯国王,东瓯国王杀了吴王,将他的人头以传车送到长安,吴王太子刘驹逃往闽越。刘驹时刻不忘复仇,经常怂恿闽越国王发兵攻打东瓯。武帝建元三年(前138),闽越王的军队包围了东瓯的都城,东瓯国王慌忙向西汉告急求援。武帝征询武安侯田蚡的意见,田蚡说:"越人向来互相打来打去,又多次叛服不定,秦朝开始就放弃不管了,现在不值得朝廷搭理他们。"严助(?—前122)是武帝第一次诏举选拔的一个士,他诘问田蚡:"只怕是朝廷力小德薄不能救护他们吧,如果能救,为什么要放弃呢?秦朝放弃的何止越人?现在东瓯这样的小国走投无路向大汉求救,大汉不保护他们,谁还能保护他们呢?如果大汉连一个小国都保护不了,又怎能使天下万国臣服呢?"严助胸怀天下、勇于担当的一席话正好说到武帝心窝里去了,武帝对严助说:"太尉(田蚡曾任职太尉)这个人的见识,朕真没法跟他商议国家大事。"于是派严助持天子的符节去征发会稽郡的军队解救东瓯。闽越国听到西汉军队来救东瓯,赶紧撤兵,东瓯国王感激西汉的大恩大德,请求举国内迁中原归顺西汉。过了三年,喜欢滋事的闽越王发兵攻打南越国,南越国向西汉告急求救,武帝迅即调遣大批军队前去援救。当淮南王刘安还在引经据典啰啰唆唆上书劝阻时,大行王恢率领从豫章郡出发、大农令韩安国率领从会稽郡出发的两路兵马已经浩浩荡荡开赴闽越。闽越国听说西汉大军压境,发生内讧,闽越王的弟弟联合闽越相和宗族贵族杀死了闽越王,闽越与西汉双方均罢兵。武帝又派严助向南越王宣明朝廷的旨意,南越王顿首谢恩,派太子入京充当武帝的侍卫。果断出兵救护东瓯和南越,显示出年轻的武帝富有大国情怀和担当意识,西汉俨然成了周边小国的保护伞和平息国际争端的裁判官。

  武帝大概是西汉最喜欢狩猎的皇帝,政事之余,他常常改换装束悄悄溜出皇宫,与几个擅长骑射的随从约好时间地点,半夜出城,黎明时分到达终南山下——这里有他醉心的狩猎场。有一回,马匹践踏了农田庄稼,惹得农户破口大骂,当地的县令出动捕快要收捕他们,武帝的随从不得不出示天子专用的信物才得以脱身。又有一回,武帝他们夜晚到达一个叫柏谷的地方投宿,入住旅店之后问店老板要一壶酒。店老板看他们不像正经的良家子,没好气地说:没

有酒,只有尿!他越看这帮人越不顺眼,怀疑他们是强盗,于是招呼来几个身强力壮的年轻小伙子准备收拾他们。老板娘是个有见识的人,一眼看出武帝体貌不凡,便劝丈夫不要鲁莽行事。丈夫不听她的话,她就用酒灌得他说不了话,然后对那些后生们说"都散了吧",然后宰鹅杀鸭招待客人。武帝第二天回到宫中后传召那个老板娘,赏赐千金,并任命她丈夫为羽林郎。后来,武帝意识到这样打猎太过扰民,便将阿城以南、盩厔以东、宜春以西的区域征用过来建成上林苑,连接到终南山,成为皇家专用的狩猎场所。

终南山下,上林苑中,武帝策马逐麋鹿,弯弓射熊罴。渐渐地,他仿佛觉得自己追捕射猎的不是山林中的飞禽走兽,而是那些连年从北方大漠策马犯边的匈奴人。

二、马邑设伏

文帝时期屡屡大举进犯汉朝边境的匈奴从景帝时期开始忽然很少出现在长城一带。自景帝即位（前156）直至武帝元光二年（前133）的二十四年时间里，史书有记载的匈奴犯边仅有三次，分别在景帝中元二年（前148）、中元六年（前144）及后元二年（前142），而且与文帝时期的大规模入侵相比，这三次的入侵规模都不算大。景帝三年（前154）吴楚七国之乱时，赵王暗中派使者勾结匈奴，意欲与匈奴连兵一起推翻西汉中央政权。对匈奴而言，这是一次内外夹攻西汉的绝佳机会，但西汉朝廷迅速平息了叛乱，匈奴慑于西汉的兵威不敢南下。景帝中元三年（前147）十一、十二月，接连发生了匈奴王投降西汉的事件：十一月，安陵侯于军以匈奴王身份来降，紧接着十二月，以匈奴王身份来降而封侯者有六人，分别是桓侯赐、遒侯陆强、容城携侯徐卢、易侯仆黥、范阳靖侯范代、翕侯邯郸。景帝中元五年（前145），亚谷简侯卢它之以匈奴东胡王的身份来降，卢它之是卢绾的儿子。为什么匈奴一下子变得温和了许多，而且接二连三有匈奴王叛降西汉呢？匈奴内部到底发生了怎样的变故，抑或是遭遇了严重的天灾？由于史书记载阙略，我们无从得知。但种种迹象表明，匈奴的军事力量可能已大不如前，而且内部可能出现了尖锐的矛盾。武帝建元六年（前135），匈奴遣使请求和亲，这在之前是没有的事。匈奴虽然乐意与西汉和亲，但很讲究策略，很少主动提出和亲请求，每次都是以战求和，即采用侵略的手段迫使西汉提出和亲，匈奴再借坡下驴坐收西汉进贡。武帝即位后,"明和亲约束,厚遇关市,饶给之。匈奴自单于以下皆亲汉,往来长城下",长城边境的贸易市场一派热闹祥和的气象;匈奴不但没有发动过一次武装侵略活动,此时更是主动请求和亲。这些迹象表明,匈奴可能因国力衰弱无力犯边,转而希望通过和亲与关市贸易获取稳定的经济利益。换言之,匈奴可能正在改变他们以前靠侵略手段迫使西汉和亲的策略。

可巧的是,西汉这边也正在改变施政理念与对待周边少数民族国家的政策:武帝接纳董仲舒的大一统思想,罢黜百家、独尊儒术;平反晁错,威服诸侯;出兵干预闽越王侵略东瓯国,迫使闽越王退兵。建元六年(前135),武帝的祖母窦太皇太后去世,武帝施政的约束大大减少,他任命此前迫于窦太皇太后的压力而免去太尉一职的田蚡为丞相。也就在这一年,闽越王攻打南越,武帝果断出兵保护南越。这一系列的动作预示着武帝对匈奴的政策也将会有所调整。事实上,早在建元二年(前139),武帝就已派张骞出使西域,希望联合月氏共同讨伐匈奴。建元六年(前135),匈奴派使者到长安请求和亲,武帝让群臣商议。与高后、文帝时期一边倒地主张和亲不同,此时朝廷里面出现了主和、主战两派。主战的代表是王恢(?—前131),他的职位是负责接待宾客、主管少数民族事务的大行;主和的代表则是御史大夫韩安国(?—前127)。王恢说:"西汉每次与匈奴和亲,维持不了多久匈奴就背约,这次不要答应和亲,出兵攻打他们!"韩安国说:"匈奴像天上飞的鸟一样飘忽不定,很难制服他们,而且从上古以来我们的祖先就没有把匈奴当作人臣来看待。汉军远征千里,匈奴以逸待劳,那样汉军就有危险,不如和亲为好。"参加会议的群臣大多数赞同韩安国的意见,武帝于是同意和亲。这是西汉与匈奴的最后一次和亲,与高祖九年(前198)第一次和亲相距六十四年。此后汉朝与匈奴之间的所谓和亲,均不再是双方最初和亲的本义,因为彼此的地位发生了根本性的改变:此前的和亲虽然双方约为兄弟,但实际上是西汉向匈奴进贡,即贾谊所说的倒悬——头与脚倒过来了;此后,西汉武力征讨匈奴并最终将其击垮,倒悬之势被重新颠倒过来,最终不是西汉向匈奴进贡,而是匈奴向西汉称臣、朝贡、质子。西汉虽然每年照例给匈奴很大一笔财物,甚至比早期进贡给匈奴的数额还要大,但那是赏赐,不是进贡,是西汉对匈奴的庇护笼络,而不是和亲。

雁门郡马邑县有个土豪叫聂壹,他经常往来长城边贸市场跟匈奴人做买卖。有钱人总是容易结交政府高官,聂壹跟大行王恢的关系就很不错。元光二年(前133),聂壹通过王恢向武帝建议:"匈奴刚刚与汉和亲结好,亲近信任边境吏民,可用财利引诱他们前来,汉军预设伏兵袭击,这样一定可以打败匈奴。"这一招正中武帝下怀,在马邑这个当年匈奴包围韩王信迫使他投降而后让汉高祖蒙受平城之辱的地方打一场伏击战并战而胜之,不消说有着特殊的意义。现在天时、地利都有了,武帝于是诏问公卿:"朕饰子女以配单于,金币文绣赂之甚厚,单于待命加嫚,侵盗亡已。边境被害,朕甚闵之。今欲举兵攻之,何如?"表面上是征询大臣的意见,但是武帝首先明确提出了自己倾向性的意见:欲举兵攻之。尽管决策程序上还要经过朝廷大臣一番讨论,但对匈奴开战这个决心一经皇帝宣明,已是无可动摇了。"举兵攻之"成了武帝时期对匈奴政策的基调,和亲那一页屈辱的历史就这样被武帝轻轻翻过。这一次,朝廷的主战派代表王恢与主和派代表韩安国进行了一场更加激烈的论辩。

王恢说:"陛下即使不说,我本来也主张攻打匈奴。我听说战国时期天下未统一,北有强胡,中原内乱,但各国尚能抚养其人民,根据时节来耕种,国家百姓仓廪充实,匈奴不敢轻易侵犯。现在凭借着陛下您的威严,天下统一,军队据边关、守要塞,粮食车马运输齐备。可是匈奴却侵犯劫掠不已,没有别的原因,就是他们没有畏惧心理的缘故,所以我认为要用武力教训一下他们。"

韩安国反驳说:"我认为不是这样。我听说高皇帝曾被匈奴围困在平城,忍着饥饿,七日未进食,天下人都传唱着悲苦的歌声。等到围困解除,返回京师后,却没有怨恨愤怒的心情。圣人应当以天下为重,宽宏大度,不因自己的个人私怨做出有害天下的事情。因此高皇帝派遣刘敬奉黄金千斤,跟匈奴和亲,到现在历更五帝都从中得到好处。孝文皇帝曾经统率天下精兵强将在广武常溪集结,到头来毫无建树,可是天下的老百姓没有不忧虑的。孝文皇帝懂得战事不可久拖不决,因此再次与匈奴订立和亲之约。这两个开明皇帝的事迹,足以供当今效法。我认为不进攻方为上策。"

王恢又说:"我听说五帝的礼仪互不因袭,三皇的礼乐也不重复,这并不

是故意违反前世之法，各代都按照当时的实际情况制定适宜的法令礼仪。况且高皇帝身披坚甲，手执锐器，冒着晨雾朝露，顶着严寒霜雪，在位将近十年，他之所以不去报复平城之难的怨恨，并不是力量不足，是为了让天下的老百姓休息，使他们心里安宁。现在边境数次遭到侵袭，士兵死伤累累，境内灵车相望。这是仁人志士所痛心疾首的情况，我坚决认为进攻反击才对国家有利。"

韩安国接着说："我听说利益达不到十倍时绝不改变原来的职业，功利达不到百倍时绝不更改固定的事业，因此古代的人君谋划事情时必以祖宗成法为例，这是做事难的缘故。自三代强盛以来，夷狄并没有跟随中国改正朔易服色，向中原国家表示臣服，这并不是因为威严不足以制服他们，强大不足以使他们顺从，而是因为远方绝地不可管教的民众，用不着烦劳中国去管。况且，匈奴的军队兵马剽悍迅速，来如疾风，去像闪电，他们以畜牧为业，使用弓箭打猎，追逐禽兽，跟随水草，居无定所，很难制服。现在让边郡之民长久地放弃耕织，去应付匈奴习以为常的事，这样做得不偿失。所以我认为不进攻有利。"

王恢说："我听说凤鸟乘风而飞，圣人因时而制。过去秦穆公定都雍城，土地方圆三百里，知道时气机缘的变化，攻取西戎，开辟疆土千余里，吞并十四国，陇西、北地从此成为秦的领地。到后来蒙恬率领军队为秦国进攻匈奴，开辟领土数千里，把黄河以南全部划归秦国，用泥土、石块垒砌长城，种植榆树作为屏障，致使匈奴人不敢到黄河边饮马，置烽燧然后才敢放牧。对匈奴人只能以威严制服，而不能够用仁义教养。现在凭借汉朝的强盛，有万倍于匈奴的资财，分出其中的百分之一用来进攻匈奴，就好像是用强劲的弩机来射穿溃烂的毒疮，必定不会遇到什么阻碍。征服了匈奴，向北可使月氏臣服。所以我说用兵征伐有利。"

韩安国继续辩驳："我听说凡用兵打仗，一定要以饱待饥、整顿治理自己而待敌人混乱，安定休息而待敌人劳累。这样两兵相接，打败敌人，征伐敌国，摧毁他们的城池，经常轻而易举就可以奴役敌国，这是圣人用兵之法。况且我听说，疾风冲突而起，等到衰微之时甚至不能吹起羽毛；强弩之末，力量不能穿过鲁缟。因此，盛极则必衰，正像早晨一定会转入晚上一样。现在将要披挂坚甲轻率出击，深入敌人的纵深，一定很难取得成就，建立功业。纵向深入则两翼受到威胁；横向深入则中路容易被击破。军行迅速，则粮食匮乏，供应不上；行动慢了，则不能获得胜利，未等到深入千里之地，人马就会缺乏粮食。诚如兵法上所说：'把军队送给敌人，让他们俘获。'如果主张用兵的人有其他的技巧和办法可以擒拿敌人，那我就不得而知了。如果不是这样，那么我看不到深入敌人纵深进攻会有什么好处。因此，我仍然主张不用兵有利。"

王恢说："草木如遭霜打就经不起风吹，很快凋零；清水像明镜一样，在它里面美与丑都可以显现出来；精通大道、学问渊博的人，不可能用语言打乱他的心思。现在我所说进攻的办法，本来就不是一定要发兵深入匈奴腹地作战，而是顺从匈奴的欲望，利诱他们来到边境，我们选择精明、强干、勇敢、迅猛的骑兵部队偷偷伏击他们。我们的大势确定下来后，在匈奴来的路上前后左右都安营扎寨，进可以抵挡，退可以断绝其后路，这样我们可以一举将单于擒拿，大获全胜。"

双方你来我往，谁也说服不了谁，最后还是武帝一锤定音：战！

这一年夏天的六月，武帝任命御史大夫韩安国为护军将军、卫尉李广为骁骑将军、太仆公孙贺为轻车将军、大行王恢为将屯将军、太中大夫李息为材官将军，统率车兵、骑兵、步兵共三十多万人悄悄埋伏在马邑附近的深沟高壑中，等单于进入马邑就挥师出击。汉军派聂壹充当间谍，佯装逃亡到匈奴人那儿，对单于说："我能杀死马邑县的县令和县丞，献城归降，您可以得到全城的全部财物。"聂壹的甜言蜜语很快取得了单于的欢心和信任，单于认为聂壹说得对，同意了他的计划。聂壹返回马邑县城，斩杀了死刑囚犯，将死囚的首级悬挂在马邑城头，用来假冒县令、县丞，让单于的使者看见，以此作为他叛变投诚的证明。聂壹对匈奴使者说："马邑县的长官已经被杀死了，你们赶快来！"单于信以为真，统率十万骑兵越过边境进入武州塞（在今山西左云县至大同市西一带）。走到距离马邑县城还有一百多里的地方，单于见牲畜遍野，却没有一个放牧的人，感到奇怪，他命令进攻一个哨所以探虚实。当时一个雁门尉史恰好在这里巡逻，他发现了敌人，便去保卫这个哨所，单于派人抓住了他，威胁要杀掉他，尉史乞降，供出了汉军的伏兵计谋。单于大吃一惊，说：

"我本来就怀疑其中有诈。"立即率兵撤退。西汉伏军接报后立即追到边塞，匈奴军队已逃得无影无踪，汉军估计追不上了，只得全军撤回。王恢指挥一支三万人的部队从代地出发，准备袭击匈奴的后勤给养，听说单于已率十万大军返回，未敢出击而退。一场精心布置的伏击战就这样劳而无功，草草收场。

汉军兴师动众却未擒获匈奴一兵一卒，武帝非常恼怒，责怪王恢为何不袭击匈奴的后勤给养，王恢辩解："根据原来的计划，约定引诱匈奴进入马邑县城，主力部队与单于交战，我率军袭击他们的后勤给养，一定可以获胜。现在单于未到马邑就全军撤回，我只有三万人的兵力打不过匈奴的十万大军，硬拼只能是自取其辱。我知道撤兵回来是要杀头的，但是这样保全了陛下的三万将士。"王恢想的是保存汉军实力，而武帝要的是军威和士气，对王恢的畏惧怯弱不能容忍，于是将王恢交给廷尉审判。廷尉判决："王恢避敌观望，不敢出击，判处斩首。"王恢暗中向丞相田蚡行贿一千金，求他劝说武帝赦免自己的罪责，但武帝还在气头上，田蚡害怕逢彼之怒，不敢薄言往诉，转而对自己的同母异父姐姐王太后说："王恢第一个提出在马邑诱歼匈奴主力的计划，如果现在杀了王恢，等于为匈奴报了仇啊。"武帝朝见王太后时，太后把田蚡的话转告武帝。武帝说："王恢是马邑伏击的主角，我听从了他的建议，调集了几十万兵马，部署了这次军事行动。即使捉不到单于，王恢的军队如果袭击匈奴的后勤给养，仍然可以安慰将士们的心。如今不杀王恢，无法向天下人交代。"王恢得知了武帝的话，自觉没有脸面再活下去，就自杀了。

西汉首战无功而返，还白白损失一员大将，似乎预兆着西汉对匈奴的战争没有那么容易取得最终胜利。

三、双星闪耀击匈奴

马邑设伏像捅了马蜂窝一样彻底激怒了匈奴，西汉诉诸武力，匈奴也不甘示弱，"自是之后，匈奴绝和亲，攻当路塞，往往入盗于汉边，不可胜数"。据史书记载，从元光六年（前129）到元狩三年（前120）的十年间，除元朔六年（前123）外，其余每一年都有匈奴侵略西汉边境的事件发生：

元光六年（前129），春，匈奴入上谷，杀略吏民。秋，匈奴数盗边，渔阳尤甚。

元朔元年（前128），秋，匈奴二万骑入汉，杀辽西太守，略二千余人；又入渔阳、雁门，各杀略千余人。

元朔二年（前127），匈奴入上谷、渔阳，杀略吏民千余人。

元朔三年（前126），夏，匈奴数万骑入代郡，杀太守共友，略千余人。

秋，又入雁门，杀略千余人。

元朔四年（前125），夏，匈奴入代郡、定襄、上郡，各三万骑，杀略数千人。

元朔五年（前124），春，匈奴右贤王数侵扰朔方。秋，匈奴万骑入代，杀都尉朱英，略千余人。

元狩元年（前122），匈奴万人入上谷，杀数百人。

元狩二年（前121），匈奴入代、雁门，杀略数百人。

元狩三年（前120），秋，匈奴入右北平、定襄，各数万骑，杀略千余人。

面对匈奴的武力挑衅，西汉开弓没有回头箭，只能以硬对硬、以强斗强。十年间，双方频频交战，其中西汉大军主动出击匈奴的重大战役则有五次，分别是上谷战役、河南战役、朔方定襄战役、河西战役和漠北战役。担纲这五大战役主角的是西汉军中的"双子星"卫青和霍去病，前三次战役的主将是卫青，第四次由霍去病担任主将，最后一次则由卫青与霍去病联袂向匈奴发起攻击。

从小家奴到大将军：卫青的三大战役

卫青（？—前106），字仲卿，河东平阳（今山西临汾市）人，他的父亲郑季是平阳县吏，在平阳侯家中供职当差。平阳侯就是西汉开国元勋、"萧规曹随"的那个曹参，曹参的曾孙曹寿世袭侯爵并娶了武帝的姐姐阳信公主（又称平阳公主）为妻。卫青的母亲卫媪是平阳侯家的奴婢，郑季和卫媪私通生下卫青。卫青有同母大哥卫长君、大姐卫君孺、二姐卫少儿、三姐卫子夫、二哥卫步广，他排行最末。卫青小时候由父亲抚养，在家里地位低下，本该上学的年纪，父亲却让他上山放羊，郑妻亲生的几个儿子更是把他当作奴仆看待，兄弟排行的时候直接将他忽略不计。灰暗苦涩的童年让卫青颇感自卑，有一次他去到甘泉宫囚犯居室，有个会相面的犯人对他说："你是贵人，将来会做官封侯。"卫青听了，一点儿也高兴不起来，只是苦笑道："奴婢生的儿子，能不挨打受骂就满足了，怎么会有封侯那样的美事呢！"历史上许多杰出的人物在未发迹之前都没有什么宏图大志。

建元二年（前139）三月上巳，武帝被禊灞上，返回皇宫途中到他姐姐平阳公主家里做客，结果看中了卫青的姐姐、在平阳侯家当歌女的卫子夫。彼时武帝尚膝下无子，平阳公主将卫子夫送入宫中，卫子夫怀胎生子后宠盖后宫，让一直没有生子的陈皇后极为嫉妒恼怒，好几次差点给活活气死。陈皇后就是武帝姑姑大长公主刘嫖的女儿。

卫青长大后在平阳公主家中当骑奴，经常随从平阳公主，姐姐卫子夫得宠后，他在建章宫谋了一份普通的差事，寂寂无名。大长公主刘嫖看到自己的女儿被武帝冷落而卫子夫恩宠日隆，她奈何不了卫子夫，便迁怒于卫青，抓住卫青将他囚禁起来准备杀掉他。卫青的好友、骑郎公孙敖纠集几个壮士硬是把卫青给抢了回来，卫青才免于一死。劫后余生的卫青因祸得福，武帝本来就对陈皇后吃醋耍泼非常恼火，得知大长公主想杀掉卫青，他索性召见卫青并任命他为建章宫的宫监，还给卫青侍中的官衔，过了不久，又任命卫青为太中大夫。马邑设伏之后，汉匈战争正式拉开了序幕，卫青受到武帝的青睐出任高级军事将领，从此开启了他屡建奇功、富有传奇色彩的军事生涯。

上谷战役

匈奴在马邑遭汉军设伏虚惊一场后，虽然断绝了与西汉的和亲并疯狂地侵扰汉朝边境，但是他们贪图西汉的财物，仍然愿意跟西汉进行边市贸易，西汉也顺从匈奴的愿望，"关市不绝以中其意"，汉匈边境贸易市场还是一派热闹和平的景象。

元光六年（前129）秋天，西汉派出四路兵马从今天河北到山西、内蒙古一带的长城边境出击匈奴：卫青为车骑将军，出上谷（治所在今河北怀来县）；公孙敖为骑将军，出代郡；公孙贺为轻车将军，出云中；李广为骁骑将军，出雁门（治所在今山西右玉县）。他们各率领一万骑兵，在长达数百公里的战线上同时向长城边关的匈奴军队发起攻击。由于西汉的四路大军各自独立作战，四个战场所遇到的匈奴兵力不同，四路大军的战果也不同，总的来看是失败多于胜利：公孙贺没有遇到敌人，他的军队一无所获；公孙敖遭遇强敌，损兵七千；李广遇上匈奴大部队，惨败，"所失亡多"，李广被匈奴活捉，后来脱身逃回；只有卫青率领的一路骑兵取得胜利，他们直捣匈奴茏城，斩敌七百人。茏城在今天内蒙古锡林郭勒盟东、西乌珠穆沁旗附近，是匈奴的政治、宗教中心，匈奴人每年五月定期在这里举行集会和祭祀（《史记·匈奴列传》：

五月，大会茏城，祭其先、天地、鬼神）。卫青取得的胜利具有重大意义，匈奴是一个非常迷信的民族，茏城被捣对其精神信仰是一次沉重打击。更重要的是，这是西汉军队对匈奴由防御转为进攻后取得的第一次胜利，更是西汉军队第一次深入匈奴境内展开运动战。卫青的军队能够长驱直入打到匈奴的茏城凯旋，对西汉军队的士气和信心都是极大的鼓舞，西汉不再害怕与匈奴交战，更不需要讨论是战是和的问题了。汉军四路兵马班师回朝后，只有卫青一人受赐爵关内侯，公孙贺不赏不罚，公孙敖和李广按律当斩，武帝恩准他们赎罪为庶人，同时为了鼓舞将士继续跟匈奴作战，赦免了公孙敖、李广所部士卒的罪责。

匈奴不肯善罢甘休，当年冬天就对西汉进行报复，《汉书·匈奴传》云："其冬，匈奴数千人盗边，渔阳（今北京市密云区）尤甚。"第二年（前128）秋天，"匈奴二万骑入汉，杀辽西（治所在今辽宁义县西）太守，略二千余人。又败渔阳太守军千余人，围将军安国。安国时千余骑亦且尽，会燕救之，至，匈奴乃去，又入雁门杀略千余人"。安国即韩安国，就是那个当初主张跟匈奴和亲的御史大夫，《汉书》说他"为人多大略，知足以当世取舍"，可惜他才高命蹇，生不逢时。他做了五年的御史大夫，元光四年（前131）丞相田蚡薨后，他本已代理丞相职务，武帝正想给他转正，他却在一次给武帝导引马车时不小心从车上摔下来断了腿，等他腿伤好了之后丞相职位已属他人。这个时候他是以材官将军的身份屯守渔阳。有一天，汉军抓到一个匈奴活口，从其口中得知匈奴已经撤兵远去，当时正是农忙时节，韩安国上书武帝请求撤掉屯守渔阳的士卒，只留下不到一千人。谁知过了一个多月，匈奴大部队气势汹汹杀了个回马枪，"虏略千余人及畜产去"。武帝龙颜大怒，"使使责让安国"，并将韩安国调离渔阳去屯守右北平（治所在今辽宁凌源市）。受此打击的韩安国自责抑郁了好几个月，最后呕血而死。韩安国是马邑设伏的汉军主将，他的死对西汉来说是个不小的损失。

官场总是有人失意有人得意。卫青经过上谷战役的淬炼，军事才能得到了充分展示，一跃成为西汉军中一颗冉冉升起的将星。卫青的成长历程，是实实在在的从奴隶到将军的升华过程，这固然少不了因裙带关系得到武帝的格外器重,但是卫青本人的军事才干才是他一步一步成长为杰出将领的关键因素。如果他自己没有建立军功,在那个时代想被封侯几乎是不可能的,因为刘邦曾经有言在先:非有功不得侯。西汉对将士的赏罚是很严格分明的,公孙贺是卫青的姐夫,也是武帝的连襟,武帝还是太子时,公孙贺就是太子舍人,武帝即位,公孙贺官至太仆,在上谷战役中他兵出云中,因为没有战功,回来后没有得到封赏。"青虽出于奴虏,然善骑射,材力绝人;遇士大夫以礼,与士卒有恩,众乐为用,有将帅材,故每出辄有功。天下由此服上之知人。"卫青在上谷战役之前完全没有带兵打仗的经验,武帝敢于起用新人,他启用卫青毫无疑问是用对了人,此后卫青便成为汉军攻打匈奴的主将。

河南战役

《史记·匈奴列传》《汉书·匈奴传》里说的"河南",并不是今天的河南省,而是指内蒙古境内黄河以南的地区。黄河流入宁夏以后沿着贺兰山缓缓向北流动,受到内蒙古境内阴山的阻挡,改变流向朝东流去,再受到山西境内吕梁山的阻挡,沿着吕梁山向南流,这一路走来,形成一个大大的"几"字。在这个"几"字内的地区被形象地称为"河套地区",范围大致在贺兰山以东、阴山以南、吕梁山以西、长城以北,包括宁夏平原、鄂尔多斯高原和黄土高原的部分地区,分属现在的宁夏、内蒙古和陕西,属于今天内蒙古自治区管辖的河套地区即史书中所说的"河南地"。这里原本是匈奴的领土,秦始皇派大将蒙恬赶跑匈奴占领此地,秦末汉初中原大乱时又被冒顿单于趁机夺回,居住在这里的是楼烦王和白羊王两个部族,直到西汉发起河南战役之前,这片土地一直被匈奴控制着。元朔二年(前127),武帝决定再次发动战争,攻击目标选定河南地。

如果说两年前西汉大军分四路出击匈奴是为了遏制其侵扰西汉边境,兼有意试探匈奴军事实力的话,那么两年后武帝将攻击目标瞄准河南地则具有深远的战略眼光。河南地距离长安很近,匈奴骑兵一昼夜即可杀到,当年刘敬曾经预见到这个潜在的危险,建议刘邦移民充实关中,加强对匈奴的防范。武帝决定攻打河南地,跟刘邦当年的思路一脉相承。河南地是一块宝地,土地肥沃,

水草丰美，放牧农耕两相宜，是匈奴的粮仓，攻下此地的战略意义自不待言。

卫青受命从云中出击匈奴，一路向西直逼高阙（在今内蒙古杭锦后旗西北），威胁匈奴右贤王，使其不得南下救援，然后挥师向南直抵陇西，进军的路线状似腾飞的马蹄形。汉军沿着长城边的榆溪旧塞前进，主动寻找敌人与之决战。他们横越梓岭，架桥渡过北河，一举荡平匈奴蒲泥、符离二王，斩杀精锐敌兵首级二千三百级，俘虏匈奴兵三千零一十七人，缴获马牛羊一百多万头，将居住在河南的匈奴楼烦王和白羊王赶跑，"遂西定河南地"。武帝认为这是一个巨大的胜利，因此封卫青为长平侯，封卫青的两个校尉苏建为平陵侯、张次公为岸头侯。武帝说：

> 匈奴逆天理，乱人伦，暴长虐老，以盗窃为务，行诈诸蛮夷，造谋籍兵，数为边害。故兴师遣将，以征厥罪。《诗》不云乎？"薄伐猃狁，至于太原"；"出车彭彭，城彼朔方"。今车骑将军青度西河至高阙，获首二千三百级，车辎畜产毕收为卤，已封为列侯，遂西定河南地，案榆溪旧塞，绝梓领，梁北河，讨蒲泥，破符离，斩轻锐之卒，捕伏听者三千一十七级。执讯获丑，驱马牛羊百有余万，全甲兵而还，益封青三千八百户。（《史记·卫将军骠骑列传》）

武帝说卫青"全甲兵而还"，可见汉军这次收复河南地所付出的代价很小。《史记》是这样记载的：

> 其明年，卫青复出云中以西至陇西，击胡之楼烦、白羊王于河南，得胡首虏数千，羊百余万。于是汉遂取河南地，筑朔方，复缮故秦时蒙恬所为塞，因河而为固。汉亦弃上谷之斗辟县造阳地以予胡。是岁，元朔二年也。

西汉在时隔八十年左右夺回河南地。匈奴失去了这块宝地，经济上的损失自不消多说，其痛心疾首是可想而知的。

武帝随即派遣苏建征调十余万民夫建造朔方城。朔方城在今天内蒙古鄂尔多斯一带，《汉书》颜师古注："当北地郡至北，黄河之南也。"筑城的建议是主父偃提出来的，他对武帝说："朔方地肥饶，外阻河，蒙恬城之以逐匈奴，内省转输戍漕，广中国，灭胡之本也。"武帝让大臣们商议，大臣们都说那样做耗费太大，对西汉不利，但武帝力排众议，采纳了主父偃的意见，在财政紧张的情况下，宁愿放弃经略西南夷也要筑朔方城。朔方城筑好后，西汉设置了朔方郡，又修缮秦朝时期蒙恬所建造的要塞，利用黄河天险作屏障，接着从内地募民十万移居朔方，加强保卫，防范匈奴。这样不但解除了匈奴骑兵对长安的直接威胁，也建立起进一步打击匈奴的前方基地。两年后，西汉军队就从朔方郡出发，将匈奴右贤王打得溃不成军。当然，建造朔方城代价也不小，水陆运输的路程十分遥远，自崤山以东的地区，人民都蒙受运输的劳苦，耗资高达数百万，府库钱粮为之一空。西汉还放弃了上谷郡所辖的与匈奴犬牙交错的僻远县份造阳县（在今河北赤城县独石口以北、滦河上游闪电河一带），把这片土地拱手让给了匈奴。

朔方、定襄战役

匈奴丢掉河南地的第二年（前126）冬天，军臣单于在忧愤中死去。他在位三十五年，与他的祖父冒顿一样，是在位时间最长的匈奴单于，分别跟文帝、景帝、武帝打过交道，他在位期间匈奴的内政外交发生了重大变化。匈奴遭到西汉武力讨伐，不但丧失了和亲带来的稳定的经济利益，而且在西汉强大的武力攻击下，匈奴陷入了被动挨打的局面。匈奴土地贫瘠、人口稀少，西汉地大物博、人口众多，还有一位雄心勃勃的皇帝和一群能征善战的军事将领，双方的军事、经济实力根本不在同一个层次。自从西汉展开武力反击，匈奴虽然在局部战争中偶尔能获取小胜，但始终无法积小胜成大胜；相反，西汉却以一次又一次的大捷将匈奴逼入困境、绝境，这样的转变正是从军臣单于时期开始的。军臣单于死后，匈奴的权力交接出了问题，内部发生了争夺最高领导权的斗争。按照匈奴单于的传位规则，左贤王是单于的储副，一般情况下是继任单于的不二人选，而左贤王一般由现任单于的太子担任，所以自冒顿以来匈奴单于

传位的规则一直是父死子继。军臣单于死后，他的弟弟、左谷蠡王伊稚斜依仗自己手里的兵权，率军打败军臣单于的太子於单，自立为单于，匈奴单于的传位规则从此被打破。伊稚斜靠武力篡夺单于宝座，给匈奴内部团结和权力交接埋下了隐患，是后来匈奴发生五单于并立，最终不得不向西汉称臣的伏笔。

於单太子无力与他叔父抗争，被迫逃亡西汉，西汉张开双臂欢迎他的到来，封他为涉安侯。过了几个月，於单病死在长安。於单不向西逃往西域国家却向南逃奔西汉，说明西汉在他心目中是可以依靠的对象，这对正在跟西汉打仗的匈奴来说是一个讽刺和打击，对后来呼韩邪单于向西汉称臣可能也有一定影响。

匈奴的内乱除了把太子於单逼到长安，也把出使西域被匈奴扣押的张骞送回了西汉，张骞趁着匈奴大乱逃回长安。《史记·大宛列传》：

> 骞从月氏至大夏，竟不能得月氏要领。留岁余，还，并南山，欲从羌中归，复为匈奴所得。留岁余，单于死，左谷蠡王攻其太子自立，国内乱，骞与胡妻及堂邑父俱亡归汉。

这个单于就是军臣单于，左谷蠡王就是伊稚斜，而太子就是於单。张骞能够摆脱匈奴的看管逃回长安，说明匈奴内部的混乱已经到了非常严重的程度。

匈奴不甘心河南地被西汉夺回，恼羞成怒的伊稚斜单于对西汉的报复性侵略几乎到了疯狂的地步，他自立为单于的那一年就大规模入侵西汉边境。最大规模的时候匈奴出动九万人袭击西汉代郡、定襄郡和上郡，其来犯兵马之众，仅次于文帝十四年"匈奴老上单于十四万骑入朝那萧关"那一次。《史记·匈奴列传》：

> 伊稚斜单于既立，其夏，匈奴数万骑入杀代郡太守恭友，略千余人。其秋，匈奴又入雁门，杀略千余人。其明年，匈奴又复入代郡、定襄、上郡，各三万骑，杀略数千人。匈奴右贤王怨汉夺之河南地而筑朔方，数为寇盗边，及入河南，侵扰朔方，杀略吏民甚众。

面对来势汹汹的敌人，史书上没有西汉当即出动大军反击的记载，可能是因为这一年武帝的母亲王太后去世了，同时，出使西域的张骞刚刚回到长安，武帝也需要重新评估对匈奴的这场战争。

最后武帝决定出动大军讨伐右贤王，保卫朔方城，捍卫此前河南战役取得的胜利果实。元朔五年（前124）春天，武帝命令车骑将军卫青统率三万骑兵出高阙；卫尉苏建担任游击将军，左内史李沮担任强弩将军，太仆公孙贺担任骑将军，代国相李蔡担任轻车将军，悉归车骑将军卫青节制，统一兵出朔方；大行李息、岸头侯张次公担任将军，兵出右北平。西汉军队兵力合共十余万人，出塞行军六七百里夜袭匈奴右贤王。右贤王的辖地就在朔方郡的正北面，他以为汉军距离遥远不能突袭，因此毫无顾忌地在军营里饮酒作乐，喝得酩酊大醉。西汉军队趁着夜幕降临"神兵天降"，出其不意地包围了右贤王营地。右贤王大为惊骇，慌乱中只带着一个爱妾和几百个精壮骑兵夺命狂奔，冲破汉军包围圈后向北逃去。汉军轻骑校尉郭成等拍马追了几百里，没有追上。右贤王和他的爱妾及一众部下逃之夭夭。这次突袭，西汉军队俘虏匈奴右贤王属下小王十余人、兵民男女一万五千多人、牲口数十上百万头。卫青率师凯旋，捷报早已飞传到了长安未央宫。武帝龙颜大悦，特派使者捧着大将军印迎接卫青，当卫青回到边塞时，就在军中任命卫青为大将军。卫青回到长安后，武帝又给卫青的三个儿子和参与此次战役的将军、校尉封侯赏赐。

遭受打击的匈奴不甘示弱。这一年秋天，匈奴一万多骑兵袭击了西汉的代郡，杀死都尉朱英，掳掠走一千余人。此后双方你来我往，战争进入白热化状态。

与朔方郡东边相邻的定襄郡（治所在今内蒙古和林格尔县）也是连年遭受匈奴入侵的重灾区，匈奴大肆劫掠定襄必然会殃及朔方城。因此，武帝决心对这一带的匈奴军队进行讨伐。元朔六年（前123）春，卫青以大将军的身份统帅十余万兵马，合骑侯公孙敖担任中将军、太仆公孙贺担任左将军、翕侯赵信担任前将军、卫尉苏建担任右将军、郎中令李广担任后将军、左内史李沮担任强弩将军，从定襄出发，行军数百里，一举歼灭匈奴几千人。随后，西汉军队班师回到定襄、云中、雁门休整。同年夏天，原部兵马再次从定襄出击匈

奴,这次歼灭了匈奴骑兵一万多人,但是汉军也遭受不小损失:右将军苏建和前将军赵信两军合并计有骑兵三千多人,这支部队遇到了匈奴单于的主力,双方激战一昼夜,由于兵力悬殊,汉军几乎全军覆没。前将军赵信原是匈奴人,投降西汉后被封为翕侯,此时他看到情况危急,匈奴又来引诱他,他便率领残余骑兵约八百人投降了匈奴。右将军苏建全军阵亡,他只身逃回大将军卫青的大营,卫青将他押送到武帝巡行处所,武帝赦免了他的死罪,恩准他赎罪为庶人。

西汉军队这两次大规模出击匈奴,斩敌不到两万人,损失了苏建、赵信所率的两支部队共三千多骑兵,翕侯赵信投降匈奴。所以总的来说军功不多,武帝只赏赐了千金给卫青,没有加封他的爵位。

霍去病夺河西走廊

卫青指挥的定襄战役虽然损兵折将,但也有亮点。其一是刚从西域回来不久的张骞这次以校尉身份随军出征,由于他曾经出使西域,熟悉地形,知道哪些地方有水草,朝廷命令他担任部队的向导。张骞不负所望,西汉军队行军途中没有遭受饥渴,加上张骞出使西域有功,武帝封他为博望侯。其二是年仅十八岁的霍去病(前140—前117)第二次跟随卫青出征,担任票姚校尉,带领八百名轻骑勇士远离卫青的大部队几百里,孤军深入奇袭匈奴,歼敌二千零二十八人,活捉相国、当户,杀死单于的祖父辈籍若侯产,生擒单于叔父罗姑等人,功劳勇冠全军,被封为冠军侯,食邑二千五百户。霍去病是卫青二姐卫少儿的儿子,他的父亲霍仲孺以平阳县吏的身份在平阳侯家里当差,跟卫少儿私通生下霍去病。霍仲孺差事完成后回到家中,与卫少儿断了关系,不通音信,卫少儿后来嫁给西汉开国元勋陈平的曾孙、詹事陈掌。霍去病因为是皇后姐姐的儿子,又"善骑射",从小就受到武帝恩宠,十八岁时任职侍中。年纪轻轻的霍去病表现抢眼,成为西汉军中继卫青之后冉冉升起的一颗更加耀眼的明星。

公元前122年冬季十月,武帝巡幸至雍,祭祀五帝(即青帝、白帝、赤帝、黄帝、黑帝),在郊外猎获一头只有一只角却有五个蹄子的怪兽,有人说这就是麒麟，乃上天所降祥瑞。武帝听了心情舒畅，作《白麟》之歌以记之，诏令改年号曰"狩"，这一年即元狩元年。

元狩二年（前121），陇西郡（治所在今甘肃临洮县）春天的冰雪还没有完全消融，风卷戎旗，战马嘶鸣，骠骑将军霍去病率领一万名精锐骑兵从这里出发，对居住在今天河西走廊一带的匈奴发起春季攻势。汉军雄武赳赳地越过乌盭（古"戾"字）山，迅疾地以雷霆之势荡平匈奴遨（古"速"字）濮部落，旋即策马渡过狐奴河，风卷残云般横扫五个匈奴王。汉军越过焉支山一千余里，辗转战斗了六天，跟匈奴短兵相接，鏖战于皋兰山下，杀死折兰王，砍下卢侯王的头，诛杀顽抗的敌人，险些捉到单于的儿子，俘虏浑邪王的儿子和相国、都尉，杀敌和俘虏共八千九百六十人，缴获休屠王的祭天金人，使匈奴交战的士卒减损大约十分之七，而汉军几乎没有损失。

祭天金人是匈奴人用来祭天的道具，据说形状跟希腊战神阿瑞斯相像；匈奴祭天的地方原本在云阳甘泉山下，秦夺其地，后徙至休屠王右地，故休屠王有祭天金人。不料此番遭到汉军袭击，匈奴的宝贝成了汉军的战利品，这对匈奴的精神信仰是一个沉重的打击。

同年夏天，西汉军队继续向盘踞河西走廊的匈奴军队发起夏季攻势。霍去病与合骑侯公孙敖一齐从北地郡出发，兵分两路。霍去病从北地郡出发后，公孙敖因走错了路，没能够及时赶到约定地点与霍去病会师。霍去病孤军长驱直入匈奴腹地两千多里，雄俊的军马蹚过钩耆河和居延泽，直扑小月氏，攻占祁连山，扬武于鱳得（古县名），俘虏单于手下的单桓王、酋涂王，还有相国、都尉率领部众共二千五百人向汉军投降。在整个河西战役中，汉军共斩首三万零二百级，俘虏五个匈奴王以及王母、单于阏氏、王子等五十九人，相国、将军、当户、都尉六十三人，使匈奴交战的士卒大约减损了十分之三。

河西战役是西汉对匈奴作战以来最为巨大的胜利。武帝论功行赏，加封霍去病五千四百户，其他将士也多有封赏；合骑侯公孙敖因行军滞留未能够与骠骑将军会师，罪当斩首，武帝准其赎罪为平民。从此，霍去病日益受到武帝的宠爱而显贵，地位与大将军卫青平起平坐。

在霍去病率军征讨匈奴之前，匈奴侵袭代郡、雁门郡，杀略数百人，因

此，武帝同时派博望侯张骞、郎中令李广从右北平郡出发攻打匈奴，也是兵分两路。他们虽然事先约好会合的时间和地点，但李广率四千骑兵先到目的地，张骞率领的一万人马却迟迟不见踪影。匈奴左贤王率领四万骑兵包围了李广部，李广指挥军队与十倍于己的敌人激战两昼夜，伤亡过半。就在李广部马上要弹尽粮绝的时候，张骞的大部队赶到，匈奴军队见汉军有增援，遂解围而去，汉军疲惫不能追击，没有给匈奴造成大的杀伤。李广功过相抵，没有封赏，张骞因为部队行动迟缓，罪当斩首，朝廷准其赎罪为平民。

驻守匈奴右地的浑邪王和休屠王几次被汉军打败，被歼灭、俘虏的士卒共有数万之众，伊稚斜单于对此十分恼怒，他想借这次兵败把浑邪王和休屠王召来杀掉以肃军威。浑邪王和休屠王很害怕，两人密谋投降西汉，派使者在边境拦截经过的汉人，让汉人向朝廷报告。大行李息当时正在黄河边筑城，见到浑邪王的使者后，急派传车向武帝报告。武帝为防匈奴诈降偷袭，命令霍去病率军前往迎接。休屠王临阵反悔，混邪王孤注一掷杀掉休屠王，收编了休屠王所部兵马。霍去病的部队渡过黄河，与浑邪王的部队遥遥相望，浑邪王下属的裨王、裨将看到汉军，很多人害怕被杀而不愿投降，纷纷逃跑。霍去病立即驰马率军冲入匈奴军营，与浑邪王相见，将其企图逃跑的部下八千人悉数斩杀，护送浑邪王单独乘传车到武帝巡行所在，同时命令混邪王部属全部渡过黄河，投降的匈奴人共四万余人，号称十万。浑邪王抵达长安后，武帝赏赐他数十万钱，封漯阴侯，食邑一万户，封其裨王呼毒尼为下摩侯，雁疵为辉渠侯，禽黎为河綦侯，大当户调虽为常乐侯。西汉朝廷将投降的混邪王部属分别安置在陇西、北地、上郡、朔方、云中五郡关塞以外黄河以南的地方，让他们保持自己的风俗习惯，设立五个属国。所谓属国，就是"不改其本国之俗而属于汉，故号属国"，这是中国历史上最早的民族自治政策。从此，黄河边塞基本上消除了匈奴侵扰的忧患，除了偶尔有匈奴的军探出现，这一带基本上见不到匈奴人的影子。于是，西汉朝廷裁减了陇西、北地、上郡三个郡一半的戍边士卒，百姓的徭役也相应地随之减轻。

混邪王归降后，焉支山和祁连山一带遂为西汉所控制，西汉在这里设置了武威郡和酒泉郡。(《汉书·武帝纪》：秋，匈奴昆邪王杀休屠王，并将其众合四万余人来降，置五属国以处之。以其地为武威、酒泉郡。）元鼎六年（前111），西汉又在这里增设了张掖郡和敦煌郡。（《汉书·武帝纪》：乃分武威、酒泉地置张掖、敦煌郡，徙民以实之。）又《汉书·地理志》：

> 自武威以西，本匈奴昆邪王、休屠王地，武帝时攘之，初置四郡，以通西域，鬲绝南羌、匈奴。其民或以关东下贫，或以报怨过当，或以悖逆亡道，家属徙焉。习俗颇殊，地广民稀，水草宜畜牧，故凉州之畜为天下饶。保边塞，二千石治之，咸以兵马为务；酒礼之会，上下通焉。吏民相亲。是以其俗风雨时节，谷籴常贱，少盗贼，有和气之应，贤于内郡。此政宽厚，吏不苛刻之所致也。

四郡即武威及其西边的张掖、酒泉、敦煌，这里曾经是匈奴混邪王和休屠王的辖地，也就是我们今天熟知的河西走廊。这是一片沃土，山谷间水草丰美，养得牛肥马壮，山坡上万木森森，各色名贵树种是制造鸣镝的上佳材料；这里是西汉通向西域的必经之路，西汉夺得、控制此地，就像一把长长的匕首斜插在匈奴和南羌之间，使之彼此不能勾连为害。匈奴痛失这块宝地，悲伤的情绪长久地在国人心头萦绕、蔓延，每当秋风明月，深沉悠长的胡笳吹起，就会有人击节悲歌：

> 亡我祁连山，使我六畜不蕃息；失我焉支山，使我嫁妇无颜色。

霍去病自小跟随母亲生活，长大成人后才知道自己的父亲是霍仲孺，但从来没有去探访过。直到元狩二年（前121），霍去病被封为骠骑将军，率军攻打匈奴，路过河东，河东太守迎接霍去病到平阳侯家休息，霍去病派人请霍仲孺来相见。霍仲孺急忙赶来，霍去病上前迎接揖拜，跪下说："去病早先不知道自己是您的骨肉。"霍仲孺伏地叩头说："老臣能把命运寄托给将军，这是上天所助啊！"霍去病为父亲购置了大量的田地、房宅、奴婢后离开。凯旋的时候，霍去病又经过河东，将同父异母弟霍光（？—前68）带到长安。当时

霍光才十几岁，因为霍去病的关系，被武帝任命为郎官，不久迁升为诸曹侍中、奉车都尉、光禄大夫，武帝临终之时拜大将军、大司马，受命托孤辅政，封为博陆侯。霍光对武帝去世后直至宣帝初期的西汉政局具有举足轻重的影响。

双星合璧亮剑漠北

匈奴虽损兵失地却仍然顽强不屈，于元狩三年（前120）秋再次大规模入侵右北平和定襄郡。入侵两地的兵马各有数万人，杀死和掳掠了汉朝军民一千余人。第二年，汉军出其不意发动漠北战役，卫青、霍去病舅甥联袂亮剑，对匈奴的军事有生力量予以毁灭性的打击。

赵信原本是匈奴一个部落的首领，元光四年（前131）投降西汉，被封为翕侯。《汉书·景武昭宣元成功臣表》记载，他在元朔二年（前127）河南战役中因功"益封千六百八十户"。元朔六年（前123），赵信在定襄战役中对匈奴作战失败，临阵倒戈，投降回到匈奴。赵信在西汉生活了八年，曾数次随西汉军队征讨匈奴，对西汉的文化风俗、国力民情、军事实力和战略部署都可能相当了解，所以单于很重视他，不仅封他为自次王，在匈奴的地位仅次于单于，而且还让他成为自己的姐夫——伊稚斜单于将姐姐嫁给赵信为妻。赵信受到重用，经常为单于出谋划策。匈奴在战场上接连受到打击，赵信建议单于采取防御措施对付汉军的进攻，具体建议有二：一是避汉军锋芒，将兵力撤退到沙漠北边，与南边的汉朝边境之间空出辽远的距离，以逸待劳引诱汉军深入，等到汉军长途行军极度疲劳时再出击；二是学习西汉建造城邑，储备粮食，汉军胆敢长途来袭，匈奴就严阵以待与之决战。单于听从了他的计谋，在阗颜山（在今蒙古国境内杭爱山南面）建造了汉式城郭，筑屋储粮防御汉军，史称"赵信城"。

退守漠北的匈奴满以为可以高枕无忧，哪知武帝的军事韬略棋高一着，他决定攻其不备远征漠北。元狩四年（前119）春，武帝跟诸将商议说："翕侯赵信为单于出谋划策，以为大汉军队不能穿越大沙漠，即使到了那里也不能久留。现在我们反其意而行之，发动大军突袭，一定可以达到我们的目的。"于是，他征选了十万匹用粟米饲养得高大健壮的战马，命令大将军卫青、骠骑将军霍去病各率领五万骑兵分两路突袭漠北，另有私人驮运行装的四万匹马、步兵士卒和辎重兵数十万人紧随其后。霍去病率领那些敢于深入敌阵不惧死战的士卒，起初准备从定襄出发，向北直扑单于王庭，后来捉到匈奴俘虏，招供说单于在东面，于是武帝改令霍去病从东边的代郡出发，令卫青从西边的定襄出发。郎中令李广为前将军，太仆公孙贺为左将军，主爵都尉赵食其为右将军，平阳侯曹襄（武帝姐姐平阳公主的儿子）为后将军，他们都归属大将军卫青指挥。霍去病率领的骑兵和辎重与大将军卫青的相等，但他没有副将，整个征程都任用李广的儿子李敢等人为大校，当作副将。赵信为单于献计说："汉军即使穿过大沙漠，兵马也很疲乏了，我们可以坐收俘虏。"单于深以为然，遂将辎重转移到北方，远离战阵，在沙漠北面布下精兵，严阵以待。

武帝本来一心让霍去病的敢死队对阵匈奴单于的嫡系部队，所以他根据匈奴俘虏的口供在大军出征前临时调换了卫青与霍去病的攻击方向，谁知这样调换之后，卫青的部队从定襄出发对阵的恰好是匈奴单于的嫡系部队，而霍去病的部队从代郡出发却意外地遭遇了匈奴左贤王部。

卫青命令李广部与赵食其部合并为一军，从东路北上，约定时间地点跟卫青的大部队会合。卫青亲率部队从定襄出塞跋涉一千多里，刚刚穿过沙漠，便隐隐约约看见匈奴正在排兵布阵。他立即下令将兵车环绕一周结成营阵，派出五千骑兵前去冲击匈奴兵阵，匈奴也派出一万余骑兵迎战。这时正值日落时分，陡然间狂风大作，飞沙扑面。日暮加上风沙，双方互相分辨不清敌我，战场上一片混乱。卫青趁机增派兵力从左右两翼包抄单于。（《史记·卫将军骠骑列传》：会日且入，大风起，沙砾击面，两军不相见，汉益纵左右翼绕单于。）单于见势不妙，驾着六匹健骡拉的车，率领几百名精壮骑兵冲破汉军的包围向西北遁去。天色已经昏黑，两军混战犹酣，双方死伤大致相当。（《史记·卫将军骠骑列传》：时已昏，汉匈奴相纷拏，杀伤大当。）汉军的左翼校尉擒获一个匈奴俘虏，供出单于在天未黑时已逃离战阵。卫青立即派出轻骑连夜追击，并亲自率领部队紧随其后。汉军追了二百多里，直到天亮了还是没有捉到单于。匈奴兵风闻单于已撤退，顿时无心恋战，四散逃跑。"月黑雁飞

高,单于夜遁逃。欲将轻骑逐,大雪满弓刀",唐代诗人卢纶这首朗朗上口的《塞下曲》,可以说正是汉军漠北大战匈奴的传神写照。是役,卫青所部汉军歼灭、俘虏匈奴兵一万九千余人。随后卫青挥师抵达阗颜山赵信城,缴获了匈奴囤积在这里的军粮,生火烹饪犒劳将士。汉军在赵信城歇息了一天即班师回朝,离开之前一把火将赵信城烧了个精光。但是,李广与赵食其的东路军没有及时赶到约定地点,错过了与卫青合围伊稚斜单于的战机。卫青派长史要求李广的幕僚写报告,接受听审,李广悲愤自杀。赵食其按律当斩,武帝允许他赎罪为平民。

匈奴单于逃走后,长时间没有跟他的部众会合,右谷蠡王认为单于已死,便自立为单于。十几天后,伊稚斜单于重新与其部众会合,右谷蠡王才去掉单于称号。

骠骑将军霍去病率领五万骑兵从代郡、右北平出发,跃马穿沙漠,涉水过沼泽,孤军向北挺进二千余里,与匈奴左贤王的军队展开正面交锋。汉军如猛虎下山,势如破竹,匈奴兵望风披靡,被杀得丢盔弃甲。汉军初战告捷,捕获单于近臣章渠,诛杀了匈奴小王比车耆,并将匈奴左大将所部打得节节败退,斩杀了敌军将领,摧毁了敌军军旗和战鼓。汉军乘胜一鼓作气翻越难侯山,渡过弓卢河,捕获了匈奴屯头王和韩王等三人,以及将军、相国、当户、都尉等八十三人;然后意气风发地登上狼居胥山祭天、在姑衍山祭地,站在高山上眺望北海(即今天的贝加尔湖)。是役,霍去病所部共歼灭、俘虏匈奴兵七万零四百四十三人。

这真是一场震古烁今的大捷,霍去病的五万骑兵只携带了少量的军需物资,孤军深入匈奴境内作战,"约轻赍,绝大幕",军队减员了就将俘虏编入补充战斗力,物资用尽了就从敌人手里缴获补给,"取食于敌,卓行殊远而粮不绝"。这种孤军深入的大规模运动战是古来未有的创举。霍去病毫无疑问是一位杰出的军事天才,也是一位铁血男儿,他总是一副自信满满的表情,有勇气,敢担当,话语不多却卓见非凡。武帝曾经要他学习吴起、孙武的兵法,他回答说:"打仗只看谋略,不必学习古代的兵法。"武帝替他修建了一座宅第,让他去看看,他说:"匈奴不灭,无以家为也。"武帝因此更加重视和宠爱他。

武帝深知好马要配好鞍,将最好的士卒和战马首先分派给霍去病。"是时,诸宿将所将士、马、兵皆不如票骑,票骑所将常选,然亦敢深入,常与壮骑先其大军;军亦有天幸,未尝困绝也。"霍去病没有辜负武帝对他的期望,以一场又一场酣畅淋漓的大胜仗为大汉耀扬国威,也让自己短暂而瑰丽的军事生涯在历史上留下闪光篇章。

漠北战役结束后,卫青和霍去病二人皆受封大司马,地位尊贵无比,卫青还娶了武帝的姐姐平阳公主。当初,卫青只是平阳公主的骑奴,卫青显贵以后,寡居的平阳公主问:"列侯当中谁最贤能?"左右的人都说大将军卫青。公主笑着说:"他在我家长大,常常骑马跟随我,他现在虽然贤能又怎么样呢?"左右的人说:"大将军现在尊贵无比。"于是,公主向卫皇后挑明自己的意思,皇后又如实转告武帝,武帝便让卫青娶了平阳公主。

西汉通过发动这五次大规模战役,沉重打击了匈奴,匈奴自此一蹶不振。

首先,匈奴的军事有生力量遭到了毁灭性打击。大将军卫青"凡七出击匈奴,斩捕首虏五万余级",骠骑将军霍去病六次出击匈奴,一共斩首虏十一万余级,加上混邪王投降的部队,粗略算来,匈奴被歼灭、俘虏和投降的人数至少有二十万,其军事有生力量已大大削弱。

其次,匈奴丢失了大片肥沃的土地。卫青于元朔二年(前127)收复河南地,霍去病于元狩二年(前121)占领河西走廊一带,两人联手于元狩四年(前119)发动漠北战役,霍去病的军队将匈奴左贤王的军队击溃,迫使匈奴整体向西移动,卫青的部队将漠北的单于赶跑,这样,匈奴东方及靠近汉朝北部边境的大片土地都空了出来。《史记·匈奴列传》:"是后匈奴远遁,而幕南无王庭。汉度河自朔方以西至令居,往往通渠置田官,吏卒五六万人,稍蚕食,地接匈奴以北。"匈奴丢失的这些领土都是非常有价值的土地,既可以耕种也可以放牧,而且有大量珍贵木材可资军用,是匈奴南下的根据地和跳板。《汉书·匈奴传》引述郎中侯应的话说:

> 周、秦以来,匈奴暴桀,寇侵边境,汉兴,尤被其害。臣闻北边塞至辽东,外有阴山,东西千余里,草木茂盛,多禽兽,本冒顿单于依阻其

中，治作弓矢，来出为寇，是其苑囿也。至孝武世，出师征伐，斥夺此地，攘之于幕北。建塞徼，起亭隧，筑外城，设屯戍以守之，然后边境得用少安。幕北地平，少草木，多大沙，匈奴来寇，少所蔽隐，从塞以南，径深山谷，往来差难。边长老言匈奴失阴山之后，过之未尝不哭也。

再次，西汉的武力打击动摇、瓦解了匈奴在西域的势力。西域国家原来皆役属匈奴，一开始慑于匈奴的威势，又不了解西汉的实力，不敢跟西汉往来通好，所以张骞两次出使西域均无功而还。经过武力征战，西汉大败匈奴，打通了通往西域的道路，也让西域国家看到了西汉的强大和富庶。此后，越来越多西域国家依附西汉，乌孙更是主动请求跟西汉联姻，匈奴在西域的统治地位开始逐渐瓦解。如果不发动武力征战并将匈奴打败，西汉要想在西域取得话语权几乎是不可能的。

最后，西汉的军事打击加剧了匈奴高层内部矛盾，匈奴内部人心涣散，逃降到西汉的部王非常多。武帝时期，匈奴部王投降西汉者一共十九名，其中包括军臣单于的太子於单，明显比西汉前期多，这不能不说与西汉的武力打击有关。此后，匈奴内部矛盾愈演愈烈，最终导致分裂。

当然，五次大规模的战役也使西汉付出了沉重代价，尤其是最后的漠北战役，"初，汉两将军大出围单于，所杀虏八九万，而汉士卒物故亦数万，汉马死者十余万。匈奴虽病，远去，而汉亦马少，无以复往"。连年大规模征战，使西汉的军事力量，尤其是战马的数量大不如前，已经没有能力继续大规模对匈奴作战。武帝为了打赢对匈奴的战争，几乎动用了全国的力量，从马邑设伏以来十几年间，西汉财政频频告急，不得不实行盐铁官卖、车船课税，甚至不惜卖官鬻爵以填充空虚的国库，对国家的经济状况、官职制度均造成了十分不利的影响。

四、千年的感叹：李广难封

武帝元狩四年（前119），西汉大军远征匈奴漠北大本营，年过花甲的老将李广意识到这可能是他这辈子立功封侯的最后机会了，便自告奋勇再三请求参战。武帝本来没有打算让李广出征，但老李广参战态度非常坚决，武帝就任命他为前将军，隶属大将军卫青。大军出发前，武帝私下叮嘱卫青：不要让李广正面对阵单于，怕他误事。大军从定襄郡出塞后，卫青一直琢磨怎么把李广调开。这时恰好抓到一个匈奴俘虏，得知单于所在的位置，卫青于是命令前将军李广部与右将军赵食其部合并，从东面绕路北上，与正面北上的卫青大部队合围匈奴单于。东路迂回绕远，容易迷路，而且行经之处水草稀少，部队不能整体聚集行进。李广对卫青调开他的意图心知肚明。当时刚失掉侯爵之位的公孙敖也随卫青出征。公孙敖在两年前与霍去病兵出北地郡时因中途逗留，未能按期与霍去病会合，本应处斩，赎罪后成为平民。公孙敖是卫青的好友，曾经救过卫青的命，卫青想把捕捉单于立功封侯的机会留给公孙敖，所以借故调开李广。李广心里很不痛快，他向卫青请求："我是部队的前将军，现在大将军却让我从东路出发。我打从年轻的时候起就跟匈奴作战，今天才有机会对阵单于，我愿意担任前锋，与单于决一死战。"卫青没有批准他的请求。李广想抗命拒绝调动，卫青即令长史给李广下达文书，命令他遵照执行。李广接到文书，气鼓鼓地一言不发，没有向卫青辞行就率军从东路开拔了。

赵食其、李广的东路军果然迷了路，落在卫青大部队的后面，错过了合围伊稚斜单于的战机。卫青的部队单独与单于的部队交战，结果伊稚斜单于趁着夜色逃之夭夭，汉军轻骑从天黑追到天亮也没有逮住他。卫青所部清理完战场回到沙漠以南时才遇见李广和赵食其的部队。李广见过卫青之后回到自己营帐中。卫青派长史送去酒食慰劳李广，顺便问了李广、赵食其迷失道路的情况，李广黑着脸没有回答。长史迫令李广的幕僚写出报告，接受听审。李广心里很窝火，对长史说："校尉们都没有罪，是我自己迷失了道路，要写我来写。"他回到自己的营帐，对部下说："我从年轻时候起就跟匈奴作战，大大小小的战斗经历了七十多次。这一次有幸跟随大将军迎战匈奴单于，可是大将军却把我的部队调到迂回绕远的东路，偏偏又迷了路，错过了会合的时间，这难道不是天意吗？我已经六十多岁了，怎么还能再忍受审问人员的质询！"言毕拔刀自尽，一代名将的人生就这样画上了句号。

李广没有战死沙场马革裹尸，却在自己军营中自杀身亡，无论如何都是一出悲剧。李广自文帝时起参加抗击匈奴的战斗，终其一生跟匈奴大大小小的战斗经历了七十多次，但他"不得爵邑，官不过九卿"，至死都没有封侯。"李广难封"成了一个被后人反复提起的话题，千百年来无数文人墨客围绕着这个话题抒发议论和想象，或感喟人生不易、命途多舛，或讴歌将军奋勇杀敌、保家卫国，使这一主题的内涵不断丰富和升华，远远超出了历史的界限，蔓延到了文学和哲学的范畴。那就要问：李广本人想不想封侯？如果李广本人不想封侯，就没有必要深究李广为什么难封，更没有必要为"李广难封"大发议论。只有李广本人想封侯，探究"李广难封"的原因并进一步讨论由此引发的相关问题才有意义。而从《史记》《汉书》等文献资料的记载来看，可以百分之百肯定：李广本人很想封侯！

李广有个堂弟叫李蔡，文帝时，兄弟俩均任职郎官，难分轩轾。景帝时期，李蔡积累功劳领到二千石的俸禄；李广则先后做过上谷、上郡、陇西、北地、雁门、云中太守，太守也是二千石的官职，兄弟俩仍不相上下。到了武帝时期，两个人在仕途上渐渐拉开了距离。元朔五年（前124），李蔡担任轻车将军，跟随大将军卫青攻打匈奴右贤王，有功，被封为乐安侯。三年后，李蔡官升丞相。李广看着堂弟出将入相，甚至连自己原来的部下也一个个都封了侯，而自己的官职却原封不动，心里很失落。有一回，他皱着眉头问风水师王朔："自西汉讨伐匈奴以来，我没有一次不在其中，可是各部队校尉以下才能不够中等的人，凭着军功取得侯爵的已有几十个，为什么我杀敌冲在前面，封侯却落在后面呢？难道是我命中注定不该封侯吗？"王朔说："将军自己回想一下，有没有曾经做过让自己感到悔恨的事？"李广想了想，说："我担任陇西太守的时候，羌人反叛，我引诱他们八百多人投降，然后用欺骗的手段在同一天杀死了他们。我最大的悔恨就是这件事。"王朔说："没有比杀死已经投降的人更大的罪过了，这或许就是将军不得封侯的原因吧。"李广听罢默然无语。王朔用因果报应来解释李广不得封侯，完全是迷信的一套。不过这段对话至少说明李广本人是很想封侯的，毕竟驰骋疆场的将军也是凡尘中人，谁会不想封侯呢？现实一点来说，封了侯自己名利双收；再说，封了侯可以为国家做更多事情、为社会做更大贡献，官爵越高责任越大嘛。自古以来，像李广那样想封侯的将军何曾少见？

不过想封侯是一回事，能不能封侯又是另一回事。高祖刘邦曾经立下规矩：非刘氏不得王，非有功不得侯。李广作为一名军人，想封侯必须有看得见、数得着的军功才行。他在武帝时期以将领的身份一共参与过五次大的军事行动。元光二年（前133）马邑设伏战中，李广担任骁骑将军，受护军将军韩安国节制。西汉的诱敌之计被匈奴识破，汉军无功而返，李广没有斩杀敌人。元光六年（前129），西汉派出四路兵马从长城边境出击匈奴：卫青出上谷、公孙敖出代郡、公孙贺出云中、李广出雁门，他们各领一万骑兵。李广所部遭遇匈奴的大部队，寡不敌众，被打得落花流水，"亡失多"。李广负伤后被匈奴活捉，后脱身逃回，史书只说他被捉后逃脱时"射杀追骑"，没有说在战斗中杀死了多少敌人。李广罪当斩首，武帝恩准他赎罪为平民。一年后，武帝启用他为右北平太守，后来调任郎中令，他没有参加元朔二年（前127）的河南战役和元朔五年（前124）的朔方战役。元朔六年（前123），李广被任命为后将军，跟随大将军卫青的部队从定襄郡出击匈奴，各将领多有杀敌俘敌达到封侯标准的，"而广军无功"。李广的部队没有功劳，也没有记载杀敌的数量。元狩二年（前121），李广以郎中令的身份率领四千骑兵、博望侯张骞率领一

万骑兵,兵分两路,俱从右北平出发击匈奴。走了大约几百里,李广的部队遭到匈奴左贤王四万骑兵包围。双方激战一日,汉兵阵亡过半,箭也快用完了,幸好第二天博望侯的部队赶到,匈奴才解围而去。在这次战斗中,李广"自以大黄(西汉时期的一种弓弩)射其(即匈奴)裨将,杀数人",而"广军几没"。博望侯耽误了军机当处死刑,武帝恩准其出钱赎罪为平民;李广的军功和罪责相当,没有封赏。最后一次就是元狩四年(前119),卫青命令李广从东道绕路,结果李广迷路失期,悲愤自杀。在这次军事行动中,李广也没有杀敌的军功。

李广在武帝时期讨伐匈奴战争中的经历表现约略如上。他以将领的身份参与的五次军事行动中,两次无功(前133年马邑、前123年定襄)、一次伤亡惨重而且自己被匈奴活捉后逃回(前129年雁门)、一次几乎全军覆没(前121年右北平)、一次失期(前119年漠北),客观地讲,这样的表现是不合格的,李广没有立下战功,当然不得封侯。

相比之下,李广在文、景时期的表现倒是可圈可点。文帝十四年(前166),匈奴大举入侵萧关,李广以良家子的身份从军抗击匈奴,他擅长射箭,杀死了很多敌人,因此被擢拔为郎官,时常侍卫在文帝左右。景帝时,匈奴很少大规模入侵西汉边境。平定吴楚七国叛乱时,李广在太尉周亚夫麾下任骁骑都尉,对叛军作战有功,升任上谷太守,未几,调任上郡太守,此后接连转任陇西、北地、雁门、云中太守。李广任上郡太守的时候,有一次匈奴侵入上郡,景帝派一名宦官亲信跟随李广学习军事,抗击匈奴。那个宦官不知天高地厚,以为边疆战地是皇家的上林苑,带着几十名骑兵放马驰骋,突然遇见三个匈奴人,双方不由分说就开始战斗。三个匈奴人一箭一个把宦官的几十个随从挨个射倒,吓得他魂飞魄散逃回李广的军营。李广断定这一定是匈奴的射雕手,立即带领一百名骑兵去追杀那三个匈奴人。那三个匈奴人没有骑马,只徒步走了几十里,李广追上后命令他的骑兵左右散开两路包抄,他亲自射击那三个匈奴人,只见他弯弓搭箭,嗖嗖两下,两个匈奴人应声而倒,其余一人见状,吓得赶紧求饶。汉军捆绑那个匈奴人上山,却意外遇见几千名匈奴骑兵,双方猝不及防,都大吃一惊。李广的部下见匈奴人多势众,想拍马往回跑,但李广说:"我们离开大军几十里,现在逃跑,匈奴兵追赶射击我们,我们都会被射死。我们停下来,匈奴就会以为我们是大军的诱兵,必定不敢来攻击我们。"随即命令部下前进到离匈奴阵地约二里的地方停下来,下马解鞍。部下问:"敌人很多并且离得很近,倘若解鞍后有紧急情况怎么办?"李广说:"敌人以为我们会逃跑,现在我们解下马鞍表示不走,他们就会坚定地认为我们是诱敌之兵。"匈奴军队见李广他们不退反进,不知道他们葫芦里卖的什么药,始终不敢发动攻击。一个骑白马的匈奴将领出阵来监护他的士兵,李广跨上战马与十多个骑兵飞奔过去一箭射杀了他,然后又回到自己的骑兵当中,下马解鞍,命令士兵都把马放开随便躺下。这时正值黄昏,匈奴军队觉得奇怪,始终不敢进攻。到了半夜,匈奴军队害怕遭到汉军偷袭便撤离了。第二天清晨,李广和他的骑兵安然回到营地。李广担任太守的地方都是临近匈奴地界的边防重镇,可见朝廷对他的器重和信任,也说明他在防御匈奴入侵方面堪当重任。由于文景时期西汉恪守和亲政策,抗击匈奴入侵的战斗均属于防御性质,与周边其他少数民族也没有发生过大的军事冲突,武官建功立业的机会几乎没有。文景时期,在抗击匈奴入侵的军事行动中,因战功封侯的仅有北地都尉孙印的儿子孙军。孙印在文帝十四年匈奴大举入侵萧关时力战而死,朝廷封他的儿子孙军为侯。除此之外,文景时期没有任何人因抗击匈奴立功封侯。尽管李广在防御匈奴入侵方面有功劳,但他仍然没有建立足以封侯的功业。

总的来说,李广作为一名历经文、景、武三朝的高级军事将领,在对匈奴作战中,防御差强人意,进攻则乏善可陈,他立下的军功远远不足以封侯。西汉谨守高祖"非有功不侯"的约定,即使皇亲国戚也不能例外。景帝时,迫于窦太后的压力,景帝想给王皇后的哥哥王信封侯,他征求丞相周亚夫的意见,周亚夫以汉高祖曾经约定"非有功不得侯"表示反对,景帝"默然而沮"。皇亲国戚尚且如此,没有立功的李广自然不可能例外。

那么,李广有没有受到不公平待遇,导致他没有机会立功封侯呢?这个真没有。从履历来看,李广一开始就在皇帝身边任职,后来出任边境州郡太守,可以说一直受到重用。马邑设伏时,李广为骁骑将军,受护军将军韩安国节制,当时韩安国是御史大夫,是朝廷中的三公之一(另外两位是丞相和太

尉），而李广的职位是卫尉，统帅卫士负责守卫宫禁。从官衔来看，李广受韩安国节制在情理之中，同时受韩安国节制的还有太仆公孙贺（轻车将军）、大行王恢（将屯将军）、太中大夫李息（材官将军），公孙贺还是汉武帝的连襟。所以，李广并没有委屈的地方。元光六年（前129），武帝命令卫青、公孙贺、公孙敖、李广四将各领一万兵马同时出击匈奴，彼此之间各自独立战斗，相互之间没有隶属节制关系。李广所部损失惨重，李广本人还被匈奴活捉，按律当斩，武帝准其赎罪为平民。后来，匈奴大肆入侵上谷、渔阳，汉武帝启用当时为平民百姓的李广为右北平太守，旋又调任郎中令，守卫宫殿门户，为皇帝左右亲近的高级武官。武帝时期自元光六年（前129）至李广自杀之前，西汉对匈奴的每次军事行动都是以卫青、霍去病为主将，这是因为两人战功最著。连公孙贺、公孙敖、路博德、赵破奴、苏建、李息等将军都没有机会担任主将。李广年老，战绩不佳，不在主将人选之列合情合理，但李广几乎每次都参与其中，可见朝廷对他的宽容与期望。最后一次的漠北战役，卫青将李广部与赵食其部合并，也不能说明李广受到不公平待遇。这次行动之前，武帝本想让霍去病兵出定襄对阵匈奴单于，后来抓到一个匈奴俘虏说单于在东部，武帝临时调整部署，让卫青从定襄出发，以便让霍去病从代郡出发跟单于决战。卫青调开李广是遵照武帝的旨意，卫青贵为大将军，武帝尚且不让他对阵单于，过往战绩不佳且年老的李广就更不用说了。总之，李广并没有受到不公平待遇。

既然李广没有受到不公平待遇，战绩又远远不够封侯的标准，他一生不得封侯乃是情理之中的事情，为什么后人会感慨"李广难封"呢？究其原因，笔者认为是史学家、文学家司马迁"套路"太深，后人纷纷落入了他精心设下的"套路"。

司马迁给西汉其他将军作传，对他们的战功都会具体记录斩敌多少首级、俘虏多少敌人、缴获多少牲畜辎重等，数字具体明确。例如记录曹参的军功："凡下二国，县百二十二，得王二人，相三人，将军六人，大莫嚣、郡守、司马、候、御史各一人。"记录樊哙的军功："从斩首百七十六级，虏二百八十七人。别破军七，下城五，定郡六、县五十二，得丞相一人，将军十三人，二千石以下至三百石十二人。"记录卫青、霍去病的军功也十分具体明确。偏偏谈到李广的战功时却始终惜墨如金且语焉不详:"杀首虏多""射杀追骑""射其裨将,杀数人""功过自如"。照理说,交出这样战绩的将军是非常平庸、无足挂齿的,可是在司马迁的笔下,李广将军的形象却格外高大。在《史记·李将军列传》里,司马迁开篇第一段就借文帝的话吊足了读者的胃口,说李广在文帝十四年匈奴大举入侵萧关时奋勇抗敌,"用善骑射,杀首虏多",文帝感慨道:"惜乎,子不遇时!如令子当高帝时,万户侯岂足道哉!"接下来通篇都用侧面描写、虚实结合的手法塑造李广的高大形象:借公孙贺的爷爷、典属国公孙昆邪的话说"李广才气,天下无双";以武帝时的一位名将程不识为衬托,刻画李广如何受到士卒爱戴,"咸乐为之死";说李广在担任陇西、北地、雁门、代郡和云中太守时"皆以力战为名";在李广担任右北平太守时还借匈奴之口夸李广是"汉之飞将军",还说匈奴"避之数岁,不敢入右北平"。即使李广在战场上被俘虏甚至几乎全军覆没的时候,司马迁的生花妙笔仍然将李广描绘成临危不惧、指挥若定的将军。如元光六年(前129),李广兵出雁门击匈奴,结果大败被俘,后来逃回,但司马迁笔下的李广在逃脱过程中的表现无比英勇:

> 胡骑得广,广时伤病,置广两马间,络而盛卧广。行十余里,广详死,睨其旁有一胡儿骑善马,广暂腾而上胡儿马,因推堕儿,取其弓,鞭马南驰数十里,复得其余军,因引而入塞。匈奴捕者骑数百追之,广行取胡儿弓,射杀追骑,以故得脱。

做了俘虏还有这么漂亮的逃脱姿势,在战场上怎么就不能多杀几个敌人呢?再如元狩二年(前121),李广四千骑兵出右北平,遭到匈奴左贤王四万骑兵包围,最后"广军几没,罢归",被打得几乎全军覆没,灰头土脸地回到长安,可是战场上李广镇定自若、英勇顽强的形象却是那么栩栩如生:

> 广为圜陈外向,胡急击之,矢下如雨。汉兵死者过半,汉矢且尽。广乃令士持满毋发,而广身自以大黄射其裨将,杀数人,胡虏益解。会日

暮,吏士皆无人色,而广意气自如,益治军。军中自是服其勇也。明日,复力战,而博望侯军亦至,匈奴军乃解去。

就连李广自杀,死得都那么轰动:

广军士大夫一军皆哭。百姓闻之,知与不知,无老壮皆为垂涕。

司马迁就是这样通过文学的手法,成功地将李广塑造成一位令人爱戴、英勇善战的将军形象。这样一位将军一辈子跟匈奴打仗却至死没有封侯,读来谁能不为之扼腕?

当然,李广的形象也不是完完全全出于司马迁的艺术塑造,他本人还是有其过人之处的。

李广出身名将世家,祖籍槐里(今陕西兴平市),后迁居陇西成纪(今甘肃秦安县),他的祖先李信是战国末期秦国名将,当年燕太子丹与荆轲刺杀秦王未遂,秦兵大举伐燕,率军冲在最前面捕获燕太子丹的秦国将领就是李信。李广身材高大,木讷寡言,带兵打仗之外,唯一的业余爱好就是在地上画战阵图,跟别人比赛射箭,输了罚喝酒。李家世世代代研习射箭,李广长臂善射,箭法十分了得,向他学习射箭的人都比不上他。《史记·李将军列传》:"广出猎,见草中石,以为虎而射之,中石没镞。视之,石也。"一箭射入石中,可见威力之大。尽管司马迁行文有夸张的成分,但李广的箭法很厉害应该是没有疑问的,《水浒传》里那个能百步穿杨的梁山好汉花荣就号称"小李广"。李广施射的时候,喜欢近距离靠近目标,不中不发,一发即中,每中必杀。因此,他带兵打仗冲锋陷阵,容易遭到敌人围困。但敌人也很惧怕他,他的箭法常常让对手胆寒。

李广廉洁不贪财,爱士卒。他历任七个郡的太守,前后四十多年,每次得到赏赐立即分给部下,饮食与士兵一起。家里没有多余的财物,一生不谈买田置舍的事。他带兵打仗,遇到断粮缺水时,士兵没全喝到水他不近水边,士兵没全吃上饭他不端饭碗。他对待士兵宽厚不苛,士兵都乐意为他效命。

李广带兵打仗有自己独特的套路。武帝时,李广和程不识都以边郡太守的身份统率军队,屯田守边。李广行军没有严格的编制、队列和阵势,部队找到水草丰富的地方驻扎下来,住宿停留,人人自便,晚上不敲刁斗巡逻,军部的文书簿籍一概从简,只在远处布置侦察岗哨,从没有遭遇过危险。程不识严格要求编制、队列和阵势,晚上敲刁斗巡逻,日夜忙于处理军事文件,士卒不得自便。程不识说:"李广的部队十分随便,他的士兵也安逸快乐,都乐于为他出死力。但是,如果敌人突然袭击就无法招架,我的部队虽然军务紧张忙碌,然而敌人也不敢来侵犯我们。"当时,担任边郡太守的李广、程不识都是名将,但是匈奴畏惧李广的谋略,士兵们也多喜欢跟随李广而苦于跟随程不识。

名将之后,箭法高超,有勇有谋;廉洁不贪财,平易爱士卒;长期守卫边防,终生抗击匈奴,带兵打仗不拘一格。这样一位将军不但终其一生不得封侯,还落得自杀身亡的结局,平心而论的确容易引起别人的同情、惋惜和感慨。然而,无论是在文景时期对匈奴的防御战还是武帝时期对匈奴的进攻战中,李广都没有立下足以封侯的功业。"李广难封"本理所当然,之所以引起后人普遍的感慨共鸣,除司马迁的生花妙笔刻意塑造外,大概是因为李广的人生遭遇在现实中可以找到太多相同或者相似的例子——大多数一辈子勤勤恳恳却劳而无功的人、少数立志建功立业并为之奋斗终身而最终如愿以偿的人、极少数天赐良机而偶然获得成功的人,都可以从李广身上找到各种不同的理由感慨一番。"卫青不败由天幸,李广无功缘数奇",这是唐朝诗人王维《老将行》中的两句诗,将李广不能建功封侯归因于命运不好。命运这种东西的确神秘奇妙,一个人顺风顺水的时候,往往察觉不到命运之神的力量,总认为成功是自己天分加上努力的结果,漫漫人生路上摔过几个跟斗、碰过几鼻子灰之后就比较容易妥协认命。芸芸众生不都是这样吗?终其一生劳作不止,最终能有几个功成名就流芳后世?不认命又能怎样?所以"李广难封"这个话题一经天才少年王勃在滕王阁上对着槛外滚滚江水抒发出来,不偏不倚正好戳中了人们脆弱敏感的神经,成了世人感叹自身命运的一壶浊酒,随时随地都可以倒出来一浇胸中郁结的块垒。

如果要从更深层次追问为什么"李广难封",从下面两个故事中或许能够

窥见一丝端倪。

其一是李广在平定吴楚七国之乱时接受梁王授予的将军印。《史记·李将军列传》：

> 及孝景初立，广为陇西都尉，徙为骑郎将。吴楚军时，广为骁骑都尉，从太尉亚夫击吴楚军，取旗，显功名昌邑下。以梁王授广将军印，还，赏不行。

这个梁王就是景帝的同母弟刘武，其封国在今河南商丘一带，都城睢阳即今商丘市睢阳区。吴楚七国叛乱时，他坚决捍卫哥哥的帝位，派兵扼守睢阳，将吴楚叛军阻挡在梁国东面，不得西进威胁长安。几个月后，叛乱被平定，梁王军队杀敌的数量与太尉周亚夫统率的中央军杀敌的数量相当。在这次平定叛乱的战斗中，李广在周亚夫麾下担任骑都尉，他奋勇冲杀，拔掉了叛军的旗帜，一战成名。但他因擅自接受梁王授予的将军印，回到长安后，景帝没有给他封赏。

李广接受梁王授将军印是个大错，表明李广在政治上十分幼稚。当时诸侯王与朝廷之间的关系非常紧张，朝廷官员跟诸侯王之间私下接触是官场大忌。梁王虽然是景帝的同母弟弟，但兄弟两人的关系自从在那次家宴上景帝失口说将来要把帝位传给梁王而被他表兄窦婴警醒后就变得很微妙。后来窦太后又想让梁王成为帝位继承人，遭到大臣袁盎等人强烈反对。谋继帝位不成的梁王对袁盎等人怀恨在心，竟然胆大包天派人刺杀了袁盎等十余人。刺客虽然没有抓到，但是景帝已经猜到是梁王所为，从此对梁王不再亲近，"不与同车辇矣"。后来梁王进京朝见，想在长安留宿一晚景帝都不恩准。李广接受梁王授予的将军印，恰好触碰了景帝最敏感脆弱的那根神经，焉能不成大忌？

另一则故事折射出李广的胸襟不够宽广。元光六年（前129），李广赎罪为平民后赋闲在家。有一回，他带一个随从出城去跟朋友喝酒，夜里返回经过霸陵亭时，遭到喝得醉意朦胧的霸陵尉大声呵斥。霸陵尉禁止李广通行，李广的随从说："这是前任李将军。"霸陵尉斜睨着眼说："现任将军尚且不许夜间通行,何况是前任将军呢?"二话不说扣留李广,令其在霸陵亭下熬一夜。过了不久,李广重新获得任用,官右北平太守。赴任前,李广请求朝廷派霸陵尉跟随他一起去,哪知一到军中李广便将他杀了,然后上书武帝谢罪。由于当时边患严重、正是国家用将之时,武帝没有追究李广,还赐书勉励他好好带兵打仗。可是英明的武帝能不对李广的公报私仇产生看法吗?

韩安国跟李广生活在同一时期,跟李广有类似的被别人刁难的经历,但韩安国对待羞辱过他的人却宽宏大量得多。他在梁国(就是景帝的同母弟弟刘武的封国)任中大夫时犯法下狱,狱吏田甲羞辱他。韩安国对田甲说:"你就不怕我死灰复燃吗?"田甲冷笑着说:"如果死灰复燃,我就撒泡尿浇灭它。"过了不久,韩安国真的死灰复燃了,朝廷任命他为梁国内史,这是一个级别为二千石的高官。田甲闻讯慌忙弃官逃走,韩安国放出狠话说:"田甲不回来就任,我就灭了他的宗族。"田甲只得袒衣向韩安国谢罪,韩安国笑着说:"你现在可以撒尿了,像你这种人值得我惩治吗?"最终宽恕了田甲。

相比之下,李广的气量格局显然太过狭小,他一生不得封侯,看来早有端倪。

汉朝匈奴四百年

五、尔虞我诈的和亲试探

赵信建议匈奴单于退据漠北，等汉军长途行军、士卒疲劳后再与之决战，结果证明这一招没有用，汉军有能力穿越沙漠对匈奴实施打击。于是，赵信又建议单于跟西汉讲和，单于继续采纳赵信的建议。漠北大战当年，匈奴派遣使者来到长安，和颜悦色请求和亲。

武帝让群臣商议对策，丞相长史任敞提出了一个大胆的想法，他建议朝廷凭着漠北战役的胜利迫使匈奴向西汉称臣。他说："匈奴刚刚被大汉击败，处境困难，应该使它成为我朝属国，到边界来朝拜。"武帝于是派任敞去说服匈奴臣服西汉。匈奴本来的意思是双方恢复到过去的和亲状态，即西汉向匈奴纳贡，匈奴不再侵犯西汉边境。一听任敞说要匈奴向西汉称臣，伊稚斜单于勃然大怒，将任敞扣留在匈奴，不让他回国。西汉这边得悉匈奴扣留了任敞，主和的声音又起来了。博士狄山认为和亲对国家有利，武帝问他理由，狄山说："兵器是凶器，不要轻易频繁地动用它。高皇帝想要讨伐匈奴，结果反被围困在平城，于是缔结和亲。惠帝、高后时期与匈奴和亲，全国安定。文帝想用兵对付匈奴，北方边境骚扰不宁。景帝时期，吴楚七国叛乱，景帝在两宫之间往来商讨，担心了好几个月。吴楚七国叛乱被粉碎后，景帝不再谈论战争，全国富裕充实。自陛下调兵攻打匈奴以来，国中空虚，边境人民大多窘困贫穷。由此看来，不如和亲。"武帝又问御史大夫张汤，张汤说话就像他平时行事那样霸道："这个愚笨的儒生什么都不懂。"狄山也不甘示弱，立即啐回去："我固然愚笨，但我是愚忠；像御史大夫张汤，乃是诈忠。"武帝把脸一沉，问狄山："我派你去掌管一个郡，你能不让匈奴进犯吗？"狄山说："不能。"武帝又问："管一个县呢？"狄山说："也不能。"武帝再问："管一个要塞呢？"狄山被一步一步逼到墙角，无奈之下只好硬着头皮答道："能！"于是武帝就派狄山去镇守要塞。过了一个多月，可怜的狄山被入侵的匈奴兵斩下人头而去。

在张汤等一帮主战派的支持下，武帝决心"撸起袖子加油干"。汉军磨刀霍霍，大规模招兵买马，却不料霍去病在元狩六年（前117）蹊跷地死了。西汉无端端失去了这位击胡大将，只好将对匈奴的战事暂时搁置下来。西汉这边死了大将，匈奴那边则死了单于。元鼎三年（前114），被西汉军队打得灰头土脸的伊稚斜单于在忧愤中死去，他的儿子乌维继位为单于。伊稚斜单于在位期间（前126年—前114年在位）是匈奴国力由盛转衰的分水岭，遭到西汉军队连番雷霆般的猛烈攻击之后，匈奴的军事有生力量大部分被消灭，此后匈奴再也没有重现往日冒顿单于时代的强盛和荣光。

元鼎六年（前111），西汉征服了南方的东越和南越后，继续对匈奴作战。武帝派遣太仆公孙贺率领一万五千骑兵从五原郡（治所在今内蒙古包头市九原区）出发，行军二千余里，到达浮苴井；派遣从票侯赵破奴率领一万多骑兵从令居（治所在今甘肃永登县）出发，行军几千里，到达匈河水。两路大军越过沙漠，穿过沼泽，在茫茫的戈壁滩上四处寻觅匈奴的踪迹。往日草原上牛肥马壮、兵民驰马射箭游戏玩乐的匈奴故地，如今已是一片寂静荒凉，连一个匈奴人的影子也见不到。落日的余晖斜照着汉军的骑兵队伍，留下粗长的影子，杂乱无节奏的马蹄声映衬着静默无语的戈壁荒漠，难掩汉军将士们心中的失落。

找不到对手的武帝似乎很不解恨，元封元年（前110）冬天，他亲自巡视北方边境，御驾驻跸朔方郡，十八万兵马威武雄壮地列阵塞北，对着匈奴隔空喊话，赤裸裸地向乌维单于挑战。匈奴向来"利则进，不利则退，不羞遁走"，乌维单于见汉军兵马雄壮，不肯应战。武帝派使者郭吉向单于下战书，郭吉到了匈奴，匈奴主客（负责接待宾客的官员）询问他的来意，郭吉故弄玄虚说："我见到单于再亲口对他说。"乌维单于接见了郭吉，郭吉说："南越

王的人头已经悬挂在汉朝京城的北阙之上,如今单于若是胆敢前去与汉军交战,汉天子将亲自领兵在边境上等待你;单于要是不敢应战,就应当乖乖地面朝南方向汉朝称臣,不要一味逃跑,只会在这种寒冷艰苦缺少水草的地方东藏西躲算什么本事!"郭吉刚一说完,深受刺激的乌维单于勃然大怒,立刻杀了引见郭吉的那个主客,还不由分说扣留了郭吉,把他流放到北海。匈奴慑于西汉的兵威,始终不敢侵扰西汉边境,只是休养士卒和战马,练习射箭打猎,并且屡次派使者到长安以甜言蜜语请求和亲。

匈奴三番五次请求和亲,西汉摸不准匈奴的真实意图,元封四年(前107)冬天,武帝派遣王乌出使匈奴窥探虚实。按照匈奴的习俗,西汉使者必须放弃旄节、以墨黥面才能进入单于的毡帐。王乌是北地人,熟悉匈奴风俗,他放弃旄节,以墨黥面,匈奴就让他进入毡帐。单于见王乌爽快,很喜欢他,于是说好话做出许诺,说匈奴可以送太子到西汉做人质,以此为条件要求跟西汉和亲。

王乌回来后,西汉另派了一个使者杨信出使匈奴。当时赵信已死,武帝和他的大臣们以为匈奴已经衰弱,可以令他们称臣,派杨信出使匈奴就是想达到这个目的。然而,匈奴君臣并不好对付,他们非常善于察言观色,根据西汉使者不同的年龄、性格、身份等,分别采取不同的方式对待:看到西汉使者不是朝廷的宠臣而是儒生,就判断他是来游说的,于是想方设法驳倒他的说辞;如果使者是少年,就判断他是来指责匈奴的,于是挖空心思挫败他的气势。杨信为人刚直倔强,匈奴知道他不是西汉尊贵的大臣,单于便不亲近他。单于召杨信到毡帐里,但杨信不肯放弃旄节,单于就坐在毡帐外面接见他。杨信见到单于后说:"若想和亲,就把单于太子当作人质送到大汉去。"单于说:"这不是以前的盟约。以前的盟约是,汉朝送公主和不同数量的绸布、丝绵和食物来匈奴,以此跟匈奴和亲,匈奴不骚扰汉朝边境。现在竟然违反过去的盟约,让我的太子去当人质,这样和亲是没有希望的。"匈奴尽管在战场上吃了败仗处于下风,但是在谈判桌上仍然态度强硬,他们可以被打败,但是不可以被威服,更不用说向西汉称臣。每次汉军武力讨伐匈奴,匈奴总要侵略汉朝边境报以颜色;如果西汉扣留匈奴使者,匈奴也扣留西汉使者,一定要使双方扣留的人数相等才肯罢休。西汉以为匈奴吃了败仗后就会向自己臣服，事实上完全错了。

杨信回到长安后，西汉不知出于什么考虑再次派王乌出使匈奴。王乌不知何许人，史书上只说他是北地人，其他背景一概不知，想来这个人比较憨厚老实，老实人总是容易上当受骗。单于见到王乌，笑嘻嘻地用好话奉承他，目的是想多得到一些西汉的财物，还骗王乌说："我想亲自到长安拜见汉天子，相互缔约，结为兄弟。"王乌归来将单于的话报告武帝，武帝信以为真，赶忙专门为单于在长安修筑官邸。官邸建好了，单于却出尔反尔不来了，说："不见到汉朝尊贵之人充当的使者，我不同他说实话。"匈奴派出身份尊贵之人出使西汉，不巧这位尊贵的使者到长安后一病不起死在长安。西汉派使者路充国佩带二千石（汉代郡守俸禄为二千石，因而成为郡守的代称）的印绶（以示身份尊贵）出使匈奴，顺便送回匈奴使者的遗体，同时赠送给匈奴一笔丰厚的赙金。单于却一口咬定是西汉杀死了匈奴使者，强蛮地扣留了路充国，不让他返回长安。其实这一切都是借口，单于当初所说的那些话只是欺骗王乌，他根本无意到长安拜见天子，更无意送太子到长安做人质。此后，匈奴屡次派奇兵突袭西汉边境，西汉任命郭昌为拔胡将军，同浞野侯赵破奴驻军在朔方以东，严加防备。

乌维单于在位十年死，其子乌师庐继位为单于。乌师庐年龄小，号"儿单于"，这是武帝元封六年（前105）的事情。儿单于继位后，西汉借吊唁之名别有用心地使出离间计，故意派遣两位使者到匈奴，一位吊唁单于，一位拜谒右贤王，想借此离间匈奴的君臣关系，使他们内部产生矛盾。可是匈奴没有上西汉挑拨离间的当，西汉使者一到匈奴就被统统带到单于庭。儿单于虽然年纪小却很精明，他识破西汉的阴谋诡计，很愤怒，下令将西汉使者全部扣留。被扣留在匈奴的西汉使者前后共有十多批，匈奴使者来到西汉，西汉也扣留相等数量的匈奴使者。

儿单于年少，喜欢打打杀杀，搞得匈奴国内人心惶惶。乌维单于去世那年冬天，匈奴下了罕见的大雪，牲畜多半被冻死、饿死。匈奴天灾人祸，民不聊生，内部矛盾激化。左大都尉想趁机杀掉儿单于，他私下派人给西汉报信："我想杀死单于投降汉朝，如果大汉派兵来迎我，我就立刻动手。"武帝听到这话，立即命令因杆将军公孙敖在朔方郡高阙关（今内蒙古乌拉特中旗石兰计的狼山山口）西北的漠北草原地带建造受降城。后来，武帝又认为受降城离匈奴太远，于第二年（前103）春天派浞野侯赵破奴率领两万多骑兵从朔方郡往西北行军二千余里，按照与匈奴左大都尉约定的日期到达浚稽山。可惜左大都尉谋事不密，他谋杀儿单于的事情被发觉，自己反而被儿单于所杀。儿单于杀了左大都尉，随即派出军队攻击浞野侯。匈奴兵源源不断地围上来，浞野侯且战且退，当撤退到离受降城还有四百里的地方时，遭到匈奴八万骑兵的包围。当天夜晚，浞野侯犯了一个低级错误——他竟然独自出去寻找水源，不幸被匈奴活捉，匈奴趁机发起猛攻，群龙无首的汉军无心恋战，全部被俘。儿单于大喜，他得陇望蜀，立即派遣骑兵进攻受降城，遭到西汉守军的顽强抗击，匈奴久攻不下，便趁势入侵西汉边塞而去。第二年，儿单于再次率兵攻打受降城，不料出师未捷身先死，大军才到半路他就病死途中。

　　儿单于死的时候，他儿子还很小，匈奴立儿单于的叔父、乌维单于的弟弟右贤王呴犁湖为单于，这一年是武帝太初三年（前102）。呴犁湖单于继位一年死，匈奴立其弟左大都尉且鞮侯为单于。从伊稚斜单于去世（前114）到且鞮侯单于继位（前101），短短的十四年里，匈奴单于换了四个（分别是乌维单于、儿单于、呴犁湖单于和且鞮侯单于），可是他们的倔强劲儿一点儿都没变，表面上服软，骨子里还是很强硬。西汉与匈奴都不肯做出让步，和亲商谈最后无疾而终。此后西汉重新挑起战端，双方再次到战场上见高下。

六、西汉军队连吃败仗

就在且鞮侯继单于位那一年（前101），西汉军队征服了大宛，威震西域。紧接着，武帝筹划继续攻打匈奴，《汉书·匈奴传》：

汉既诛大宛，威震外国，天子意欲遂困胡，乃下诏曰："高皇帝遗朕平城之忧，高后时单于书绝悖逆。昔齐襄公复九世之雠，《春秋》大之。"

西周时期，纪侯向周夷王进谗言，使齐侯被周夷王活活烹杀，齐人哀之，谥为哀公。自齐哀公以下至齐襄公，共历九世，齐襄公终于出兵灭掉纪国，为齐哀公报了仇。武帝认为刘邦被围在平城白登山上、冒顿写信调戏吕太后都是西汉的奇耻大辱，这个九世之仇必须报。恰好在第二年，被匈奴俘虏的浞野侯赵破奴神奇地从匈奴逃回西汉，武帝岂肯甘心失败！赵破奴从匈奴回来，可能带回了有关匈奴兵力的信息。武帝决心旧恨新仇一起报，他任命李广利为主将，对匈奴发起一系列征战。其中，有较大影响的是天汉二年（前99）、征和三年（前90）的两次战争。遗憾的是，这两次战争均以西汉失败而告终，前一次李陵兵败投降，后一次李广利兵败投降。

李陵兵败降匈奴

天汉二年（前99），武帝派李广利挂帅，兵分三路征讨匈奴。《史记·匈奴列传》：

> 其明年，汉使贰师将军广利以三万骑出酒泉，击右贤王于天山，得胡首虏万余级而还。匈奴大围贰师将军，几不脱，汉兵物故什六七。汉复使因杅将军敖出西河，与强弩都尉会涿涂山，毋所得。又使骑都尉李陵将步骑五千人，出居延北千余里，与单于会，合战，陵所杀伤万余人，兵及食尽，欲解归，匈奴围陵，陵降匈奴，其兵遂没，得还者四百人。

李广利所部三万骑兵从酒泉出发，与匈奴右贤王的部队在祁连山展开激战。汉军斩敌首万余级，在返回途中陷入匈奴重重包围。汉军粮断数日，死伤者众，战斗损员十分之六七，眼看几乎没有突围的希望，当时为汉军扭转局面的是军中的假司马赵充国。汉制，大将军营五部，每部有军司马一人，假司马为军司马之副。赵充国"善骑射""沈勇有大略"，他带领一百多名壮士攻陷敌阵，突破匈奴的包围，李广利率领士卒紧随其后才得以脱围。赵充国全身受伤二十多处，李广利向武帝禀报战况，武帝下令将赵充国送至行营所在，亲自接见。看到赵充国浑身上下伤痕累累，武帝赞叹不已，立即晋升其官职。赵充国后官至后将军、少府等职，封营平侯，成为昭、宣时期西汉的社稷重臣。因杅将军公孙敖部从西河郡出发，与强弩都尉路博德部在涿涂山会师。这一路汉军没有遇到匈奴，空手而返。骑都尉李陵率领的一路汉军战斗最为艰苦曲折、充满戏剧性，最后李陵兵败投降匈奴。

李陵（前134—前74），字少卿，是李广的孙子，李广有三个儿子：当户、椒、敢。李陵是李当户的遗腹子。当户早死，椒也先广而殁，小儿子李敢多次跟随李广和霍去病击匈奴，他没有死在战场上，却在侍从武帝甘泉宫打猎时被霍去病射杀。之前李敢认为其父李广抱恨自杀与卫青有关，遂将卫青打伤，霍去病为他舅舅报仇而射杀李敢，这是元狩六年（前117）的事情。李陵年轻时，任侍中建章监，善骑射，谦让友善，颇有好名声。武帝认为他有乃祖李广之风，曾派他率领八百骑兵深入匈奴国内二千多里侦察地形，回来后晋升他为骑都尉；后来又派他带领五千勇士在酒泉、张掖地区教习射箭，驻屯张掖防备匈奴。

　　武帝起初想让李陵部作为后援，为贰师将军李广利运输辎重，但李陵不肯服从武帝的安排，他向武帝请求："我手下的士卒都是荆楚的勇士奇材剑客，力大可扼虎，射箭能中的，我希望独立带领一路兵马，杀到匈奴境内的兰干山南去吸引单于的兵力，不让匈奴集中兵力攻击贰师将军。"武帝听罢有些不悦，问李陵："你不愿意做贰师将军的部下吗？我派出了很多部队，已经没有骑兵派给你了。"李陵回答："陛下无须派骑兵给我，我愿以少击众，步兵五千人就可以杀进单于王庭。"武帝见李陵勇气雄壮，便答应了他的请求，于是命令强弩都尉路博德率兵在途中迎接李陵。路博德当时屯兵居延（故址在今内蒙古额济纳旗东南），《汉书·卫青霍去病传》载："路博德，西河平州人，以右北平太守从票骑将军，封邳离侯。票骑死后，博德以卫尉为伏波将军，伐破南越，益封。其后坐法失侯。为强弩都尉，屯居延，卒。"没想到路博德摆老资格，不愿意做李陵的后卫，他上奏武帝："现在正值秋天匈奴马肥之际，不可与之交战。臣愿留李陵到春天，届时分别率酒泉、张掖骑兵各五千人，一起出击东西浚稽，必定可以擒获单于。"武帝接到路博德书奏，怀疑是李陵想打退堂鼓而故意让路博德上书找借口，因此龙颜大怒，诏令路博德："我本想派骑兵给李陵，他说'欲以少击众'，如今匈奴进入西河，我军应奔赴西河，你要去钩营（地名，具体地址不详）阻挡敌军。"同时诏令李陵："九月出发，出兵遮虏鄣（在今内蒙古额济纳旗辖区内），到东浚稽山南龙勒水边（在今蒙古杭爱山脉东南），来回寻找匈奴，要是没有发现敌人，即从浞野侯赵破奴走过的旧路到受降城（在今内蒙古白云鄂博西南）休整兵士。你跟路博德讲了些什么话，如实报来！"于是，李陵率领五千步兵从居延出发，向北行军三十日，抵达浚稽山安营扎寨，将沿途经过的山川地形一一图画出来，派部下骑将陈步乐上报朝廷。陈步乐回到长安，向武帝报告说李陵带兵有方，士卒死力效命。武帝非常高兴，任命陈步乐为郎官。

　　李陵到达浚稽山后不期遭遇单于的主力部队，匈奴的三万骑兵包围了李陵的五千步兵。李陵军在两山之间，以大车为营。李陵率领士兵出营外排列战阵，前行执戟盾，后行持弓弩，传令："听到战鼓声进击，听到金钲声止步。"

匈奴见汉军人少，气势汹汹径直冲到营前与汉军短兵相接，汉军千弩齐发，敌军应弦而倒。匈奴退回山上，汉军趁势进击，杀死数千敌兵。单于大惊，急忙征调附近左、右两翼八万多骑兵赶来增援。李陵率部且战且走，向南撤退，数日后，来到一个山谷之中。汉军接连与匈奴激战，士卒大多身带箭伤，但仍顽强苦战，受伤三处的坐在车上，受伤两处的驾车，受伤一处的手持武器坚持战斗。李陵发觉军队士气低落，问道："我军士气不如前，鼓不起劲来，是何原因？莫非是军中有女人吗？"原来，军队出发时，有些被流放到边塞的关东盗贼的妻女随军做了士兵们的妻子，大多藏匿在车中，李陵命令把她们全都搜出来杀掉。第二天再战，汉军士气大振，又斩杀了三千多敌人。李陵率部沿着茏城旧道向东南方向撤退。四五日后，退到一大片沼泽芦苇之中，匈奴围上来在上风处放火，企图烧死汉军，李陵命令士卒放火烧光周围的芦苇以自救。汉军继续向南撤退，来到一座山下，单于在南山上命令他的儿子率领骑兵向汉军发起进攻，汉军在树林中步战，又杀死匈奴数千人，并用连弩机射击单于，单于下山躲避。有一天，汉军抓到的匈奴俘虏交待："我们听单于说：'这是汉朝的精兵，猛攻也没能将他们消灭，他们日夜引我们向南接近汉塞，莫非是有埋伏的军队吗？'各位当户、君长都说：'单于亲率数万骑兵攻击汉军数千人却不能消灭他们，以后将无法再号令三军，还会使汉朝更加轻视我们。还有四五十里才到平地，我们要在山谷中再次跟汉军拼死力战，如不能击败汉军，就退回来。'"故而匈奴继续围攻李陵所部。

匈奴兵多，一日交战数十回合，汉军又杀死杀伤匈奴二千余人。匈奴作战不利，打算撤兵离去。就在此时，李陵军中有一个名叫管敢的军候，因受到校尉的欺辱，逃到匈奴军中投降，供出了汉军的实情。管敢向匈奴交待："李陵部队并无后援，箭矢也即将用尽，只有将军部下和校尉成安侯韩延年所属部队各八百人在前面开路，以黄白旗作为标志。派精锐骑兵用弓箭施射，可立破汉军。"成安侯韩延年是郏地（今河南郏县）人，父亲韩千秋，原为济南相，元鼎六年（前112）征讨南越时战死，武帝封其子延年为侯，此时韩延年以校尉身份随李陵出征。单于得到情报，喜出望外，命令匈奴骑兵一齐向汉军发起进攻，并向汉军大声喊话："李陵、韩延年快快投降！"又派兵阻截汉军的退路，猛攻李陵。李陵的部队被困在山谷之中，匈奴在山上，从四面向山下施射，箭如急雨。李陵率部继续向南退却，尚未到达鞮汗山，一天内五十万支箭已全部用尽，于是放弃辎重车辆，继续撤退。此时军中士兵还有三千余人，只能砍下车的辐条拿在手中做武器，文职人员也手持短刀加入战斗行列。汉军退入狭谷之中，单于亲自率兵截断汉军后路，指挥匈奴士卒将山上巨石滚入谷中，汉军大半殒命，无法向前。黄昏后，李陵独自一人身穿便衣走出大营，止住左右随从说："不要跟着我，我要独自一人生擒单于！"过了很久，李陵回到营中，叹道："我们被打败了，即将死于此地了！"军吏说："将军威震匈奴，天命不能如愿，以后找一条返回去的道路，像浞野侯那样被俘后又逃回来，天子还是礼遇他，何况将军呢！"李陵说："不要说了，我不战死，就不是壮士。"于是，下令军士将所有旌旗尽行砍倒，与珍宝一起埋入地下。李陵叹了口气，对部下说道："如果每人再有数十支箭，我们就足以逃脱了。现在已没有武器，天亮以后，就只能坐等被擒了，不如各自逃命，或许还有人能够侥幸逃脱回去报告天子。"于是命令将士每人带二升干粮和一大片冰，约定到遮虏障会合。半夜时分，李陵命人击鼓叫醒将士们，但战鼓已破，敲不出响声。李陵与韩延年跨上战马，十几名壮士跟随，匈奴数千名骑兵随后追击，韩延年战死。李陵哀叹道："我已无面目报答皇帝陛下了！"于是投降。其他人分散突围，逃回边塞的有四百余人。

至此，西汉派出的三路大军，李广利部虽然斩敌首万余级，但自己的三万兵马损兵折将十分之六七，所失大于所得；公孙敖部与路博德部一无所获；李陵部杀敌数量粗略计算在一万人以上，但他自己投降匈奴，五千步兵几乎全军覆没。所以，这次征战可以说是西汉军队惨败。

李陵与匈奴最后决战的地方离西汉边塞很近，消息很快传到了长安，武帝本希望李陵死战到底，听说李陵已投降匈奴，十分愤怒，责问陈步乐，陈步乐被迫自杀。大臣们都说李陵有罪，武帝问太史令司马迁对此事的看法，司马迁竭力为李陵辩护。武帝认为他称赞李陵就是贬损李广利，而李广利则是武帝宠幸的李夫人的哥哥，武帝本来想让李广利在这次征战中立功，好名正言顺给他加官晋爵，所以一开始让李陵为李广利运送辎重。但李陵不肯接受调遣，现在

李陵不但没有协助李广利立功,自己还投降了匈奴。武帝因此震怒,就拿司马迁开刀,"下迁腐刑"。过了很久,武帝似乎意识到自己错了,他后悔没有给李陵派后援,心想或许李陵真的如司马迁所言,"彼之不死,宜欲得当以报汉也",于是派使臣慰劳赏赐那些逃脱回来的李陵残部士卒。

司马迁说李陵投降匈奴是"宜欲得当以报汉也",这是司马迁根据李陵的一贯表现及李陵跟匈奴交战的情况做出的判断,从事件后来的发展情况看,这种判断是基本符合李陵本人的主观愿望的。李陵投降十八年后,昭帝始元六年(前81),匈奴为讨好西汉,将扣押在匈奴长达十九年的西汉使者苏武放回长安。李陵与苏武之前同为朝廷侍中,如今得知苏武即将返回长安,李陵设宴为苏武饯行,表达对苏武荣归故里的祝贺和羡慕,借以抒发对自身遭际的嗟叹和伤感。他"泣下数行",对苏武说:"陵虽驽怯,令汉且贳陵罪,全其老母,使得奋大辱之积志,庶几乎曹柯之盟,此陵宿昔之所不忘也。收族陵家,为世大戮,陵尚复何顾乎?已矣!"李陵说的"曹柯之盟",是指春秋时期齐桓公五年(前681),齐国讨伐鲁国,鲁国战败,请求割让土地给齐国并缔结和约,齐桓公同意,双方约定在齐国境内一个名叫柯的地方举行受降缔约仪式。就在两国国君准备签署盟约时,鲁国的大将曹沫拔出匕首,将齐桓公劫持,要求齐国退还以前侵占的鲁国国土,齐桓公只得乖乖地答应。李陵的言下之意是,他本来也可以成为曹沫那样的人,胁持匈奴单于令其答应西汉的要求。

很可惜,李陵这个心愿被一个张冠李戴的传闻彻底扼杀了。天汉四年(前97),武帝派公孙敖率兵深入匈奴腹地去迎接李陵,公孙敖无功而返,上奏说:"据擒获的匈奴俘虏说,李陵教单于制造兵器,以防备汉军,所以我无所收获。"武帝听了公孙敖的奏报,下令将李陵的家属满门抄斩。后来,李陵问出使匈奴的西汉使者为何朝廷要族灭他全家,使者说,朝廷听闻少卿教匈奴制造兵器。李陵说,那是李绪干的,与他无关。李绪原本是西汉边塞的一个都尉,因无力抵抗匈奴的侵略而投降。可能是为了自证清白,也可能是痛恨自己的家人因李绪而遭族灭,李陵派人刺杀了李绪。匈奴单于的母亲大阏氏为此要杀掉李陵,单于将他送去北方躲避,直到大阏氏死后,李陵才回到单于庭。此后,李陵对回归西汉已是万念俱灰。

单于很看重李陵，封他为右校王并将自己的女儿嫁给他。当时，匈奴继中行说、赵信之后，又从西汉这边得到了另一位重要的谋臣，此人名叫卫律。卫律的父亲是长水（今陕西蓝田县西北）胡人，卫律在汉朝出生长大，跟协律都尉李延年（李广利的弟弟）关系很好，李延年受武帝宠信，向武帝推荐卫律出使匈奴。卫律在回来的路上听闻李延年家被抄斩，害怕遭到株连，于是带着部下投降了匈奴，这是太初年间（前104—前101）的事情。卫律很受单于宠信，单于立他为丁灵王，经常侍奉在单于左右。李陵和卫律都成了单于的心腹。

征和三年（前90），西汉再次出兵攻打匈奴，李陵作为匈奴的一员将领在战场上与汉军交手，《汉书·匈奴传》："御史大夫（按：指商丘成，彼时率三万余人兵出西河郡）军至追邪径，无所见，还。匈奴使大将与李陵将三万余骑追汉军，至浚稽山合，转战九日，汉兵陷陈却敌，杀伤虏甚众。至蒲奴水，虏不利，还去。"这个时候李陵已经死心塌地跟着匈奴干了。

后元二年（前87），武帝去世，昭帝即位，大将军霍光、左将军上官桀辅政。他们一向与李陵关系很好，于是派李陵昔日的好友、陇西人任立政等三人去匈奴说服李陵归汉。任立政等人到匈奴后，单于置酒款待，李陵、卫律都在座。他们虽见到了李陵，却不能私下交流，便用目光向李陵示意，又三番五次故意将佩刀上的环弄掉，趁低头弯腰拾捡佩刀环时握住李陵的脚，暗示他可以回长安去。后来李陵、卫律备牛酒慰问汉使，一起博戏畅饮。李陵、卫律都穿着匈奴的服装、蓄着匈奴发式。任立政大声说："汉朝已宣布大赦，国内安乐，陛下年少，由霍子孟、上官少叔辅政。"想用这些话使李陵动心，李陵沉默不语，不经意地摸着头发说："我已成匈奴人啦！"过了一会儿，卫律起身更衣，任立政趁隙对李陵说："少卿，你受苦了，霍子孟、上官少叔向你问好。"李陵说："霍公与上官大人可好？"任立政说："他们请少卿回故乡去，富贵不用担心。"李陵称呼任立政的字说："少公，我回去容易，只怕再次蒙受耻辱，无可奈何！"话还没说完，卫律回来了，好像已把他们的谈话内容听得一清二楚。卫律说："李少卿贤能之人，大可不必只在一国居住，从前范蠡遍游天下，由余从西戎到秦国，今天还谈什么故国之类！"随后撤去宴席。任

立政跟在李陵身后再次悄悄问道："你也有这个意思吗？"李陵说："大丈夫不能再次蒙羞。"

元平元年（前74），李陵病死在匈奴。李陵家族的遭遇让人唏嘘：祖父李广自杀；叔祖父李蔡在丞相位置上侵占土地，论罪下狱，也自杀了；叔父李敢为泄愤打伤卫青，被卫青的外甥霍去病射杀；李陵投降匈奴后，李敢的儿子李禹被告发企图投靠李陵，被处死。"自是之后，李氏名败，而陇西之士居门下者用为耻焉。"

李广利兵败降匈奴

汉军屡败屡战

天汉三年（前98），即李陵投降匈奴的第二年秋天，匈奴寇掠雁门郡，雁门太守怯敌不敢应战，被处以弃市。天汉四年（前97），武帝再次大规模发动兵力向匈奴开战。《汉书·武帝纪》：

> 发天下七科谪及勇敢士，遣贰师将军李广利将六万骑、步兵七万人出朔方，因杅将军公孙敖万骑、步兵三万人出雁门，游击将军韩说步兵三万人出五原，强弩都尉路博德步兵万余人与贰师会。

据《汉书》的注解，七科谪就是征发到边疆去服兵役的七种人：犯了罪的官吏、杀人犯、入赘的女婿、在籍商人、曾经做过商人的人、父母做过商人的人以及祖父母做过商人的人。西汉投入这次战争的兵力超过二十万，但从征战的结果来看是失败的。《汉书·匈奴传》："匈奴闻，悉远其累重于余吾水北，而单于以十万待水南，与贰师接战。贰师解而引归，与单于连斗十余日。游击亡所得。因杅与左贤王战，不利，引归。"余吾水在今蒙古国乌兰巴托附近，西汉的三路大军都没有取得胜利：李广利和路博德部跟单于的部队连续作战十多天后撤兵而还；韩说部没有收获；公孙敖部与匈奴左贤王作战失利，撤兵而回。总之，西汉军队对匈奴的这次大规模讨伐战争又失败了。

征和二年（前91），匈奴入侵上谷、五原，杀掠官吏和百姓。翌年春天，匈奴侵犯五原、酒泉，杀死了这两个郡的都尉。面对匈奴的入侵，年事已高、疾病缠身的武帝勉力发动了他有生之年对匈奴的最后一次战争。征和三年（前90）五月，武帝派遣贰师将军李广利率领七万人出五原，御史大夫商丘成率领三万余人出西河，重合侯莽通率领四万骑出酒泉，分三路进击匈奴。

匈奴单于听说西汉出动了大部队，慌忙将辎重粮草全部运到赵信城北边的郅居水。左贤王率领部众渡过余吾水，驻扎在兜衔山，单于亲自率领精兵与左安侯一起渡过姑且水，严阵以待汉军。这次战斗一开始西汉军队占了上风，《汉书·匈奴传》：

> 御史大夫军至追邪径，无所见，还。匈奴使大将与李陵将三万余骑追汉军，至浚稽山合，转战九日，汉兵陷陈却敌，杀伤虏甚众。至蒲奴水，虏不利，还去。
>
> 重合侯军至天山，匈奴使大将偃渠与左右呼知王将二万余骑要汉兵，见汉兵强，引去。重合侯无所得失。是时，汉恐车师兵遮重合侯，乃遣阊陵侯将兵别围车师，尽得其王民众而还。
>
> 贰师将军将出塞，匈奴使右大都尉与卫律将五千骑要击汉军于夫羊句山狭。贰师遣属国胡骑二千与战，虏兵坏散，死伤者数百人。汉军乘胜追北，至范夫人城，匈奴奔走，莫敢距敌。

重合侯莽通部"无所得失"；御史大夫商丘成部兵力与匈奴兵力相当，两军在浚稽山鏖战九日，汉军"陷陈却敌，杀伤虏甚众"，打得匈奴不得不退兵逃走；李广利部更是"乘胜追北"，打得匈奴望风披靡落荒而逃。可惜这个有利的开局没有维持多久，当时长安刮起的巫蛊之风愈演愈烈，最终波及李广利家属。消息传到前线，李广利"闻之忧惧"，受此影响，战争的局势迅速变得对汉军不利，最终将李广利送上了一条不归路。

巫蛊之祸葬送好局面

自征和元年（前92）起，京城长安渐渐兴起一股巫蛊之风，这股妖风一直延续到征和三年（前90），彼时李广利正率领大军在漠北与匈奴殊死鏖战。

巫蛊是流行于武帝时期的一种巫术，当时的人认为请巫师祠祭或将木偶人埋在地下，诅咒自己怨恨的人，被诅咒者就会有灾难。一时间，方士和各类神巫纷纷聚集在长安，以左道旁门的奇幻邪术迷惑众人。这种巫术传进朝廷后宫，成了苦于寂寞难耐又惯于争风吃醋的宫女们毁损、嫁祸他人的利器，也成了朝廷里那些心术不正的佞臣党同伐异、铲除政敌的借口，巫蛊之风愈演愈炽，一场严重的政治灾难遂不可避免。

武帝晚年的健康状况已大为不佳，成天疑神疑鬼，老是感觉有人要谋害他。有一次，他白天小睡，梦见成百上千个木头人手持棍棒袭击他，他遽然惊醒，从此感到身体不适，精神恍惚，记忆力大减。又有一次，他在建章宫看到一个佩剑男子进入中龙华门，他怀疑这个男子不寻常，便命令侍卫前去捕捉。男子弃剑逃逸，侍卫们追捕无果。武帝大怒，不但处死了掌管宫门出入的门候，还下令关闭长安城门全城戒严，征调三辅地区的骑兵对上林苑进行大肆搜捕，十一天后才解除戒严。

丞相公孙贺与武帝是连襟，公孙贺夫人卫君孺是皇后卫子夫的姐姐，公孙贺因此受到武帝宠信。公孙贺的儿子公孙敬声在公孙贺升任丞相后接替父亲担任太仆，他自恃官大，又是皇后姐姐的儿子，骄横奢侈，目无法纪，擅自动用北军军费一千九百万钱，事情败露后被捕下狱。当时，武帝正诏令各地紧急通缉暴力犯法的阳陵人朱安世，公孙贺请求武帝让他负责缉捕，为其子公孙敬声赎罪，武帝批准了他的请求。公孙贺动用国家机器，不久将朱安世逮捕归案。朱安世在狱中上书朝廷，揭发公孙敬声与阳石公主私通，还指使巫师在皇上专用的驰道上埋藏木偶人，诅咒皇上，口出恶言。公孙贺被逮捕下狱，经调查罪名属实，父子二人死于狱中，灭族。诸邑公主、阳石公主及卫皇后之弟卫青的儿子长平侯卫伉，都因牵涉此案而被处死。这就是巫蛊之祸的起始，事在征和元年（前92）。《汉书·公孙刘田王杨蔡陈郑传》："巫蛊之祸起自朱安世，成于江充，遂及公主、皇后、太子。"

江充原名江齐，是个心术不正的家伙。他有个能歌善舞的妹妹嫁给了赵太子丹，由此他得到了赵王的厚遇。后来，太子丹怀疑江齐向赵王告发自己的龌龊隐私，派人去抓江齐没抓到，就把江齐的父亲兄弟统统杀死。江齐潜逃到长安，改名江充，他向朝廷告发赵太子丹，致使太子丹被废黜。本来事情就到此为止了，可是武帝偏偏鬼使神差要接见江充，而且一接见江充就喜欢他，一喜欢他就委任他为谒者出使匈奴，从匈奴回来又给他升官做直指绣衣使者，让他负责京城捕盗、治狱，同时负责监察官员和王公贵戚的奢侈腐败、违法犯罪行为。得到宠信的江充干得非常卖力，有一次，江充遇见太子派往甘泉宫向皇帝问安的使者乘着马车在皇帝专用的驰道中行走，二话不说立刻将使者扣押起来。太子为这件事向江充求情放他一马，江充丝毫不讲情面，直接上报武帝，由此江充与太子之间产生了芥蒂。

江充见武帝年事已高，自己与太子和皇后之间有嫌隙，害怕武帝去世后被太子诛杀，便定下奸谋，说武帝的病是因为巫蛊作祟造成的。武帝宁信其有不信其无，命江充负责调查巫蛊案。江充调查的手法简单粗暴，原来捏造事实、严刑逼供、屈打成招等"套路"并不是现代人的发明，西汉人江充早已将这些招数运用得炉火纯青。他带着巫师四处挖掘寻找木头人，又指使亲信事先在一些地方洒上血污，然后对被捕者进行审讯，将那些血污认定为被捕者以邪术害人的证据，施以铁钳烧灼之刑，强迫他们认罪。于是，朝野上下、百姓官员之间，互相举报，搞得满京城乌烟瘴气、人心惶惶，被诬告致死者前后达数万人之多。

江充窥探出武帝怀疑周围有人用巫蛊诅咒他的疑惧心理，便授意巫师放出话说："宫中有蛊气，不将这蛊气除去，皇上的病就不会好。"一世英明的武帝居然就信了，而且派按道侯韩说、御史章赣、黄门苏文等协助江充，成立"专案组"，带着巫师在宫中到处挖地找木头人。江充先从后宫中已很少受武帝宠幸的妃嫔住处着手，然后依次搜寻，一直搜到皇后和太子宫中，每到一处，地面都被挖得底朝天，最后挖到皇后和太子宫中连放床的地方都没有了。江充扬言："在太子宫中找出的木头人最多，还有写在丝帛上的文字，内容大

逆不道，应当奏闻皇上。"太子心里惊恐，问老师石德该怎么办，石德害怕自己受牵连，对太子说："先前公孙贺父子、两位公主以及卫伉等都被指犯有巫蛊之罪而被杀。如今巫师与皇上的使者又从宫中挖出证据，不知是巫师放置的呢，还是确有其事，自己是无法解释清楚的。您可假传圣旨，将江充等人逮捕下狱，彻底追究其奸谋。况且皇上有病住在甘泉宫，皇后和您派去请安的人都没能见到皇上，皇上是否还活着，实未可知，而奸臣竟敢如此猖狂，难道您忘了秦朝太子扶苏的下场吗？"太子本来打算亲自前往甘泉宫，但江充却不依不饶逼人太甚，太子于是派门客冒充皇帝使者，逮捕了江充等人。按道侯韩说怀疑使者是假的，不肯接受诏书，被太子门客当场斩杀。太子亲自监斩江充，骂道："你这赵国的奴才，先前扰害你们国王父子还嫌不够，如今又来扰害我们父子！"并下令将江充手下的巫师烧死在上林苑中。

太子一边派人携带符节乘夜进入未央宫将一切报告皇后，一边调兵遣将。长安城中一片混乱，纷纷传言"太子造反"。江充党羽苏文趁机逃出长安，跑到甘泉宫向武帝报告。武帝当时并不糊涂，他断定太子是因为害怕，又怨恨江充等人，所以才发生这样的变故，于是派使臣召太子前来。谁知这个使臣是个不负责任的怕死鬼，他见长安一片混乱，不敢进城，回去对武帝撒了个谎："太子造反，要杀我，我逃了回来。"这样，武帝不信也得信了。他龙颜大怒，命令丞相刘屈氂紧守城门，捕杀叛逆者。太子的军队与朝廷的军队交战了五天，但胳膊终究扭不过大腿，太子兵败潜逃到湖县（今河南灵宝市），后被发觉，在遭官兵围捕时自缢而死，卫皇后也自杀。武帝处决了平叛不力的长安城覆盎门司直田仁和首鼠两端的护北军使者任安，御史大夫暴胜之因劝阻丞相斩杀田仁被捕下狱，自杀。太子的众门客因曾经出入宫门，一律处死；凡是跟随太子发兵谋反者，一律按谋反罪灭族；各级官吏和兵卒凡非出于本心而被太子胁迫者，一律放逐敦煌郡。这是征和二年（前91）七八月间的事情。

巫蛊之祸余波未了。且说当初李广利出征时，他的亲家、丞相刘屈氂为他祭祀路神，送行到渭桥。李广利对刘屈氂说："希望您早日奏请皇上立昌邑王为太子。如果昌邑王能继承帝位，您以后还有什么可忧虑的呢？"刘屈氂点头应诺。昌邑王刘髆是李广利妹妹李夫人的儿子（海昏侯刘贺之父就是刘髆），李广利的女儿则是刘屈氂的儿媳妇，所以李、刘二人都希望昌邑王被立为太子。就在这时，内者令郭穰向朝廷告发说："丞相夫人诅咒皇上，丞相与贰师将军一起祈祷神灵让昌邑王为帝。"武帝命人查实后，下令以大逆不道之罪逮捕刘屈氂，将他绑在货车上游街示众，然后押往长安东市腰斩。刘屈氂的夫人和儿子在华阳街被斩首，李广利的妻子儿女也被逮捕。

正在前线与匈奴作战的李广利听到这一消息后，忧愁惊恐，心里顿时凉了半截。李广利麾下有一个避罪从军的幕僚胡亚夫劝他说："将军的夫人和家属都已被捕下狱，将军若是回去，稍不如皇上圣意，就等于自投罗网，到时候要想再见郅居水以北可就难了。"李广利狐疑不定，他希望杀入匈奴腹地立功，那样武帝或许会回心转意，放过他全家，于是率军继续北进至郅居水旁。匈奴已然退去，李广利命令护军将领率二万骑兵渡过郅居水，在那里与匈奴左贤王、左大将率领的二万骑兵遭遇。双方交战一日，汉军杀死左大将，匈奴兵死伤甚众。战局似乎对汉军有利。然而，李广利冒进的军事行动引起了军中将领的疑虑，汉军长史与决眭都尉辉渠侯商议道："贰师将军怀有二心，置全军于险境，以求自己立功，恐怕一定会失败。"于是，二人合谋发动兵变以擒住李广利。李广利察觉他们的图谋后，将长史处斩，率兵退至燕然山。单于知道汉军已疲惫不堪，亲率骑兵五万人拦击李广利，双方都伤亡惨重。入夜后，匈奴在汉军前进的路上挖了一道深达数尺的壕沟，然后在背后发动猛烈攻击，汉军堕入沟中，乱作一团，李广利眼见无力回天，于是投降。单于早就听说李广利是西汉大将，便将女儿嫁给他为妻，对他的尊宠在卫律之上。武帝得知李广利投降匈奴的消息后，将其满门抄斩。李广利投降匈奴不过一年多就被卫律害死。

打了胜仗的匈奴单于感觉自己腰杆子硬了，于是洋洋得意地派遣使者给西汉送来极具挑衅意味的书信说："南有大汉，北有强胡。'胡'的意思就是'天之骄子'，不为小的礼节自寻烦恼。现在我们想与大汉大开边界，娶大汉皇帝的女儿做妻子，每年大汉送给我们一万石酒、五千斛粮食、各种布绢一万匹，其他方面像以前约定的那样，那么我们就不侵扰大汉边界了。"西汉派使者回报并送回匈奴的使者，但没有答应匈奴的要求。当初西汉军队在战场上节

节胜利的时候，西汉想让匈奴称臣，匈奴不答应；现在匈奴打了胜仗，想照着以前那样跟西汉和亲，西汉也不同意，双方就这样继续僵持着。

　　后元二年（前87），武帝崩于鳌屋（今陕西周至县）五柞宫。当初太子刘据曾劝阻武帝征伐四方，武帝笑着说："由我来担当艰苦重任，将安逸留给你，不也挺好吗！"（《资治通鉴·汉纪十五》：太子每谏征伐四夷，上笑曰："吾当其劳，以逸遗汝，不亦可乎！"）武帝的理想很丰满，但是现实却很"骨感"，他没有能够将安逸留给他的继任者，不但匈奴未灭，还留下一个烂摊子——"武帝之末，海内虚耗，户口减半"。只要匈奴不灭，汉匈纷争就不会消停，战争就不可避免。只是此后的战争，往往与外交结合在一起，还有鲜卑、乌桓、西羌以及西域诸国卷入其中，形势更为复杂多变，也更加考验西汉统治者的智慧。

七、西汉的危机与匈奴的忧患

西汉武力讨伐匈奴的战争大幕拉开后，汉匈双方都深陷战争泥潭，被折腾得苦不堪言。西汉出现过严峻的政治、经济危机，匈奴也经历了严重的内忧外患，所幸西汉能够一次次化险为夷，渡过难关，而匈奴则不幸一步步沉沦，境况越来越窘迫，最终不得不向西汉俯首称臣。

西汉的政治、经济危机

俗话说：富不过三代。这句话对西汉而言同样适用。西汉建国之初，经年的兵燹使国家山河破碎满目疮痍，刘邦眼看着老百姓赤贫的日子凄惨戚戚可怜兮兮，实在是过不下去了，无奈之下只好允许他们卖儿卖女苟且活命。当时，整个国家找不出四匹同一种颜色的马给刘邦作御驾，有的大臣只能赶着牛车去上朝。在那样的情况下，朝廷"约法省禁"，尽量节约，"量吏禄，度官用，以赋于民"，先核定一个很低额度的官员俸禄和政府开支，以这个额度向百姓征税，国家财政几乎没有富余。汉初政府就这样与老百姓相依为命挨过了那段艰难的日子。到惠帝、高后时代，天下老百姓渐渐有吃有穿了。再到文帝、景帝时期，出现了中国帝制时代的第一个太平盛世——"文景之治"，西汉民殷国富，粮多到吃不完，钱多到花不完，大街小巷、田间地头到处都是成群结队的马匹，骑一匹母马去参加聚会的人甚至会被拒之门外。钱多粮足之后，奢侈

浪费的习气慢慢出现了,到了景帝末年,奢靡之风已弥漫全国,"公、卿、大夫以下,争于奢侈,室庐、舆服僭于上,无限度"。而将这种风气发扬光大到极致的是景帝的儿子武帝刘彻,他的离宫行馆遍于四方,嫔妃美女充乎后庭,皇家苑囿布满奇禽异兽——这些无一不是烧钱的项目。武帝又喜欢封禅狩猎、四处巡游,千骑万乘前呼后拥,耗费钱财无数百万。"上有所好,下必甚焉",皇帝是个挥金如土的主,贵族官僚、富商巨贾于是争相效仿,这既有政治上认同的需要,也有个人"炫富"的心理驱使。如武帝的舅父、丞相田蚡,"治宅甲诸第,田园极膏腴,市买郡县器物相属于道。前堂罗钟鼓,立曲旃;后房妇女以百数。诸奏珍物狗马玩好,不可胜数"。再如贵族灌夫,"家累数千万,食客日数十百人。陂池田园,宗族宾客为权利,横颍川。颍川儿歌之曰:'颍水清,灌氏宁;颍水浊,灌氏族。'"尽管丞相公孙弘"布被,食不重味,为天下先","然无益于俗",一个人的影响力远远不足以改变举国上下的奢靡风气。国库里的钱像江河之水那样哗哗哗地"逝者如斯夫,不舍昼夜",国家财政很快就空虚了。

武帝时期另一笔巨额的财政支出是军费。武帝频繁地向东南西北四周的邻国开战,大仗小仗前前后后、反反复复、断断续续打了四十多年,其中规模最大、时间最长、烧钱最多的要数对匈奴的战争。这些战争打输了钱不能少花,打赢了钱更要多花,因为打了胜仗不仅要奖赏己方将士,而且要安置敌方俘虏,还要屯兵移民守住从敌人手里夺过来的土地。天文数字般的军费开支一桩接着一桩,西汉朝廷很快就发现钱不够用了:元朔六年(前123)春夏卫青两次兵出定襄讨伐匈奴后,府库为之一空,"是时,汉比岁发十余万众击胡,斩捕首虏之士受赐黄金二十余万斤,而汉军士马死者十余万,兵甲转漕之费不与焉。于是大司农经用竭,不足以奉战士"。马也不够用了:霍去病于元狩二年(前121)击溃匈奴右地后,浑邪王率号称十万之众投降西汉,实际上投降的人数有四万余人,"浑邪之降也,汉发车二万乘以迎之,县官无钱,从民贳马,民或匿马,马不具"。卫青、霍去病联袂于元狩四年(前119)发动漠北战役后,西汉对匈奴的战争不得不暂停,"以马少,不复大出击匈奴矣"。更为严峻的是,西汉政府发现粮也不够了:元狩三年(前120),山东遭受了百年不遇的洪涝灾害,"民多饥乏,天子遣使者虚郡国仓廪以振贫民,犹不足,又募豪富吏民能假贷贫民者以名闻,尚不能相救"。昔日财大气粗,挥金如土的西汉政府竟然到了花起钱来捉襟见肘的地步,陷入了极端的财政困难。

为了缓解财政困难的局面,西汉政府想尽了各种办法。

首先,中央政府统一收归铸币权。说起来令人难以置信,中国历史上曾经允许老百姓私人铸币,就是出现在汉朝。文帝执政之初,"除盗铸钱令,使民得自铸"。诏令一出,许多农民立刻扔掉农具蜂拥而去炼铜造钱,当时的太中大夫邓通和吴王刘濞都因此发了大财,富甲天下。邓通得到文帝宠遇,文帝赐他一座铜山,让他私自铸钱,吴王濞的封地内也有一座铜山,他雇了很多流民挖山开矿,炼铜铸币,"于是吴、邓钱布天下"。铸币的人越来越多,种粮的人越来越少,粮价飞到了天上。武帝严禁民间私自铸币,违者处死,但各地方官府仍然可以铸币,而且要钱不要命的人很多,怎么禁都禁不住,市面上流通的货币五花八门。朝廷为了稳定、统一货币绞尽脑汁,自建元元年(前140)起,由四铢钱变为三铢钱,建元五年(前136)再变为半两钱,元狩四年(前119)再变为三铢白鹿皮币与银币,最终于元狩五年(前118)变为五铢钱。元鼎二年(前115),武帝下令各地方官府不得再铸币,将铸币权全部收归中央,除皇家上林三官(水衡都尉所属之钟官、均输、辨铜)铸造的钱币外,其他钱币一律不准流通使用,并严格核定三官五铢钱的标准,使私铸钱币再难有利可图,汉代的币制才统一稳定下来。

其次,售卖武功爵。如果一个人在文帝时期通过铸币发了大财并且活到武帝元朔年间,尽管这时他可能年纪大了(前后相隔半个世纪左右),但仍有机会做官,途径就是用钱买官,这在当时是合法、公开、透明的,不需要行贿受贿,搞权钱交易。元朔六年(前123),武帝为筹集军费专门设置了武功爵,明码标价公开售卖。武功爵定制十一级,由低至高依次为造士、闲舆卫、良士、元戎士、官首、秉铎、千夫、乐卿、执戎、政戾庶长、军卫,最低一级售价十七万钱,依次递增,共值黄金三十余万斤,"令民得买爵,及赎禁锢免减罪"。买了低级的爵位可以免除徭役,买了高级的爵位可以补官,且凡是死罪者,只要缴纳五十万钱即可免死,当时著名的将领李广、公孙敖、苏建(苏武之父）等都曾被准许花钱免去死罪，贬为庶民。购买武功爵至"千夫"以上级别的人，可以优先被任命为官吏。出售武功爵暴露了西汉朝廷病急乱投医的焦虑和无奈，虽然筹集了军费，但是从此做官的途径变得既多且杂，官制就混乱败坏了。

再次，实行盐铁酒国家专卖。售卖武功爵所筹集的经费仅仅够应付一两次大规模对匈奴战争的开支，这对财政极端困难的西汉朝廷来说不过是杯水车薪。为解燃眉之急，朝廷三番五次号召百姓捐助国家，可是那些靠煮盐炼铁发了财的富商巨贾对朝廷的号召置若罔闻。有钱人一毛不拔，朝廷情急之下便杀鸡取卵，将盐铁收归国家专卖。元狩四年（前119），武帝破格任命大盐商东郭咸阳和大铁商孔仅为大农丞，桑弘羊以治粟都尉的身份兼任大农令，主持全国的盐铁专营事务。在他们的建议下，武帝颁布诏令，禁止民间私铸铁器和煮盐，谁敢违反禁令就把他的左脚套上铁鞋，没收生产工具和全部产品。从此，盐铁由国家专卖，这可是一桩厚利买卖，成了西汉政府重要的财政来源。尝到甜头的西汉政府在天汉三年（前98）将酒业也收归国家专营，禁止民间私自酿造、销售各类酒。

复次，征收资产税和车船税。如果说将盐铁酒专营专卖权收归国家是杀鸡取卵的话，西汉政府在元狩四年（前119）还干了一件堪比涸泽而渔的事，就是对工商业者征收资产税，要求他们各自申报自己的财产，以一千钱为一缗，每二千缗纳税一百二十钱，作为一算，这就是所谓的算缗，缗就是古代穿铜钱用的绳子。另外，凡百姓家有小型马车，或有五丈以上船只的，都要征算。凡隐匿财产不报，或申报不实的，发配戍边一年，钱财没收。很多有钱人抱着侥幸心理隐匿不报，朝廷于是祭出更厉害的招数使那些"大鱼小鱼"无处藏匿。元鼎三年（前114），朝廷颁布告缗令，凡是告发别人隐匿财产的人，可获得被告发财产一半的奖励。这个法令导致许多大商人纷纷破产，侥幸躲过一劫的也不敢再从事工商业经营，却让西汉政府赚得盆满钵满。《史记·平准书》：

> 杨可告缗遍天下，中家以上大抵皆遇告。杜周治之，狱少反者。乃分遣御史廷尉正监分曹往，即治郡国缗钱，得民财物以亿计，奴婢以千万

数，田大县数百顷，小县百余顷，宅亦如之。于是商贾中家以上大率破，民偷甘食好衣，不事畜藏之产业，而县官有盐铁缗钱之故，用益饶矣。

算缗、告缗使西汉刚刚兴起的工商业遭受严重打击。

最后，实行平准、均输。通过盐铁酒专营专卖充实了国家财政之后，西汉政府在元封元年（前110）开始实行平准均输政策，负责设计、实施这项政策的是桑弘羊。所谓平准，就是在京师设置平准官，专门负责采购各地低价货物，等到价格昂贵时卖出，名义上是稳定物价，实际上是西汉政府在囤积居奇、投机倒把。这种事情精明的富商巨贾也干，但再富有的个人哪能跟国家比富？于是，富商巨贾一个个退避三舍，囤积居奇成了西汉政府的垄断生意。同时，朝廷又实行均输。当时各地方都要向朝廷进贡当地的土特产，这些特供产品由地方负责运送到长安，不仅运费贵，而且进贡的产品有些并不符合需要。于是，朝廷规定这些贡品除一小部分由地方运送到京师外，其余全部由设在各地的均输官运往行市最高的地方卖掉，所得归中央财政，这样既降低了地方的运输成本，又增加了中央的财政收入。

通过上述一系列措施，西汉政府总算度过了经济难关，代价就是当时日渐兴起的工商业受到严重打击，极大地阻碍了商品经济的发展。但伴随着经济危机接踵而来的政治危机则更为严重。

发生在征和年间的巫蛊之祸是武帝后期严重的政治危机，好在当时武帝年老却不糊涂，及时清醒了过来，避免了更大的灾难。此后，昭帝元凤元年（前80）又发生了一场凶险的宫廷政变，安阳侯上官桀和他的儿子车骑将军上官安、御史大夫桑弘羊、燕王刘旦及盖长公主一起谋反，企图杀死霍光，废掉昭帝，立燕王刘旦为皇帝。

这场政变的背景相当复杂，个人恩怨和国家大事牵扯在一起。武帝临终时，太子刘弗陵（即昭帝）年仅八岁。为了确保自己死后国家不出乱子，武帝先是吸取汉初吕氏乱政的教训，认为汉高祖晏驾之后，主少母壮是国家生乱的根源，因此，他决绝地故意找茬将昭帝母亲赵婕妤下狱赐死，以绝后患；接着将辅佐昭帝的重任托付给大将军霍光、车骑将军金日磾和左将军上官桀。三

位托孤大臣中，霍光尤其受到器重，武帝早先让黄门官绘了一幅周公背负周成王接受诸侯朝见的画赐给霍光，这意思已经表达得很明白了——"你办事，我放心"。霍光一向忠厚谨慎，他哭问武帝："万一陛下不幸离去，应当由谁继承皇位呢？"武帝说："你难道没有理解我先前赐给你那幅画的含意吗？立我最小的儿子，由你担任周公的角色！"霍光与上官桀有姻亲，上官桀的儿子上官安娶了霍光的女儿，昭帝继位的第二年，托孤大臣之一的金日磾去世，这样，国家大事就由霍家和上官家说了算。刚开始的时候两家关系很亲密，每当霍光休假离朝，上官桀常代替霍光入朝裁决政事。后来两亲家逐渐产生了龃龉，起因是上官安的妻子生了一个女儿，当时只有五岁，上官安想通过霍光的关系让女儿进入后宫，霍光认为外孙女年纪尚小，不肯答应。上官安大概是想攀龙附凤想疯了，他削尖脑袋找关系，居然找到了昭帝的姐姐盖长公主。昭帝当时年幼，盖长公主住在宫中抚养照料他。盖长公主与她儿子的门客丁外人私通，上官安平时与丁外人关系很好，他通过丁外人去说服盖长公主让他女儿入宫成为皇后，许诺事成之后给丁外人封侯。最终盖长公主让昭帝颁布诏书，将上官安的女儿召入宫中封为婕妤，数月后立为皇后，小小年纪就成了妃嫔之首。上官安父因女贵，被任命为骑都尉。

　　上官父子如愿以偿，自然要感谢盖长公主，还要兑现给丁外人封侯的诺言，可是当上官桀跟霍光提议这件事时，却遭到霍光反对。霍光不答应上官桀给丁外人封侯的提议是秉公办事恪守规制，不独针对上官父子。托孤重臣之一金日磾受封秺侯，他的两个儿子金赏、金建都担任侍中，与昭帝年纪一般大小，起居玩耍都在一起。金赏的官职是奉车都尉，金建是驸马都尉，金日磾去世后，金赏继承了父亲的侯爵，佩戴两种绶带。三个小孩子在一起玩耍难免会攀比炫耀，只有一种绶带的金建自然就不高兴了，昭帝便对霍光说："金氏兄弟二人，不能让他们都佩戴两种绶带吗？"霍光说："只能由金赏一人继承他父亲的侯爵。"昭帝笑着说："封侯不是由我和将军说了算吗？"霍光说："根据先皇的约定，对国家有功的人才能封侯。"昭帝就不再说什么了。上官桀父子见封侯不成，又请求霍光任命丁外人为光禄大夫，使其取得受皇帝召见的资格，霍光也不答应。这样，不仅上官父子脸面无光，盖长公主也因此怨恨霍光。上官桀岳父宠信的一名太医监因私闯宫闱被捕下狱，定为死罪，上官桀请求霍光赦免，霍光也不同意，后来还是盖长公主出面，用了二十匹马赎罪，这位太医监才免于一死。从此，上官父子深怨霍光。上官桀在武帝时很早就已位列九卿，地位高于霍光，及至上官父子同为将军，皇后又是上官安的亲女儿。而霍光只是皇后的外祖父，却反而专制朝政，上官父子遂阴谋与霍光争权。

御史大夫桑弘羊在武帝时曾任职治栗都尉，创立盐、铁、酒类专卖制度，实行平准、均输政策，使西汉渡过了财政困难。桑弘羊自认为于国有功，居功自傲，想为其子弟谋求官职，遭到霍光拒绝，因而也怨恨霍光。

上官父子和桑弘羊只是怨恨霍光，昭帝的大哥、燕王刘旦则更加狂妄自大，欲取昭帝而代之。武帝时巫蛊之祸引起的那场宫廷政变致使太子刘据罹难，武帝追悔莫及，燕王刘旦却内心窃喜，满以为太子死了以后，自己按长幼次序应被立为太子。他急不可耐地派使者上书请求回京侍卫皇帝左右，这让还处在悲痛和懊悔中的武帝非常恼火，传令斩了刘旦的使者。武帝厌恶刘旦的举动，认为其不合法度，因此不立他为太子。刘旦认为自己是昭帝的兄长却未能继承皇位，常常心怀怨恨。武帝去世后，朝廷以印有皇帝玉玺的正式诏书通告各诸侯王，刘旦接到诏书后没有掉一滴眼泪，还借口诏书的印封过小，怀疑京师已发生变故，派亲信孙纵之等前往长安，以祭悼武帝为名，暗中刺探朝廷动向。后来昭帝下诏奖赏刘旦三十万钱，增加其封国人口一万三千户，刘旦不但不感恩，反而很生气，说："本来就该由我当皇帝，用不着谁来赏赐我！"（《资治通鉴·汉纪十五》：我当为帝，何赐也！）遂与皇室成员中山哀王之子刘长、齐孝王之孙刘泽等密谋共同反叛朝廷。

于是，盖长公主、上官父子、桑弘羊这些与霍光有过节的人就与刘旦串通一气，密谋除掉霍光。

上官桀等命人伪造燕王上书诋毁霍光，并趁霍光休假不在朝中时奏闻昭帝，称霍光出外校阅郎官及羽林军时，像皇上出巡一般排场，命人清道，驱赶行人，派太官为其预先安排饮食；又诋毁霍光任人唯亲，大权独揽，擅自增选大将军府的校尉，有谋反之嫌。上官桀本以为小皇帝好糊弄，打算等昭帝御批之后，交由桑弘羊主办案件，将霍光逮捕撤职查办。哪知昭帝机灵得很，将奏

章扣留不发。第二天早晨,霍光上朝听说此事,躲在画室中不敢贸然进殿。昭帝问:"大将军在什么地方?"上官桀回答说:"燕王控告大将军的罪行,大将军不敢进殿。"昭帝宣召大将军。霍光进殿,脱帽,叩头,请罪。昭帝说:"将军请戴上帽子。朕知道这道奏章是假的,将军没有罪。"霍光说:"陛下是怎么知道的呢?"昭帝说:"将军校阅郎官是最近的事,选调校尉以来还不到十天,燕王怎么能知道这些事呢?况且将军如要谋反,也用不着选调校尉。"昭帝当时年仅十四岁,满朝文武官员听罢全都面面相觑,十分惊愕。后来发现呈递奏章的人果然在逃,昭帝下令紧急追捕。上官桀等人做贼心虚,对昭帝说:"区区小事,用不着穷追不放。"昭帝不听。此后上官桀的同党每当说霍光的坏话都会遭到昭帝怒斥:"大将军是忠臣,先帝托付他辅佐朕,谁再胆敢诬蔑大将军,朕就治他的罪!"上官桀等人从此不敢再明目张胆攻击霍光。

上官桀等人一计不成又生一计,他们密谋由盖长公主出面宴请霍光,暗中埋伏武士将霍光杀死,然后废掉昭帝,迎立燕王刘旦为皇帝。刘旦设置驿马传书,往来递送消息,许诺事成后封上官桀为王,并对外联络了各郡、国数以千计的豪杰之士。刘旦将这一计划告诉燕国相,国相说:"大王以前与刘泽合谋,事情还未成功,消息已然走漏,是因为刘泽平时性情浮夸,好欺凌属下。我听说左将军上官桀一向办事不稳重,车骑将军上官安又年轻骄横,我担心他们与刘泽那时一样成不了事,又担心他们事成之后背叛大王。"刘旦不听劝告,他命令臣下整治行装,随时准备出发。

上官安虽贵为昭帝的岳父,封桑乐侯,却是个顽劣狂悖之徒。昭帝赐他在宫中饮宴,他回家后得意洋洋地对门客说:"今天与我女婿一起喝酒,非常高兴。"看见昭帝的华美服饰,他嫉妒得派人回家将自己的衣服统统付之一炬。儿子因病去世,他竟然不停地仰面骂天。其顽劣狂悖如此。上官安胆大包天地密谋将燕王刘旦引诱前来杀死,然后再废掉昭帝,拥立其父上官桀为皇帝。他的阴谋没有得逞,恰巧盖长公主一位舍人的父亲了解到上官桀等人的阴谋,告诉了大司农杨敞。杨敞胆小怕事,不敢奏报朝廷,而是将此事告知谏大夫杜延年后便称病躲在家里——这种装病避祸的官场把戏流传了几千年,至今都还没有失传。杜延年将事件奏闻朝廷,昭帝诏令缉捕、诛杀刘旦的亲信孙纵之与上官桀、上官安、桑弘羊、丁外人等人及其宗族。盖长公主自杀。燕王刘旦得知事已败露，问国相是否发兵造反，国相曰否。刘旦还在忧愤懊恼中，朝廷问罪的诏书已经传来，印着玺印的绶带就成了刘旦绞死自己的绳索，他的王后、夫人等二十余人也纷纷随他而去。这场政变阴谋至此被彻底粉碎，前后不到两个月。

此后昭帝在霍光的精心辅佐下使西汉渡过了难关，恢复了国力，迎来了昭宣中兴。

匈奴的忧患

与西汉的危机相比，匈奴的忧患更加严重。

武帝时期，西汉频繁出动大军讨伐匈奴，使匈奴人的正常生活秩序完全被打乱。一听到汉军杀来，匈奴人立刻慌忙卷起铺盖、拖着老小、赶着牛羊，能逃多远就逃多远。由于战乱，匈奴很多孕妇流产、家庭破败，军民百姓对这种东藏西躲的日子早已感到"罢极，苦之"。纵然戈壁草原天高地广，马背上的匈奴民族可以不停地跟西汉周旋下去，但西汉的军事威胁始终像一把高悬在漠北上空的达摩克利斯之剑，让匈奴无时无刻不感到心惊胆寒。

除了来自南边西汉的军事威胁，匈奴东边的乌桓、西边的乌孙、北边的丁零，这些以前被匈奴威服过的小国也蠢蠢欲动，纷纷脱离匈奴的奴役，甚至伺机报复匈奴，匈奴成了众矢之的。

乌桓的祖先就是秦朝末年惨遭冒顿单于闪击而亡国的东胡，东胡的残余部族流落在乌桓山，繁衍生息，遂以乌桓为国号。他们在很多方面跟匈奴相似：骑马射箭，食肉喝奶，衣兽皮毛。毡房门朝东，放牧逐水草。贱老贵少，可以杀掉父兄；强悍小气，崇尚力战而死。姓氏不固定，行为有约法。畜牧种植，各自生产；冶铜炼铁，互不徭役。每个部落有头领，整个民族无文字。剃光头，抢新娘；妻后母，通寡嫂。男能制箭造鞍，女会编织刺绣。平时女人说了算，战时男人当指挥。这样一个民族当初因轻慢匈奴而遭灭国，匈奴令乌桓臣服，并每年给匈奴送去牛、马、羊皮，若超过期限没有准备好，匈奴就抓走他

们的老婆孩子。武帝元狩四年（前119），骠骑将军霍去病击破匈奴左贤王居地，而后将乌桓人迁徙到上谷、渔阳、右北平、辽西、辽东五个郡的塞外，为西汉侦察匈奴的动静。乌桓部族首领每年向西汉天子朝拜一次，西汉设置护乌桓校尉，持天子符节监察统管乌桓，不让乌桓与匈奴往来。到了昭帝时期，乌桓渐渐强大起来，于是不忘旧仇，伺机报复匈奴，偷偷挖掉了单于祖先的坟墓。为此，匈奴与乌桓在昭帝元凤三年（前78）曾发生过激烈战斗。匈奴是乌桓的仇敌，乌桓的强盛于匈奴而言是一个严重威胁。

宣帝本始二年（前72），西汉与姻亲乌孙联合讨伐匈奴，这是匈奴分裂之前西汉对匈奴发动的最后一次大规模的战争。西汉、乌孙联军取得了一场大捷，乌孙军队直捣右谷蠡王的王庭，俘获了单于的父辈以及嫂辈、居次、名王、犁污都尉、千长、将军以下三万九千多人，抢得马、牛、羊、驴、骡、骆驼共七十多万头，匈奴连死带伤而减去的人口，以及因远途迁徙而死亡的牲畜，不可胜数。经此一役，匈奴的国力大为衰耗，于是十分怨恨乌孙。第二年冬天，匈奴以牙还牙，单于亲自率领一万骑兵攻打乌孙，抓获了很多老弱民众。匈奴打赢了乌孙却败给了天气，大军返回的时候正好遇上天降暴雪，一天内下了一丈多深，很多士卒及牲畜被活活冻死，活着回来的不到十分之一。在匈奴遭遇天灾的时候，周边的国家纷纷出手——不是去救援，而是趁火打劫。《汉书·匈奴传》："于是丁令乘弱攻其北，乌桓入其东，乌孙击其西。凡三国所杀数万级，马数万匹，牛、羊甚众。又重以饿死，人民死者什三，畜产什五，匈奴大虚弱，诸国羁属者皆瓦解，攻盗不能理。"南边与匈奴有宿仇的西汉自然也不会作壁上观，而是果断派出三千多骑兵，分三路一起攻入匈奴，抓获了几千个匈奴俘虏回来。匈奴遭到来自东南西北敌国的围攻，四面楚歌。

与外患一样严重的是内忧。昭帝始元二年（前85），狐鹿姑单于打算与西汉和亲，不巧得病死了。当初，狐鹿姑单于有一个异母弟弟，是匈奴的左大都尉，很贤明，匈奴人都很敬佩他。狐鹿姑单于的母亲怕单于不立儿子而立左大都尉，便私下派人杀了左大都尉。左大都尉的同母哥哥对此十分怨恨，从此再也不肯参加单于庭的集会。狐鹿姑单于快病死的时候，对匈奴贵人们说："我的儿子太小，没有能力治理国家，立我弟弟右谷蠡王为单于。"等到狐鹿姑单于死后，卫律等人与颛渠阏氏商议，把单于的死讯隐瞒起来，假托单于的命令，与匈奴贵人饮酒盟誓，改立颛渠阏氏的儿子左谷蠡王为壶衍鞮单于。

按照匈奴单于的传位规则，单于死后由左贤王继位，左贤王一般由单于的长子担任。史书上没有说明狐鹿姑单于的儿子是不是左贤王，但狐鹿姑单于的临终遗嘱却出人意料地改变惯例，言明传位给其弟右谷蠡王，而卫律和颛渠阏氏却矫造遗嘱，立颛渠阏氏的儿子左谷蠡王为壶衍鞮单于。这样一来，壶衍鞮单于继位后，至少有三个人表示不满：被单于母亲派人杀掉的左大都尉的哥哥、按照惯例应成为单于的左贤王、根据单于遗嘱应立为单于的右谷蠡王。他们三个人心里都十分怨恨，左贤王和右谷蠡王更是企图率领自己的部众归降西汉，因担心路远到达不了西汉，于是胁迫卢屠王，要他和自己一起投降西方的乌孙国，商议对匈奴反戈一击。卢屠王告发了这事，单于派人调查，右谷蠡王不承认，反而把罪名推到卢屠王身上。匈奴国人都认为卢屠王很冤枉，向单于说明右谷蠡王意欲叛逃实有其事，可是壶衍鞮单于也拿左贤王和右谷蠡王没有办法，事情最后不了了之。这次风波之后，左贤王、右谷蠡王都跟单于有了隔阂，便各自回到自己的地盘，再也不肯参加茏城大会了。茏城是匈奴每年五月举行祭祀的地方，茏城大会是一个很重要的集会。左贤王、右谷蠡王不肯与会，无异于对单于的一种轻蔑和反叛，加上左大都尉的哥哥不肯参加单于庭的朝会，可见匈奴内部高层之间的矛盾已到了非常严重的地步。争立导致分裂，分裂导致衰弱，昔日强大的匈奴在壶衍鞮单于统治的十八年间［从昭帝始元二年（前85）到宣帝地节二年（前68）］急遽走向前所未有的衰落，其后内部渐渐演化成五单于并立，外部则丧失了对西域的控制权，匈奴在跟西汉的较量中完全处于下风。

八、当年他们那样爱国

卜式：位卑未敢忘忧国

元狩二年（前121），匈奴混邪王率部投降西汉，号称十万之众，实际上是四万多人。这么多人一下子涌过来，给西汉的接待安置工作带来很大困难。朝廷紧急征调两万辆马车去迎接，可是国家拿不出这么多钱，只好向百姓赊购，就是今天俗称的打白条，马让国家先牵走，等以后国家有钱了再给钱。可是老百姓很现实，拿不到现款就不干，纷纷将马藏匿起来，结果马不够用。武帝大怒，声称要斩杀长安县令，被忠实耿直、敢于犯上的右内史汲黯谏止。国家又向那些富裕的商人官吏募捐大笔安置费用，很多有钱人都将钱藏起来，装作没钱，不肯捐给国家。

当时有一个人却十分大公无私，一次就慷慨地捐出二十万钱支援国家，这个人名叫卜式。这么好的大汉国民，居然没人知道他是什么时候出生的，也没人记得他是什么时候去世的，他的祖先、后裔俱无从查考，只知道他是河南人，有一个弟弟，以耕种放牧为生。

卜式的弟弟长大后，兄弟俩分了家，卜式将田宅财产全都留给弟弟，自己净身出户——只牵走了一百多只羊。从此，他离家上山专心养羊，小羊变大羊，大羊生小羊，小羊又变大羊，大羊又生小羊，如此循环，十多年下来有了一千多只羊，于是他卖掉一部分羊，买下属于自己的田宅。他的弟弟却不争气,原先留给他的羊没有了,原先留给他的田宅财产也没有了,于是卜式将自己的羊和新置的田宅分给弟弟。过了几年,卜式的羊又越来越多,又添置了田宅,他弟弟的羊和田宅又没有了,卜式又将自己的羊和田宅分给弟弟,如此循环了很多次。饶是如此,勤劳俭朴、经营有方的卜式最终还是积聚了不少钱财。

当时西汉正在跟匈奴打仗,卜式上书,表示愿意捐献家财的一半支援国家打匈奴。武帝很好奇有这么好的国民,简直难以置信,便特意派使者去河南找到卜式了解情况。

使者:你捐这么多钱给国家,是想做官吗?

卜式:我从小放羊,不熟悉怎样做官,也不愿意做官。

使者:你是不是有冤家仇人,想官府给你主持公道?

卜式:我生来与人无争,没有钱的人我借钱给他,不善良的人我劝他做好事,不会养羊的人我教他养羊。我跟别人友好相处,没有什么冤家仇人呀!

使者:那你捐这么多钱到底是想做什么呢?

卜式:天子抗击匈奴,我认为贤者理应为大节而死,有钱的应出钱,这样才可以打败匈奴。

卜式一番赤诚的内心告白最终还是没有能够打消使者心中惯有的疑虑,使者没有问到他想要的答案,失望地回去禀告武帝。武帝将这件事告诉丞相公孙弘,都说宰相肚里能撑船,公孙弘却没有这个度量,他对武帝说:这不是人之常情,这是不轨之臣,不能作为效法的榜样,希望陛下不要答应。于是,武帝没有接受卜式的捐献请求。卜式纳闷自己的一番好意不被国家接受,但他没有太在意,照常在山上放羊、田间耕种。

一年后就遇上浑邪王降汉,安置降民需要大笔资金,卜式再次捐款二十万钱。河南太守将富人助贫名单上报朝廷,武帝一眼就从名单中认出卜式的名字,惊讶地道:这不就是那个坚持要捐一半家产给国家的人嘛!于是他赐给卜式差役四百人,卜式没有接受,全部归还给了国家。当时,富豪都争相隐匿财产,只有卜式慷慨捐助国家。武帝尊卜式为长者,召拜中郎,赐爵左庶长、田十顷,布告天下以示尊崇,鼓励百姓效法。

卜式不愿为郎官，他只想在家乡山上放羊，武帝说：朕也有羊在上林苑中，想请先生去放牧。皇帝都把话说到这份上了，卜式只好留在长安做了一个放羊的郎官。此后，他依旧布衣草鞋，每天专心在上林苑牧羊，把皇家的羊养得肥又壮，母羊繁殖的小羊又好又多。有一次，武帝经过卜式牧羊的地方，看见卜式，不禁赞赏他一番，问他怎样才能养好羊。卜式介绍了一番经验，末了意味深长地说："不只是牧羊，治民也是这个道理。按时起居，坏的立即除去，不让其害群。"武帝听了很惊讶，一个羊倌居然说得出这么有深刻哲理的话。他想让卜式试一试治民，于是任命他为缑氏令（治所在今河南洛阳市偃师区东南），结果缑氏大治；又升迁他为成皋令（治所在今河南荥阳市西），管领漕运，结果考核最优。武帝认为卜式朴实忠厚，拜他为齐王太傅，后又晋升为齐国相。

元鼎五年（前112），南越相吕嘉反叛，从来没有行伍经历的卜式上书请求参战，他说："臣听说主愧臣死，群臣应该死节，最蠢笨的也应出钱助军，这样才是国家强盛不受侵犯的保证，臣愿战死以尽臣节！"武帝认为卜式虽然没有参战，但他一番激昂陈词可谓义见于内心，于是赐卜式爵关内侯、黄金四十斤、田十顷。卜式后官至御史大夫，以寿终。

"位卑未敢忘忧国"，羊倌卜式是榜样。

苏武：忠君不辱使命

昭帝始元六年（前81），那是一个春天，白发苍苍的苏武（前140—前60）来到咸阳槐里（今陕西兴平市）的茂陵，这是武帝的陵墓。苏武恭奉昭帝之命，用牛、羊、猪各一头，以最高规格的仪式祭拜这位伟大的先帝，这是朝廷对大臣至高无上的政治奖赏，苏武感到莫大的殊荣。春风习习，杨柳依依。苏武缓步走到茂陵墓碑前，奠帛，献爵，读祝，恭敬肃穆，一切如仪。祭拜完毕，苏武仍然肃立在原地，久久不忍离去。他老泪纵横，感悲不胜，尘积了十九年的往事一幕幕在脑海里闪现而过。

武帝天汉元年（前100），也是一个春天，正当壮年的栘中厩监苏武奉武帝之命，以中郎将的身份出使匈奴，使团中还有副中郎将张胜、兼任使者属吏的常惠以及临时应募充当士卒及在途中为侦察兵的成员共一百多人。栘中厩监就是管理栘中厩的官，长安宫中有栘园，园中有马厩叫栘中厩，苏武就负责管理这个厩的马匹，这是一个品级为六百石的小官。苏武的父亲苏建曾经在元朔二年（前127）以校尉身份跟随卫青攻打匈奴，有功，被封为平陵侯；跟着他又以将军身份率领十余万人建造朔方城；后来因为在攻打匈奴的战斗中损兵折将，按律当斩，赎罪为平民；最后武帝重任他为代郡太守，直到去世。苏武和哥哥苏嘉、弟弟苏贤因为父亲的关系起初都在朝廷中任职郎官。不久之后，三兄弟都升了官，哥哥苏嘉为奉车都尉，弟弟苏贤为骑都尉，苏武则升为栘中厩监。

当时西汉对匈奴的大规模战争已告一段落，经过以卫青、霍去病为主将的几次讨伐，匈奴被打残了，西汉自身也残了一半，匈奴无力反扑也不肯服软，西汉也暂时无力再次发动大规模战争，于是双方很自然地互相试探，谋求和好。匈奴梦想回到从前和亲的日子，从西汉得到公主和财物；西汉凭着战争取得的优势，不但拒绝嫁公主给匈奴单于，还想让匈奴单于送儿子到长安做人质，由于双方的诉求大相径庭，这场各怀鬼胎的和谈最后胎死腹中。在此过程中，双方多次派使者窥探对方，匈奴先后扣留了郭吉、路充国等十多批西汉使者；西汉以牙还牙，匈奴使者来到长安，西汉也照扣不误。到了太初四年（前101）的时候，西汉诛灭了大宛王，声势震慑外国，武帝更是放出狠话，说高祖在平城被围、吕后受到过冒顿单于冒犯，这是奇耻大辱，九世之仇必须报！刚刚即位的匈奴且鞮侯单于听了很害怕，他讨好地说："我是儿子辈，哪敢跟大汉的皇帝比呢！大汉的皇帝是我的长辈。"他觉得光说还不行，必须行动上有所表示才能取悦汉朝天子，于是把扣留在匈奴不肯投降的西汉使者路充国等全都放归长安。且鞮侯单于的表演很成功，武帝听其言观其行，认为且鞮侯单于深明大义，言行一致，更透过现象看本质，满以为是自己的威严震慑了域外的蛮夷。他的权力欲望得到了小小的满足，于是转怒为喜，礼尚往来地报赏匈奴，派苏武以中郎将的身份持大汉符节护送被扣留在长安的匈奴使者回国，并赠送给单于许多财物。苏武就是在这样的背景下出使匈奴的，哪知道匈

奴单于笑眯眯地照单全收西汉礼物后，立即手一叉、头一仰，来了个一百八十度大转弯，态度比以前更加傲慢，完全不像武帝所想的那样。

匈奴正要派使者护送苏武等人返回长安，这时匈奴国内发生了一件大事：缑王和长水虞常与随同卫律投降匈奴的人一起谋反。缑王是混邪王姐姐的儿子，元狩二年（前121），霍去病击破匈奴右地，缑王跟着他舅舅混邪王一起投降了西汉。太初元年（前104），左大都尉派人跟西汉密谋，想杀掉儿单于后投降西汉，武帝派赵破奴率军前去迎接，事泄，赵破奴受到儿单于追击，被活捉，汉军全体缴械投降，缑王也在其中。赵破奴在苏武出使匈奴那一年逃回西汉，缑王则仍留在匈奴。虞常是长水人，他投降了匈奴。当时且鞮侯单于刚接替去世的儿单于，匈奴国内可能比较混乱，缑王和虞常趁此机会与跟随卫律投降匈奴的人暗中策划，企图劫持单于的母亲阏氏一起逃回西汉。

虞常在西汉时跟副使张胜的关系一直不错，他私下约见张胜，说："听说汉朝皇帝非常怨恨卫律，我能为汉朝暗设弓弩射杀他。我的母亲和弟弟在汉朝，如果我除掉了卫律，希望他们能够得到汉朝的赏赐。"张胜听到老朋友这样推心置腹，一时昏了头，没有请示苏武就答应了虞常的请求。有一天，单于出去打猎，只有单于的母亲阏氏及其侍从在家，虞常等七十多人趁机动手，可惜保密工作没有做好，其中一人逃去向单于告密，单于立即派兵与虞常等展开激战，区区七十几人自然不是单于嫡系部队的对手，缑王等全部战死，虞常被活捉。

单于派卫律审理这一案件。张胜听到这个消息，害怕他跟虞常之间的私约谈话泄露，这才把情况一五一十向苏武报告。苏武大吃一惊，他没想到张胜有这一件大事瞒着他。苏武说："发生了这样的事，肯定会牵涉到我，如受到侵犯再死，那就更加辜负国家了。"说罢便要自杀，被张胜、常惠一起劝住。其后事情果然如苏武所料，虞常经不住拷问供出了张胜。单于大怒，召集匈奴的贵人商议，要将西汉使者全部处决。左伊秩訾不同意处死西汉使者，他说："谋杀卫律就要处死，如果谋害单于，又该如何加重惩处呢？应让他们全部归降。"单于觉得有道理，派卫律传话给苏武。苏武对常惠等人说："如果卑躬屈节，有辱我们的使命，即使活着，又有何面目再回到我们大汉呢？"说完拔出佩刀刺入自己的身体。卫律大吃一惊,急忙死死抱住苏武,召来巫医。巫医吩咐在地上挖出一个土坑,在坑里燃起炭火,众人抬起苏武平卧放置在坑上,巫医用脚踩苏武的后背,使淤血慢慢流出。苏武早已昏死过去,很久以后才渐渐苏醒过来,常惠等人哭着把他抬回住处。单于听说苏武宁死不屈,非常钦佩他的气节,派人早晚探问他的病情,同时拘捕了张胜。

苏武的伤势逐渐好转,单于一边派使者甜言蜜语利诱苏武,一边借着审判虞常的机会威逼苏武,想方设法劝苏武归降。卫律当着苏武、张胜等人的面用剑杀死了虞常,接着威胁张胜:"你想谋杀我,我今天就让你死。如果你肯投降,我就饶了你的命。"他举起剑装作要杀张胜的样子,张胜吓得要死,当即表示投降。逼迫张胜投降后,卫律又对苏武说:"副使有罪,你作为正使应当与他连坐。"苏武据理反驳:"我既没有参与密谋,又不是张胜的亲属,为什么要与他连坐?"卫律恶狠狠地用剑在苏武面前比划着,像先前威胁张胜那样假装要杀苏武,苏武肃立在原地一动不动。卫律见硬的一手不行,又施展软的一手,和颜悦色地说:"苏先生,我卫律从前背叛汉朝,归降匈奴。有幸承蒙单于恩德,赐给我王号,使我拥有部众数万,马畜满山,富贵如此。您如果今日投降,明天也会像我这样享尽荣华富贵,否则被杀,白白葬身于荒野之中,有谁知道您为汉朝而死?"苏武像没听见一样,懒得搭理他。卫律又说:"你要是听我的话,归降匈奴,我与你就如兄弟一般;如果不听我的建议,以后想再见到我可就难了。"卫律的这一番话彻底激起了苏武内心的愤怒和蔑视,他痛斥卫律:"你身为汉朝大臣,却不顾恩义,背叛君主、亲人,投降蛮夷异族,我要见你干什么!况且单于信任你,让你决定别人的生死,你不但不公平处理,反而企图挑动两国君主相互争斗,在一旁坐观成败。南越国杀死汉使,被汉灭掉后变为汉的九郡;大宛王杀死汉使,其人头被悬于长安宫廷北门;朝鲜杀死汉使,立即招来灭国之祸。你明知我不会投降,却想借此挑起两国之间的战争,你要是敢杀我,匈奴也会有那么一天!"

卫律知道苏武终究不会屈从于他的胁迫,只好将情况禀报单于。单于见苏武如此忠心耿耿,越发想争取他归顺,便将苏武囚禁在一个用来储藏米粟的大地窖中,断绝其饮食,欲逼其就范。当时正下着大雪,苏武躺在地上,渴了,没有水喝，就吞食雪片解渴；饿了，没有食物，就将衣服上的毡毛拔下来和着雪片一起吞下，这样茹毛饮"雪"挺了几天后竟然还活着。迷信的匈奴人以为苏武有神灵护佑，于是将苏武放逐到北海荒无人烟之处，让他放牧一群公羊，并给苏武撂下一句幽默中带着凶狠的话："等到公羊产出羊奶，你就可以回国了。"苏武一个人来到渺渺茫茫的北海边，在饥寒交迫、孤苦伶仃中度过了十九个春秋，那种赤贫、孤独的日子不可想象，字典里也很难找到合适的词语去形容。

北海就是今天的贝加尔湖，苏武被流放到北海以后，匈奴不供给他粮食，他没有吃的，只好挖掘野鼠所贮藏的草籽充饥。他拄着西汉的符节牧羊，抱着西汉的符节睡觉，时时刻刻把符节带在身边。日复一日，年复一年，符节顶部用牦牛尾装饰的旗子全都脱落了，就这样在艰难困苦中熬过了五六年。有一天，单于的弟弟於靬王到北海打猎，见到苏武，苏武会制作猎网和箭檄、校正弓弩，於靬王很喜欢他，送给他衣服和食物。得到於靬王的接济，苏武的日子稍稍好过了一些。只可惜好景不长，又过了三年多，於靬王病了，最后一次赠送苏武牲畜、酒酪器皿和毡帐后，於靬王死了，他的部众也都离开了，苏武从此再也没有了依靠。这年冬天，丁零人偷走了苏武的牛羊，苏武的生活雪上加霜，再一次陷入困境。

苏武被匈奴扣留的第二年（天汉二年，前99），西汉发兵攻打匈奴，李陵兵败投降。起初，苏武与李陵同为朝廷侍中，李陵投降匈奴后，很受单于重用，单于封他为右校王，并将女儿嫁给他。李陵知道苏武的事情后，心情想必很复杂：以前两人同在朝中做官，现在，苏武被放逐，自己享富贵，但是苏武保住了尊严，自己却丧失了气节，而丧失气节对深受儒家思想浸染的士大夫来说是十分羞耻的事。所以一开始李陵不敢求见苏武，至少过了十年之后，李陵才同意充当单于的说客，劝苏武归降匈奴。一天，李陵来到北海，为苏武摆下酒筵并以乐舞助兴，借机劝说苏武："单于听说我与你一向情谊深厚，所以派我来劝你，单于愿意对你虚心相待。你终究不能再回汉朝，自己白白在这荒无人烟的地方受苦，你的信义节操，又有谁看得到呢？之前你哥哥苏嘉任奉车都尉，随皇帝到雍城棫阳宫，扶辇下殿阶，辇撞到柱子上，折断了辕，以大不敬罪受到弹劾，你哥哥拔剑自杀。你弟弟苏贤随从皇帝去河东郡祭祀土神，宦骑与黄门驸马争船，驸马被推入河中淹死，宦骑逃跑，皇帝命令苏贤追捕宦骑，没能捉住，苏贤忧虑害怕，饮药自杀。我领兵离开长安时，你母亲不幸去世，我送葬到阳陵。你妻子年轻，听说已改嫁了。只剩下两个妹妹、两个女儿、一个儿子，如今又过了十几年，是否还在人世，不得而知。人的一生，就像早晨的露水一般短暂，你又何必长久地如此自苦？我刚投降匈奴时，精神恍惚，像要发疯，恨自己辜负汉朝，还连累老母受罪。你不愿归降匈奴的心情，怎么会超过我？况且皇上年事已高，法令变化无常，大臣无罪满门抄斩的达数十家，安危不可知，你还要为谁这样做呢？希望你听从我的计策，什么也别说了。"苏武说："我父子本无才德功绩，全靠皇上栽培，才得以身居高位，与列侯、将军并列，使我们兄弟得以亲近皇上，所以我常常希望能够肝脑涂地，报答皇上的大恩。如今有机会报效皇上，即使是斧钺加身、汤锅烹煮，我也心甘情愿！为臣的侍奉君王，就如同儿子侍奉父亲一般，儿子为父亲而死，没有遗憾。希望你不要再说了。"两人一连饮酒数日，李陵又劝道："子卿你再听我一句话。"苏武说："我自己料想必死已经很久了，大王您一定要我苏武投降，就请结束今日的欢聚，让我死在您的面前！"李陵见苏武一片至诚，长叹道："唉！你真是义士！我与卫律的罪孽比天还高！"言罢泪洒衣衿，与苏武告别而去。

李陵看到苏武生活艰苦，想在物质上资助他，但他羞于亲自到北海给苏武送财物，就让妻子给苏武送去数十头牛羊。后来李陵再次来到北海，不过不是给苏武送财物，而是告诉苏武一个不幸的消息：武帝死了。武帝死于后元二年，即公元前87年。李陵告诉苏武："匈奴边塞哨所活捉到云中的汉人，说上自太守下至百姓都穿白色丧服，原来是皇帝死了。"这个噩耗犹如晴天霹雳，苏武悲痛欲绝，一连数月每天早晚面对着南方号啕痛哭，甚至哭到吐血。

武帝死后，昭帝即位。昭帝年幼，掌权的是霍去病的同父异母弟、大将军霍光，他改变了武帝穷兵黩武的政策，实行休养生息。武帝死后两年，匈奴的狐鹿姑单于也死了，继位的是壶衍鞮单于。壶衍鞮单于也是年少初立，他的母亲阏氏为人不正派，国内高层离心离德，单于经常担心遭到汉兵袭击，于是卫律为单于定计，谋求与西汉和好。当时，匈奴将苏武流放到北海，而将常惠等人拘押在别的地方。西汉使者到了匈奴,要求单于放回苏武等人,单于却诈称苏武死了。后来又有西汉使者来到匈奴,常惠请求看守他的人和他一起去见西汉使者,趁机向西汉使者详细叙述了事情的经过。之前匈奴说苏武死了,现在使者怎么跟匈奴索要苏武呢?常惠编造了一个美丽的谎言,他教西汉使者对单于说,大汉皇帝在上林苑打猎,射下一只大雁,大雁脚上系着一封帛书,帛书上说苏武在某个大泽中。西汉使者听了大为兴奋,就按常惠所说责问单于。单于听了西汉皇帝打猎射雁得帛书的神奇故事,难掩谎话被揭穿的慌张和惊讶,尴尬地看看左边又看看右边,知道再也瞒不住了,只好道歉说:"苏武等人确实还活着。"就这样,匈奴将苏武放还,一起放还的还有马宏等人。马宏先前担任光禄大夫王忠的副使,随王忠出使西域各国,途中受到匈奴军队的拦截,王忠战死,马宏被俘,拒绝投降。匈奴放还苏武、马宏,是想向西汉表示他们的善意。

　　李陵知道苏武将回长安后,摆酒设宴向苏武表示祝贺,对苏武说:"你今天回去,美名传颂于匈奴,功勋显扬于汉朝,冠绝古代史书绘画!我李陵虽无能怯懦,假使汉朝暂且宽赦我的罪过,保全我的老母,春秋时曹沫劫持齐桓公于柯盟的壮举正是我当时念念不忘的志向。谁知汉朝竟将我满门抄斩,这是当世最残酷的杀戮,我还能再顾念什么呢?如今一切都已过去,现在不过是想让你知道我的心罢了!"李陵起身舞蹈,且舞且歌:"径万里兮度沙幕,为君将兮奋匈奴。路穷绝兮矢刃摧,士众灭兮名已隤。老母已死,虽欲报恩将安归!"歌舞毕,涕泪交流不能自已,十分伤感地与苏武诀别。苏武被匈奴扣留了十九年,出使时年富力强,返回时已须发皆白。当初使团共有一百多人,十九年中死的死降的降,最终返回长安的只剩下九个人。

　　苏武回到长安后,朝廷任命他为典属国,官阶为中二千石,并赏赐钱二百万、公田二顷、宅地一处。宣帝初赐爵关内侯,食邑三百户,任右曹典属国,尊称祭酒。苏武在匈奴时所生的儿子苏通国,在苏武回到长安后经宣帝过问,后来随使者回到长安,朝廷任命他为郎官。苏武于宣帝神爵二年(前60)病逝,终年八十岁。

　　宣帝甘露三年(前51),南匈奴呼韩邪单于向西汉称臣。宣帝思念那些辅佐过自己的大臣的丰功美德,诏令将他们的形体相貌图画在麒麟阁上,并注明他们各自的官职、爵位和姓名。除霍光不注名字、称"大司马大将军博陆侯霍氏"以示尊崇外，以下依次为：卫将军富平侯张安世、车骑将军龙额侯韩增、后将军营平侯赵充国、丞相高平侯魏相、丞相博阳侯丙吉、御史大夫建平侯杜延年、宗正阳城侯刘德、少府梁丘贺、太子太傅萧望之、典属国苏武，共十一人。这些人功勋卓著，品德高尚，为当世人所熟知，因此画名臣图来表彰他们，表明他们是宣帝中兴的辅佐之臣，可与辅佐周宣王中兴的名臣方叔、召虎、仲山甫媲美。宣帝一朝从丞相黄霸、廷尉于定国、大司农朱邑、京兆尹张敞、右扶风尹翁归到名儒夏侯胜等，都能善始善终，扬名于宣帝之时，却不能列于麒麟阁上名臣图中，由此可知辅佐之臣的选择标准。苏武名列其中，是朝廷对他的忠诚和气节的肯定和嘉许。

孔子有言："志士仁人，有杀身以成仁，无求生以害仁"，"使于四方，不辱君命"，这些做人的道德标准，在苏武身上都体现得淋漓尽致。

赵充国：置身度外为国家

个人的命运总是与国家的命运相关联，这在普通人身上通常不容易察觉到，国运盛衰的变化留给普通人的印记或许如春梦般了无痕迹；而对那些杰出的历史人物来说，国家的命运即是个人的命运，当这个人的所作所为着眼于国家利益的时候更是如此。西汉时期著名的将军赵充国就是一个鲜明的例子。

赵充国（前137—前52），字翁孙，陇西上邽（今甘肃清水县）人，后来迁居金城令居。他出身普通人家，祖上都没有做官的背景。起初他只是一个骑士，后来以良家子善于骑马射箭被补为羽林卫士。他为人沉着勇敢，有很深的谋略，年轻时就以那些著名的将帅为榜样，刻苦学习兵法，对朝廷征伐四方蛮夷的事情了如指掌。

武帝天汉二年（前99），赵充国以假司马的身份跟随贰师将军李广利讨伐匈奴。李广利所部一度陷入匈奴重重包围，汉军粮断数日，死伤累累，将士十分之六七业已战死、饿死。在极其险恶的形势下，赵充国挺身而出，带领一百多名敢死队员攻陷敌阵突破重围，贰师将军率军紧随其后才得以脱险。赵充国

全身受伤二十多处，贰师将军奏报武帝，武帝下令将赵充国送至行营所在，亲自接见并探视他的伤情。看到赵充国浑身上下血肉模糊，武帝连连赞叹，当即给予嘉奖，授官中郎，不久擢拔为车骑将军长史。赵充国可谓一战成名。

昭帝、宣帝时期，西汉调整了对匈奴的策略，止戈罢战，休养生息。作为武官的赵充国在和平年代防御外敌入侵、平定属国叛乱的军事行动中，表现仍然不乏亮点。昭帝元凤元年（前80）春，武都郡的氐人造反，赵充国以大将军护军都尉的身份带兵平定了叛乱，升官中郎将，率兵驻守上谷郡，回来后又被任命为水衡都尉（掌管上林苑及铸钱等事务的官职）。同年冬，"匈奴发左、右部二万骑为四队，并入边为寇"，西汉出兵追击，杀死、俘虏匈奴九千人，赵充国参加了这次战斗，俘获了西祁王，被提升为后将军，仍兼任水衡都尉。宣帝本始二年（前72），赵充国以蒲类将军之职率领一路大军征讨匈奴，杀敌数百人，被任命为后将军、少府。

时光倏忽到了宣帝神爵元年（前61），这一年赵充国七十六岁了，要是在今天，估计他早已赋闲在家，含饴弄孙，即便在那个时代，他致仕回家颐养天年也是完全可以理解和接受的，毕竟他一生都在为保卫大汉江山效命疆场并立下过奇功。如果说当年他率领一百多名壮士冲破匈奴重围，为西汉军队杀出一条生路，有年轻力壮、血气方刚的因素，也有个人立功欲望的话，那么如今他早已功成名就，该是安享晚年的时候了。然而，赵充国考虑的不是自己的安逸，而是国家的安危，正是他将个人得失置之度外、赤诚报国的思想和行动，使他晚年的军事生涯更增添了一笔浓重而绚丽的色彩，也让他的赫赫英名流芳百世，为后辈无数人所景仰。

让赵充国晚年军事生涯大放异彩的是平定西羌叛乱。

西羌是一个非常古老的少数民族，《后汉书·西羌传》："西羌之本，出自三苗，姜姓之别也。"其历史之源远流长，可以追溯到传说中的黄帝至尧舜禹时代。远的不说，武王伐纣，在牧野会师，做战前总动员，羌人就挤在队伍里挥动着矛戟示意积极参战，在当时的政治、军事舞台上表现十分活跃。西羌的祖先起初生活在南岳衡山附近，舜帝"窜三苗于三危"，三危在今天敦煌以南一带。西汉时期，今甘肃、青海的黄河、湟水、洮河流域是羌人的活动中心。

羌人不种五谷，以畜牧为业；居无定所，逐水草而迁徙；父死，子妻后母，兄亡，弟娶寡嫂；杀人偿命之外，法无其他禁令。西羌不立国君和大臣，没有最高首领，势力强大就分出氏族，成为酋豪，势力弱小就沦为他人的附属部落；各有山头，政令不一，平时像一盘散沙，部落之间相互打打杀杀，一旦彼此解仇结盟，其势力则相当惊人。羌人刚强勇猛，耐寒能力堪比牦牛，妇女在狂风暴雪里照样可以生孩子。若在平地上列阵厮杀，羌军容易脆败，以其素不擅长阵地战之故；若在山谷地带作战，羌军则人人神勇，个个善战，在高高的山岗上放哨、在密密的树林里埋伏、在深沟险壑间周旋游击是他们祖传的拿手好戏。可以说，羌人是我国古代顶尖出色的山地战和游击战能手。羌人虽不耐持久对战，但冲锋陷阵视死如归，他们以"战死为吉祥、病死为凶恶"的信条诠释勇敢的含义。这样一个剽悍的民族与西汉为邻，令西汉在很长一段时期里大为头痛。

　　西汉初年，匈奴冒顿兵力强大，赶跑了繁衍于河西走廊一带的月氏，威震众蛮，西羌诸部族尽皆臣服匈奴。武帝时，霍去病击溃匈奴右地，西汉据有河西走廊一带，在河西走廊上由东南向西北一字型排开的武威、张掖、酒泉、敦煌四郡，像一把锐利的匕首斜插在匈奴和西羌之间，隔断了羌人和匈奴的联络，使彼此不能勾连为害。元鼎六年（前111），西汉设置护羌校尉，持节领护西羌，"羌乃去湟中，依西海、盐池左右"，河西一带的土地因此空了出来。乌孙与西汉结姻后，西汉曾劝说乌孙回到故地，但乌孙没有同意，西汉朝廷后来迁徙了一批中原人口到这里，但仍然地广人稀，汉羌边界出现了大片无人区。宣帝即位，派光禄大夫义渠安国巡查羌人各部，羌人先零部落首领心怀叵测地试探义渠安国说："我们希望能时常北渡湟水，到北边没有人耕种的地方放牧。"义渠安国未置可否，只是将情况奏闻朝廷。后将军赵充国对义渠安国在如此重大问题上态度暧昧非常不满，弹劾他"奉使不敬"。赵充国出于军人的职业敏感，见微知著，预料到汉羌边境将有事变发生。后来，羌人果然以汉使曾经默许为借口，强行渡过湟水牧羊放马，当地郡县怎么挡都挡不住。

　　更不好的消息接踵而来。不久，羌族先零部落与其他各羌族部落首领二百余人相互解除怨仇，彼此交换人质，共同盟誓。一个多月以后，羌人首领派使

者去匈奴借兵，这是羌人要造反的预兆。早在武帝元鼎五年（前112），分布在今甘肃临夏以西和青海东北一带的羌人部落尽释前仇，结成同盟，与匈奴相勾结，合兵十余万人造反，包围了枹罕（今甘肃临夏州东北），边关告急。西汉派将军李息、郎中令徐自为率军十万，历时一年才平定诸羌叛乱。宣帝对这段历史不可能不清楚，他紧急召问赵充国有何应对良策，赵充国认为应派出使臣巡视边塞，了解防御情况，设法阻止羌人各部落解仇结盟。西汉朝廷不知道出于什么考虑，或许是想给义渠安国一个将功补过的机会，再次派遣义渠安国以骑都尉的身份巡视羌人各部。

义渠安国不但没有将功补过，反而错上加错。他可能认为自己先前的菩萨心肠助长了羌人得陇望蜀的野心，所以这次一回到羌中就立即祭出霹雳手段。他召集先零部落首领三十余人前来官府，认为他们尤其桀骜狡猾，遂将他们统统斩首，又纵兵袭击先零部族，杀死一千多人。朝廷派义渠安国巡视羌人部族，本意是让他去安抚羌人，使之打消叛乱的念头。义渠安国本来是去救火的，可是他这么一通乱杀乱打无异于火上浇油，搞得原来归顺西汉的羌人部落人人恐惧怨怒，对西汉失去了信任。羌人部落纷纷背叛，侵犯边塞，攻打城邑，杀死长官。义渠安国率领的三千骑兵遭到羌军攻击，车辆、辎重、兵器损失惨重，义渠安国灰溜溜退回到令居。这是神爵元年（前61）春天的事情。

当时赵充国已经七十六岁，宣帝认为他老了，派御史大夫丙吉去问他谁可以领兵平定西羌叛乱，赵充国说："没有比老臣我更合适的人啦！"宣帝似乎不太放心，又派人问："将军估计羌敌会怎么样，我方应当出动多少军队？"赵充国说："百闻不如一见。军事情况难以遥测，老臣希望赶到金城（即今甘肃兰州市），制定出作战方案后上奏朝廷。"接着他胸有成竹地给宣帝吃了一颗定心丸："这些羌人违反天意背叛国家，不久就会灭亡，希望陛下把这件事交给老臣，不要担忧。"看到赵充国那么自信，宣帝也就放心了，笑道："可以。"

赵充国束装赶往金城，在那里集结了一万骑兵，随即挥军西向，渡过黄河奔赴西部都尉府（在今青海海东市乐都区西）。他带兵行军经验老到，一路上昼伏夜行，经常远远地派出侦察兵探望敌情，行军时做好战斗准备，驻扎时加固营垒守卫，大军终于顺利抵达西部都尉府。

西羌叛乱为首的是先零部落，起先，䍐、开部落的首领靡当儿派弟弟雕库告诉西部都尉说先零要造反。过了几天，先零果然造反了。雕库部落有很多人在先零，西部都尉便扣留了雕库作为人质。赵充国了解情况后，决定恩威并用，招降䍐、开部落以及其他被先零胁迫叛乱的部族，瓦解先零叛军的阴谋，等到他们困顿之时再出兵攻击。赵充国释放了雕库，让他回去告诉部落首领："汉朝大军只杀有罪（指叛逆）的人。犯法的人捕杀其他罪犯可以免罪，斩杀有罪的大首领一人赏钱四十万，斩杀中等首领一人赏钱十五万，斩杀下等首领一人赏钱二万，斩杀成年男子一人赏钱三千，斩杀妇女、老人和小孩一人赏钱一千。所捕获的妇女、孩子以及钱财物品全部归捕获者所有。"以此分化、瓦解叛军阵营。先零叛军几次来挑战，赵充国坚守不出，静观其变。

赵充国在前线不紧不慢，在后方却有人火急火燎，这个人就是酒泉太守辛武贤。他上书宣帝，认为应当立即出动张掖、酒泉的兵力攻打䍐、开部落在鲜水上游的部队，如果一次不能将其歼灭干净，那就到冬天再攻打一次，大部队频繁出击，敌人必定崩溃无疑。当时，朝廷已征发了西北各郡的部队一共六万人，辛武贤的奏书正合圣意。宣帝将奏书交给赵充国，赵充国冷静地分析形势后禀告宣帝：从张掖发兵长途奔袭没有胜算，搞不好还会被敌人以逸待劳就地消灭，给夷狄留下笑柄，汉朝的颜面将永远难以挽回；张掖、酒泉驻军的目的是隔绝匈奴与羌人，如果将这两地的驻军调离，一旦匈奴、羌人联合大举入侵，后果不堪设想；擒贼先擒王，西羌叛乱的罪魁祸首是先零，䍐、开部落只是被先零胁迫，所以应当先攻打先零，降服先零后，䍐、开部落自然就归顺了，如果不服，届时再出兵收拾他们，不必一开始就劳师动众全面进剿。

宣帝把赵充国的奏书交给大臣商讨，那些远离战场的公卿大臣们却认为先零兵势强盛，又依仗䍐、开的援助，如果不首先攻破䍐、开，先零就不容易对付。于是，宣帝任命侍中、乐成侯许延寿为强弩将军，任命酒泉太守辛武贤为破羌将军，向鲜水北岸的䍐羌进攻；同时命令赵充国率军向西推进，牵制、震慑敌军。赵充国收到诏令后，认为将领带兵在外，不能完全听从朝廷不切实际的指令，根据实际情况坚持正确的主张才是为安定国家所应当做的。于是，他

再次上书陈述用兵的利害关系,坚持认为应当先讨伐先零,这样罕、开部落不必用兵就可以制服,如果先零羌被制服后罕、开部落仍不臣服,等到明年正月再去攻打它,既得用兵之道,又合用兵时机。

赵充国六月二十八日上奏,宣帝七月五日批准了他的计策。赵充国率军直逼先零羌所在地。羌军驻兵已久,放松了警惕,突然见到汉军大部队杀来,纷纷丢弃车辆辎重,慌忙夺路渡湟水逃命。赵充国并不急着追杀逃敌,他说:"这就是所谓的穷寇莫追。缓慢追赶,他们就会一味逃跑不回头,追急了他们就会回头决一死战。"结果叛军投水被淹死的有数百人,投降以及被斩首的有五百多人,汉军俘获叛军马牛羊十多万头,缴获马车四千多驾。大军到了罕羌部落地界,赵充国下令不许焚烧村落、不准在田里割草放牧。罕羌人听到后,高兴地说:"汉军果然不攻打我们了!"罕羌首领靡忘派人来表示希望能够回到原来的地方,赵充国把这一情况上报朝廷。在还没有得到答复之时,靡忘亲自前来归顺,赵充国让他吃饱喝足后,放他回去告谕他的部族。护军以下的军官都说:"这是反贼,不可以擅自放走。"赵充国说:"各位只想照章办事为自己打算,并不是忠诚为国考虑。"话音未落,玺书就下来了,诏准靡忘按赎罪论处。汉军不费一兵一卒便收服了罕羌。

宣帝希望尽快以武力平息西羌叛乱,可是赵充国在这个秋天病了。宣帝很着急,担心赵充国年事已高,万一有个三长两短,羌乱更难平息,于是诏令破羌将军辛武贤前往赵充国屯兵处担任其副手,由辛武贤和强弩将军许延寿率兵于当年十二月进攻先零,让赵充国安心养病,不必亲自出征。当时,羌人降军已有一万多人,赵充国估计羌人肯定要失败,打算撤除骑兵,以步兵在当地屯垦戍卫,等待羌人因自身疲惫而败亡。奏章写好还未上奏,恰于此时接到宣帝的诏书。抗旨是有杀头危险的,赵充国的儿子、中郎将赵卬感到害怕,让幕僚去劝赵充国说:"假如出兵会损兵折将,倾覆国家,将军可以坚持己见,防守不出。如果只是利与弊的区别,又有什么可争执的呢?违背皇上旨意,一旦朝廷派御史前来责问,将军自身难保,又怎能保证国家的安全!"赵充国叹息说:"瞧你这话说得多么不忠啊!我誓死也要坚持我的意见,陛下圣明,我可以向陛下陈述我的忠言。"

于是，赵充国上书请求屯田：从临羌（今青海湟源县东南）向东至浩亹（今甘肃永登县），羌人旧有的私田、公田以及没有开垦的荒地有二千顷以上，撤除骑兵，留下一万多步兵屯田，分别屯驻在要害地区。今年冬季修路造桥，明年春耕时，每名士卒负责垦耕三十亩土地，到四月草木生长时，征调郡属骑兵和属国胡人骑兵各一千为屯田者充当警卫。屯田收获的粮食运入金城郡，增加积蓄，可以节省大量费用。赵充国还将屯田区划及需用器具详细列出清单呈奏宣帝。

宣帝不明白赵充国屯田的真实意图，他关心的是羌人叛乱何时能够平息，再次诏问赵充国："按照将军的计划，羌人叛军何时可以剿灭？战事何时能够结束？仔细研究出最佳方案，再次上奏！"

赵充国心想：陛下，我说的屯田就是最佳方案了。他在奏书中写道："此时陛下班师罢兵，留下一万人屯田，顺应天时，利用地利，等待战胜羌人的机会。叛羌虽未立即剿灭，但可望于一年之内结束战事。羌人已在迅速瓦解之中，前后共有一万七百余人投降，接受我方劝告、回去说服自己的同伴不再与朝廷为敌的共有七十批，这些人恰是瓦解羌人的利器。"赵充国又归纳了不出兵攻击、只留兵屯田的十二点好处，认为屯田既能使羌乱不攻自破，又可以自给自足节省国家经费，还可以开发边疆树立汉朝的威德，兼有政治、经济、军事三重意义，可以"坐得必胜之道"。并且指出出兵攻击则失此十二点好处。

宣帝念念不忘叛乱何时平息，再次下诏询问："你说可望于一年之中结束战事，是说今年冬季吗，还是何时？难道你不考虑羌人听说我们撤除骑兵，会集结精锐攻击屯田士卒杀掠百姓？我们将用什么来制止？将军深入思考后再次上奏。"

赵充国只好再次详细上奏："军事行动以谋略为根本，所以多算胜于少算。先零羌之精兵，如今剩下不过七八千人，丧失了原有的土地，分散在远离家乡的地区，挨饿受冻，不断有人叛逃回家。我认为他们崩溃败亡的时间可望以日月计算，最远在明年春天，所以说可望于一年中结束战事。北部边疆自敦煌直到辽东共一万一千五百多里，守卫边塞的官吏和戍卒仅有数千人，敌人多次以大兵攻击都不能取胜。从现在开始到三月底，是羌人马匹瘦弱的季节，现

在即使撤除骑兵，羌人见有屯田戍卫的精兵万人，必不敢将妻子儿女丢在其他部族，跋山涉水前来侵扰，也不敢将其家属送还家乡。这正是我预计他们必将就地瓦解、不战自破而制定的策略。至于羌人小规模的侵扰掳掠，偶尔杀伤百姓，原本就无法禁绝。我听说，打仗如无必胜的把握，就不能轻易与敌人交手；进攻如无必取的把握，就不能轻易劳师动众。如果发兵出击，即使不能灭亡先零，但能禁绝羌人小规模的侵扰活动，则可以出兵。如果今天同样不能禁绝，却放弃坐等取胜的机会，采取危险的行动，不但得不到好处，还白白使自己内部疲惫、破败，贬低国家威严而损害自己，则不能采取这样的策略对付蛮夷外族。再者大部队一出，徭役又将兴起，我认为实无益处。我自己思量，如果尊奉陛下的诏令出塞，率兵远袭羌人，用尽天子的精兵，将车马、甲胄散落在山野之中，即使立不下尺寸之功，也能苟且避免嫌疑，过后还能不负责任，不受指责。然而，这些个人的好处却是对陛下的不忠，不是明主和国家之福！"

赵充国每次上奏，宣帝都给公卿大臣讨论研究，起初认为赵充国意见正确的人有十分之三，后来增加到十分之五，最后更增至十分之八。赵充国终于用无私、忠诚和远见卓识说服了宣帝和朝廷大臣，使他们由起初反对到最终接纳他的屯田策略。于是，宣帝诏复赵充国，嘉勉并采纳了他的计策。与此同时，破羌将军辛武贤、强弩将军许延寿早已摩拳擦掌，多次请求进兵攻击羌族叛军，宣帝诏令两将军与中郎将赵卬率部出击叛军。西汉军事进剿与驻军屯田双拳出击，效果奇佳，只此一战，羌敌便已瓦解，宣帝诏令罢兵，只留下赵充国负责屯田事务。

神爵二年（前60）五月，赵充国上奏："羌人部众和军队原来约有五万人，前后被斩首共七千六百人，投降三万一千二百人，在黄河、湟水中淹死以及饿死的有五六千人。计算起来，剩下逃亡的不过四千人，羌人首领靡忘等跪着保证可以擒获这些人，所以我请求罢除屯田部队。"宣帝准奏，赵充国振旅而还。

好友浩星赐劝说赵充国：大家都认为破羌、强弩二将军率兵出击才使羌人败亡，然而，有见识的人则认为羌人已到穷途末路，即使不发兵出击，也会很快自行投降。将军见到陛下时，应归功于破羌、强弩二位将军率兵出击，这样做对你并无什么损失。赵充国说："我年岁大了，爵位也到头了，岂能为避免夸耀一时功劳的嫌疑而欺骗陛下！军事战略是国家大事，应当为后人立下榜样。我如果不利用自己的余生为陛下明白分析军事上的利害，一旦去世，谁能再对陛下说这些呢？"遂将自己的想法奏明宣帝。宣帝接受了他的意见，免除辛武贤破羌将军职务，调其回到酒泉任太守，赵充国则恢复了后将军职务。

就经济角度而言，赵充国留兵屯田并没有收到实际效果，因为从上一年冬天到第二年五月，农作物尚未成熟一季。然而，赵充国三次上书屯田策影响很大，他以身作则向世人展现了为国家利益甘冒风险、勇于担当的无私和忠诚，对一个身经百战、爵位已极的人来说，尤其难能可贵，对那些唯上是从、明哲保身的人是一记有力的鞭策和警醒。赵充国丰富了屯田理论，将屯田从单纯的经济意义上升到政治、军事战略的高度，对后世的影响一直延续到清朝时期，可谓既深且远。

赵充国回到长安当年（前60）秋天，匈奴虚闾权渠单于率领十几万骑兵沿汉朝边塞围猎，企图入境抢掠。大军到达之前，正好有一个名叫题除渠堂的匈奴人投降西汉报告了此事。后将军赵充国最后一次为西汉征战沙场，他率骑兵四万余人屯驻于沿边九郡（即五原、朔方、云中、代郡、雁门、定襄、北平、上谷、渔阳），防备匈奴入侵，匈奴听到赵充国的威名，闻风丧胆不敢来犯。完成这次驻军防御任务后，赵充国致仕回家养老，但朝廷每当有关于四夷的重大讨论，还是经常请他参与军事谋划。也就在这一年，匈奴虚闾权渠单于去世，此后匈奴即陷入四分五裂。遗憾的是，赵充国没有亲眼看到匈奴向汉朝俯首称臣的历史性一幕，在南匈奴呼韩邪单于向宣帝称臣前一年，即甘露二年（前52），赵充国去世，享年八十六岁，谥号"壮侯"。

第四章 在西域的军事外交角力

一、张骞"凿空"西域

> 西域以孝武时始通,本三十六国,其后稍分至五十余,皆在匈奴之西,乌孙之南。南北有大山,中央有河,东西六千余里,南北千余里。东则接汉,厄以玉门、阳关,西则限以葱岭。(《汉书·西域传》)

"南北有大山",即北边的天山、阿尔泰山和南边的昆仑山,"中央有河",即塔里木河,换句话说,西域主要是指分布在今天新疆塔里木盆地周边的国家,起初有三十六国,后经分分合合,最多时有五十五国。这些国家人口多的有几十万,少的只有一千多人,"各有君长,兵众分弱,无所统一",这是狭义的西域。广义的西域还包括葱岭以西的国家,并无固定确切所指,大致凡是沿陆上丝绸之路所能到达的西方国家均包括在内。葱岭即今天的帕米尔高原,天山、喀喇昆仑山和兴都库什山在此交汇,传说古时候山上长着许多郁郁葱葱的参天大树,故称"葱岭"。又《山海经·大荒西经》:"西北海之外,大荒之隅,有山而不合,名曰不周。"王逸注《离骚》、高周注《淮南子·原道训》均考不周山在昆仑山西北,所以葱岭又叫不周山。毛泽东有一阕词《渔家傲·反第一次大围剿》,歌拍为"同心干,不周山下红旗乱",借用古代神话共工头触不周山的故事隐喻二十世纪二三十年代闽粤赣苏区如火如荼的红色革命,说的就是这个不周山。其实,不用等到毛泽东那个时代,早在两千多年前,不周山下各国使节的旌旗与各国军队的战旗就已经很乱,这其中就有西汉

使节的旌旗和西汉军队的战旗，而首先为西汉扛起出使西域大旗的则是武帝时期的汉中人张骞（前164—前114）。

武帝建元二年（前139）的一天，河西走廊的茫茫戈壁滩上尘沙飞扬，旌旗招展，西汉朝廷侍从官张骞率领由一百多人组成的使团，从长安出发经过这里。他们此行的目的地是位于葱岭西边的月氏，河西走廊是必经之地。这里是匈奴的领土、右贤王居地，张骞的使团不巧遇上了匈奴骑兵，随后他们被押送到单于庭（一说在蒙古国首都乌兰巴托附近）。得知张骞此行的目的地是月氏，军臣单于横蛮地责问张骞："月氏在我们的北面，汉朝怎能派使者前去呢？我想派使者到南越，汉朝肯答应我的使者去吗？"他问得理直气壮，张骞竟无言以对，全团人硬生生被看管起来限制出境。

张骞为什么要越过葱岭出使月氏？这要从西汉跟匈奴的关系说起。

武帝即位后，表面上延续汉初以来一贯的跟匈奴和亲的政策，实际上这个时候西汉经过"文景之治"，恢复了强大的经济、军事实力。雄才大略的武帝不想再伺候匈奴了，他战略眼光宏远，意欲在西边找到一个可以结盟的国家对匈奴进行夹击。当时匈奴还处于强盛时期，西域各国都受其役使。《汉书·西域传》："西域诸国大率土著，有城郭田畜，与匈奴、乌孙异俗，故皆役属匈奴。匈奴西边日逐王置僮仆都尉，使领西域，常居焉耆、危须、尉黎间，赋税诸国，取富给焉。"因此，西汉想在西边找到一个盟国，只能越过葱岭去到更西的地方。恰好这时有投降西汉的匈奴人说，匈奴冒顿单于打败了原居住在敦煌、祁连之间的月氏，老上单于后来杀死了月氏王，用其人头制作成饮酒的器皿；月氏人向西逃离故土，最终征服了葱岭西边的大夏并在那里定居下来，由此怨恨匈奴，一心想报复，苦于没有援手。武帝听到这个消息非常兴奋，他认为跟匈奴有夙仇的月氏就是一个理想的盟国，于是立即招募有胆识出使的人选，意欲说服月氏共击匈奴。当时从长安去到月氏必须穿越匈奴国境，出使的艰难和危险可想而知。最终，身材魁梧、仪表堂堂的张骞"以郎应募"为使者，不料半途被匈奴扣押。

军臣单于说月氏在匈奴的北边，实际上月氏在匈奴的西边，他显然是故意要花招诓骗张骞。他的父亲老上单于亲手杀了月氏国王，他不可能连月氏人逃亡的大致地理方位都不清楚。而他居然还知道西汉的南边有个南越国，可见匈奴人的眼光并不局促狭隘。军臣单于没有杀掉张骞，反而优待他，赏赐他匈奴女子为妻。张骞在匈奴娶妻生子滞留了至少十年，匈奴的优待和管束没有消磨他的意志和信念，他一直保留着西汉使者的符节，心里想着有朝一日必定能够到达月氏完成使命。

匈奴让张骞他们居住在西边，日子久了就渐渐放松了监视，张骞瞅准时机，与部属一起摆脱匈奴守卫向月氏方向逃去，一路风餐露宿狂奔了数十日，幸好有个随从是堂邑氏的奴仆，名叫甘父，是个善射的胡人，"穷急，射禽兽给食"。他们历尽千难万险终于来到了葱岭以西的第一个国家大宛。大宛人早就听说西汉很富庶，很想跟西汉交朋友，见到张骞一行，非常高兴，七嘴八舌问张骞要去哪里。张骞据实以告，并请求大宛国王派向导送他去月氏，还对大宛国王说：等我回到长安，汉朝送给您的礼物您会收到手软。大宛王听了心里美得不要不要的，派翻译和向导送张骞一行到康居，康居人又送他们到大月氏（没有西迁的月氏人即小月氏）。大月氏王早已为匈奴所杀，大月氏人拥立大月氏王的夫人为王，他们打败了大夏，找到新的定居点。这一处位于妫水流域的新家园土地肥沃，很少有外族的侵扰，大月氏人过上了富足安宁的生活。世易时移，他们对匈奴的仇恨已然淡去，又认为西汉离大月氏很遥远，根本没有联合西汉报复匈奴的想法，因此对张骞等人爱搭不理。张骞在那里居留了一年多，始终没有说服大月氏王，只好启程返回长安。

为了避开匈奴，张骞沿着昆仑山、阿尔金山和祁连山，取道羌族地区回国，却不幸又被匈奴抓住，被扣留了一年多。武帝元朔三年（前126），军臣单于死了，他的弟弟伊稚斜以武力击败太子於单，自立为单于，引起匈奴内部大混乱，张骞和他的匈奴妻子及堂邑甘父一起趁乱逃回长安。张骞使团往返前后十三年，去时一百多人，归来只有张骞和堂邑甘父两人。

张骞这次出使月氏没有达到既定目标，但是他亲身到过葱岭以西的大宛、大月氏、大夏、康居等国，了解到这些国家的周边还有楼兰、于阗、姑师、扜采、乌孙、奄蔡、安息、条枝、身毒等国。他根据自己的所见所闻向武帝报告了这些国家的位置、地形、物产、气候、人口、兵力、风土人情等信息。例如

他介绍大宛国：

> 大宛在匈奴西南，在汉正西，去汉可万里。其俗土著，耕田，田稻麦。有蒲陶酒。多善马，马汗血，其先天马子也。有城郭屋室。其属邑大小七十余城，众可数十万。其兵弓矛骑射。其北则康居，西则大月氏，西南则大夏，东北则乌孙，东则扜罙、于阗。于阗之西，则水皆西流，注西海；其东水东流，注盐泽，盐泽潜行地下。其南则河源出焉，多玉石，河注中国。而楼兰、姑师邑有城郭，临盐泽。盐泽去长安可五千里。匈奴右方居盐泽以东，至陇西长城，南接羌，隔汉道焉。（《史记·大宛列传》）

又介绍条枝国：

> 条枝在安息西数千里，临西海。暑湿。耕田，田稻。有大鸟，卵如瓮。人众甚多，往往有小君长，而安息役属之，以为外国。国善眩。安息长老传闻条枝有弱水、西王母，而未尝见。（《史记·大宛列传》）

武帝对大宛的汗血马和条枝的巨鸟蛋特别感兴趣，他听完张骞的汇报，脑海里立刻勾画出一幅宏伟的帝国蓝图：大宛、大夏和安息这些大国，物产丰富奇特，人民定居生活，与汉朝的风俗相近，兵力很弱，垂涎汉朝的财物，汉朝可以用武力降服这些国家；大月氏、康居等国兵力强大，汉朝可以赠送财物诱使他们前来朝拜，用道义的力量使他们归附。这些国家归顺后，汉朝的疆土可以扩大一万余里，多种不同的民族在长安生活，多种不同的语言在长安交流，多种不同的风俗在长安展现，汉朝的威望德泽遍及四海。想到这里，武帝不禁心潮澎湃，龙颜大悦，诏拜张骞为太中大夫、堂邑甘父为奉使君。

张骞回到长安后，西汉与西域诸国还没有互相往来，一是因为西域诸国对西汉不了解，张骞去到只是打了个广告，广告的效应一下子还没有出来；二是因为从长安通往西域的必经之路——河西走廊一带还在匈奴的控制之下，丝绸之路尚未得通行。武帝矢志要打通西汉与西域各国之间的通道，于是频繁召见张骞询问意见。张骞在西域的时候，很注意收集各方面的信息，他对武帝说："我在大夏的时候，见到邛地的竹杖和蜀郡产的细布，问他们从哪儿得到那些东西，大夏国人说：'是我国的商人从身毒国（位于印度次大陆）买来的。身毒国在大夏东南大约几千里，那里的人过着定居的生活，和大夏相同。不同的是，那里地势低洼，气候潮湿炎热，那里的人骑着大象打仗，国家濒临大水。'我推测大夏距离汉朝约有一万二千里，在汉朝的西南，身毒又在大夏东南几千里，有蜀郡的物产，这样看来，身毒距离蜀郡不远。现在出使大夏，从羌族地区经过很危险，羌族人很厌恶汉朝；稍稍往北，则会被匈奴人俘获；如果从蜀郡走，应当是方便的道路。"武帝听了很高兴，遂于元狩元年（前122）诏令张骞从蜀郡、犍为郡派遣探路的使者，分四路同时出发探寻通往西域的路径。但是西南蛮夷非常凶恶，西汉使者来一个被他们杀一个，这条从西南方向通向西域的道路最终没能打通。

元狩二年（前121），霍去病击溃匈奴右地，西汉控制了河西走廊。元狩四年（前119）漠北战役以后，西汉和匈奴之间的大规模战争暂告一段落，双方互相试探，谋求和好，但由于双方的诉求相差太大，谁都不肯妥协，和谈最终没有结果。武帝念念不忘葱岭以西的大夏等国，此时他重新将目光投向西域，再次召见张骞征求意见，张骞向武帝提出了"断匈奴右臂"战略：联合乌孙共同对付匈奴。张骞说："我在匈奴的时候，听说乌孙王昆莫的父亲难兜靡本来和月氏都住在敦煌以东、祁连山以西一带，月氏攻杀了难兜靡，强占了他的地盘，乌孙人逃奔匈奴。昆莫那时刚出生不久，傅父布就翎侯抱着他逃亡，途中将他放在草丛中，去为他寻找食物。布就翎侯回来时，惊讶地看见一匹狼正在给小昆莫喂奶，另有一只乌鸦衔着肉在他身旁盘旋。布就翎侯抱着昆莫归附匈奴，匈奴以为昆莫是神，单于（冒顿单于）喜欢昆莫并收养了他。昆莫长大后，单于把他父亲的民众交还给他，让他带兵打仗，昆莫屡次建立战功。那时，月氏已被匈奴打败，小月氏留在原地，大月氏向西进攻塞王，塞王往南逃窜迁往远方，大月氏人便居住在塞王的地盘上（塞王的地盘即今伊犁河流域上游一带）。昆莫的力量壮大后，亲自请求单于允许他替父报仇，于是向西打败大月氏。大月氏人再次西逃，迁往大夏。昆莫掠夺其民众，留居在大

月氏人的土地上（塞王原来的居地），兵力逐渐强大起来。匈奴单于（老上单于）死后，他便不肯再侍奉匈奴。匈奴派军队攻打他，无法战胜，更认为昆莫是神而远离他。如今单于（军臣单于）刚被汉朝打败，处境困窘，而昆莫在敦煌、祁连的故地无人居住。少数民族依恋故土，又贪图汉朝的财物，如果此时多送些财物给乌孙，招引他们到东边居住回原来的土地，汉朝嫁公主给乌孙王作夫人，双方结为兄弟关系，乌孙一定会听从我们的建议，那样就等于切断了匈奴的右臂。联合了乌孙，自乌孙以西的大夏等国都可招为汉朝的外臣。"武帝认为张骞的话有道理，于元鼎二年（前115）任命张骞为中郎将，率领一个由三百人组成的庞大使团，每人配备两匹马，赶着上万头牛羊，带着价值数千万钱的黄金缯帛出使乌孙，还有很多持节副使随行。

此番西行，路上再也没有匈奴挡道，张骞的使团顺利到达乌孙。乌孙王昆莫夜郎自大，以单于的派头接见张骞一行，礼数不周，态度傲慢，收了礼物竟然不拜谢。张骞感到无比羞愤，对昆莫说："汉朝天子赠送礼物，国王要拜谢，如果不拜谢，就把礼物退回来。"昆莫这才起身拜谢。张骞向昆莫转达了武帝的旨意，说："如果乌孙能够向东返回故地居住，那么我大汉将把公主许配给国王为夫人，两国结为兄弟之邦，共同抗击匈奴，则匈奴可破。"当时乌孙国内部已经分裂，国王昆莫年老，不了解西汉大小强弱，乌孙国原先长期附属匈奴，而且又离匈奴近，大臣们都惧怕匈奴，因此不想回到故地，国王不能独自决定。昆莫妻妾成群，有十多个儿子，其中有个儿子叫大禄，强悍，有将才，手握一万多骑兵另居别处。大禄的哥哥是太子，太子有个儿子叫岑陬，太子已殁，临终前央求昆莫："一定要立岑陬为太子！"昆莫哀伤之极，连忙点头答应让岑陬做太子。大禄对自己没能取代太子很愤怒，于是率领他的军队造反，蓄谋攻打岑陬。年迈的昆莫常常害怕大禄杀害岑陬，便分给岑陬一万多骑兵，让他居住到别的地方去，另留有一万多骑兵用以自卫。这样一来，乌孙国一分为三，虽然大体上仍是归属于昆莫，但昆莫也不敢独自与张骞商定联姻结盟这件事。

张骞一直得不到昆莫的明确答复，便派副使分别出使大宛、康居、大月氏、大夏、安息、身毒、于阗及附近各国，自己先行回长安。乌孙国派翻译、向导送张骞回国，另派数十人赶着数十匹马随张骞到长安答谢，并借此机会了解西汉的情况。张骞当年回到长安，武帝擢升他为大行，位列九卿。一年多以后，受张骞所派出使大夏等国的副使大部分都与该国使臣一同返回到长安，从此西域各国就开始了与西汉的交通往来。

西汉与西域各国的交往正是从张骞通西域开始的，司马迁称之为"凿空"，凿即开，空即通，意思是说张骞开通了西汉与西域之间的道路。张骞"为人强力，宽大信人，蛮夷爱之"，他两次出使西域，艰苦卓绝，九死一生。他信念坚定，不辱使命，注重外交礼节，深得西域各国信任，为西汉在西域各国人民心中树立了一个富裕、诚信的良好形象。他最早将中原文明传播至西域，又从西域诸国引进了天马、葡萄、苜蓿、石榴、胡麻等物种到中原，促进了东西方文明的交流。元朔六年（前123），张骞因熟悉匈奴的交通地形，跟随卫青讨伐匈奴，有功，封为博望侯。由于张骞在西域各国树立了良好的信誉，在他之后出使西域的汉使都称博望侯，以此取信于外国，外国也因此信任西汉使者。

就当初出使的目的而言，张骞两次出使西域都遗憾没有实现，主要是因为西域与西汉相隔遥远，信息不通，彼此之间缺乏足够的了解，信任尚不能一下子建立；加上西域各国之前役属于匈奴，害怕西汉使者离开后遭到匈奴的打击报复，不敢贸然接受西汉使者的建议。对弱国小国而言，他们要找的是一个可以依靠的强国大国，所以在西域各国的使者来到长安，亲眼看到西汉地大物博、财力雄厚之后，这些国家都十分乐意跟西汉来往。乌孙更是前倨后恭，乌孙的使者看到西汉人口众多、物产富饶，回去报告了昆莫，昆莫立马主动提出要跟西汉公主结婚，想借西汉充当乌孙的保护伞。从这个角度看，张骞出使西域所收获的成果远比当初期望的要大得多。自从张骞"凿空"西域以后，西汉军事、外交的重点开始转向西域，坚定地实施断匈奴右臂战略，在这里与匈奴展开长时间、局面更加复杂的军事、外交博弈。

二、断匈奴右臂：联姻乌孙

张骞第二次出使西域试图说服乌孙联手西汉共击匈奴，老昆莫没有答应，此后乌孙使者来到长安，了解到西汉的富庶和强大之后，昆莫越来越重视跟西汉的关系。

匈奴听说自己昔日的属国乌孙与自己现在的仇敌西汉眉来眼去，非常生气，扬言要进攻乌孙，乌孙很害怕。看到来来往往不绝于道路的西汉使者途经乌孙之南去大宛、大月氏，屡过乌孙国门而不入，乌孙又很失落。老昆莫想起张骞跟他说过将西汉公主许配给他的话，不禁心里痒痒，于是派使者献马给西汉，表示愿意娶西汉公主，两国结为兄弟。武帝问群臣的意见，朝议同意，但有个条件：必须先纳聘礼，然后才嫁公主。这一回老昆莫二话不说，爽快地派人赶了一千匹良马送到长安作为聘礼。

西汉挑选出来嫁给乌孙昆莫的公主芳名细君，不知道这是不是她的真名，从汉书的记载来看似乎是这样，《汉书·西域传》："汉元封中，遣江都王建女细君为公主，以妻焉。"但从古代妻子即通称细君来看似乎又不是，如《汉书·东方朔传》："复赐酒一石、肉百斤，归遗细君。"所以不排除史书撰者为汉室讳，故意用了这样一个模棱两可的名字来掩人耳目。如果细君公主的名字非其真名，则继细君之后嫁去乌孙的解忧公主以及后来准备嫁去乌孙的相夫公主，其名字的真实性同样值得怀疑。无论如何，这位细君公主虽然生长在汉室，却也是一个身世堪怜的人。她的祖父刘非是江都易王，与武帝是同父异母的兄弟，所以细君是武帝的孙辈。刘非在平定吴楚七国叛乱时有功，"治故吴国"，薨后传位给儿子刘建。刘建是个败家子，专为淫虐，无恶不作，元狩二年（前121），以巫术诅咒武帝并造兵器图谋造反，事泄，有司拟请捕诛，刘建自杀，王后成光弃市，细君因年幼无知幸免于难，同年国除。没了爹没了妈没了王国的细君被朝廷选中嫁给乌孙昆莫。

元封六年（前105）一个秋高气爽的黄道吉日，是细君公主出嫁的大喜日子，武帝赐给她车马和皇室用的器物，还为她配备官吏、宦官、宫女、役者数百人，嫁妆极为丰厚。听到西汉嫁公主给乌孙，匈奴也嫁女子给乌孙，昆莫以匈奴女子为左夫人，以细君为右夫人。乌孙习俗以左为尊，左夫人地位高于右夫人，从这件事情上可以看出当时乌孙还很忌惮匈奴，也反映出昆莫处理外交问题手段圆滑。细君堂堂汉室公主地位竟然不如一个匈奴女子，心里当然不会高兴，但有西汉做靠山，倒也没有人奈何得了她。由于西汉与匈奴的敌对关系，后来西汉公主的子孙与匈奴女子的子孙在争夺乌孙王位时缠斗得尤其厉害，西汉不得不一再卷入其中。

昆莫生于匈奴冒顿单于时代，迎娶细君时年纪至少已有七十岁，而细君芳龄才二十岁左右，巨大的年龄差、截然不同的风俗礼仪、天壤之别的自然环境，对生于江南水乡的细君来说，远嫁乌孙无异于去了人间地狱。细君似乎是个娇生惯养、多愁善感的王室公主，来到乌孙后，她不肯住进乌孙的毡房，自己建造宫室别居一处，一年中只跟昆莫见几次面。昆莫年老，语言不通，每次见面只是闷着头喝酒吃饭，细君常常暗自伤心落泪。她愁肠百转，万般无聊，轻捻琵琶悲吟一曲倾诉乡思：

吾家嫁我兮天一方，远托异国兮乌孙王。
穹庐为室兮旃为墙，以肉为食兮酪为浆。
居常土思兮心内伤，愿为黄鹄兮归故乡。

断断续续的琵琶声伴着悲苦的吟歌声从深宫里反复传出，低沉婉转，如泣如诉。凄惨戚戚的歌声缓缓飘过伊犁河谷的萋萋芳草，飘过祁连山头的皑皑白

雪,飘过河西走廊上空的漫漫黄沙,飘进了长安未央宫武帝的耳朵里。武帝怜悯这个没了爹妈的侄孙女,可是他这位大汉天子也爱莫能助,只是每隔一年派使者给细君送去帷帐、锦绣等日用什物聊示安慰。

昆莫年迈体衰,自忖与细君不般配,他既已答应将王位传给孙子岑陬,想干脆让岑陬早一点娶细君,省得耽误了细君的青春,反正自己百年之后,按照乌孙的习俗,作为国王的岑陬也要娶细君。可是细君不同意,她上书武帝说明此事,武帝以天子的口吻诏复她:"遵从乌孙国风俗,大汉想联合乌孙消灭匈奴。"细君无奈,只好由岑陬娶了她。昆莫的名字叫猎骄靡,昆莫是乌孙国王号,又称昆弥,相当于匈奴的单于、西汉的皇帝。细君嫁给猎骄靡的第二年猎骄靡就去世了,岑陬继位为王。岑陬是官号,他的名字叫军须靡。

军须靡跟细君生一女,名叫少夫。太初四年(前101),西汉又以楚王刘戊的孙女解忧为公主嫁给军须靡,在此之前,郁郁寡欢的细君已经去世,她去世的具体年月史无明载。解忧的祖父、楚王刘戊是吴楚七国之乱的主谋,后来兵败自杀。史书没有记载刘戊子女的情况,后人无从知道解忧父亲的名字。刘戊比武帝长一辈,武帝是解忧的父辈。解忧公主的性格与细君迥然不同,她坚强勇敢、深明大义,手下还有个侍者叫冯嫽,是个有胆有识的女中豪杰。在西汉利用乌孙打击匈奴和收服西域诸国的过程中,解忧和冯嫽,尤其是冯嫽发挥了非常大的作用。

军须靡跟解忧公主没有子女,军须靡将要死时,他的匈奴妻子生的儿子泥靡还小,军须靡把王位传给了叔父大禄的儿子翁归靡,嘱咐说:"等泥靡长大了,再把王位归还给泥靡。"

翁归靡即位,号肥王,按照乌孙习俗娶解忧为妻,生了三个儿子、两个女儿:长子元贵靡;次子万年,为莎车王;三子大乐,为左大将;长女弟史,嫁给龟兹王绛宾为妻;小女素光,为若呼翎侯妻。

西汉与乌孙联姻三十五年后,迎来了一次联合讨伐匈奴的机会,这个机会是匈奴自己送上门来的。匈奴虽然嫁女给乌孙成了左夫人,地位在西汉公主之上,但还是对乌孙跟西汉联姻结盟耿耿于怀。昭帝年间,匈奴伙同西域小国车师攻打乌孙,解忧公主急忙上书朝廷求救。西汉很重视,厉兵秣马准备出征,但碰巧昭帝去世了，朝廷派光禄大夫常惠出使乌孙安抚公主，战事只好暂时搁置下来。匈奴得寸进尺，变本加厉侵略乌孙，强占乌孙的土地不算，还抢走乌孙人民当人质，要挟乌孙交出解忧公主，企图断绝乌孙与西汉的关系。解忧公主和肥王派使者上书宣帝，希望西汉出兵相救。宣帝本始二年（前72）秋天，西汉一共征发了五路兵马共十三万余骑兵：御史大夫田广明为祁连将军，指挥从西河郡出发的四万多骑兵；度辽将军范明友指挥从张掖出发的三万多骑兵；前将军韩增指挥从云中郡出发的三万多骑兵；后将军赵充国为蒲类将军，指挥从酒泉出发的三万多骑兵；云中郡太守田顺为虎牙将军，指挥从五原出发的三万多骑兵。任命出使乌孙的常惠为校尉，持节监督乌孙王亲自率领的五万多骑兵，对匈奴形成东西夹击之势。

西汉军队集结完毕后于第二年春天开始行动，五位将军奔赴各地指挥战斗。匈奴闻悉汉军大部队杀来，"老弱奔走，驱畜产远遁逃"，汉军因此所得甚少，战果无足称道。虎牙将军田顺和祁连将军田广明因行军延误、战斗消极、虚夸战绩，最后皆下狱自杀。校尉常惠与乌孙王率领的军队则取得了一场大捷，他们直捣右谷蠡王的王庭，俘获了单于的父辈以及嫂辈、居次、名王、犁污都尉、千长、将军以下三万九千多人，缴获马、牛、羊、驴、骡、骆驼共七十多万头，战利品统统归了乌孙。匈奴连死带伤而减去的人数以及因远途迁徙而死亡的牲畜不可胜数。西汉封常惠为长罗侯。这是西汉历史上第一次跟外族联姻取得成功的例子，西汉从此更加重视乌孙对匈奴的制约作用。然而，甜蜜的日子并没有维持多久，接下来就有西汉烦心的时候了。

乌孙王翁归靡大概是从汉乌联姻中尝到了甜头，他经过考虑后，请求西汉再嫁一个公主给他的儿子元贵靡。翁归靡在神爵二年（前60）上书宣帝说："愿以汉朝的外孙元贵靡为王位继承人，让他也娶汉朝公主，结两重姻亲，断绝与匈奴的关系。愿用马、骡各一千匹作为聘礼。"宣帝让大臣们讨论此事，大鸿胪萧望之认为乌孙地处极远，政局难保不发生变化，主张不要答应。宣帝觉得乌孙帮助西汉讨伐匈奴立了大功，而且很难断绝已建立的姻亲关系，于是遣使到乌孙接受聘礼，乌孙派出三百多人的使团到长安迎接公主。准备嫁给元贵靡的是解忧公主的侄女相夫，朝廷专门挑选了官属、宫女等一百余人居住在上林苑中,学习乌孙语言、了解乌孙风俗,然后派遣长罗侯常惠护送相夫公主远嫁乌孙。西汉的送嫁队伍刚到敦煌还未出塞,就听说乌孙王翁归靡死了,这突如其来的噩耗让西汉朝廷一时不知如何是好,尽管翁归靡生前曾许诺传位给元贵靡,但在此之前军须靡传位给翁归靡的时候曾经有遗嘱:"等泥靡长大了,再把王位归还给泥靡。"如今翁归靡一死,王位继承问题上就有可能生变。果不其然,乌孙贵人按照军须靡的遗嘱立其子泥靡为王,号狂王,他是军须靡跟匈奴妻子的儿子,西汉的外孙元贵靡没有继位为乌孙王,这样一来,西汉当然就不同意嫁公主给元贵靡了。常惠上书宣帝,提出让公主暂住敦煌,他自己先赶到乌孙问清楚为何不立元贵靡为国王,回头再护送相夫公主回长安。宣帝让大臣们讨论,萧望之说:"乌孙首鼠两端,难与立约。解忧公主在乌孙四十余年,两国关系不亲密,边境未得安宁,这就是证明。今天少公主因元贵靡不得立而回长安,既无愧于乌孙,也是汉朝之福。如果少公主嫁给乌孙,汉朝就会徭役不断,成为祸患的根源。"事已至此,宣帝无奈接受了这个意见,诏令接相夫公主回长安。然而,公主是接回来了,西汉遇到的麻烦却才刚刚开始。

狂王按照乌孙风俗娶了解忧公主,生了一个儿子名鸱靡,但夫妇两人琴瑟失调。狂王暴虐,大失民心。西汉派卫司马魏和意、副候任昌送乌孙的侍子回国,公主借机向西汉使者透露了狂王为乌孙人所不满的种种行为,并与其密谋派刺客在酒会上用剑击杀狂王。怎料刺客剑法太差,未能击中要害,狂王受伤后驰马逃走。他的儿子细沈瘦得知父亲遇刺,率兵将魏和意、任昌和解忧公主包围在乌孙国都赤谷城(故址在今吉尔吉斯斯坦伊塞克湖州伊斯提克)。双方僵持了几个月,后来西域都护郑吉征发附近各国部队前往解救,细沈瘦才不得不撤兵退走。西汉表面上派中郎将张遵带着医生和药物去给狂王治伤,并赐给狂王黄金二十斤及各色丝织品,实际上是想趁机除掉狂王,立元贵靡为乌孙王。张遵去到乌孙后逮捕了擅自作主的魏和意、任昌,用囚车将他们从尉犁解押到长安后处以斩首。随行的车骑将军长史张翁留在赤谷城调查解忧公主与魏和意、任昌谋杀狂王的情况。公主对张翁的调查不服,拒绝认罪,张翁扯着公主的头发大骂,公主将张翁辱骂她的情形禀告宣帝,张翁回到长安后也被处死。中郎将张遵回长安后,副使季都另外带着医生医治、养护狂王的剑伤,他本来有一百个机会除掉狂王，却没有那么做，他回长安时，狂王还派了十几个士卒护送。于是，季都回到长安后被处以宫刑。

狂王遇刺后，肥王翁归靡的匈奴妻子生的儿子乌就屠与乌孙诸翕侯逃到北山中。乌就屠扬言他外婆家匈奴的兵快来了，吓得那些翕侯纷纷归附于他，他便借势攻杀狂王，自立为王。西汉一心想立解忧公主的长子元贵靡为乌孙王，对乌就屠篡立自然不会坐视不理，即命破羌将军辛武贤率兵一万五千人开赴敦煌，穿渠凿井、运粮屯谷，准备讨伐乌就屠。千钧一发之际，解忧公主的侍者冯嫽发挥过人的智慧和胆略，将一场迫在眉睫的干戈化解于无形。

冯嫽读过史书，熟悉西域事务，曾代表公主持西汉符节巡行西域各国，赏赐各国王公贵人，颇得各国尊敬信任，被尊称为"冯夫人"。冯嫽后来嫁给乌孙右大将为妻，这位右大将与乌就屠关系密切，凭着这层关系，西域都护郑吉派冯夫人去劝说乌就屠。冯嫽对乌就屠说：汉朝正发大兵到西域，乌孙必被灭掉，不如趁早投降。乌就屠听了很害怕，表示愿意缴械，给他留个小昆莫的称号就行了。宣帝很慎重，传旨召冯夫人到长安，亲自询问乌孙的局势，随后特命冯夫人持节为汉正使，由谒者竺次、期门甘延寿为副使护送，乘锦衣车回乌孙传达宣帝诏令，召乌就屠到赤谷城长罗侯常惠处，立元贵靡为大昆莫、乌就屠为小昆莫，皆赐给西汉印绶，一场战争就这样化解了。事后乌就屠不肯把诸翕侯的民众归还原主，西汉又派长罗侯常惠率三校驻屯于赤谷城，并划分乌孙内部的统治区，大昆莫为六万余户，小昆莫为四万余户。小昆莫虽然统辖的人数少，可是人心却归向他。

后来，解忧公主跟肥王生的儿子元贵靡病死了，她跟狂王生的儿子鸱靡也病死了。公主年近古稀，非常伤心，上书宣帝说自己年老了，很思念家乡，希望能叶落归根老死在汉朝。宣帝念公主几十年身在异域，怜悯油然而生，即派人迎接公主和她的孙子、孙女三人回到长安，这是甘露三年（前51）的冬天。解忧公主当年远嫁乌孙，为的就是"与乌孙共灭胡"，而早在这一年春天，南匈奴呼韩邪单于来到长安朝拜称臣。解忧公主有幸见到南匈奴归附西汉，是对她在乌孙半个世纪的生活、奋斗、牺牲最好的慰藉和奖赏。宣帝赐给公主田地、宅第、奴婢等，奉养优渥，朝见皇帝的礼仪同皇帝的亲生公主一样。这种

优悠宁静的日子过了两年，解忧公主安然辞世，她的孙子孙女留在长安看守她的坟墓。

解忧公主去世后，乌孙国内仍旧麻烦不断。元贵靡之子星靡被立为大昆莫，他年纪幼小，冯夫人毛遂自荐，上书宣帝请求辅佐星靡，宣帝派出一百多人组成使团护送冯夫人到乌孙。起初，西域都护韩宣上奏宣帝，建议赐给乌孙的大吏、大禄、大监金印紫绶，让他们辅佐大昆莫，宣帝同意。后来，韩宣认为星靡软弱，建议朝廷让星靡的叔父左大将大乐代替他为大昆莫，宣帝不同意。

星靡死，儿子雌栗靡为大昆莫；乌就屠死，儿子拊离为小昆莫。看上去大、小昆莫的权力交接都很顺利，但不久就出问题了，拊离为其弟日贰所杀，西汉派使者段会宗到乌孙稳定局面。段会宗（前84—前10），字子松，天水上邽（今甘肃天水市）人，竟宁元年（前33）曾任西域都护、骑都尉、光禄大夫，在西域各国有很高的威望和信誉。段会宗抵达乌孙后，立拊离之子安日为小昆莫。日贰畏罪潜逃到康居，西汉徙己校尉屯驻姑墨，伺机讨伐日贰。安日派贵人姑莫匿等三人伪装成叛逃者投奔日贰，最终将日贰刺杀，西汉给三个刺客每人奖励黄金二十斤、缯三百匹。乌孙暂时得到安定。

后来安日被投降乌孙的人杀死，各翎侯陷于大乱。西汉再次以段会宗为左曹中郎将、光禄大夫，出使乌孙，立安日之弟末振将为小昆莫。先前在元贵靡为大昆莫、乌就屠为小昆莫时，小昆莫更得人心；到了这时，大昆莫雌栗靡勇猛剽悍，各翎侯都因惧怕而服从他，乌孙国内安定，这是西汉乐意看到的局面。可是小昆莫末振将显然不喜欢这种局面，他害怕被雌栗靡吞并，密派贵族乌日领诈降，乘机刺杀了雌栗靡。雌栗靡是解忧公主的曾孙，汉朝仓促间未能出兵讨伐末振将，便再一次派遣中郎将段会宗到乌孙，扶立解忧公主的孙子、雌栗靡的叔父伊秩靡为大昆莫（解忧公主有三个儿子，伊稚靡不知是哪个儿子所生）。西汉一时奈何不了末振将，便将他在长安的侍子没为官家奴仆。很久以后，大昆莫的翎侯难栖杀掉了末振将，原被降民所杀的小昆莫安日之子安犁靡被立为小昆莫。

末振将虽然被杀了，但西汉深以未能亲手除掉他为憾。日贰和末振将都是在乌孙大小昆莫的内斗中被杀的，西汉觉得自己作为泱泱大国很没面子，决定亲手杀掉末振将的太子番丘，让西域诸国领教领教汉朝大国的威严。这个任务又落到了段会宗肩上，真是能者多劳，这是他第四次出使乌孙了。这一年是成帝元延二年（前11），段会宗已七十四岁高龄，他领命后征发戊己校尉统领的诸国兵马前往乌孙。考虑到大军进入乌孙会惊动番丘，于是命令大军留驻垫娄地，仅挑选了三十名精兵，人人带着弓弩，径直来到小昆莫王庭。段会宗传召番丘，向他宣布末振将的罪状，随即亲手举剑将其斩杀。番丘手下的官兵见状惊恐万分，四处逃散，小昆莫安犂靡率领数千骑兵包围了段会宗。段会宗毫不畏惧，向小昆莫宣明诛杀番丘的本意："今天你们包围杀死我，不过像拔下汉朝一头牛的一根毛而已。可是大宛国王、匈奴郅支单于的人头都高挂在长安槀街，你们应该是知道的！"小昆莫及其部众一听就都畏服了。小昆莫说："末振将有负于汉朝，诛杀他的儿子是可以的，为什么偏偏不告诉我们，让我们给他吃最后一顿饭呢？"段会宗说："预先告知，你就会让他逃跑藏起来，这就犯了大罪。如果你为他送别后再把他交给我，就会伤害你们的骨肉恩情。因此没有事先告诉你。"小昆莫及其部众无可奈何，号哭着撤兵而去。段会宗回到长安，被封为关内侯。

段会宗认为翎侯难栖杀掉末振将虽不是为西汉，但是符合西汉诛讨末振将的本意，因此奏请成帝封翎侯难栖为坚守都尉。西汉责备大禄、大吏、大监等对雌栗靡被杀负有责任，收夺了他们的金印紫绶，改换为铜印墨绶。末振将之弟卑爰疐参与了谋杀大昆莫雌栗靡，因害怕遭到清算，率八万余人依附于康居，企图借康居之兵兼并大、小两昆莫。两个昆莫都因畏惧卑爰疐，不得不依赖西域都护的庇护。

哀帝元寿二年（前1），乌孙大昆莫伊秩靡与南匈奴单于都来长安朝见哀帝，当时西域共有五十四个国家，来朝拜的从翻译到将相侯王全都佩戴西汉印绶，西汉君臣感到倍有面子。平帝元始年间（公元1—5），卑爰疐杀乌日领以投效西汉，西汉封他为归义侯。彼时大、小两昆莫都很软弱，卑爰疐不断侵凌两昆莫，都护孙建袭杀了卑爰疐。自乌孙分立两个昆莫以后，西汉时而安抚，时而镇压，年年忧虑辛劳，没有一年太平的日子。

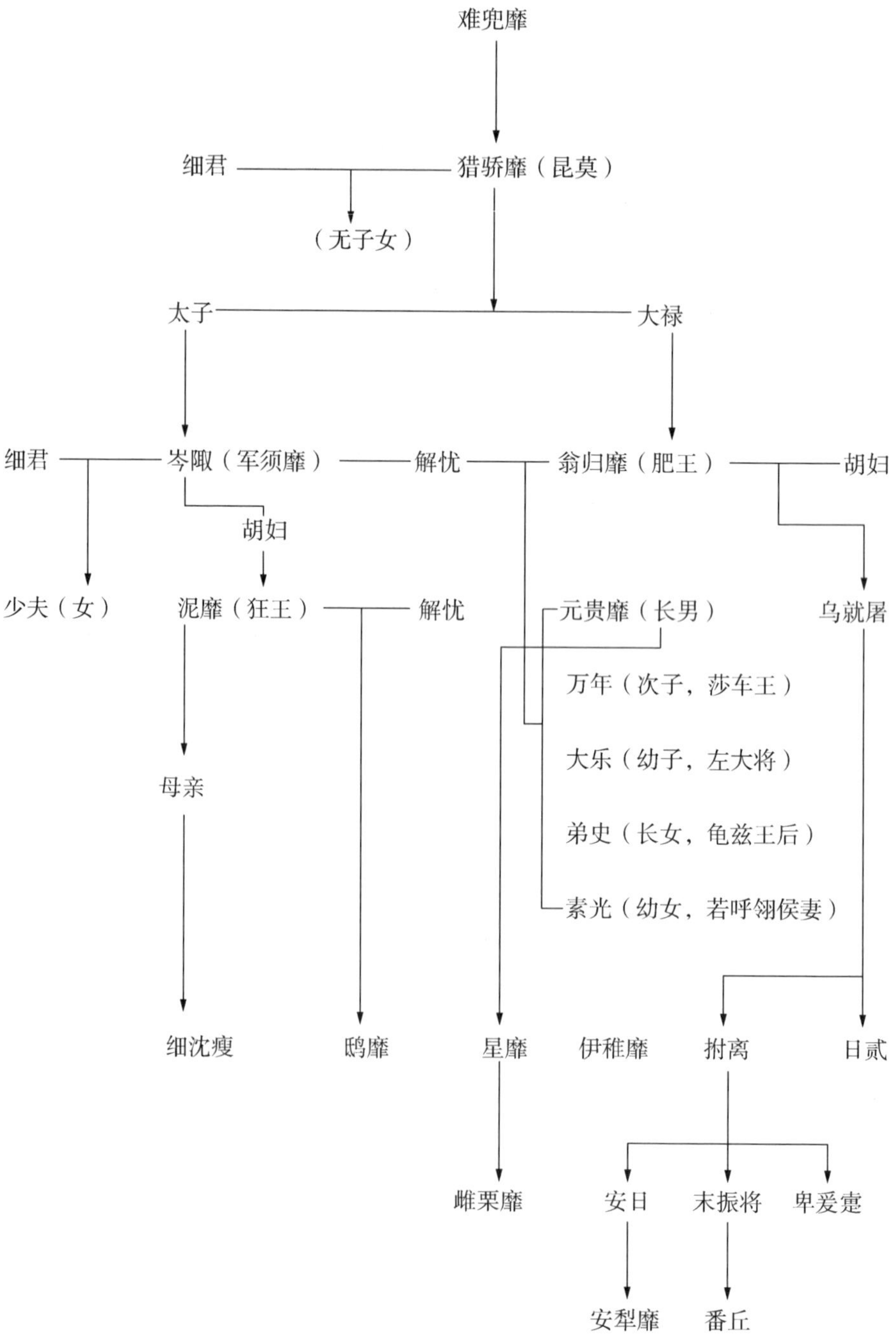

汉朝匈奴四百年

```
                              难兜靡
                                ↓
        细君 ────────── 猎骄靡（昆莫）
                  ↓
              （无子女）

              太子 ──────────────────── 大禄
               ↓                          ↓
  细君 ── 岑陬（军须靡）── 解忧 ── 翁归靡（肥王）── 胡妇
               │ 胡妇                                    ↓
               ↓                                        乌就屠
   少夫（女）  泥靡（狂王）── 解忧    元贵靡（长男）

                                        万年（次子，莎车王）

                                        大乐（幼子，左大将）

                          母亲          弟史（长女，龟兹王后）

                                        素光（幼女，若呼翎侯妻）

   细沈瘦    鸱靡    星靡   伊稚靡   拊离      日贰
                     ↓                ↓
                    雌栗靡      安日  末振将  卑爰疐
                                ↓      ↓
                              安犁靡   番丘
```

乌孙国王谱系

三、龙颜一怒为天马：征服大宛

武帝是爱江山的。为了大汉王朝的江山，他不惜穷兵黩武，跟东南西北的异族敌国频频开战。已故历史学家翦伯赞先生在《秦汉史》（北京大学出版社2001年第二版，第311页）里有一段描写武帝时期战争景况的话，非常形象精彩：

> 战争以日益扩大之规模而展开，于是王恢、韩安国、唐蒙、路博德、郭昌、魏广、杨仆、荀彘、李广、卫青、霍去病、李广利等将军，遂先后或同时出现为民族战争中的英雄。西汉的军队就在这些英雄的统率之下，走向东南西北的战场。他们开赴今日之辽东、朝鲜去打朝鲜，开赴今日之浙江、福建去打东瓯、闽、越（此处标点有误，应为闽越），开赴今日之广东、广西去打南越，开赴今日之贵州、云南去打西南夷，开赴今日之陕甘边境、内蒙古去打匈奴。这些远征军或楼船浮海，或栈道梯山，或轻骑出塞，或重装屯田，前仆后继，接踵而死者，不知几十万人。此外凿山通道，转粮馈饷，人徒车马，万里相望，其转死于道路者，又不知几十万人。

当时的情况真的就是那样，那份将军的名单后面还可以加上一长串名字，诸如李息、公孙敖、李沮、张次公、赵信、赵食其、赵破奴、李陵、李敢、公孙贺、苏建、李蔡等。还可以补充的是，武帝时期对匈奴的战争，从元光二年（前133）马邑设伏到征和三年（前90）李广利兵败投降，时间长达四十四年。诗圣杜甫说"边庭流血成海水，武皇开边意未已"，既是对唐玄宗的影射，也道出了汉武帝的实情。武帝的确是一位锐意开疆拓土的皇帝。

武帝是爱美人的。六宫粉黛中，武帝爱得最真挚、最热烈、最凄苦、最感人的恐怕莫过于李夫人。李夫人很漂亮，漂亮到什么程度呢？四个字——倾城倾国。下面这首歌就是专门为她谱写的：

北方有佳人，绝世而独立，一顾倾人城，再顾倾人国。宁不知倾城与倾国，佳人难再得！

这首歌的词曲作者是当时首屈一指的宫廷音乐家、李夫人的同胞哥哥李延年，武帝是李延年的铁杆粉丝，他听着这首歌，天颜肃穆，深为未得如此佳人而叹息，问道："这样的美人世上真的有吗？"在他身旁的姐姐平阳公主说："当然有啊！"武帝迫切地问："在哪里？"平阳公主说："延年的妹妹就是。""上乃召见之，实妙丽善舞，由是得幸。"武帝宠爱李夫人简直到了疯狂痴迷的程度，可惜李夫人既是倾城倾国的貌，偏偏也是多病多痛的身，她不幸早卒。李夫人病重期间，武帝"亲临候之"。这位美人很懂得惜宠，她深知"以色事人者，色衰而爱弛，爱弛则恩绝"的道理，坚决不肯让武帝看到她憔悴的病容。武帝苦苦央求，她不肯，武帝再三苦苦央求，她再三不肯。"夫人遂转乡歔欷而不复言，于是上不说而起。"武帝始终没有看到李夫人形容枯槁的样子，美人留在皇帝眼睛里、脑海里、心坎里的永远是那个健康活泼、"妙丽善舞"的形象。李夫人去世后，武帝更加思念不已，请来方士在宫中挂帐点灯、置酒设肉，招还李夫人的魂魄。不一会儿，武帝远远地依稀看见帐中一个身段婀娜的女子酷似李夫人，时坐时起，款款而步。武帝欲近前而不能，益发思念伤感。他悲不自胜，作了一首像今天"梨花体"一样的诗，"令乐府诸音家弦歌之"，诗曰：

>是邪,
>
>非邪?
>
>立而望之,
>
>偏何姗姗其来迟!

诗愈简,情愈炽,心愈痛。武帝又作赋一篇以悼,"思若流波,怛兮在心",他对李夫人的思念如流水不绝,心中永远凄怆伤怀。李夫人卒后,武帝用皇后的礼仪将她安葬,并且爱屋及乌,恩宠优渥及于她的两个哥哥李广利和李延年。

武帝是爱天马的。武帝在东南西北发动的一系列战争,除对匈奴的战争外,其他都速战速决,并且都能战而胜之;最后只剩下匈奴这块难啃的硬骨头,汉军倒不是啃不动,而是很难啃得着。如果双方列开阵势对攻,匈奴很可能脆败。汉元帝时攻杀北匈奴郅支单于的西域都护副校尉陈汤对汉匈双方军队的战斗力做过比较:

>夫胡兵五而当汉兵一,何者?兵刃朴钝,弓弩不利。今闻颇得汉巧,然犹三而当一。

汉军兵多,又能以一当五,如果双方列阵对攻,匈奴当然有可能脆败。可是匈奴不吃眼前亏,"利则进,不利则退,不羞遁走",他们打得赢就打,打不赢就跑,不会感到羞耻,因此西汉军队始终没能取得一场全歼匈奴的大捷。西汉的雄师能够攻破匈奴的大营,捣毁匈奴的老巢,就是没有办法全歼匈奴的军事有生力量,无他,无好马之故。要歼灭匈奴,就得追着打,追着打不能凭战士的两条腿,而要靠战马的四只蹄子。匈奴马好,跑得飞快,汉军的战马没有匈奴的好,追不上。卫青与霍去病联袂远征漠北那一回,卫青的精锐骑兵追捕趁夜遁逃的单于,追了一宿也没有捉住他。大漠戈壁天高地广,汉军进攻东面,匈奴躲到西面,汉军向北边出击,匈奴往西边逃窜,总有办法避开汉军的锋芒。西汉主张和亲的大臣说匈奴"鸟举迁徙""鸟窜鼠伏""难得而制",的确是实情。所以,要想彻底地消灭匈奴的军事有生力量,就必须有好马,武帝对好马的渴望可想而知。《史记·大宛列传》：

> 初，天子发书《易》，云"神马当从西北来"。得乌孙马好，名曰"天马"。及得大宛汗血马，益壮，更名乌孙马曰"西极"，名大宛马曰"天马"云。而汉始筑令居以西，初置酒泉郡以通西北国。因益发使抵安息、奄蔡、黎轩、条枝、身毒国。而天子好宛马，使者相望于道。诸使外国一辈大者数百，少者百余人，人所赍操大放博望侯时。

大宛国的位置在今天乌兹别克斯坦一带。据说大宛国有高山，山上有马，但马不下山，人上不去，大宛国人将五色母马放牧于山下与之交配，生出汗血马驹，号"天马子"。武帝爱天马，为了天马派了一批又一批使者前往西域，"使者相望于道"。武帝爱天马可不是普通人爱斗鸡、好遛狗、喜欢玩蛐蛐那种纯粹消磨时光的个人业余爱好，而是项庄舞剑，剑指匈奴，这是他想得到大宛汗血马的目的。

那时人称天下有三多：中国人多，大秦（即罗马帝国）宝多，月氏马多。西汉出使到西域的人很多，鱼龙混杂，良莠难分，博望侯张骞在西域建立起来的信誉很快就被那些品行不良的使者肆意挥霍，透支殆尽，他们回到西汉，复用虚美的言辞取悦武帝，说大宛有好马藏在贰师城（今吉尔吉斯斯坦奥什），不肯让西汉使者看到。武帝喜欢大宛马，既听闻之则思得之，他派一个名叫车令的壮士领着一帮人，怀揣金币捧着金马去请求大宛王拿出贰师城的好马来交换。大宛国不稀罕西汉的财物，估摸着西汉距离大宛很遥远，汉朝的军队到不了这里，况且贰师城的马是大宛的宝马，舍不得割爱，因此死活不肯答应车令的请求。车令几个人求大宛宝马不得便要无赖，恶言恶语咒骂大宛王一通，椎破金马扬长而去。大宛国王和贵臣们被汉使轻视，很愤怒，将汉使驱逐出大宛国，又唆使东边的郁成王拦击汉使，车令几个悉遭杀害，所携财物被洗劫一空。武帝知道后龙颜震怒，曾经出使大宛的姚定汉等人说："大宛兵弱，汉军不用三千人，强弓劲弩一射，他们就会乖乖投降。"武帝此前曾派浞野侯赵破奴攻打楼兰，只用区区七百骑兵就活捉了楼兰王，因此认为姚定汉等人言之有理。武帝想：这么好的建功立业的机会就给李夫人的兄长李广利吧，等他立了军功就可以名正言顺给他封侯，这也是李夫人当初的心愿。武帝于是命李广利率兵讨伐大宛。

太初元年（前104），李广利率领属国的六千骑兵和西汉郡国那些品行恶劣的少年，共计几万人，去攻打大宛。他们的目标很明确，就是用武力迫使大宛国交出贰师城的良马，所以武帝任命这次带兵出征的李广利为"贰师将军"。向来敢于用人、也很会用人的武帝这一次被感情战胜了理智，他挑选的主将李广利完全不是一名合格的将领。司马光在《资治通鉴》里评论说：

> 武帝欲侯宠姬李氏，而使广利将兵伐宛，其意以为非有功不侯，不欲负高帝之约也。夫军旅大事，国之安危、民之死生系焉。苟为不择贤愚而授之，欲徼幸咫尺之功，借以为名而私其所爱，不若无功而侯之为愈也。然则武帝有见于封国，无见于置将；谓之能守先帝之约，臣曰过矣。

武帝倒不是"无见于置将"，他大胆启用卫青、霍去病都证明他很有眼光，他只是"这一次"受情感的支配看走了眼。

贰师将军的部队一路向西过了盐水（今新疆罗布泊），之前那些品行不良的西汉使者在西域各国大肆消费张骞建立起来的信誉所造成的后果这时显露无遗，沿途小国看见汉军到来，纷纷紧闭城门，不供给茶饭饮食。信誉没了，城门不开，汉军只好武力攻城，能攻下来就有饱饭吃，攻不下来就只好挨着饥饿无奈地离开。全军将士一路上就这样战死的战死、饿死的饿死，等到达郁成城（在今乌兹别克斯坦境内）的时候，出发时的几万将士只剩下几千人，个个饥饿疲乏、无精打采。汉军攻打郁成城，大败，死伤者众。李广利一筹莫展，信心全无，对左右说："一个郁成城都打不下来，何况大宛王的都城呢？"于是带着部队灰溜溜地撤回敦煌，往返花了两年时间，活着回来的士卒不过十分之一。李广利遣使禀奏武帝："道远，多乏食，且士卒不患战而患饥。人少，不足以拔宛。愿且罢兵，益发而复往。"武帝闻奏大怒，诏令使者扼守玉门关，严禁李广利的军队进入，并放出狠话：敢有入关者斩！李广利一听便害怕了，只好留驻在敦煌不敢进入关内。

这是武帝时期对外战争中打得最窝囊的一仗。常言道：胜败乃兵家常事。汉军在对外战争中不是没有吃过败仗，敌众我寡、血拼到最后落败，虽败犹荣。可是李广利指挥的这支远征军，来不能战，战不能胜，一败而衰，再败则竭，毫无意志力、战斗力和战术素养。太初二年（前103）夏天，浞野侯赵破奴率领两万骑兵去迎接声称要杀掉单于投降西汉的匈奴左大都尉，结果全军有去无回。如今李广利的军队一败涂地，西汉的大臣们都希望调回攻打大宛的部队，全力对付匈奴。武帝却认为既已出兵讨伐大宛，如果连大宛这样的小国都征服不了，西域其他国家就会瞧不起大汉，大宛的良马就不会送到长安来，刚刚联姻的乌孙也会失去对大汉的信赖，大汉就会贻笑外国。于是武帝力排众议，惩治了极力反对攻打大宛的人，放出牢狱里的囚徒让他们去打仗，征调那些品行恶劣的少年去从军，搞得全国骚扰动荡。经过一年多的准备，组成了一支六万人的军队，而且自己带着粮食跟随部队参战的人还不计算在内，还有十万头牛、三万匹马、数以万计的驴和骆驼承担后勤运输。将士们带足粮食和兵器，另征发天下七科谪让他们去运输粮食，驱车载运干粮以供给军队的民众络绎相连到敦煌。西汉这次是志在必得，连两名相马的伯乐都一起随军出征，朝廷封他们为执驱校尉，就等攻破大宛后到贰师城随意挑选良马。

李广利被赶鸭子上架，不得不统率着大军第二次出征。庞大的队伍惊到了西域沿途小国，这一回他们不敢紧闭城门了，因为汉军发出威胁：不接待就灭国！他们识趣地赶紧打开城门，拿出茶水食物任西汉军队吃饱喝足。兵抵轮台，这里的守军拒不投降，汉军二话不说血洗了他们。大军西进直逼大宛，汉兵先期到达者三万，宛军迎战，汉军报以强弓劲弩，宛军逃退到城堡内，凭借城墙负隅顽抗。李广利本想先拿下上次没有攻下的郁成城，因担心大宛城内生变，于是决定先攻下大宛城。大宛城内无井水，饮用水靠城外供应，汉军切断其水源，宛军困守四十多天后难以支撑下去。其贵人提议："汉军来攻打大宛，是因为我们的国王毋寡隐藏了好马并杀害了汉朝使者。如果杀掉国王毋寡并拿出好马，汉军之围当可解。若汉军到时候仍不解围，我们再殊死奋战也为时不晚。"众谋佥同，遂杀毋寡。此时大宛外城已破，大宛贵人、勇猛的战将煎靡被汉军活捉。宛军大为震恐，慌忙退守中城，派人提着大宛王毋寡的首级跟贰师将军谈条件："如果汉军撤兵，我们就把好马全部放出来任凭你们挑选，并且让你们吃饱喝足。如果汉军继续攻击，我们就坚守城池杀尽好马，向康居求救。一旦康居的救兵到达，我宛兵在城内，康居兵在城外，共同夹击汉军。你们就看着办吧！"当时康居侦探到汉兵很强大，不敢贸然出兵，而李广利了解到大宛城内最近找到了会穿井汲水的汉人，而且城内粮食还很充足。他跟部下商议说："我们来就是为诛灭罪魁祸首宛王毋寡，现在毋寡的头已经到手了，如果还不解开兵围，他们就会坚守，万一康居等到汉军疲乏时杀过来，汉军必败。"部下咸以为然，于是汉军接受大宛的条件，解围。大宛人放出好马任由汉军自行挑选，还拿出许多粮食供给汉军。汉军挑选了几十匹好马，还有中等以下公马、母马共三千多匹，扶立一贯待汉人友好的大宛贵人昧蔡为大宛国王，与之订立盟约后撤兵。汉军始终没有攻进大宛内城，就结束了这场战争，班师回朝。

　　武帝看到成群结队的天马被牵回来，心中狂喜，他的文学天赋再一次被激发，即兴赋诗一首：

<blockquote>
天马徕，从西极，涉流沙，九夷服。
天马徕，出泉水，虎脊两，化若鬼。
天马徕，历无草，径千里，循东道。
天马徕，执徐时，将摇举，谁与期？
天马徕，开远门，竦予身，逝昆仑。
天马徕，龙之媒，游阊阖，观玉台。
</blockquote>

　　翻译成现代汉语，大意是：天马从西方极远处来，涉过流沙，各少数民族都臣服。天马从泉水中来，毛色如虎的脊背有两面，变化如同鬼神。天马从没有毛草的地方来，自西至东，长路迢迢千里。天马来时岁星在辰，它将奋发高飞，谁能跟它相会？天马来时，很远就把门打开，它驮着我的身体，飞越昆仑。天马来了，它是龙的化身，在天门周游，在玉台观望。

　　当初，贰师将军兵发敦煌时，认为部队人多，沿途小国无法供给粮食，于是兵分几路从南北两道分头向西挺进。校尉王申生和原大鸿胪壶充国等率领一

支千余人的队伍攻打郁成城，郁成人坚守城堡，不肯把粮食供给他们。王申生的部队距离李广利的大部队只有二百里，有恃无恐，轻敌冒进，急攻郁成城。郁成人探知王申生兵少，在一个早晨用三千人的兵力发起突然袭击，王申生战死，汉军大败，只有几个残兵逃了回来。李广利命令搜粟都尉上官桀攻打郁成城。城破，郁成王逃奔康居，上官桀挥师紧追不舍，杀到康居，康居惊闻汉军已攻破大宛，乖乖交出郁成王。上官桀派四名骑兵将郁成王捆绑押送至主将李广利处，这四个人担心路途中发生意外，正商量是不是干脆一刀把他剁了省事，说时迟那时快，骑兵赵弟利剑出鞘，郁成王刹那间人头落地。

凯旋的李广利部队回到玉门关的时候仅剩一万多人，战马一千多匹。那些抛尸西域的士卒大部分不是战死在沙场，而是将吏们贪财，侵吞军饷，不爱护下属，致使他们惨遭冻死饿死。（《史记·大宛列传》：贰师后行，军非乏食，战死不能多，而将吏贪，多不爱士卒，侵牟之，以此物故众。）尽管如此，武帝却没有追究相关人员的责任，他下诏说：

> 匈奴为害久矣，今虽徙幕北，与旁国谋共要绝大月氏使，遮杀中郎将江、故雁门守攘。危须以西及大宛皆合约杀期门车令、中郎将朝及身毒国使，隔东西道。贰师将军广利征讨厥罪，伐胜大宛。赖天之灵，从溯河山，涉流沙，通西海，山雪不积，士大夫径度，获王首虏，珍怪之物毕陈于阙。其封广利为海西侯，食邑八千户。（《汉书·张骞李广利传》）

明明是奖励讨伐大宛的将士，武帝的诏书起首却说"匈奴为害久矣"，可见西汉讨伐大宛，与对付匈奴密切相关。匈奴眼睁睁看着西汉军队攻破大宛，心中自然不是滋味，他们很想在道路上截击汉军，但慑于汉军兵威不敢动手。（《汉书·匈奴传》：闻贰师将军破大宛，斩其王还，单于欲遮之，不敢。）西汉攻破大宛，威震西域，得到大宛良马后又有了跟匈奴开战的本钱。李广利征伐大宛归来后第二年即天汉元年（前100），新即位的且鞮侯单于为讨好西汉放回了被扣留的汉使路充国等，西汉派苏武出使匈奴结果被扣留；又过了一年，李广利奉命征讨匈奴，李陵兵败投降。

四、铁血手段定西域

　　从玉门关或阳关去西域有南北两条道路，《汉书·西域传》说得很清楚：南面一条道，出阳关后经过鄯善（即楼兰）、于阗、莎车，越过葱岭后到达大月氏、安息、大夏；北面一条道，出玉门关后途经车师、危须、焉耆、渠犁、龟兹，越过葱岭后到达大宛、康居、奄蔡。无论经南道还是北道，最终都从西边的疏勒出葱岭，疏勒就是今天的新疆喀什，这里自古就是交通要冲。

　　张骞"凿空"西域以前，西域国家受匈奴役使，匈奴设置僮仆都尉作为管治西域属国的机构，西域诸国必须向匈奴纳税进贡，《汉书·西域传》：

> 西域诸国大率土著，有城郭田畜，与匈奴、乌孙异俗，故皆役属匈奴。匈奴西边日逐王置僮仆都尉，使领西域，常居焉耆、危须、尉黎间，赋税诸国，取富给焉。

　　僮仆就是奴隶，以"僮仆"为官名，大概是把西域各国当作奴隶的意思，西域国家必须按时按量进贡财物给匈奴，匈奴可以随时征调这些国家的军队去打仗，匈奴使者持匈奴单于的一封信，可以在西域诸国任吃任喝，没有一个国家敢怠慢。

　　张骞第二次出使西域后，西域国家开始跟西汉互通往来。西域使者见到西汉国土那么辽阔、人口那么众多、物产那么富饶，一个个羡慕得直流口水，他们回去以后跟各自的国王一说,国王们犯难了:很想跟西汉交好,可是又害怕匈奴找麻烦,毕竟西汉天高地远而匈奴近在咫尺。于是这些小国开始玩起了"脚踏两只船"的把戏,时而倒向匈奴,时而攀附西汉。这其中最为恶劣的有南道的楼兰、莎车和北道的车师、龟兹,他们经常刁难途经的西汉使者,"非出币帛不得食,不市畜不得骑用",甚至充当匈奴的爪牙,给匈奴通风报信,单独或伙同匈奴抢劫汉人的财物,杀害西汉使者。西汉对付这些不听话又难缠的小国,干脆采用简单粗暴的手法,以一连串铁血斩首行动让那些不驯服的西域国王脑袋搬家,迫使各国乖乖臣服。

傅介子:不斩楼兰更不还

楼兰是位于西域南道距离西汉比较近的一个小国,大致在今天新疆罗布泊西南,介于若羌与且末之间,东到阳关一千六百里,距长安六千一百里,人口仅一万五千人左右,军队不到三千人。这样一个小国,正好处在西域南道的要冲,经常刁难途经这里的西汉使者,或者不给饮食,或者抢劫财物,甚至杀害汉使。《史记·大宛列传》:"禁其食物以苦汉使","而楼兰、姑师小国耳,当空道,攻劫汉使王恢等尤甚","王恢数使,为楼兰所苦"。楼兰还屡次充当匈奴的耳目,将西汉使者的行止信息通报给匈奴,让匈奴派兵截击汉使。对楼兰这种首鼠两端、为虎作伥的国家,西汉必须施以霹雳手段,武帝委派赵破奴带兵去教训楼兰。

赵破奴是太原人,曾逃亡到匈奴,后来又返回西汉,跟随骠骑将军霍去病击匈奴,担任司马,有军功,封从骠侯(后因获罪被夺爵)。赵破奴击破楼兰是在元封三年(前108)冬天。蕞尔小邦,何堪一击?赵破奴只用了区区七百轻骑就活捉了楼兰王,迫使他乖乖地向西汉投降纳贡。那个"为楼兰所苦"的王恢(此王恢不是马邑设伏时的大行王恢,那个王恢早已自杀了)也参与了这次军事行动。大军凯旋,武帝封赵破奴为浞野侯,王恢为浩侯,"于是汉列亭障至玉门矣"。

匈奴得知楼兰投降了西汉,很不高兴,发兵攻打楼兰,楼兰王招架不住,只好送了一个儿子到匈奴做人质；为了平衡与西汉的关系，同时送了另一个儿子到西汉做人质。太初年间贰师将军李广利讨伐大宛凯旋时，匈奴本想截击汉军，看到汉军兵力强盛，不敢跟汉军正面交手，于是派骑兵借着楼兰的帮助，等候走在后边的西汉使者，企图不让他们通过。当时，西汉的军正任文率兵屯于玉门关，为贰师将军殿后，抓到一个俘虏，掌握了匈奴和楼兰的动向。任文把得到的情况报告武帝，武帝命令他率兵抄小路去逮捕楼兰王。楼兰王无力抵抗，被押到长安接受审问。楼兰王很委屈，向武帝苦诉衷肠："小国夹在大国之间，不采取两属的做法，就无法使自己得到安全。我希望让我国子民迁到大汉境内居住。"武帝认为他的话很坦率，原谅了他并送他回国，但要求楼兰帮助西汉侦察匈奴的动静。匈奴对楼兰的两面三刀嗤之以鼻，从此再也不相信楼兰王了。

征和元年（前92），楼兰王死了，楼兰派使者请求西汉放质子回国立他为王。这个质子在西汉屡次触犯法律，早已被下蚕室处宫刑，西汉不能放他回国，欺骗楼兰使者说："质子很受天子喜爱，不能送他回国。你们可以立下一个应当立的人为楼兰王。"楼兰另立了国王，西汉又要求楼兰王送儿子到长安当人质，楼兰王无奈答应了西汉的要求，并按同等待遇又送了另一个质子到匈奴。后来楼兰王又死了，匈奴先知道消息，抢先将质子安归送回去继位为楼兰王。西汉对自己手里的质子没有坐上王位很不满，派使者命令新楼兰王到长安朝见武帝，说是武帝要给他厚赏。楼兰王的后妻是他的继母，她似乎有些政治头脑，对楼兰王说："先王送了两个质子去西汉都没有回来，你为什么还要去朝见皇帝？"楼兰王听从了她，对汉使推辞说："我刚立为国王，国内还不安定，希望等到后年去朝见天子。"他冠冕堂皇的外交辞令听起来合情合理，西汉便不好再强求他。实际上楼兰王是不想亲附西汉了，楼兰国在西域的东边，靠近西汉，常为汉使做向导，干一些背水担粮、迎来送往的杂活累活，时不时还会遭到西汉吏卒的敲诈抢劫。挨了很多教训的楼兰王觉得与西汉往来没有什么好处，加上受了匈奴的离间，更觉得匈奴才是他们的靠山，不但萌生了疏远西汉的念头，还多次截杀西汉使者。投降西汉的楼兰王安归的弟弟尉屠耆一五一十地将这些情况向西汉做了汇报，西汉君臣认为，楼兰王安归这笔血债迟早是要还的。

昭帝元凤四年（前77），傅介子（？—前65）以骏马监的身份请求出使大宛，骏马监是西汉朝廷掌管马政的小官，《西游记》里孙悟空做过弼马温，傅介子的骏马监大概就跟孙悟空的弼马温相似。西汉朝廷批准了傅介子的请求，让他带着皇帝的诏书顺道去谴责对西汉阳奉阴违的楼兰和龟兹。傅介子是北地义渠（今甘肃宁县）人，"以从军为官"，也许是从军经历养成了他果敢的作风，傅介子一见到楼兰王安归，劈头盖脸就是一顿数落，责备他屠杀西汉使者，然后又虚张声势诈他："西汉的大部队就要到了，匈奴使者经过这里，你为什么不如实报告？"楼兰王顿时就慌了，因为恰好真的有匈奴使者经过，他赶紧老实交代："匈奴使者刚刚离开，应当是去乌孙，中途经过龟兹。"傅介子到了龟兹，又责备龟兹王，龟兹王老老实实地表示认罪。傅介子从大宛回到龟兹，龟兹王这一回学乖了，主动向傅介子报告说："匈奴使者刚从乌孙回来，还在这里。"傅介子毫不犹豫率领随从士卒一起斩杀了匈奴使者，回到京城后受到朝廷表彰，任命他为中郎，升为平乐监。傅介子对大将军霍光说："楼兰王和龟兹王多次反复无常却仍然逍遥法外，这样很难惩戒西域各国。我经过龟兹时，注意到龟兹王戒备松弛，容易得手，我愿前去刺杀他，以此扬汉威于西域！"霍光说："龟兹国路远，楼兰离西汉比较近，要不先拿楼兰王的脑袋试试手吧。"大国强国可以随意取弱国小国君王的项上人头，古今中外差不多是同样的情形，只是当霍光与傅介子在长安密谋先砍谁的脑袋时，千万里外的楼兰王和龟兹王不知道有没有感到头皮阵阵发麻。

傅介子率领士卒带着金银钱币向楼兰进发，一路上故意放出风声说要重重赏赐西域国家。他们来到楼兰，楼兰王对西汉使者心存芥蒂，不愿亲近傅介子。傅介子也不愿意主动接近楼兰王，他欲擒故纵，假装离开楼兰向西去其他国家，心想楼兰王一定会因贪图他的钱财而派人请他回去。他走啊走，一直走到楼兰西部边界，眼看再走几步就要走出楼兰国了，还是不见楼兰王派使者来请他回去，他只好停下来，授意翻译去跟楼兰王说："汉朝使者带着许多黄金锦绣巡回赐给各国，大王如果不前去接受赏赐，汉朝使者就要离开楼兰到其他国家去了。"傅介子当即拿出金币给翻译看，翻译瞪大眼睛看到金灿灿的钱币，飞奔着去把情况报告了楼兰王。楼兰王经受不住诱惑，兴冲冲来到西部边界面见傅介子。傅介子和楼兰王坐在一起饮酒，时不时拿出金币让他过过眼瘾，楼兰王很高兴。等到大家都喝得醉醺醺的时候，傅介子故作神秘地对楼兰王说："天子派我来私下向大王报告一些事情。"楼兰王起身随同傅介子进入帐中，傅介子假装要跟他私聊，楼兰王没有一丝丝顾虑，叫侍卫都退了出去。突然从屏风后面闪出两个壮士，明晃晃的匕首直刺楼兰王心脏，楼兰王当场毙命，在场的楼兰贵族官员一个个吓得惊慌失色四处逃散。傅介子告谕他们："楼兰王有罪于汉朝，天子派我来诛杀他。汉军马上就到，你们不要轻举妄动，否则就是自取灭亡！"傅介子斩下楼兰王安归的头，大摇大摆扬长而去。

楼兰王安归充当匈奴的间谍，暗中侦探西汉使者，派兵杀戮抢掠卫司马安乐、光禄大夫忠、期门郎遂成等三人，偷走西汉使者节印以及安息、大宛给西汉的贡品，不诛杀他天理难容。傅介子凭着过人的智慧和胆量，没有兴师动众就拔掉了丝绸之路上的这颗钉子，受到朝廷嘉奖，被封为义阳侯。西汉扶立亲汉的楼兰王安归的弟弟尉屠耆为楼兰王，楼兰从此改国名为鄯善［现在新疆吐鲁番东边有鄯善县，但汉代西域的鄯善（楼兰）国并不在这里］；朝廷给他刻了印章，表示对他的册封；赐宫女为他的夫人，以姻亲加强对他的控制；另给他配备了车骑物资，由丞相率百官送至横门以外，祭祀路神祝他一路顺风。隆重的欢送仪式昭告鄯善的达官贵人：西汉扶立的国王尉屠耆是众望所归，他们要服从新国王的统治，不得从中作梗。但是，尉屠耆似乎不够自信，他向昭帝请求说："我在汉朝时间长了，今天孤身一人回去，势单力弱，况且前王之子尚在，恐怕被其报复杀害。我国有个地方叫伊循城（故址在今新疆若羌县米兰镇），土地肥沃，希望汉朝派一名将军在那里屯田积谷，我也好借重汉朝的兵威安邦治国。"于是西汉派司马一人、吏士四十人到伊循屯田，以震慑安抚鄯善国，后来改司马为都尉，伊循设官自此始。

常惠：诛杀龟兹贵人

龟兹国在西汉通往西域的北道，扼守北道要冲，南与精绝、东南与且末、西南与扜弥、北与乌孙、西与姑墨相接，地理位置非常重要。龟兹有八万多人

口,两万多军队,在西域算是比较大的国家,在周边的小国中偶尔可以充当老大。太初四年(前101),贰师将军李广利征伐大宛后班师回朝,途经扜弥时,了解到扜弥国的太子赖丹在龟兹当人质。李广利责问龟兹王:"外国都老老实实臣服于汉朝,龟兹怎么可以接受扜弥国的太子做人质?"随即强硬地要求龟兹王交出赖丹并将其带到长安,赖丹从此在长安过上了幸福的生活,很受西汉朝廷器重。李广利攻破大宛后,西汉由校尉率领数百名士卒开始在西域的轮台、渠犁屯田,为西汉派往西域的使者经过时提供补给。后来因为对匈奴的战争虚耗国力,加上巫蛊事件的刺激,武帝幡然悔悟,痛下轮台诏:"自今事有伤害百姓,糜费天下者,悉罢之。"由此轮台、渠犁屯田皆罢。到了昭帝元凤年间,经过近二十年休养生息,国家重新恢复了活力。主政的大将军霍光想起桑弘羊以前的建议,准备派兵到轮台屯田。他认为赖丹是合适的人选:轮台与龟兹、渠犁地相连接,而赖丹为扜弥国的太子并曾为龟兹国人质,对那边的情况比较了解,赖丹又在长安生活了二十多年,深受西汉文化的熏陶。昭帝元凤四年(前77),西汉任命赖丹为校尉,管理西汉在轮台、渠犁的屯田事务。赖丹是西汉任命的第一个西域少数民族官员,这让龟兹人感到非常不满:赖丹曾是龟兹的质子,地位相当于奴仆,现在摇身一变为西汉官员,可以对龟兹国发号施令、指手画脚,龟兹人认为这是难以接受的屈辱;轮台与龟兹地相连接,赖丹率军驻扎于此,龟兹人认为会威胁到他们的安全。龟兹贵人姑翼对龟兹王说:"赖丹本来臣属于我国,现在佩带着汉朝的印绶前来靠近我国屯田,必将有害于我国。"龟兹王听信谗言杀死了赖丹,他应该知道赖丹虽然是扜弥国的太子,但是他现在以西汉校尉的身份率军屯田轮台,是西汉的官员,杀死赖丹无异于向西汉示威和挑衅。自知闯了大祸的龟兹王赶紧上书西汉表示认罪,当时西汉不能出兵讨伐,龟兹王逍遥法外。但西汉岂能容忍这种犯上作乱的行为?龟兹王以前的罪行还没有清算,傅介子本来是想去要他的脑袋的,只是霍光认为离西汉近的楼兰王同样该杀,所以楼兰王先做了傅介子的刀下鬼,龟兹王才暂时躲过一劫。然而龟兹躲得过初一躲不过十五,这次"主刀"的是长罗侯常惠(?—前46)。

汉宣帝本始二年(前72),西汉任命常惠为校尉,让他带着符节统辖乌孙军队，配合西汉大军讨伐匈奴，乌孙军队取得大捷后，常惠回到长安，宣帝封他为长罗侯，然后派他带着黄金缯帛再次出使乌孙，赏赐乌孙有战功的达官贵人。常惠借这个机会上奏朝廷：龟兹国攻杀校尉赖丹这笔账还没有清算，请朝廷允许我顺便去教训教训龟兹国王。宣帝不想节外生枝，所以没有同意，大将军霍光暗示常惠可以根据情况自行决断行事。常惠和官兵五百人一同到乌孙国完成出使任务后，回来路过龟兹时，征发龟兹西边国家的军队二万人，又命令副使征发龟兹东边国家的军队两万人，加上乌孙兵七千人，准备围攻龟兹。三路军队会合前，常惠先派人指责龟兹王以前杀害西汉使者赖丹的种种罪状，龟兹王绛宾坦白认错："那是我先王的时候被贵人姑翼怂恿造成的，我没有罪。"常惠说："既然是这样，把姑翼捆来，可以饶你一命。"龟兹王将姑翼捆绑带到常惠处，常惠就地斩杀了姑翼。

常惠斩杀姑翼后，西汉与龟兹的关系发生了戏剧性的变化。当时远嫁乌孙的解忧公主的女儿弟史在长安学习鼓琴，学成之后，西汉派侍郎乐奉护送弟史走北道回乌孙，龟兹是他们必定要经过的地方。先前龟兹王绛宾已派使者去乌孙请求聘娶解忧公主的女儿，龟兹使者还在西边的乌孙未回来，正巧弟史就从东边长安来到了龟兹。龟兹王喜出望外，好说歹说留住公主女儿不让走，然后火速派使者到乌孙去报告解忧公主，公主答应了这门婚事，这样龟兹王就跟西汉有了间接姻亲关系。后来解忧公主上书宣帝，希望她的女儿能像皇族一样去长安朝见皇帝。龟兹王夫妇婚后琴瑟和鸣，恩爱满满。绛宾也上书宣帝说：自己有幸娶大汉外孙女，希望能与公主女儿一起入朝。元康元年（前65）春，龟兹王偕夫人弟史一同来长安朝贺，两人都获赐印绶。弟史获封公主，在长安留住了一年，宣帝赐给她车马、旗鼓、丝绸、珍宝，共值数千万钱。在这之后，弟史数次来长安朝贺。龟兹王喜欢西汉的服饰和风俗礼仪，归国后，修建宫室，设置禁道环卫，出入传呼，击钟鼓，一如汉家制度，在西域国家显得十分奇特。外国的胡人都说："驴不是驴，马不是马，像龟兹王那样，就是个骡子。"绛宾死后，他的儿子丞德自称是西汉的外孙，在成帝、哀帝时往来于长安的次数更加频繁，西汉待他也很亲密。

冯奉世：矫制攻杀莎车王

莎车是扼据西域南道、人口不到两万的小国，在疏勒的东南，疏勒的北边则是乌孙。宣帝时，乌孙跟莎车的关系很好，解忧公主跟翁归靡（肥王）所生的小儿子万年颇得莎车王喜爱。莎车王自己没有儿子，他死的时候万年身在万里之外的长安，莎车国人既想依附西汉，又想讨乌孙的欢心，于是上书西汉，请求立万年为莎车王。万年是西汉的外孙，西汉没有不同意的道理，立即派奚充国为使者，护送万年去莎车。万年白捡了一个王位却不懂得珍惜，他当了莎车国王后十分暴虐，莎车国人很不喜欢。已故莎车国王的弟弟呼屠徵趁机作乱杀死了万年，同时被杀的还有西汉使者奚充国。呼屠徵散布谣言惑众，声称西域北道已被匈奴控制，胁迫南道诸小国与之歃盟，一起背叛西汉，南道自楼兰以西"皆绝不通"。

为西汉重新打通南道的是冯奉世（？—前40）。冯奉世，字子明，上党潞县（今山西长治市潞城区东北）人。他是将门之后，祖先冯亭是战国时期韩国上党郡的郡守。上党即今山西长治一带，秦国攻打上党，韩国不能独力守卫，冯亭便将上党城献给赵国，与赵国大将赵括一起抵御秦国，结果遭到秦国名将白起的围歼，战死于长平。冯氏宗族从此星散四方，有的留在潞县，有的徙居赵地。在赵地的成为官吏将军，他们的后代做了代国相。秦灭六国以后，冯亭的后代冯毋择、冯去疾、冯劫一个个又做了秦国的将相。

文帝时跟后来"难封"的李广一样出名的那个"易老"的冯唐，其父即做过代国相。冯唐有两句论将的名言："阃以内者寡人制之；阃以外者将军制之。"后半句的意思就是：将在外君命有所不受。武帝末年，冯奉世以良家子选任郎官。冯奉世熟读兵法，在宣帝本始三年（前71）有了将军事理论运用于实践的机会，这一年西汉与乌孙联手攻打匈奴，冯奉世跟随前将军韩增出征。韩将军大概对冯奉世的表现很满意，所以他后来举荐冯奉世出使西域。

宣帝元康元年（前65），前将军韩增推荐冯奉世以卫候的身份持使节护送大宛等国的宾客回国。冯奉世一行走西域南道来到伊循城，听说莎车国人和其他一些国家一起攻杀了西汉所立的莎车王万年,还杀死了西汉使者奚充国。冯奉世和他的副手严昌商议,认为如果不火速攻击莎车王,莎车国就会日益强大,这样形势就难以控制,势必危及西汉在西域的地位。因形势危急,来不及上奏朝廷,冯奉世以使节身份通告南北道各国国王,发动了他们的军队共一万五千人进攻莎车,攻占了莎车的城池。莎车王自杀,冯奉世将他的首级传送到长安。经此一役,西域诸国都平定下来,冯奉世的威名震动了西域。大宛国王听说冯奉世杀了莎车王,对他格外尊敬,将大宛名马象龙赠送给西汉。冯奉世回到长安,宣帝很高兴,召见韩增,说:"将军举荐的人很称职。"并诏令议论封赏冯奉世。丞相、将军都说:"《春秋》之义,大夫出使国外,如果遇到有利于国家之事,可以自作主张。冯奉世的功劳尤其显著,应当加封爵位、赏赐土地。"可是,少府萧望之(约前114—前47)认为冯奉世奉旨出使有其特定任务,却违背旨意擅自假托皇帝命令,征发诸国兵马,虽然有功劳,但不可以作为后人的榜样。如果封赏冯奉世,今后出使外国的使者就会以此为榜样,争相矫制,邀功求赏于万里之外,在夷狄各族中为国家滋生事端,此例不可开,冯奉世不应受到封赏。萧望之精于儒家经学,霍光去世后他逐渐受到重用,进谏策对一贯中规中矩,恪守规制,按说他那些古板僵化的言论观点并不适用于风云万变的西域外交,但他的意见对一个亲政不久的皇帝来说是一记严重的警告:使臣矫制与滋生事端。宣帝即位之初,那个一手废掉昌邑王刘贺、权倾朝野的大将军霍光虽然表面上已"稽首归政",但宣帝深知霍光余威尚在,"党亲连体,根据于朝廷"。所以宣帝虽为皇上之尊,仍然"诸事皆先关白光"。地节二年(前68)霍光薨,宣帝"始亲政事"。萧望之的建议正好戳中了宣帝求稳固权、少生事端的敏感神经,冯奉世既然已经平息了莎车作乱,如今以矫制之名不给他封赏,明示后来的使臣不得无视皇帝的权威,这样岂不是两全其美?最后,冯奉世只封了个光禄大夫、水衡都尉。

元帝建昭三年(前36),甘延寿、陈汤矫制发动西域国家的军队攻杀了北匈奴郅支单于而封侯。当时冯奉世已经去世,武库令杜钦站出来为他当年的所作所为辩解:"臣愚以为比罪则郅支薄,量敌则莎车众,用师则奉世寡,计胜则奉世为功于边境安,虑败则延寿为祸于国家深。其违命而擅生事同,延寿割

地封，而奉世独不录。"杜钦希望朝廷能给冯奉世追封爵位，以示公平公正，但元帝认为那是前朝的事情，遂搁置不议。

郑吉：西域都护第一人

车师，《史记》称"姑师"，从敦煌出发前往西域，走南道第一个途经的重要国家是楼兰，走北道第一个途经的重要国家则是车师。相比较而言，车师的地理位置更加重要，因为它的西北是乌孙，北边通往匈奴，往西则依次为危须、焉耆、渠犁，正是匈奴僮仆都尉巡行驻扎的地方，因此匈奴和西汉都视车师为必争之地。西汉以铁腕手段制服楼兰、莎车、龟兹，匈奴鞭长莫及，无可奈何；但是对于车师，匈奴却拼尽全力死不放手，双方在这里进行了长期、反复的争夺，史称"五争车师"：

元封三年（前108），武帝命令从骠侯赵破奴击破姑师，威震乌孙、大宛等西域诸国。其后姑师改称车师。因其距汉远，亲近匈奴，对过往汉使仍具有很大威胁。

天汉二年（前99），武帝以匈奴降汉的介和王成娩为开陵侯（一称闿陵侯），率楼兰国兵击车师，匈奴右贤王率数万骑兵保护车师。汉军失利，退回。

征和三年（前90），武帝令重合侯马通（一称莽通）率四万骑兵击匈奴，途经车师北，又令开陵侯成娩率楼兰、尉犁、危须等西域六国兵进攻车师，以扫除重合侯马通所部大军前进的障碍。开陵侯成娩率领的六国部队将车师团团包围，车师王投降，向西汉称臣。

昭帝时，匈奴降伏了车师，遣四千骑兵仿西汉屯田之制在车师屯田，监护其国。宣帝即位之初，西汉与乌孙联合攻打匈奴，在车师屯田的匈奴兵闻风丧胆慌忙逃走，车师又与西汉恢复往来。匈奴单于很生气，命令车师送太子军宿到匈奴做人质。军宿听到消息后吓得半死，为了自由，他宁愿不要江山，焉耆国王是他的外公，于是他逃去焉耆避难。军宿逃走后，车师王立另一个儿子乌贵为太子，后来乌贵继位为车师王，与匈奴结为婚姻关系。乌贵助纣为虐，给匈奴通风报信，怂恿匈奴在道路上截击西汉使者。

地节二年（前68），西汉派侍郎郑吉（？—前49）、校尉司马憙率领赦免了罪行的犯人在渠犁屯田，积聚粮食，为攻打车师做准备。这一年秋熟之后，郑吉和司马憙征发附近各国的军队一万余人，与屯田士卒一千五百人协同进击车师，一举攻破交河城。车师王当时在交河城北的石城中，侥幸未成为汉军的俘虏。由于粮草不足，郑吉等只好撤兵回到渠犁，继续屯田。秋收结束后，郑吉等又发兵攻打车师王于石城。车师王听说汉兵再次杀来，慌忙跑去北边向匈奴求救，恰好这一年匈奴壶衍鞮单于死了，内部矛盾激化，匈奴没有发救兵。车师王只好硬着头皮回来，与车师贵人苏犹商量计策。眼看着匈奴依靠不了，不如投降西汉，但又怕西汉不相信，苏犹建议车师王攻打匈奴边境上的小蒲类国作投名状，可怜的小蒲类国王的项上人头就这样被车师王砍下来送到了郑吉面前。

匈奴与车师联姻，本以为找到了一个可靠的盟友，听说车师投降了西汉，便顾不了什么姻亲不姻亲，立即发兵攻打车师，恰好遭遇郑吉、司马憙率军北上，匈奴人逡巡不敢前进。郑吉、司马憙率军回到渠犁，只留下一候和二十个士卒保卫车师王。汉军一撤，车师王乌贵害怕匈奴杀个回马枪要了他的脑袋，丢下妻子不管，驰马飞奔逃向乌孙。郑吉用驿车将车师王的妻子送到长安，宣帝对车师王妻子的赏赐接待都很优厚，每次朝会各少数民族首领时，常常向他们显示西汉对车师王妻子的厚待。车师王乌贵逃走后，郑吉派吏卒三百人在车师屯田。后来有匈奴人投降郑吉，供称匈奴单于的大臣们都说："车师土地肥美，靠近匈奴，如果汉朝得到这块地方，汉朝就会广开田地，积聚粮食，必然有害于别人的国家，因此不能不争这块地方。"要问车师为什么这么好，汉匈双方都要拼死争抢？因为车师就在今天的新疆吐鲁番。果不其然，匈奴不久就派骑兵来攻击西汉的屯田吏卒，郑吉率领渠犁屯田的吏卒一千五百人来到车师，与匈奴对峙。僵持一阵后，匈奴增派骑兵，敌众我寡，郑吉不能抵挡，只好退守车师城中。匈奴在城下叫嚣："这个地方我们要定了，你们休想在这里屯田！"围城数日而去。其后，匈奴屡派数千骑兵威胁车师，郑吉上书宣帝请增援兵："车师距离渠犁千余里，中间隔着河山，北边靠近匈奴，在渠犁的汉兵来不及援救，希望增加车师屯田的吏卒。"西汉大臣们认为车师土地肥美，

位置重要，但路途太远，增派吏卒花费太大，感觉左右为难，最后采取了一个临机应变的办法：命令长罗侯常惠率张掖、酒泉两郡的骑兵到车师北边展示军威，虚张声势吓唬吓唬匈奴。这一招果然奏效，匈奴不明就里，以为西汉出动了大部队，速速撤兵而去，西汉在车师屯田的吏卒安然回到了渠犁。

车师王乌贵逃到乌孙后，乌孙不让他回国，派使者上书宣帝说愿意留下车师王，以备在匈奴进犯时，可从西道进击匈奴。可是车师国不能长期没有国王，于是西汉召回之前逃到焉耆的原车师太子军宿并立其为车师王，车师国的民众都迁到渠犁，车师原有土地让给匈奴。匈奴则以车师王的弟弟兜莫为车师王，集合剩余的部众向东迁徙，不敢再居住在原来的地方。这样，车师就分成车师前国和车师后国，车师前国在东南边，由西汉控制；车师后国在西北边，由匈奴控制。

宣帝神爵二年（前60），匈奴右地的日逐王先贤掸因不满自己未被立为单于，又素与现任单于不和，于是率领部众一万二千人归降西汉，郑吉征调渠犁、龟兹等国的五万人迎接他，西汉封先贤掸为归德侯。在此之前，"汉独护南道，未能尽并北道也"，匈奴日逐王归降后，其下辖的僮仆都尉随即撤销，西汉"遂并护车师以西北道，故号都护"。都，意为大、总，都护就是总护南北二道的意思，"都护督察乌孙、康居诸外国动静，有变以闻。可安辑，安辑之；可击，击之。都护治乌垒城（故址在今新疆轮台县），去阳关二千七百三十八里，与渠犁田官相近，土地肥饶，于西域为中，故都护治焉"。西域都护的设置就是从郑吉开始的，《汉书·傅常郑甘陈段传》："汉之号令班西域矣，始自张骞而成于郑吉。"郑吉是名副其实的西域都护第一人。

西域都护的设置是西汉把西域纳入自己的统治范围的标志性事件，它意味着长期称霸西域的匈奴在跟西汉激烈反复的较量中败下阵来，匈奴在西域的统治从此土崩瓦解，西汉取代匈奴成为西域新的霸主。此后十年，匈奴因内部矛盾不断升级，陷入动荡，最终分裂成南匈奴和北匈奴。南匈奴于甘露三年（前51）向西汉俯首称臣。

第五章 匈奴第一次分裂与称臣

一、五单于并立

在前面"西汉的危机与匈奴的忧患"一节中提到过,壶衍鞮单于继位后,匈奴高层内部因为单于争立问题产生了诸多矛盾,这些矛盾为匈奴日后的分裂埋下了隐患。宣帝地节二年(前68),壶衍鞮单于去世,他的弟弟左贤王继位为虚闾权渠单于。左贤王是单于的储副,地位仅次于单于,是继任单于的不二人选,所以权力交接很平稳,虚闾权渠单于的最高领导权是名正言顺的。

虚闾权渠单于上任后,干了一件看起来很正常但对他死后的单于传位却产生重大影响的事情,他"以右大将女为大阏氏,而黜前单于所幸颛渠阏氏",这使颛渠阏氏及其父亲左大且渠很不满。这个颛渠阏氏绝不是什么省油的灯,壶衍鞮单于就是她与卫律矫制扶上位的,结果搞得匈奴高层内部怨声载道、离心离德。颛渠阏氏被废黜后也没有闲着,她很快与右贤王私通,心里盘算着怎样让右贤王坐上单于宝座,她耐心等了九年,终于等到了这样的机会。宣帝神爵二年(前60),虚闾权渠单于病危,颛渠阏氏嘱咐右贤王不要走远,等到虚闾权渠单于一咽气、匈奴诸王还没有来到之前,她就跟她的弟弟左大且渠都隆奇合谋,立右贤王为握衍朐鞮单于。右贤王本名屠耆堂,是乌维单于的耳孙。

握衍朐鞮单于宝座来得名不正言不顺,为了巩固地位,他暴虐杀伐、任人唯亲,"尽杀虚闾权渠时用事贵人刑未央等","尽免虚闾权渠子弟近亲,而自以其子弟代之"。这使他才上位两年时间就众叛亲离。在叛离的众亲中,有两个重量级的人物,其一是日逐王先贤掸,他于神爵二年(前60)率部众归降

西汉，导致匈奴在西域的僮仆都尉宣告完蛋，被西汉的西域都护取而代之；其二是虚闾权渠单于的儿子稽侯狦，因为没有继位为单于，干脆投奔了他的岳父乌禅幕。乌禅幕的国家本是乌孙、康居之间的一个小国，因不堪忍受经常被周边的大国欺负而投靠了匈奴，这是狐鹿姑单于时候的事情。狐鹿姑单于让乌禅幕统领着他原来的部众居住在匈奴右地。日逐王归降西汉，他的两个弟弟便要遭殃，尽管乌禅幕请求握衍朐鞮单于刀下留人，日逐王两个弟弟的人头还是落了地，乌禅幕为此心里很有怨气。神爵四年（前58），乌桓袭击匈奴东边的姑夕国，匈奴被掳走好多人，让单于很愤怒。姑夕王很惶恐，他感觉单于手里的屠刀仿佛已经架在了自己的脖子上，于是干脆跟握衍朐鞮单于分庭抗礼，"即与乌禅幕及左地贵人共立稽侯狦为呼韩邪单于"。这在匈奴历史上是一个标志性的重大事件，以前匈奴内部再怎么矛盾尖锐，始终是一个单于主政，现在握衍朐鞮单于尚在位，却又冒出一个呼韩邪单于，两个单于必然形同冰炭、势如水火。至此，匈奴正式宣告分裂。

新被拥立的呼韩邪单于深知一山不容二虎，他嘴上未必说得出"不是东风压倒西风，就是西风压倒东风"之类抽象比喻的话，但心里一定明白，今天若不杀掉握衍朐鞮单于，明天握衍朐鞮单于就会杀掉他。所以，他立即召集左地的全部兵力四五万人，毅然挥师西向，跟握衍朐鞮单于一决生死。呼韩邪单于的军队如猛虎下山，握衍朐鞮单于的军队一触即溃。眼见兵败如山倒，众叛亲离、万般无奈的握衍朐鞮单于向他的弟弟右贤王发出近乎绝望的呼救："匈奴共攻我，若肯发兵助我乎？"他弟弟对他的所作所为早已感到羞耻和不满，不但不发兵救他，还拿难听的话咒骂他："你自己在那里死了算了，别来玷污我。"握衍朐鞮单于听到他弟弟冰冷绝情的话，已没有了再活下去的勇气，在羞愤中自杀了，他手下的军队和民众全部归降了呼韩邪单于。左大且渠都隆奇投奔了握衍朐鞮单于的弟弟右贤王，一起投奔右贤王的很可能还有都隆奇的姐姐颛渠阏氏。

呼韩邪单于旗开得胜，志得意满地回到单于庭，找到自己流落在民间的哥哥呼屠吾斯并封他为左谷蠡王。呼韩邪单于满以为一统匈奴唾手可得，哪知道匈奴内部的若干反对势力趁他立足未稳伺机抬头：当初谋立握衍朐鞮单于的颛渠阏氏和她弟弟左大且渠都隆奇毫无疑问不会归顺于他，右贤王虽然不满其兄握衍朐鞮单于的所作所为，但也不见得就会对呼韩邪单于俯首帖耳。除此之外，还有一个异己分子是握衍朐鞮单于的从兄、日逐王薄胥堂。前日逐王先贤掸归降西汉后，握衍朐鞮单于任命薄胥堂为日逐王。握衍朐鞮单于败亡后，这些反对他的政治势力开始结党。呼韩邪单于想方设法瓦解这股反对势力，他派人游说右贤王的贵人，希望他们杀掉右贤王，这激起了右贤王的愤怒和反抗。都隆奇和右贤王如法炮制，像乌禅幕和姑夕王共立呼韩邪那样，立日逐王薄胥堂为屠耆单于，然后反客为主步步进逼，发兵数万人进攻呼韩邪单于，把呼韩邪单于打得大败而逃，鸠占鹊巢般留居单于庭。屠耆单于以其长子都涂吾西为左谷蠡王、少子姑瞀楼头为右谷蠡王，俨然成了匈奴的合法正统单于，呼韩邪单于自然不会答应，这些都还是宣帝神爵四年（前58）的事情。单于庭如走马灯似的轮番换庄，局面已经够乱了。第二年，混乱局面继续升级，出现了五单于并立的局面。《汉书·匈奴传》：

> 明年秋，屠耆单于使日逐王先贤掸兄右奥鞬王为（按："为"，《资治通鉴·汉纪十九》作"与"）乌藉都尉各二万骑，屯东方以备呼韩邪单于。是时，西方呼揭王来与唯犁当户谋，共谗右贤王，言欲自立为乌藉单于。屠耆单于杀右贤王父子，后知其冤，复杀唯犁当户。于是呼揭王恐，遂畔去，自立为呼揭单于。右奥鞬王闻之，即自立为车犁单于。乌藉都尉亦自立为乌藉单于。凡五单于。

原来的屠耆单于和呼韩邪单于，再加上呼揭单于、车犁单于、乌藉单于，五个单于并立于匈奴，这是匈奴同一时间最多单于的时代，这样的局面必然要引起混战。呼揭单于、车犁单于、乌藉单于原来都是屠耆单于的部下，他们犯上作乱自立门户，屠耆单于当然不会坐视不理。他兵分两路：亲自率领一路兵马出击车犁单于，另派都隆奇攻击乌藉单于。车犁单于和乌藉单于均败走西北，与呼揭单于合并为四万兵马，乌藉和呼揭都去掉单于称号，这样，原来的五单于就变成三单于，即：屠耆单于、呼韩邪单于和车犁单于。

在屠耆单于眼里，呼揭单于、车犁单于、乌藉单于是犯上作乱，而在呼韩邪单于看来，屠耆单于也是犯上作乱。宣帝五凤二年（前56），呼韩邪单于派他的弟弟右谷蠡王等去袭击屠耆单于的屯兵，杀死、俘虏了屠耆单于的部众一万多人。屠耆单于不甘示弱，闻讯即自将六万骑兵进攻呼韩邪单于。他长途奔袭，急行军一千里，半路上遭遇了呼韩邪单于大约四万人的部队，双方展开对攻，结果呼韩邪单于以少胜多，屠耆单于兵败自杀，都隆奇和屠耆单于的小儿子右谷蠡王姑瞀楼头投奔西汉。车犁单于迫于呼韩邪单于兵威，乖乖地向呼韩邪单于缴械投降。这样一来，匈奴只剩下呼韩邪一个单于，局面似乎安定了，但其实不然，匈奴内部仍然很混乱。这一年冬天十一月，呼韩邪单于的左大将乌厉屈与其父呼遬累乌厉温敦眼看匈奴内部一片混乱，带着手下数万人投奔西汉，西汉封乌厉屈为新城侯、封乌厉温敦为义阳侯。这时，李陵与匈奴女子所生的儿子又立乌藉都尉为单于，被呼韩邪单于捕杀。至此，原来的五单于并立成了呼韩邪单于一统天下。经过一番混战，死的死逃的逃，呼韩邪单于手下只剩寥寥数万人马，他率领着这些残余部众再次回到单于庭安顿下来。

哪知呼韩邪单于在单于庭的宝座还没有坐热，纷乱再起。屠耆单于的从弟休旬王在西边自立为闰振单于，呼韩邪单于从民间找回来的哥哥呼屠吾斯则在东边自立为郅支骨都侯单于，匈奴一下子又冒出两个单于。三个单于在其后两年间表面上似乎相安无事，暗地里争相厉兵秣马，都准备瞅准时机对各自眼中的敌人痛下杀手。宣帝五凤四年（前54），西边的闰振单于不自量力向东挑战郅支单于，被郅支单于一把撂倒，他的军队成了郅支单于的军队。郅支单于力量壮大后，随即恩将仇报进攻他的弟弟呼韩邪单于。兄弟俩同室操戈，手足成了仇敌，结果是呼韩邪单于败走，郅支单于占据了单于庭。双方暂时停止了攻伐。

这就是匈奴历史上五单于并立的时代，它最终导致南匈奴和北匈奴对立的格局形成，匈奴内部大分裂至此告一段落。事实上，虚闾权渠单于去世后的七年时间里，匈奴内部分崩离析，大大小小的单于一共出现过九个，最终演变成呼韩邪单于和郅支单于两部。从地理位置来看,呼韩邪单于在东边,郅支单于在西边,但这两支习惯上被称为南匈奴(呼韩邪单于所部)和北匈奴(郅支单于所部)。

第五章 匈奴第一次分裂与称臣

二、南匈奴向西汉称臣

当匈奴五单于并立陷入一片混乱的时候，西汉这边有人提议趁机出兵灭掉这个为害已久的异域蛮族。（《资治通鉴·汉纪十九》：汉议者多曰匈奴为害日久，可因其坏乱，举兵灭之。）宣帝问御史大夫萧望之的意见，四平八稳、谨守礼法的萧望之引经据典，说春秋时代晋国大夫范宣子出兵攻打齐国，中途听说齐侯死了，立即撤兵停止攻打齐国，天下君子纷纷给范宣子点赞。不以仁义而战，就会劳而无功。所以，汉朝不宜在这个时候讨伐匈奴，趁匈奴内乱而出兵讨伐是落井下石的行为，匈奴一定会逃走远避。他甚至还说，不但不能出兵讨伐，还应当遣使抚慰："宜遣使者吊问，辅其微弱，救其灾患，四夷闻之，咸贵中国之仁义。如遂蒙恩得复其位，必称臣服从，此德之盛也。"《汉书》和《资治通鉴》都没有这个时候西汉遣使吊问匈奴的记载，匈奴处于战乱之中，使者的安全是个问题，再说那么多单于，也不知道该吊问哪个。不过，宣帝虽然没有遣使吊问，却也没有出兵讨伐，这可能或多或少感化了匈奴，至少客观上为呼韩邪单于后来归顺西汉留了一条路。

郅支单于虽然只进攻并打败过呼韩邪单于一次——《汉书·匈奴传》的记载极简略："（郅支单于）遂进攻呼韩邪。呼韩邪破，其兵走，郅支都单于庭"——但仅此一战已让呼韩邪单于感到招架无力，呼吸困难。这就好比两个武林高手过招，不必大战多少回合，往往一个招式甚至一个眼神便胜负已分、高下立判，所谓"行家一出手，便知有没有"，正是这个道理。呼韩邪跟郅支交手后，自知不是郅支的对手。他赶紧思考自己的未来和出路，他的部下佐伊秩訾王建议他投靠西汉。《汉书·匈奴传》：

> 呼韩邪之败也，左伊秩訾王为呼韩邪计，劝令称臣入朝事汉，从汉求助，如此匈奴乃定。呼韩邪议问诸大臣，皆曰："不可。匈奴之俗，本上气力而下服役，以马上战斗为国，故有威名于百蛮。战死，壮士全部也。今兄弟争国，不在兄则在弟，虽死犹有威名，子孙常长诸国。汉虽强，犹不能兼并匈奴，奈何乱先古之制，臣事于汉，卑辱先单于，为诸国所笑！虽如是而安，何以复长百蛮！"左伊秩訾曰："不然。强弱有时，今汉方盛，乌孙城郭诸国皆为臣妾。自且鞮侯单于以来，匈奴日削，不能取复，虽屈强于此，未尝一日安也。今事汉则安存，不事则危亡，计何以过此！"诸大人相难久之。呼韩邪从其计，引众南近塞，遣子右贤王铢娄渠堂入侍。

呼韩邪单于采纳了佐伊秩訾王的建议，决定"称臣入朝事汉"。对一贯倔强的匈奴来说，这无疑是一个极其艰难的决定，从"诸大人相难久之"来看，其艰难程度恐怕不会低于当年刘邦决定跟匈奴和亲。然而，呼韩邪单于最终还是决定投靠西汉，"从汉求助"，显然是因为西汉强大，只有依靠西汉才能活命，而西汉对归降的匈奴王历来给予高规格优待。呼韩邪单于在"今事汉则安存，不事则危亡"的紧迫形势下，只能二者选一，别无他途，最后他为了"安存"忍辱选择"事汉"，这跟西汉初期刘邦选择跟匈奴和亲的情形何其异曲而同工！

呼韩邪单于决定投奔西汉是在宣帝甘露元年（前53）。第二年，呼韩邪单于亲自来到五原塞，表示愿意在明年即甘露三年（前51）正月带着珍宝到长安朝拜。这是西汉与匈奴关系史上的一个重大事件，西汉与匈奴较量了一个半世纪，桀骜不驯的匈奴终于低下了倔强的头：自高祖刘邦开始直到武帝马邑设伏之前，匈奴一直骑在西汉头上作威作福。武帝发动对匈奴的战争后，匈奴虽胜少败多，但始终顽强不屈，未肯服输：卫青、霍去病大破匈奴后，匈奴单于曾佯言愿意到长安朝见，武帝满心欢喜地筑好官邸准备迎接，结果证明是匈奴逗西汉玩儿的；匈奴暗示和亲，西汉想凭着战场上的胜利要求匈奴单于遣子入侍，匈奴马上翻脸不认账；贰师将军李广利兵败后，匈奴单于更加张狂，以极具挑衅的口吻致信武帝，扬言西汉要想边塞安宁，就必须恢复从前的和亲约，武帝不得不派使者带着礼物去报赏匈奴。然而此一时彼一时，此时的匈奴真正走到了山穷水尽、危急存亡的关头：日逐王归降西汉后，匈奴在西域设置的僮仆都尉随即撤销，代之以西汉的西域都护，西域已被西汉所控制，匈奴在西域"赋税诸国，取富给焉"的好日子到了头，国家稳定的经济收入严重减少；昔日东边的属国乌桓、鲜卑早已羽毛丰满不受约束，还时不时对匈奴实施打击报复，就连北边弱小的丁零、坚昆都敢偷袭、欺负匈奴，更不用说长城南边的西汉了。是时西汉边塞戒备森严，"匈奴不能为边寇，于是汉罢外城，以休百姓"。匈奴为害日久，不但周边大大小小的国家都想灭掉它，连老天爷也不放过它，在它四面楚歌时降下严重的天灾：本始三年（前71）冬，单于率领一万骑兵攻打乌孙，"会天大雨雪，一日深丈余，人民畜产冻死，还者不能什一"；壶衍鞮单于去世那年（地节二年，前68），"是岁也，匈奴饥，人民畜产死十六七"。在极其严重的外患天灾面前，匈奴统治集团因长期以来尖锐的内部矛盾，不但不能团结一致共克时艰，反而矛盾丛生四分五裂，从五单于并立到兄弟俩反目，匈奴终于自作孽地走到了穷途末路。外患、天灾、内乱是匈奴最终不得不屈服于西汉的三大原因，而其中最关键的不是西汉的武力攻击，"汉虽强，犹不能兼并匈奴"；也不是天灾，天灾虽然使匈奴人民畜产遭受损失，但这种损失毕竟是偶然的、暂时性的，假以时日是可以恢复的；而是内乱分裂。任何一个国家和民族，合则强，分则弱，和则盛，乱则衰，这是千古不变、放之四海而皆准的铁律。由于分裂，呼韩邪单于与郅支单于之间的斗争不是你死就是我活，势必不能同生共存。呼韩邪单于势力不如郅支单于强大，在走投无路的情况下，他只能向西汉称臣，求得西汉的保护，别无选择。

呼韩邪单于来朝拜，他应该坐在什么位置？朝拜的时候他该怎么称呼？是跟西汉的诸侯王平起平坐呢，还是以藩国的礼仪待之？外交无小事，如果在朝拜的仪式上出了纰漏，不仅有失西汉的大国颜面，甚至还可能使匈奴心怀不

满,回到跟西汉武力对抗的老路。因此,宣帝下诏让大臣们讨论,大臣们都说:

> 圣王之制,施德行礼,先京师而后诸夏,先诸夏而后夷狄。《诗》云:"率礼不越,遂视既发。相土烈烈,海外有截。"陛下圣德,充塞天地,光被四表。匈奴单于乡风慕义,举国同心,奉珍朝贺,自古未之有也。单于非正朔所加,王者所客也,礼仪宜如诸侯王,称臣昧死再拜,位次诸侯王下。(《汉书·宣帝纪》)

又是那个四平八稳、谨守礼法的御史大夫萧望之提出了不同意见,他说:

> 单于非正朔所加,故称敌国,宜待以不臣之礼,位在诸侯王上。外夷稽首称藩,中国让而不臣,此则羁縻之谊,谦亨之福也。《书》曰"戎狄荒服",言其来服,荒忽亡常。如使匈奴后嗣卒有鸟窜鼠伏,阙于朝享,不为畔臣。信让行乎蛮貊,福祚流于亡穷,万世之长策也。(《汉书·萧望之传》)

大臣们的意见是要呼韩邪单于像汉朝的诸侯王那样向皇帝称臣,位次在诸侯王之下。萧望之则认为不应该将呼韩邪单于等同汉朝的诸侯王,而应视匈奴为藩国,位次在诸侯王之上。为什么呢?因为蛮夷自古以来朝拜华夏天子都是有一回没一回的,如今视之为藩国,将来若匈奴不来朝拜,也不算是叛臣,无损大汉天子的颜面和威严;如果待之以诸侯王的礼仪,朝廷就等于背了个包袱,万一往后匈奴不来朝拜,汉朝还得劳师动众去收拾它,这岂不是自找麻烦!东汉著名史学家荀悦评论说:

> 《春秋》之义,王者无外,欲一于天下也。戎狄道理辽远,人迹介绝,故正朔不及,礼教不加,非尊之也,其势然也。《诗》云:"自彼氐、羌,莫敢不来王。"故要、荒之君必奉王贡。若不供职,则有辞让号令加

焉，非敌国之谓也。望之欲待以不臣之礼，加之王公之上，僭度失序，以乱天常，非礼也！若以权时之宜，则异论矣。(《资治通鉴·汉纪十九》)

萧望之的建议着眼于避免日后招惹麻烦，不就是权宜之计嘛！反正怎么说都能找到理由，宣帝大概也认为多一事不如少一事，最后他采纳了萧望之的建议，诏曰："盖闻五帝三王，礼所不施，不及以政。今匈奴单于称北藩臣，朝正月，朕之不逮，德不能弘覆。其以客礼待之，位在诸侯王上。"

宣帝甘露三年（前51）正月初一，是西汉历史上值得特别纪念的日子，南匈奴呼韩邪单于率领他的群臣来到长安朝拜大汉天子。西汉对这次朝拜极为重视，派车骑都尉韩昌去到五原郡迎接，朝拜队伍途经西汉的五原、朔方、西河、上郡、北地、冯翊等郡，大致路线为今天内蒙古包头、陕西榆林、甘肃庆阳到陕西西安，西汉在沿途每个郡都发二千骑列队欢迎，以示宠卫。朝拜的地点安排在甘泉宫，甘泉宫位于今陕西淳化县，是西汉进行重要政治活动的场所。西汉对呼韩邪单于"宠以殊礼"，列其位次在诸侯王之上，允许呼韩邪单于朝拜时只称"臣"而不必报出自己的姓名。"赐以冠带衣裳、黄金玺盭绶"，表示大汉天子对臣下的册封，承认呼韩邪是匈奴的最高军事行政首领，确立彼此的君臣关系，南匈奴成为西汉的藩国。西汉还赐给呼韩邪单于厚礼，计有：

玉具剑、佩刀、弓一张、矢四发、棨戟十、安车一乘、鞍勒一具、马十五匹、黄金二十斤、钱二十万、衣被七十七袭、锦绣绮縠杂帛八千匹、絮六千斤。

朝拜仪式结束后，西汉使者导引呼韩邪单于先行离开，前往长平歇息。宣帝随后驱车来到长平，诏令呼韩邪单于不必跪拜，呼韩邪单于的左、右当户大臣均被允许在一旁参见，各蛮夷部落的首领王侯几万人在渭桥下夹道列队迎接御驾。当宣帝徐徐登上渭桥，道路两旁的人群里立刻山呼海啸般地高呼"万岁！"。

呼韩邪单于朝拜汉朝天子后，在长安逗留了一个多月，他回到北边的单于庭去已不可能，因为那里被他的哥哥郅支单于占据了。呼韩邪单于可能害怕遭到郅支单于攻击，临别前他请求朝廷允许他住在光禄塞下（在今内蒙古包头市西南），为了表示忠心，他说万一有紧急情况，愿意保卫西汉的受降城（故址在今内蒙古乌拉特中、后旗）。西汉考虑到呼韩邪单于的实际情况，可能也是为了更好地管束他，同意了他的请求，派高昌侯董忠和车骑都尉韩昌率军护送呼韩邪单于出朔方鸡鹿塞（在今内蒙古杭锦后旗西），命令韩昌驻军塞外，保卫呼韩邪单于，以防南匈奴中有不服的叛逆分子。当时，匈奴由于内部分裂混战，经年遭受兵燹，百业疲惫，人民乏食，西汉前后共调拨了三万四千斛（一斛为十斗）粮食救济南匈奴。

三、明犯强汉者,虽远必诛

宣帝甘露元年(前53)呼韩邪单于遣子右贤王铢娄渠堂到长安入侍的时候,郅支单于见弟弟抱上了西汉的一条大腿,觉得自己得赶紧抱住西汉的另一条大腿,也将儿子驹于利受送到西汉做质子。甘露三年(前51),呼韩邪单于朝拜宣帝,郅支单于也派遣使者来到长安奉献,得到西汉的厚遇。甘露四年(前50),呼韩邪单于和郅支单于都派遣使者到长安朝献,"汉待呼韩邪使有加",郅支单于在向西汉示好、希望得到西汉庇护的竞争中渐渐落了下风。眼看向南发展前景不妙,郅支单于决定向西拓展生存空间,他一回到右地就收到大礼:之前屠耆单于的弟弟流亡在右地,收服了那里的残余民众,自立为伊利目单于,他的部队虽然有五万之众,却没有什么战斗力。两军在途中不期而遇,郅支单于马鞭一扬,伊利目单于人头落地,五万兵马归到了郅支单于麾下。

郅支单于听说呼韩邪单于得到了西汉的庇护,西汉不但派军队保卫,而且以粮食接济,他"遂留居右地",没有回到漠北的单于庭。后来,他自忖无力统一匈奴,干脆退出右地继续向西,打算联手乌孙,遂派使者去见乌孙的小昆莫乌就屠。乌就屠是匈奴的外孙,但也是靠了西汉的扶持才在乌孙坐稳小昆莫的宝座,他看到呼韩邪为西汉所庇护,而郅支却流亡天涯,想攻击郅支讨西汉欢心,于是杀了郅支的使者,斩下其脑袋送到西域都护治所,随即发兵袭击郅支单于。郅支单于很警觉,他见乌孙兵多,自己的使者又久去不返,立即做好战斗准备,"勒兵逢击乌孙,破之"。此后,他一鼓作气,接连兼并了乌揭、坚昆、丁令三个小国,坚昆东去匈奴单于庭七千里,南去车师五千里,郅支单于认为这里很好很安全,"留都之"。

郅支单于自以为山高皇帝远,西汉奈何不了他,更不满西汉庇护呼韩邪单于却不帮助自己,于是派遣使者到长安要求接回他入侍西汉的儿子驹于利受,这是元帝初元四年(前45)的事情。西汉很大度地同意了,还派卫司马谷吉护送驹于利受回北匈奴。鉴于之前西汉的使者江乃始等曾遭到郅支单于围困和羞辱,御史大夫贡禹、博士匡衡都认为郅支单于"乡化未醇,所在绝远",不能什么事情都满足他的要求,西汉使者把驹于利受送到边境要塞就好了,不要送到北匈奴单于庭。谷吉上书说:

> 中国与夷狄有羁縻不绝之义,今既养全其子十年,德泽甚厚,空绝而不送,近从塞还,示弃捐不畜,使无乡从之心,弃前恩,立后怨,不便。议者见前江乃始无应敌之数,知勇俱困,以致耻辱,即豫为臣忧。臣幸得建强汉之节,承明圣之诏,宣谕厚恩,不宜敢桀。若怀禽兽,加无道于臣,则单于长婴大罪,必遁逃远舍,不敢近边。没一使以安百姓,国之计、臣之愿也。愿送至庭。(《汉书·傅常郑甘陈段传》)

御史大夫贡禹再次提出异议,认为谷吉前往护送郅支单于的儿子到北匈奴单于庭,必然会给西汉"取侮生事",因此"不可许",但右将军冯奉世"以为可遣",元帝最后同意了谷吉的请求。

谷吉大义凛然视死如归,结果真的就如其所愿死得其所,"既至,郅支单于怒,竟杀吉等"。郅支单于自知有负西汉,罪孽深重,又听说呼韩邪在西汉的庇护下日益强大,他害怕遭到袭击,想逃得远远的。南面是西汉,东面是呼韩邪的南匈奴,北面则是极寒地带,郅支单于只得继续逃往西边。恰好这时乌孙西边的康居因屡次遭到乌孙围困,康居国王与手下的翕侯们商量,认为匈奴是强大的国家,乌孙一向附属于它,现在郅支单于流落困顿在外,可以迎接他过来,居住在康居国东部,双方合力攻灭乌孙,然后让郅支单于居住在乌孙的国土上,这样便永远没有来自乌孙的忧患了。自以为得计的康居国王派使者到坚昆把这些话告诉了郅支单于。郅支单于常常担心受到呼韩邪的侵袭,又怨恨曾经杀害匈奴使者、出兵袭击匈奴的乌孙,听到康居国王的计谋,十分高兴,率领军队与康居联合,康居国王派贵人带着几千匹骆驼、驴、马去迎接郅支单于。郅支单于的部众一路上冻死、饿死,最后到达康居时只剩下三千人。

康居国王认定匈奴是强大的靠山,将女儿嫁给郅支单于,郅支单于也把自己的女儿嫁给康居国王。康居国王很尊敬郅支单于,希望借助他的威名胁迫各国。郅支单于几次借康居国的兵力攻打乌孙,一直打到了乌孙首都赤谷城,残杀掠夺,致使乌孙人畜遭殃,西部靠近康居的土地方圆千里空无人居。康居国王眼看郅支单于打得乌孙没了脾气,心里很得意,却没有料到他的厄运正悄悄来临。郅支单于自以为匈奴是大国,名望盛大、受人尊重,又乘胜骄傲,偶尔一次康居国王礼遇不周,郅支单于竟怒杀了康居国王的女儿和他的显贵、人民数百人,有的人还被肢解后投到都赖水中。郅支单于又征发百姓筑城,每天五百人,连续筑了两年才停止;又派遣使者责求阖苏、大宛诸国每年进贡,这些国家不敢不照办。西汉不见谷吉等回来,连续三次遣使到康居求问谷吉等人的下落。郅支单于困住并羞辱西汉使者,不但对西汉朝廷的诏令置若罔闻,还通过西域都护上书揶揄朝廷,说什么"我处于困苦危难之中,愿归附强大的汉朝,送儿子去做人质",其骄傲怠慢一至于此。

杀掉这个目无大汉的郅支单于的功臣是西域都护骑都尉甘延寿和他的副手陈汤。

甘延寿,字君况,生卒年月不详,北地郁郅(今甘肃庆城县)人。他身体素质非常好,《汉书·甘延寿传》说他"少以良家子善骑射为羽林,投石拔距绝于等伦,尝超逾羽林亭楼,由是迁为郎。试弁,为朝门,以材力爱幸"。如果在甘延寿的年代有今天这样的体育竞赛,他至少可以参加骑马、射箭、摔跤、跳高、举重、铅球这几个项目的角逐,并且都有希望获得金牌。以勇力受到皇帝宠爱的甘延寿后来又得到车骑将军许嘉推荐为郎中谏大夫,以西域都护骑都尉的身份出使西域。

陈汤(?—约前6),字子公,是山阳瑕丘(今山东济宁市兖州区东北)

人,年轻时是个操行欠佳的学霸,写得一手好文章,《汉书》说他"少好书,博达善属文。家贫丏贷无节,不为州里所称"。州里的人不喜欢他,他干脆去京城里谋取官职,结果还真给他谋到了一官半职,"得太官献食丞"。几年后,他又得到了富平侯张勃的赏识,初元二年(前47),元帝诏令列侯举荐茂才,张勃举荐了陈汤。茂才被举者多为现任官吏,举荐是对才能品行优异及有突出贡献的官吏进行升迁和提拔的一个程序,所以陈汤被举荐后就一心等着升官。不巧他父亲在这个时候去世了,他为了做官竟然不回家守孝,因此遭到弹劾,不但官没有升成,还被下狱治罪,更连累了张勃被弹劾选任举荐欺诈不实,被削减食邑二百户。后来,陈汤被重新举荐为郎,他几次请求出使外国,终于在建昭三年(前36)冬天被任命为西域都护副校尉,与甘延寿一同出使西域。

陈汤为人沉着勇敢,鬼点子很多,经常登高临远,指点江山。接到出使西域的差事后,便与甘延寿分析西域形势,谋划攻杀郅支单于。他说:"西域那些小国向来畏惧、服从大国,这是他们的天性。西域本来役属于匈奴,现在郅支单于威名远播,一旦他降服了乌孙、大宛等国,几年之内,有都城的几个国家就会形势危急。郅支单于为人剽悍,喜欢打仗,经常取得胜利,如果长期放纵他,一定会成为西域的隐患。郅支单于虽然在相当遥远的地方,但他没有坚固的城墙和强劲的弓弩以自卫,如果发动屯田的官兵和乌孙的部队一直打到郅支单于城下,他就逃无可逃、守无可守,千载功业可以一朝而成。"甘延寿也这样认为,他准备上书朝廷请示这件事,被陈汤阻止,陈汤说:"大策非凡所见,事必不从。"言语间大有"肉食者鄙,未能远谋"的自信和不屑,甘延寿听从他的意见没有上奏。正赶上甘延寿身体有恙,陈汤独自假托朝廷命令调发西域各国军队以及车师国戊己校尉下属的屯田官兵,汉兵、胡兵合起来共四万多人。甘延寿听到后惊慌地从床上爬起来阻止陈汤,陈汤怒不可遏,按住剑叱责甘延寿说:"部队已经集合了,你想坏大家的事吗?"甘延寿无奈只好从了他。

当天,甘延寿、陈汤挥师向郅支单于驻地进军。他们将军队分为六校,其中三校从南道越过葱岭抄小道逼近大宛,另外三校由甘延寿、陈汤亲自率领,从温宿国出发,经北道穿过乌孙到达康居东部边界。当时,康居的副王抱阗率

领几千骑兵进犯乌孙的首都赤谷城,掳掠得很多人畜财产,这帮寇贼返回康居时,又从后面抄掠甘延寿、陈汤所部的辎重。陈汤纵兵与之交战,杀死了康居兵四百六十人,俘虏了抱阗的显贵伊奴毒,还解救了被他们掳掠的四百七十名乌孙百姓,后交还给乌孙大昆莫,所得到的马、牛、羊全部用作军需补给。

进入康居东部边界后,甘延寿、陈汤宣布纪律,严令军队不得抢掠百姓财产。暗中召来康居的显贵屠墨,向他说明汉朝的威势和信誉,并与他饮酒结盟。屠墨跟郅支单于有过节,心里怨恨郅支单于,他派人引领甘延寿、陈汤的军队从小道前进,到了离单于城大约六十里的地方停下来安营歇息。甘延寿、陈汤又抓到了康居贵人贝色的儿子开牟,让他作为向导。开牟是屠墨的小舅子,甘延寿、陈汤从屠墨和开牟的口中很详细地知道了郅支单于的情况。

第二天,甘延寿、陈汤的军队又向单于城迫近了三十里。郅支单于派使者问西汉军队为何而来,汉军答道:"单于不是说现在处境困难,愿意归附汉朝、亲自到长安朝见天子吗?天子哀怜单于离开匈奴的国土,在康居受到委屈,所以派都护将军来迎接单于的妻子儿女。恐怕惊动了您的左右,因此军队不敢到城下。"使者来来回回两头传话,甘延寿、陈汤最后故作不耐烦,责备郅支单于:"我们为了单于远道而来,到现在还没有见到尊贵的王侯大臣前来听命,单于怎么能这样失去主人对待客人的礼仪呢!军队远道而来,人马都非常疲劳,粮草也快用完了,恐怕不能自行还军了,希望单于与大臣审慎考虑、计划安排。"

第三天,甘延寿、陈汤的军队继续向前,到达都赖水上游,这里离单于城只有三里远,胡汉联军就在这里安营扎寨、排兵布阵。远远望见单于城上五彩旗帜随风飘摇,数百名匈奴兵披着锁甲在城上守备,又有百余名骑兵在城下往来穿梭,百余名步兵在城门两边像鱼鳞一样整齐地列队操练。城上的匈奴兵肆无忌惮地大声向汉军挑衅:"来跟我们斗啊!"一百多名匈奴骑兵更是气势汹汹地策马直驰向汉军营地,汉军士兵全副武装,拉满弓瞄准匈奴骑兵,吓得匈奴骑兵慌忙勒紧缰绳掉头而去。汉军将士趁势朝城门的匈奴兵施射,匈奴兵赶紧躲进城门里。

攻城战随即开始。甘延寿和陈汤命令将士们听到鼓声后全体逼近城下,将城四周团团围住。将士们按照战前部署各司其职，挖壕沟的挖壕沟，堵城门的堵城门，持盾者在前，执戟引弓者在后，向着城楼上的匈奴兵一阵猛射，城楼上的匈奴兵纷纷下楼躲避。土城外面有一座木城，匈奴兵从木城中施射，汉军士卒应声而倒，伤亡惨重。甘延寿、陈汤眼看弓箭不能攻克，便命令改用火攻，汉军把柴草烧向木城。夜里，几百名匈奴骑兵企图突围出城，被汉军一阵乱箭迎头射杀。

郅支单于刚开始听说西汉军队到了康居的时候，本来想率部逃走，但他担心康居王因怨恨自己而作为汉军的内应，又听说乌孙各国都派了军队，他感觉自己四面受敌无处可逃了，所以他出去后又折回到城里，自言自语地自我安慰说："还不如坚守城池，汉军远道而来，我料他们攻不了多久。"郅支单于披甲上到城楼，数十名阏氏、夫人齐齐上阵，弯弓搭箭对着城外的汉军施射。乱战中郅支单于被流矢射中鼻子，其阏氏、夫人也多中箭身亡，郅支单于踉跄着走下城楼骑上马，且战且退躲进单于内室。半夜过后，木城被大火烧穿，木城里面的匈奴兵退入土城，登上城楼发出歇斯底里的叫喊。当时，康居有一万多骑兵，分为十几部分，四面围绕着城墙，与城楼上的呼喊声相应和。汉军众志成城毫不畏惧，康居军队几次摸黑偷袭汉军营地均被击退。等到天亮，城四周燃起熊熊大火，汉军官兵情绪高昂，大声呼喊追逐敌人，钲鼓之声震天动地，康居兵眼看无力回天，溜之大吉。汉军推着大盾牌，从四面一同攻进土城中。匈奴男女一百多人跑进内室，汉兵四处放火，将士们争相冲进内室。郅支单于被乱刀砍死，军候假丞杜勋割下郅支单于的首级，并在内室中找到了西汉使者的两个符节以及谷吉等人所带的帛书。是役，一共杀死阏氏、太子、名王以下一千五百一十八人，俘虏一百四十五人，收降了一千多人，这些俘虏全都分给了有城市的各国所派出的十五个王。

郅支单于被攻杀后，他及其名王以下各人的首级在第二年（建昭四年，前35）春天正月被传送到长安。甘延寿、陈汤建议朝廷：将郅支单于及北匈奴名王以下各人的首级全部悬挂在长安槀街蛮夷邸，以警示万里之外的异邦外族。元帝获悉郅支单于被诛，证实了郅支就是杀害谷吉等使者的凶手，龙颜大悦。可是元帝转念一想，立即就有两个令人头痛的问题在他脑海里打转：眼下

正是春天,万物生长的季节,这郅支单于及名王以下各人的首级是悬挂好呢,还是不悬挂好呢?甘延寿、陈汤诛灭郅支单于有功,但他们矫制有罪,应该如何论定他们的功过?元帝自己拿不准,好在做皇帝有一个好处,遇到问题可以随时甩给大臣去商议处理,如果大臣有两种不同意见,皇帝只需从中裁择,只要皇帝本人不至于太昏聩,一般也不会错到哪里去,即使错了,不也还有大臣做替罪羊嘛。

关于是否悬挂郅支单于及名王以下各人首级的问题,丞相匡衡、御史大夫繁延寿认为:郅支单于及名王以下各人的首级在康居国被砍下来后传送回长安,一路上已经周游列国了,蛮夷还有谁不知道呢?《月令》都说了,春天是"掩埋尸骨"的季节,还是不要悬挂为好。古代虽然没有"环保"这个词,但是古人环保的思想观念未必比现代人差,试想春天万物生长的季节,长安槁街悬挂着一排排血肉模糊的蛮夷首级,那情形是怪恐怖瘆人的。但是,车骑将军许嘉、右将军王商却坚持认为:春秋时期夹谷会盟时,孔子杀了优施,当时正是盛夏,被斩的头和脚就分别悬挂在不同的门外,所以郅支单于及名王以下各人的首级宜悬挂十天后再掩埋。元帝下诏令说将军的意见才是正确的意见。郅支单于生前不肯亲自到长安朝拜,死后他的脑袋也要在长安槁街示众,它血淋淋地警示四方远近的异邦外族:明犯强汉者,虽远必诛!

与悬挂首级比起来,如何给甘延寿和陈汤论定功过是一个更为棘手的问题,个人恩怨与维护国家制度交织在一起,使得问题更加复杂难办:起初,中书令石显曾经想把姐姐嫁给甘延寿,甘延寿没有答应;陈汤平时比较贪婪,所缴获的财物大部分不依法上交。甘延寿、陈汤回到京城后,朝廷给他们评论功过,丞相匡衡、中书令石显认为:甘延寿、陈汤擅自假托皇帝命令调动军队,不诛杀他们就算侥幸了,如果再给他们封爵位、赐食邑,那么以后奉命的使者就会争相铤而走险,在国外惹是生非,给国家带来灾难,这个头不能开。元帝内心很纠结,他嘉许甘延寿、陈汤的功劳,却又认为匡衡、石显的意见也有道理,这件事就这么耗着,很长一段时间没有结果。

原宗正刘向看不过眼了,他上书元帝,洋洋洒洒说了两人斩杀郅支单于的功劳和意义,最后用李广利、常惠和郑吉封侯的例子,建议朝廷应当给甘延寿和陈汤封侯。元帝诏令公卿讨论，大臣们都认为应当按照军法所规定的捕杀单于的封赏标准给甘延寿和陈汤封赏，可是匡衡、石显却认为郅支失国流亡西域，盗用单于名号，甘延寿、陈汤诛杀的是假单于。元帝比照安远侯郑吉的旧例，准备封甘延寿和陈汤千户食邑，匡衡、石显又提出异议。元帝没有办法，最后只封甘延寿为义成侯，赐给陈汤关内侯的爵位，每人赐给食邑三百户，再赐给黄金一百斤，授任甘延寿为长水校尉，陈汤为射声校尉。

这是一个迟来的封赏，因为此时已是元帝竟宁元年（前33），距离郅支单于被诛足足过了三年，而元帝在这年夏天就晏驾了。但是无论如何，罪恶累累的郅支单于被诛灭了，矫制建功的甘延寿、陈汤得到了些许安慰和奖赏，这对国家和个人而言恐怕都是最好的结果：既没有抹杀个人的功绩，使后来者不至于心灰意冷；又维护了皇帝的权威，以后也不会有人胆敢贸然矫制生事。西汉中央集权的统治艺术让人刮目相看。

郅支单于被攻杀意味着北匈奴的覆灭，西汉来自匈奴的边患自此遂靖，匈奴分裂的局面事实上也随之结束，此后匈奴只剩下呼韩邪单于的南匈奴，直到东汉建武二十四年（48），南匈奴再次分裂成南北二部（按：北匈奴郅支单于被诛后，直至南匈奴再次分裂之前，为叙述方便，称南匈奴为匈奴）。郅支单于被杀后，北匈奴还有没有留在漠北或西域的部众？史书没有记载。郅支单于曾以坚昆为首都，他迁居康居后，有没有人留守在坚昆？他在康居被攻杀时，部众中有没有侥幸逃脱者？这些都是疑问，可能性是存在的，只是这些北匈奴人此后再没有以一个国家的形式出现在历史的舞台上了。

四、元成以降，匈奴复兴

有损西汉国威的盟约

郅支单于当初杀掉西汉的使者谷吉等，可能是故意选择在瓯脱（南北匈奴分界的缓冲地带）下手，或者杀害汉使后抛尸瓯脱，企图以此嫁祸呼韩邪单于，因为瓯脱的一边是呼韩邪单于的地界。有匈奴降者向西汉报告，曾经听瓯脱的匈奴人说谷吉被杀了，后来呼韩邪单于派使者到长安朝见，西汉急切地发文书责求谷吉的音讯。初元五年（前44），西汉派车骑都尉韩昌、光禄大夫张猛护送呼韩邪单于的侍子回南匈奴，韩、张二人再次打听谷吉等人的消息无果后，西汉宣布不再追究谷吉被杀之责，以免南匈奴担心遭到西汉清算。在西汉的赏赐、接济、帮助下，短短几年内，南匈奴部众已然人丁兴旺，塞下禽兽捕猎殆尽。韩、张二人看到呼韩邪单于的力量已经足以自卫，又听说不少南匈奴大臣劝呼韩邪单于回到原来居住的北方去，两人担心南匈奴北归以后不好管束，一时头脑发热，竟然自作主张与呼韩邪单于订立盟约。韩昌、张猛与呼韩邪单于以及他手下的大臣一起登上南匈奴境内的诺水东山，宰杀了一匹白马，呼韩邪单于用锋利的径路刀削下薄薄的黄金碎片撒入血酒之中，再用留犁（匈奴人用的饭勺）搅匀，用老上单于破杀月氏王头颅做的饮器当酒杯，共同饮血酒歃盟，曰：

自今以来，汉与匈奴合为一家，世世毋得相诈相攻。有窃盗者，相报，行其诛，偿其物；有寇，发兵相助。汉与匈奴敢先背约者，受天不祥。令其世世子孙尽如盟。（《汉书·匈奴传》）

韩昌、张猛一定满心以为自己为汉朝做了一件安邦利民的大好事，殊不知他们的行为实在幼稚愚蠢得很，他们一回到长安便遭到汉朝大臣的责备。大臣们认为匈奴已经向汉朝称臣并答应保卫边塞，就算他们回到北方去也不至于对汉朝构成威胁；韩、张二人却擅作主张，拿汉朝世代子孙的未来跟匈奴赌咒立盟，使得单于能够用恶言恶语咒告上天，令汉朝蒙受羞辱，有损国威，这是绝对不能容许的。大臣们斥责韩、张"奉使无状，罪至不道"，请求朝廷"遣使往告祠天，与解盟"。可是，元帝对韩、张二人只是轻描淡写地责备一番，允许他们赎罪，并诏令"勿解盟"。

此时的西汉，本来完全有底气按照大臣们的建议将韩、张二人治罪并派遣使者向匈奴宣布解盟，但"柔仁好儒"的元帝却没有采纳大臣们的建议。永光元年（前43），呼韩邪单于终于回到了北方的单于王庭，匈奴人渐渐归附于他，国内安定下来了。《汉书》说元帝"牵制文义，优游不断，孝宣之业衰焉"不是没有根据的，此即一例。早在元帝还是太子的时候，有一回侍奉他的父亲宣帝进餐，对宣帝说："陛下持刑太深，应用儒生。"宣帝怒曰："汉家自有制度，本以王霸二道交替使用，为何要专行仁政、效法周朝呢？况且一般儒生不能学以致用，喜欢厚古薄今，使人惑乱于名实，不知所从，怎么能委以重任！"继乃叹曰："乱我家者，太子也！"不幸言中了。

耐人寻味的朝拜

郅支单于被攻杀，呼韩邪单于"且喜且惧"。郅支单于血缘上是他的哥哥，政治上则是他的仇敌，"其人剽悍，好战伐，数取胜"，是一个很可怕的对手，呼韩邪单于若不是投靠了西汉，恐难逃被郅支单于屠杀的命运。如今西汉杀掉了这个让人忌惮的政敌，来自西边的最大威胁已经解除，呼韩邪心里自然轻松了许多。但他也不能就此高枕无忧，西汉可以杀郅支，为什么就不能杀他呼韩邪呢？如果自己不顺从西汉，也有可能随时做了西汉的刀下鬼。况且郅支单于远在康居，西汉都可以把他杀掉，自己跟西汉仅仅隔着长城，如果自己不听话，西汉的大军轻易就可以将自己扑灭，想到这里他就很恐惧。

呼韩邪单于消除恐惧的办法，就是积极主动去讨好西汉。建昭五年（前34），他向西汉朝廷提出三个请求：一是"愿入朝见"，二是"愿婿汉氏以自亲"，三是"愿保塞上谷以西至敦煌，传之无穷，请罢边备塞吏卒，以休天子人民"。

对呼韩邪的第一个请求，西汉同意了，我们稍后叙述。对呼韩邪的第二个请求，西汉也同意了，我们将在下一节详述。现在先来看看呼韩邪的第三个请求。

呼韩邪单于请求西汉撤掉从上谷以西到敦煌的驻军，将这一带的边防永久交给匈奴代管。对呼韩邪提出的这个请求，西汉的大臣一开始居然同意了。他们也许觉得长期远距离派驻军屯田，对西汉的财政是个沉重的负担，因此听到呼韩邪说愿意世世代代为西汉守卫从上谷到敦煌的边塞，他们都觉得如释重负，"议者皆以为便"。幸好朝廷里有个叫侯应的郎中"习边事"，"以为不可许"，提出了十条理由：

> 周、秦以来，匈奴暴桀，寇侵边境，汉兴，尤被其害。臣闻北边塞至辽东，外有阴山，东西千余里，草木茂盛，多禽兽，本冒顿单于依阻其中，治作弓矢，来出为寇，是其苑囿也。至孝武世，出师征伐，斥夺此地，攘之于幕北。建塞徼，起亭隧，筑外城，设屯戍以守之，然后边境得用少安。幕北地平，少草木，多大沙，匈奴来寇，少所蔽隐，从塞以南，径深山谷，往来差难。边长老言匈奴失阴山之后，过之未尝不哭也。如罢备塞戍卒，示夷狄之大利，不可一也。今圣德广被，天覆匈奴，匈奴得蒙全活之恩，稽首来臣。夫夷狄之情，困则卑顺，强则骄逆，天性然也。前以罢外城，省亭隧，今裁足以候望通烽火而已。古者安不忘危，不可复罢，二也。中国有礼义之教、刑罚之诛，愚民犹尚犯禁，又况单于，能必

其众不犯约哉！三也。自中国尚建关梁以制诸侯，所以绝臣下之觊欲也。设塞徼，置屯戍，非独为匈奴而已，亦为诸属国降民，本故匈奴之人，恐其思旧逃亡，四也。近西羌保塞，与汉人交通，吏民贪利，侵盗其畜产、妻子，以此怨恨，起而背畔，世世不绝。今罢乘塞，则生嫚易分争之渐，五也。往者从军多没不还者，子孙贫困，一旦亡出，从其亲戚，六也。又边人奴婢愁苦，欲亡者多，曰"闻匈奴中乐，无奈候望急何"！然时有亡出塞者，七也。盗贼桀黠，群辈犯法，如其窘急，亡走北出，则不可制，八也。起塞以来百有余年，非皆以土垣也，或因山岩石，木柴僵落，溪谷水门，稍稍平之，卒徒筑治，功费久远，不可胜计。臣恐议者不深虑其终始，欲以一切省徭戍，十年之外，百岁之内，卒有它变，障塞破坏，亭隧灭绝，当更发屯缮治，累世之功不可卒复，九也。如罢戍卒、省候望，单于自以保塞守御，必深德汉，请求无已。小失其意，则不可测。开夷狄之隙，亏中国之固，十也。非所以永持至安，威制百蛮之长策也。（《汉书·匈奴传》）

很显然，如果答应呼韩邪的请求，就等于西汉从匈奴手里夺过来的大片土地又拱手交还给了匈奴，汉匈之间的战略态势将回到西汉初期，后果将不堪设想。虽然呼韩邪单于提出这个请求时未必有其他想法，但时间一长难保不会生变。朝廷上下听了侯应的陈述后，茅塞顿开，天子有诏：勿议罢边塞事。

现在说回呼韩邪朝拜的事。西汉素以接见、款待外国使者为荣耀，武帝尤其喜欢享受这种荣耀。《史记·大宛列传》：

是时上方数巡狩海上，乃悉从外国客，大都多人则过之，散财帛以赏赐，厚具以饶给之，以览示汉富厚焉。于是大觳抵、出奇戏诸怪物，多聚观者，行赏赐，酒池肉林，令外国客遍观各仓库府藏之积，见汉之广大，倾骇之。

外国客人来了，特意带他们到大城市去看那里的热闹繁华，大把大把地赏

赐礼物,载歌载舞,美酒佳肴;吃饱喝足之后,再领他们参观仓库里堆得满满的金银财宝、绫罗绸缎,让他们羡慕得瞪大眼睛、使劲摇头、直流口水。如今,昔日桀骜不驯的匈奴愿意来朝拜,西汉求之不得,焉有拒绝之理?

这是呼韩邪单于第三次来朝拜。甘露三年(前51)第一次朝拜后,又在两年后即黄龙元年(前49)来朝:"明年,呼韩邪单于复入朝,礼赐如初,加衣百一十袭,锦帛九千匹,絮八千斤。"这次朝拜是在竟宁元年(前33),"单于复入朝,礼赐如初,加衣服锦帛絮,皆倍于黄龙时"。

匈奴三番五次请求朝拜,表面看来是归顺,实际上也是一种变相求得赏赐的行为,司马迁说匈奴"苟利所在,不知礼仪",他们要的是西汉的财物;西汉为了匈奴归顺不惜大加赏赐,而且赏赐的礼物一次多过一次。成帝河平四年(前25),匈奴复株絫单于又来朝拜,西汉对他"加赐锦绣缯帛二万匹,絮二万斤,它如竟宁时"。

建平四年(前3),匈奴乌珠留单于上书哀帝,希望能参加第二年正月的大朝。说来也巧,以前匈奴单于来朝拜后往往会有皇帝驾崩,这种情况已经有两次了:第一次是黄龙元年,呼韩邪单于来朝拜后宣帝驾崩了;第二次是竟宁元年,呼韩邪单于第三次来朝拜后元帝驾崩了。这当然只是巧合,匈奴单于即使不来朝拜,西汉皇帝该驾崩的时候还是会驾崩的。乌珠留单于上书请求朝拜时,哀帝正患病,有的大臣说匈奴从中国的上游来,会带来祸祟,不如暂且让他们别来,"且可勿许",其实内心真实的意思是:匈奴来朝拜"虚费府帑"。就在匈奴使者将离未离之际,黄门郎扬雄上书进谏,他回顾秦朝以来的历史,引经据典,洋洋洒洒说了一大堆,大意是:匈奴很难对付,"真中国之坚敌也",三皇五帝都不能让其称臣,现在如果拒绝其来朝拜,必然会生嫌隙,往后再想他们来朝拜可就难了。哀帝一听,连忙召回匈奴使者,同意了匈奴的朝拜请求。

次年,匈奴单于来朝拜前因染病不能成行,派使者到长安请求将朝拜的日期推迟一年,还附带提了另一个请求:朝拜人数增加到五百人。按照以前的惯例,匈奴朝拜人数为二百人。增加这么多人意味着西汉的赏赐、开销将要更大,可是匈奴很懂得外交手腕,话说得很漂亮:"蒙天子神灵,人民盛壮",

这么多人来朝拜是"以明天子盛德",使西汉不能不同意。

元寿二年(前1),庞大的匈奴朝拜团来到长安,西汉赏赐的礼物在成帝河平四年那次朝拜的基础上"加赐衣三百七十袭,锦绣缯帛三万匹,絮三万斤"。司马光在《资治通鉴》里记述了这次朝拜的盛况:

> 春,正月,匈奴单于及乌孙大昆莫伊秩靡皆来朝,汉以为荣。是时西域凡五十国,自译长至将、相、侯、王皆佩汉印绶,凡三百七十六人;而康居、大月氏、安息、罽宾、乌弋之属,皆以绝远,不在数中,其来贡献,则相与报,不督录总领也。自黄龙以来,单于每入朝,其赏赐锦绣、缯絮,辄加厚于前,以慰接之。

这真是"率土之滨,莫非王臣"!为了大汉王朝的颜面,为了宣示西汉的富庶,为了招徕、抚慰外族蛮夷,再庞大的开支也在所不计了。

如果单从经济方面考虑,西汉在这一时期赏赐给匈奴的财物可能要比和亲时期奉送给匈奴的财物还要多。西汉每次和亲奉送给匈奴的财物大概是一万石酒、五千斛粮食、各种布绢一万匹。当然,国家的政治外交行为不能单单从经济角度去衡量。和亲是西汉单方面向匈奴定期定量纳贡,匈奴不需要任何付出,只是偶尔会礼节性地牵两匹骆驼、赶几匹马作为礼物回馈西汉;呼韩邪称臣后,他必须质子、进贡、朝拜,还要协助西汉守卫边防。西汉与匈奴的地域虽然还是以长城为界,但彼此的关系已不再是过去的兄弟关系,匈奴成了西汉的藩臣。匈奴单于也失去了得到西汉公主的资格,所以当呼韩邪单于在竟宁元年朝拜元帝,表示希望做西汉的女婿时,元帝只是从后宫选了一名宫女赐给他,不过谁也不会想到,这名宫女在后世会如此名扬华夏——她就是王昭君。

真是再巧不过,在元寿二年(前1)匈奴单于那次朝拜之后,哀帝当年也驾崩了。

昭君出塞：被误读的"和亲"

历史与文学的关系最有意思，自古文史一家，文学却经常"离家出走"。历史是安静的，文学却很好动，她爱跑爱跳爱飞翔，结果往往离"家"很远。昭君出塞的故事就是这样，原本是一个很卑微、很平凡的历史故事，经过文学的想象、铺张、嫁接等艺术手法一加工，故事渐渐变得高大上，主角的名气越来越大，千百年来几乎家喻户晓，妇孺皆知。如今一提到和亲，很多人首先就会想到王昭君，并津津乐道昭君出塞的故事，昭君俨然成了中国历史上著名的和亲使者。然而，流传最广的昭君出塞的和亲故事只是个虚构的文学故事而不是真实的历史故事，真实的历史故事是：昭君出塞，非为和亲，因为彼时和亲的客观条件已经不复存在了。

自汉高祖到武帝前期，匈奴强盛，时时侵扰西汉，西汉为了边境安宁，不得不接受屈辱的条件跟匈奴和亲。武帝时战端一开，和亲遂绝。匈奴被汉军讨伐得"疲极""苦之"，"常有欲和亲意"，但是"未能得"，因为西汉不答应；西汉要匈奴单于送儿子当人质，匈奴说"非故约"，也不干。其后历经昭帝、宣帝两朝，匈奴多次明示或暗示想跟西汉和亲，西汉既不答应也不拒绝，只是"羁縻之"，摆出一副放长线钓大鱼的架势。西汉凭着十二分的耐心，终于在甘露三年（前51）钓到了南匈奴这条"大鱼"，这一年呼韩邪单于来到长安朝拜称臣，郅支单于也"遣使奉献"，西汉与匈奴的地位从此完全颠倒。元帝建昭三年（前36），郅支单于被西汉的甘延寿、陈汤攻杀，呼韩邪单于"且喜且惧"。在西汉强大实力的威慑下，呼韩邪单于在竟宁元年（前33）第三次来到长安朝拜，他"自言愿婿汉氏以自亲"，元帝"以后宫良家子王墙字昭君赐单于"。这就是昭君出塞的历史背景。

呼韩邪单于"自言愿婿汉氏以自亲"，表明是他主动向西汉示好，想攀附西汉、做西汉的女婿，元帝"以后宫良家子王墙字昭君赐单于"。这里有两点值得注意：一是赐，此时西汉与匈奴是君臣关系，是一种不平等的上下尊卑关系，而不再是之前那种兄弟关系，因此不存在嫁、婚那样的平等关系；二是赐给匈奴单于的是宫女,而以前嫁去匈奴和亲的都是公主或者名义上的公主。"以后宫良家子王墙字昭君赐单于"是《汉书》的记载,而《后汉书》则说"帝敕以宫女五人赐之",无论是昭君一个宫女还是五个宫女,都是赐。所以,昭君出塞非和亲的结论确定无疑,地位卑微的王昭君只是元帝赏赐给呼韩邪单于的众多礼物之一。

也许有人会问:就算昭君出塞非为和亲,她出塞之后,难道没有为增进汉匈友好关系做出什么贡献吗?答案可能会让很多人失望:她本人没有什么贡献,而且是一点也没有。当然,元帝将她赐给呼韩邪单于这件事本身就是汉匈关系和好的体现,呼韩邪单于得到王昭君后,昭君的存在对维系汉匈和好关系也不能说一点作用都没有。呼韩邪单于号王昭君为"宁胡阏氏",可见匈奴对她寄予厚望,也反映出她对维系汉匈和睦友好关系的意义。但是,这种作用不能被夸大,无论如何,昭君出塞都不是为了和亲。如果非要说王昭君有什么贡献的话,是她跟呼韩邪单于"生一男伊屠智牙师,为右日逐王"。建始二年(前31)呼韩邪单于去世后,呼韩邪单于跟大阏氏生的儿子雕陶莫皋继位为复株累单于。按照匈奴"父死,妻其后母"的习俗,复株累单于娶了王昭君,生了两个女儿,"长女云为须卜居次,小女为当于居次"。居次相当于西汉的公主,须卜、当于都是匈奴的贵族,就是说王昭君两个女儿都嫁给了匈奴的贵族,大女儿的名字叫云,小女儿名字不详。这是《汉书》里的记载。《后汉书》则说王昭君与呼韩邪单于"生二子",其中一个就是伊屠智牙师,后来在匈奴单于争立时被杀,另一个儿子的情况不详。这或许是记载舛错,因为王昭君被赐给呼韩邪单于后第三年呼韩邪单于就病逝了,病逝前三年连生两胎似乎不太合常理,故以《汉书》的记载较为可信。史书对于王昭君的儿子和小女儿的情况都很少记载,记载较详细的是她的大女儿须卜居次云的活动情况。

元寿二年(前1)乌珠留单于到长安朝拜后不久,王莽摄政,他讽告单于让须卜居次云到长安侍奉太皇太后,"是时,汉平帝幼,太皇太后称制,新都侯王莽秉政,欲说太后以威德至盛异于前,乃风单于令遣王昭君女须卜居次云入侍太后,所以赏赐之甚厚",这对增进西汉与匈奴的友好关系或许有积极作用。这位太皇太后叫王政君(前71—13),是元帝的皇后,历经西汉宣、元、

成、哀、平五朝，于王莽新朝始建国五年（13）去世，是一位足以左右西汉末期政局走向的关键人物。

乌珠留单于死于始建国五年（13），当时莽新政权跟匈奴的关系已经十分紧张，匈奴执政大臣是王昭君的大女婿右骨都侯须卜当。须卜居次云希望匈奴与莽新政权和好，云、当夫妇平常又与乌珠留单于的弟弟、左犁汗王咸关系很好，云看到咸之前曾受王莽封为"孝单于"，于是便跟丈夫合谋，立咸为匈奴单于，这就是乌累单于。然而，云、当夫妇这样做却是无意中弄巧成拙，他们大概不知道，此前王莽已将咸在长安的儿子登杀掉了。一开始王莽还隐瞒事实，但纸包不住火，乌累单于知道儿子被杀后对王莽政权的怨恨加深了，云、当夫妇劝乌累单于跟莽新政权和好的努力自然也就没有结果。天凤元年（14），云、当夫妇派人到西河郡虎猛县的制虏塞下，告诉关塞上的官吏说想会见王昭君哥哥的儿子、和亲侯王歙。王莽派王歙和他的弟弟骑都尉展德侯王飒出使匈奴，祝贺乌累单于新登大位，赏赐黄金、衣被、缯帛。乌累单于似乎毫不领情，他知道儿子登已被王莽杀死，十分怨恨，派兵从左地入侵中原边境，掳掠不绝。

天凤五年（18），乌累单于死，其弟舆继位为呼都而尸单于。为贪图王莽的赏赐，匈奴派大且渠奢（王昭君大女儿云的儿子）与醯椟王（王昭君二女儿当于居次的儿子）一起到长安向王莽奉献贡品。王莽派和亲侯王歙与大且渠奢一起到达制虏塞下，与云、当夫妇约请相会，然后以武力相胁迫，把他们带到了长安。云、当夫妇的小儿子从塞下逃走，回到了匈奴。须卜当到了长安，王莽拜他为须卜单于，企图出动大军辅佐他在匈奴做单于，又拜奢为后安公。但是，王莽的军队却调动不起来，而这也更加惹恼了匈奴，匈奴各部一起入侵北部边境，北部边塞因此破败不堪。这时正巧须卜当病死了，王莽把自己庶出的女儿陆逯任嫁给后安公奢做妻子，对他十分尊宠，目的终究还是想出兵扶立他做单于。不久更始军攻杀了王莽，云、奢也一起被杀死了。

王昭君子女的活动情况大致如上述。客观地说，须卜居次云为增进和改善中原王朝与匈奴的关系做过努力，但由于王莽一再采取错误政策，最终招致杀身之祸，殃及须卜居次云。总的来说，须卜居次云的种种努力所产生的积极影响不大。

那么问题来了：既然王昭君本人对改善汉匈关系没有贡献，其子女的贡献也不大，为什么王昭君会如此大名鼎鼎呢？这就是文学"离家出走"所造成的。最早将昭君出塞的故事写成文学作品的是西晋那个以炫富著称的石崇（249—300），这个富豪同时也是文采斐然，他把昭君出塞的故事谱写成一首乐府诗《王明君辞》传唱后世。诗有序，值得注意："王明君者，本是王昭君，以触文帝（即晋文帝司马昭）讳改之。匈奴盛，请婚于汉，元帝以后宫良家子昭君配焉。昔公主嫁乌孙，令琵琶马上作乐，以慰其道路之思。其送昭君，亦必尔也。其造新曲多哀怨之声，故叙于纸云尔。"诗曰：

> 我本汉家子，将适单于庭。辞诀未及终，前驱已抗旌。仆御涕流离，辕马悲且鸣。哀郁伤五内，泣泪沾朱缨。
>
> 行行日已远，遂造匈奴城。延我于穹庐，加我阏氏名。殊类非所安，虽贵非所荣。父子见凌辱，对之惭且惊。杀身良不易，默默以苟生。苟生亦何聊，积思常愤盈。愿假飞鸿翼，乘之以遐征。
>
> 飞鸿不我顾，伫立以屏营。昔为匣中玉，今为粪上英。朝华不足欢，甘与秋草并。传语后世人，远嫁难为情。

历史事实是：彼时"汉方盛"，"匈奴日削"，"未尝一日安也"，呼韩邪单于不得不向西汉称臣。郅支单于被杀之后，呼韩邪单于怀着"且喜且惧"的心情朝拜元帝，"自言愿婿汉氏以自亲"，可是石崇却在《王明君辞》的序中说"匈奴盛"，这样赤裸裸地颠倒黑白是因为他不谙历史吗？当然不是，《晋书》说石崇"好学不倦"，他不可能不熟悉《汉书》里的故事。他故意这样颠倒史实是因为他不是在叙述历史故事，而是在创作文学作品，他这样说不但不会说明他历史知识不好，而恰恰说明他文学技巧很好。如果他在这首诗的序里说"汉盛"，那么诗歌的艺术感染力就会大打折扣，而且会与诗歌表现的悲戚意境相违和。石崇颠倒事实后又凭空想象，将汉朝公主远嫁乌孙的故事嫁接到王昭君身上，说公主远嫁乌孙时一路上有琵琶马上作乐，因此昭君出塞时

"亦必尔也"。石崇的诗歌作品无疑是成功的,成功到让范晔(398—445)在《后汉书·南匈奴列传》中在记载昭君出塞故事时涂上了一层浓浓的文学色彩:

> 昭君字嫱,南郡人也。初,元帝时,以良家子选入掖庭。时,呼韩邪来朝,帝敕以宫女五人赐之。昭君入宫数岁,不得见御,积悲怨,乃请掖庭令求行。呼韩邪临辞大会,帝召五女以示之。昭君丰容靓饰,光明汉宫,顾景裴回,竦动左右。帝见大惊,意欲留之,而难于失信,遂与匈奴。生二子。及呼韩邪死,其前阏氏子代立,欲妻之,昭君上书求归,成帝敕令从胡俗,遂复为后单于阏氏焉。

王昭君是被元帝赐给呼韩邪单于的,她是否有资格"上书求归"值得推敲。但我们知道嫁给乌孙昆莫的细君公主,在昆莫年老欲将细君嫁给其孙岑陬时曾经上书武帝求归,武帝敕令细君"从其国俗,欲与乌孙共灭胡"。范晔在石崇去世后约一个世纪出生,对石崇的《王明君辞》不可能不熟悉,他很可能在这里也是嫁接了汉朝公主的故事。

继《王明君辞》之后,历代文人墨客顺着石崇的思路不断添枝加叶,将昭君出塞的故事演绎得越来越生动丰满。在刘歆(一说葛洪)的《西京杂记》里,昭君不肯贿赂画工;在蔡邕(一说孔衍)的《琴操》中,昭君乃"喟然越席而起"。再往后,唐诗、宋词、元曲、明清小说,昭君出塞这个文学主题在中国历朝历代最盛的文学体裁中都没有缺席,而且每个朝代的作者几乎总能独辟蹊径、别开生面,使昭君出塞这个本来十分普通平常的历史故事大放异彩、广为传唱,致使王昭君名扬后世,家喻户晓。

西汉以来,嫁(赐)给少数民族首领的汉族女子不在少数,为什么其他人大都寂寂无闻,独有王昭君如此大名鼎鼎呢?或者说,为何文学作品不选择其他人而要选择王昭君呢?这大概有以下几方面的原因:首先,王昭君虽然是被赐给匈奴单于的,但匈奴是百蛮大国,是"中国之坚敌",自西汉始至东汉终,双方的缠斗从来没有停止过。西汉有几个公主(或者名义上的公主)嫁给匈奴单于,但都没有留下姓名,王昭君是西汉嫁(赐)给匈奴的女子中唯一一个有名有姓的,这是创作文学作品的上佳题材。其次,中国的历史、文学作品素来为贤者讳、为尊者讳,这可能是西汉嫁给匈奴的公主没有留下姓名的原因,文学作品自然也不会选择以皇室公主为题材对象进行创作,而以宫女的身份被赐给匈奴的王昭君才是用来创作文学作品的合适人选。最后,元帝以降到更始年间,外戚王氏家族干政,使王昭君的子女在政治上有了更多出头露面的机会,从而使他们在历史上能够留下更多的记录和轨迹,这些都有助于后世文人创作文学作品。

匈奴诈降与西汉求地

汉成帝河平元年(前28),匈奴复株絫单于派右皋林王伊邪莫演等人到长安进献贡品,参加正月朝拜。礼毕,西汉派使者护送伊邪莫演等人返回匈奴,到达蒲反(故址在今山西永济市)时,突然出现了画风诡异的一幕,伊邪莫演对西汉使者说:"我想投降大汉,如果不答应我,我就自杀,我无论如何也不回匈奴了。"他赖着留在蒲反不肯回去,西汉使者不知该怎么办,只好将情况禀报朝廷。这个突发事件对西汉的外交决策是个考验。

此前,那个当初劝呼韩邪单于向西汉称臣的左伊秩訾王因为遭到匈奴内部谗言陷害而投降西汉,西汉接纳了他,对他采取了与更早之前投降西汉的匈奴王不同的待遇:之前来降的匈奴王都是封为西汉的侯,不允许保留匈奴的印绶,而西汉不但封左伊秩訾王为关内侯,而且允许他佩戴匈奴的印绶。所以,这次伊邪莫演求降,朝廷有的大臣就说应该像以前那样接受投降的匈奴人。但是,光禄大夫谷永、议郎杜钦却提出不同意见,两人都是饱读经书之士,谷永的父亲就是被郅支单于杀掉的那个西汉使者谷吉。谷永和杜钦认为:以前匈奴为害边境,汉朝需要设封赏招徕匈奴降者,现在匈奴既然已经称臣,对待求降的匈奴人就应该跟以前不一样。汉朝接受了呼韩邪单于的朝贡,就不能再接受他部下投降,否则就会因贪求一个人的投诚而失去一国人的忠心。如果匈奴单于是因为刚继位不久〔复株絫单于在成帝建始二年(前31)继位〕,想亲近、

朝拜汉朝而不知道汉朝的态度如何,暗地里派伊邪莫演来假投降,汉朝接受了便会坏事;或者,如果有人使反间计,借此在汉朝与匈奴之间制造嫌隙,汉朝受降就正好中了奸计,使匈奴人能够指责汉朝做得不对,责备汉朝理亏。两人提醒朝廷万万不能掉以轻心,建议不接受归降的人,向匈奴昭示汉朝如日月般不可变易的信誉,抑制欺诈奸邪的阴谋,爱护那些归附、亲近汉朝的人,认为这样做才是上策。成帝听从了他们的建议,并派遣中郎将王舜前去蒲反询问情况,伊邪莫演这时候忽然改口说:"那是我犯了狂病,胡说一气罢了。"言毕即回匈奴去了。

从伊邪莫演回到匈奴后的情况来看,谷永、杜钦两人的分析判断是正确的,这很可能是匈奴有意导演的一出假投降的把戏。伊邪莫演回去后,他的官位与原来一样,匈奴单于不再让他会见西汉使者,而匈奴单于则在这次假投降后的第三年来长安朝拜。

成帝绥和元年(前8),囊知牙斯继位匈奴单于,即乌珠留单于,西汉派中郎将夏侯藩、副校尉韩容出使匈奴。当时成帝的舅父、大司马骠骑将军王根主管尚书省事务,有人劝王根说:"匈奴有一座陡峭挺拔的高山接近西汉的地方,面对着张掖郡,山上生长奇异的木材,添上鹫羽非常适合做箭竿。如果西汉能够得到这块土地,可以富饶边塞,国家可以收到扩展土地的实利,将军您将居功至伟、名垂后世。"王根向成帝说了要这座山的好处,成帝也正想跟匈奴要这座山,可是又怕匈奴不答应,有损大汉皇帝的尊严。王根就把成帝的意思告诉了夏侯藩,让夏侯藩先以个人的名义向乌珠留单于提出要求。夏侯藩到了匈奴,瞅准时机劝告乌珠留单于说:"我见到匈奴有一座峭拔的山峰连接大汉,面对着张掖郡,大汉有三个都尉率领几百士兵驻扎在塞上,十分寒苦辛劳。单于您应该上书汉天子,贡献出这块地方给大汉,这样大汉可以省去两个都尉和几百士兵的部署,您以此报答汉天子对匈奴的厚恩,大汉的回报必定十分厚重。"乌珠留单于听到这话后十分机警,他没有立即答应,也没有当场拒绝,反问夏侯藩:"这是汉天子的圣意呢,还是您的请求?"夏侯藩说:"这是天子的旨意,不过我也是为单于您着想,出个好主意罢了。"一问一答中,乌珠留单于已有了应对之辞,他说:"孝宣皇帝、孝元皇帝可怜我父亲呼邪单于，答应长城以北归匈奴。他们要的这块地方是温偶驱王居住的地方，我不知道那里生长些什么、是什么样子，请让我派使者去询问一下。"夏侯藩、韩容二人后来又出使匈奴，一到那里就向单于要那块地方。乌珠留单于说："我父亲、哥哥相传已有五代，大汉都没有要这块地方，只是到我做单于了才来要，是为什么呢？我已派人问过温偶驱王，匈奴西部诸侯国做毡帐和车辆都要靠这座山上的木材。况且它是匈奴先辈留下的地方，我不敢丢失。"这样，西汉最终没有得到这块地方。乌珠留单于派使者上书西汉，把夏侯藩向匈奴索要土地的情况禀告成帝，成帝将责任全部推到夏侯藩身上，诏告乌珠留单于说："夏侯藩擅自假托天子向单于索要土地，按法应当处死，经过两次大赦，现在将夏侯藩迁为济南太守，不让他再驻扎在面向匈奴的地方。"事实上，夏侯藩回来后就已升迁为太原太守。

西汉和匈奴的外交像是在玩太极推手，都玩得溜溜的。

匈奴外交上强硬的底气来自它国力的恢复。自郅支单于被诛〔汉元帝建昭三年（前36）〕到王莽篡汉〔始建国元年（9）〕这段时期，匈奴国内近半个世纪没有发生过战争，在西汉的庇护下逐渐恢复了元气；而且因为有了西汉的庇护，匈奴周边的国家都没有也不敢侵犯它；史书上也没有见到这一时期匈奴发生严重天灾的记载，匈奴人过上了风调雨顺、国泰民安的日子。国力恢复之后，匈奴对西汉自然不会百依百顺。

哀帝建平二年（前5），乌孙国的庶子卑援疐翕侯（小昆莫乌就屠的小孙子）的部众入侵匈奴西部边界，抢夺牛羊牲畜，杀了不少匈奴人。乌珠留单于听说后，立即派左大当户乌夷泠率领五千骑兵气势汹汹杀向乌孙，乌孙赔了几百条人命，还被掳掠走一千多人，好多牛羊也被匈奴赶回去了。吓得卑援疐赶紧送儿子趋逯给匈奴做人质，乌珠留单于坦然接受，然后将情况报告西汉。西汉当然不会容忍匈奴这么肆无忌惮，乌孙与西汉有姻亲，而匈奴是西汉的藩属国，现在匈奴接受乌孙的人质，将西汉置于什么地位？西汉即派中郎将丁野林、副校尉公乘音出使匈奴，责备乌珠留单于，勒令他将卑援疐送到匈奴做人质的儿子送回乌孙去，乌珠留单于无奈，只好放人。然而，匈奴此后继续挑战西汉的底线，企图摆脱西汉的束缚，而这一切都跟王莽的错误决策有关。

第六章 王莽新朝至东汉初期的汉匈关系

一、王莽强压匈奴

王莽其人

战国末年，魏国的安釐王有一回问孔斌，天下的高士都有谁，孔斌说："世上压根就没有这种人，如果有次一等的话，鲁仲连可以算一个。"安釐王说："鲁仲连很做作啊，他的言行不是他本性的自然流露。"孔斌认为，世人都做作，但"作之不止，乃成君子；作之不变，本性乃现"，久而久之就很自然了。说得出那么精辟的知人论世的话，孔斌真不愧是孔子的六世孙。

西汉末年的王莽（前45—23）就是一个不折不扣的"作之不止，乃成君子"的人，《汉书》说他"敢为激发之行，处之不惭恶"，意思就是说他敢于做出格的、扭捏作态的行为而不觉得尴尬和羞愧。他靠着姑姑、太皇太后王政君的庇护，官至新都侯、大司马，地位尊贵显赫，却经常做一些匪夷所思、跟他的身份地位迥然不相称的事情：他将香车宝马、绫罗绸缎都拿去施舍救济，以致家无长物，他的妻子连一件像样的衣裳也没有，一身布裙仅仅能遮住膝盖，类似今天的短裙，去他家做客的王公大臣见到他妻子都以为是王府的奴婢；他为了讨太皇太后欢心，亲自去问候太皇太后侍女住在外舍的儿子；他儿子打死了家里的奴婢，他逼迫儿子自杀；他曾经私下里买了一个婢女，被兄弟们知道后逐渐传开了，他便解释这是自己听说后将军朱子元没有儿子而为他买的婢女，当天就把婢女送给了朱子元。他做这些事情的时候显得自自然然，落

落大方，丝毫不觉得难为情，他爵愈尊节愈谦、"克已不倦"的表演一直持续到他坐上皇帝宝座为止。公元9年，王莽废汉立新当上了皇帝。也许是压抑久了容易从一个极端走向另一个极端，做了皇帝的王莽随即摇身一变，变得高调、易怒、奢侈、刚愎自用，为所欲为。

早在元寿二年（前1）平帝继位时，王莽就开始操纵西汉的朝政大权（《汉书·匈奴传》：是时，汉平帝幼，太皇太后称制，新都侯王莽秉政），他对匈奴采取一系列新的举措，归结起来可以用一个词去评价——强硬。王莽执政之前，匈奴一直被温柔以待，汉匈关系也基本和谐稳定。王莽对匈奴采取强硬手段，不但没有使匈奴畏服，反而让匈奴趁机摆脱控制。

斩二王、颁四条

平帝元始年间（1—5），西汉计划在西域北道新开一条道路直通玉门关，这条道路贯穿车师后国，与匈奴地界连接。戊己校尉徐普想在此地划明界限，于是召见车师后国国王姑句，要他协助证明。姑句心里很不情愿，拒绝合作。徐普就逮捕了他，导致双方闹得很不愉快。后来姑句投降了匈奴。又有去胡来王（即婼羌国王，因其降汉，故称为去胡来王）唐兜的国家几次被赤水羌寇掠，唐兜无力抵御，向西域都护求救。都护但钦没有及时前往救援，唐兜被困危急，向东逃至玉门关，关守却拒绝他入关，无奈之下他率领妻子、人民逃奔匈奴。匈奴收留了姑句、唐兜，然后派使者上书西汉报告了这一情况。

西汉不允许匈奴接收姑句和唐兜，朝廷即派中郎将韩隆和王昌、副校尉甄阜、侍中谒者帛敞、长水校尉王歙出使匈奴，告知单于："西域归属大汉管辖，单于不得接受投降的人，立即放回他们。"单于一开始不服气，争辩说："孝宣皇帝、孝元皇帝哀怜我们，与我们约定，长城以南归大汉天子管辖，长城往北归单于管辖。如果有侵扰边塞的，要互相通报情况；有来投降的，不得接受。我的父亲呼韩邪单于蒙受大汉无量的大恩大德，临死时留下话：'如果有从中原来投降的人，不许接受，要把他送回大汉边塞，以报答汉天子的厚恩。'而这次投降来的人是外国人，我可以接受啊。"匈奴单于似乎言之有理，可是他跟西汉使者讲道理，西汉使者就跟他讲恩义，西汉使者说："当初匈奴骨肉相残，几乎亡国灭种，汉朝扶助单于才使匈奴转危为安，世代相传。对汉朝的大恩大德，匈奴应该有所报答！"单于听后，对使者磕头谢罪，同意把姑句和唐兜交给西汉，西汉派中郎将王萌前往西域边界交接。单于派使者护送姑句、唐兜二人到边界，请求西汉饶恕姑句、唐兜的罪过。王萌报告朝廷，朝廷却不予饶恕，下令会集西域各国国王，摆开军阵，当着各国国王和使者的面将姑句、唐兜二人斩首示众。

西汉随即向匈奴宣布新的四条规约：

一、汉人逃入匈奴的，匈奴不得接受；

二、乌孙国人逃亡归降匈奴的，匈奴不得接受；

三、佩戴大汉印绶、由大汉任命的西域各国人投降匈奴的，匈奴不得接受；

四、乌桓国人投降匈奴的，匈奴不得接受。

西汉收回了宣帝给匈奴制定的规约，要求单于遵照执行新的四条规约。

"新四条"是西汉单方面制定并强制要求匈奴执行的规约，而汉匈之间原有的约定被西汉强行废除，大国的霸道体现得淋漓尽致。匈奴屈于西汉的威势，同时贪图西汉的财物，对西汉颁布的新四条表面上没有表示异议，但是匈奴实际上并没有完全遵照执行。西汉宣布新的四条规约后，乌桓使者通告乌桓的百姓，不要再向匈奴交纳皮布税。后来，匈奴按旧例派使者去乌桓征税，后面跟着一帮做买卖的商贩和妇女，到了乌桓却遭到拒绝，乌桓人说他们听从汉天子的诏令，不向匈奴纳税。匈奴使者十分愤怒，逮捕了乌桓的首领，把他倒吊起来痛打。乌桓首领的弟弟怒不可遏，杀死匈奴使者和官员，扣留匈奴的商贩和妇女，没收他们的牛马。匈奴单于闻讯，立即命令左贤王出兵攻打乌桓，乌桓国人四处逃散，有人跑进山林，有人躲进堡垒。匈奴杀死了很多乌桓人，掳走了乌桓近千名妇女、老人和小孩，还撂下话："拿马匹、畜皮和布匹来赎你们的人。"乌桓无奈，只好乖乖地带着财物、牲畜去赎人。匈奴收了财物，

却扣着乌桓人不放。匈奴这样做无异于向西汉示威,王莽的"新四条"对匈奴而言已形同虚设。

易单于玺

始建国元年(9),王莽坐上了皇帝的宝座,更国号为"新",随后便迫不及待地派遣五威将王奇等十二人向全国颁布《符命》四十二篇,那些类似正式经文的文章,宣扬王莽应当代替刘氏统治国家;同时颁布了一系列更改少数民族和属国关系的政令,其中一项就是改易玺印。据《汉书·王莽传》记载:

> 五威将乘《乾》文车,驾《坤》六马,背负鷩鸟之毛,服饰甚伟。每一将各置左右前后中帅,凡五帅。衣冠车服驾马,各如其方面色数。将持节,称太一之使;帅持幢,称五帝之使。莽策命曰:"普天之下,迄于四表,靡所不至。"其东出者,至玄菟、乐浪、高句骊、夫余;南出者,逾徼外,历益州,贬句町王为侯;西出者,至西域,尽改其王为侯;北出者,至匈奴庭,授单于印,改汉印文,去"玺"曰"章"。

五威将军王骏率领甄阜、王飒、陈饶、帛敞、丁业五个人,带着许多金银、布帛,送给单于,向单于通报王莽受命于天、代替汉室的情况,并换回单于原来的玺印。原来的玺印文是"匈奴单于玺",王莽更换为"新匈奴单于章"。从上下臣属的法律关系来看,王莽这样更改似乎无可厚非,更进一步明确了莽新政权与匈奴之间的从属关系。可是政治、外交与法律不是一回事,法律上正确的事情,在政治、外交上不一定适用,老练的政治家、外交家面对政治、外交与法律问题相龃龉时都知道两害相权取其轻,不在法律形式上吹毛求疵,做无谓纠缠。从这一点来看,王莽显然不是一名老练的政治家和外交家。王骏等到了匈奴后,代表朝廷授给单于玺印和绶带,并宣读诏书,命令单于交回原来的玺印绶带。单于只得叩拜接受诏书。翻译走到单于面前解取原来的玺印绶带,单于举起胳膊任他解取。匈奴的左姑夕侯苏很警觉,在旁边对单于说:"还没有见到新的玺印文字,暂且不要交出旧的玺印绶带。"单于闻言立即放下胳膊不让解了。单于请使者在毡帐落坐,想走上前去为皇上祝寿,五威将军王骏催促单于说:"原来的玺印与绶带应当立即交上来。"单于无奈,说:"好吧。"又举起胳膊让翻译解取,左姑夕侯苏再次提醒单于说:"还没看见玺印文字,暂且别给他。"单于被折腾得有些不耐烦,满不在乎地说:"印文怎么会变呢!"于是任由翻译解下原来的玺印绶带交给王骏等人。单于没有看清楚新的玺印文字就佩戴上了新的印绶,随后与王骏等一直宴饮到深夜才散席,始终没有发现新玺印文的变化。当夜散席后,右将军陈饶对其他将军们说:"刚才左姑夕侯对印文有怀疑,差点儿不让单于把旧玺印交给我们。如果他让单于看了玺印,发现印文变了,一定会来讨要原来的玺印,那样我们便没法拒绝。既已得到旧玺印,又再次失去,有辱使命,不如毁掉旧玺印,断绝这个祸根。"将军们犹豫不决,没有人应和。陈饶是燕地人,果敢骁勇,二话不说就拿起斧子砍坏了旧玺印。第二天,单于果然派右骨都侯当(即王昭君女婿、须卜居次云的丈夫)对将军们说:"汉朝赏赐给单于的玺印,上面用'玺'字,不用'章'字,而且那旧印上没有'汉'字,只有王以下的印才有'汉'字、'章'字。现在的印上面去掉了'玺'字,加上了'新'字,这样单于便与臣子没有什么区别了。单于希望能得到旧的玺印。"将军们把已损坏的旧印拿给他看,对他说:"新王朝顺天承运,授权我们这些将帅临机处置旧玺印。单于应当顺应天意,奉行新朝王室的礼制。"右骨都侯当回去向单于报告了事情的经过,单于知道已经无可奈何,况且又得了不少金银赏赐,于是派弟弟、右贤王舆带着马牛等礼物随新朝将帅入朝称谢,但对更改单于玺印文一事仍耿耿于怀,上书朝廷要求得到像原来那样的玺印。王莽当然不会理睬匈奴的要求,匈奴单于得不到旧的玺印,非常恼火,泄愤的方式就是"遂寇边郡,杀掠吏民"。

王骏他们回程时途经左犁汗王咸居侟的地方,看见许多乌桓的百姓,便问咸怎么回事,咸详细说了匈奴去乌桓征税,遭到乌桓人反抗,双方发生武力冲突的来龙去脉。西汉的将帅们说:"之前我们跟匈奴有过四项规约,不许匈奴接受乌桓投降的人,赶快把他们送还。"左犁汗王说:"我得密报单于请求指

示,然后才能放他们回去。"匈奴单于不想送还这些乌桓人,就让左犁汗王故作糊涂地问:"这些乌桓人是应当从塞内送还呢,还是从塞外送还?"将军们居然被这个问题问懵了,没有一个敢做决定,只好报告朝廷,朝廷诏令从塞外送还。

起初西汉向匈奴索要土地,遭到匈奴单于拒绝,双方的关系开始变得微妙;后来由于受到西汉的干涉,匈奴向乌桓征税不成,于是出兵侵掠乌桓,匈奴跟中原政权的嫌隙和矛盾由此产生;再加上莽新政权更改单于玺印文,致使匈奴单于心怀怨恨,于是在莽新政权要求匈奴送还被劫掠的乌桓部众后,匈奴单于派右大且渠蒲呼卢訾等十多人率领一万骑兵,以护送乌桓人为名,勒兵朔方边塞下。区区不到一千名乌桓人何必劳师动众用一万骑兵护送?匈奴显然是在向王莽示威,预示着匈奴与莽新政权之间即将重开战端。

第二年(10),西域的车师后王须置离图谋投降匈奴,都护但钦诛杀了他。须置离的哥哥狐兰支率领部众二千多人,驱赶着牲畜逃亡,最后投降了匈奴,匈奴单于置王莽所立"新四条"于不顾,公然接受了狐兰支及其部众。接着,戊己校尉史陈良、终带等"见西域颇背叛,闻匈奴欲大侵",害怕自己被杀死,竟然杀害了戊己校尉刀护,挟持吏卒投降了匈奴。匈奴单于赐号陈良、终带为"乌桓都将军",将他们留在单于庭,时不时召他们一起宴饮。这样一来,王莽所立"新四条"等于已经完全被匈奴无视。王莽不能容忍自己的权威受到匈奴的蔑视和挑战,于是采取更为激烈的手段对付匈奴,结果事情越弄越糟,一发不可收拾。

谋立傀儡单于

王莽对匈奴的叛逆非常恼火,他"恃府库之富,欲立威匈奴",把"匈奴单于"更名为"降奴服于",就是想叫匈奴乖乖听话,服服帖帖。王莽企图以武力作后盾,用物质利诱呼韩邪单于的子孙,将匈奴分疆裂土。他宣称:"今分匈奴国土人民以为十五,立稽侯狦子孙十五人为单于。遣中郎将蔺苞、戴级驰塞下,召拜当为单于者。"中郎将蔺苞、副校尉戴级率领一万骑兵,带着许多金银财宝到云中郡的边塞旁，"招诱呼韩邪单于诸子，欲以次拜之"。第一批招诱对象是左犁汗王咸和咸的儿子登、助三人，蔺苞通过翻译强迫咸接受"孝单于"封号，并赏赐给他安车、鼓车各一辆，黄金一千斤，杂缯一千匹，带旗的戏戟十杆；封咸的儿子助为"顺单于"，赏赐给黄金五百斤；派驿车送助、登到长安。匈奴乌珠留单于听到这些事，愤怒地说："先单于受孝宣皇帝的恩遇，不能背叛大汉。现在的天子不是孝宣皇帝的子孙，怎么做得了天子？"言下之意是不承认王莽继承汉室大统。于是，单于派兵侵入云中的益寿塞，"大杀吏民"，这是始建国三年（11）的事情。王莽政权与匈奴的关系已彻底决裂。

王莽"乃拜十二部将率，发郡国勇士，武库精兵，各有所屯守，转委输于边。议满三十万众，赍三百日粮，同时十道并出，穷追匈奴，内之于丁令，因分其地，立呼韩邪十五子"，这是《汉书·匈奴传》的记载。又《汉书·王莽传》："募天下囚徒、丁男、甲卒三十万人，转众郡委输五大夫衣裘、兵器、粮食，长吏送自负海江淮至北边，使者驰传督趣，以军兴法从事，天下骚动。先至者屯边郡，须皆具乃同时出。"三十万兵马从不同的地方开赴边塞集结，战备物资也从不同的地方运到边塞，先到的部队可以驻扎下来等待后到的部队，可是辎重粮草哪有那么容易集结呢？结果搞得天下骚动。部将严尤向王莽进谏，认为出兵攻打匈奴是下策。他说：

> 臣闻匈奴为害，所从来久矣，未闻上世有必征之者也。后世三家周、秦、汉征之，然皆未有得上策者也。周得中策，汉得下策，秦无策焉。当周宣王时，猃允内侵，至于泾阳，命将征之，尽境而还。其视戎狄之侵，譬犹蚊虻之螫，驱之而已。故天下称明，是为中策。武帝选将练兵，约赍轻粮，深入远戍，虽有克获之功，胡辄报之，兵连祸结三十余年，中国罢耗，匈奴亦创艾，而天下称武，是为下策。秦始皇不忍小耻而轻民力，筑长城之固，延袤万里，转输之行，起于负海，疆境既完，中国内竭，以丧社稷，是为无策。（《汉书·匈奴传》）

严尤又从粮食的征集、转运、长途征战、水土难服等方面列举兵伐匈奴之困难,认为劳师动众却未必能建功立业(《汉书·匈奴传》:大用民力,功不可必立),因此表示担忧。可是王莽一意孤行,听不进严尤的意见。几十万大军驻扎在边塞,战又不能战,撤又不能撤,军用物资源源不断从四面八方运往,给国家和人民造成沉重负担。据《汉书·匈奴传》记载:

> 初,北边自宣帝以来,数世不见烟火之警,人民炽盛,牛马布野。及莽挠乱匈奴,与之构难,边民死亡系获,又十二部兵久屯而不出,吏士罢弊,数年之间,北边虚空,野有暴骨矣。

这场大规模的讨伐战争最终随着匈奴单于的死而不了了之。始建国五年(13),乌珠留单于死了,当时掌握朝政大权的是王昭君女儿须卜居次云的丈夫、右骨都侯须卜当。须卜居次云夫妇揣摩王莽的意图,立此前被王莽封为孝单于的咸为乌累单于。殊不知这样做却是弄巧成拙,因为此前咸的儿子助、登被诱骗到长安后,助病死,王莽以登代助为顺单于,后来王莽听闻咸的另一个儿子角在边境"数为寇",便拿登出气,召集长安的诸蛮夷,"斩咸子登于长安市"。咸知道儿子被杀,对王莽怀恨在心,但他贪图王莽的财宝,因此表面上跟王莽政权关系友好,遵照西汉的旧例行事,暗地里却不停地侵略边境。王莽则开始物色心仪的匈奴单于人选,王昭君的女婿须卜当走进了他的视野。

乌累单于在位五年后去世,他的弟弟舆继任为呼都而尸单于。呼都而尸单于同样贪图王莽的赏赐,派大且渠奢(即王昭君大女儿的儿子)与醯椟王(即王昭君小女儿的儿子)一起到长安向王莽奉献贡品。王莽派和亲侯王歙与匈奴大且渠奢一起到达制虏塞下,约请云、须卜当在那里相会。王莽不怀好意地以武力相胁迫,强行将云、当夫妇带到了长安,拜须卜当为须卜单于。当初王莽想扶立须卜当为单于的时候,大司马严尤曾规劝道:"须卜当在匈奴右部,他的军队没有侵犯过边境,总是把单于的消息告诉我们,这对我们很有帮助。将须卜当迎接到长安来,他不过就是一个胡人罢了,不如让他留在匈奴有利。"王莽没有听从。现在已经把须卜当弄来了,王莽就给严尤和廉丹赐姓征氏，称为二征将军，派遣去攻打匈奴，诛杀呼都而尸单于，另立须卜当为单于。严尤一向具有智谋和才干，反对王莽攻打四方蛮夷各族，屡次规劝王莽而未被采纳。这次朝廷讨论出兵，严尤坚决地说："匈奴可以暂且放在后面，首先要忧虑的是山东地区的盗贼。"王莽怒火万丈，将严尤免职，这是建国六年（19）的事情。严尤说的山东盗贼，就是后来赫赫有名的赤眉军。

地皇二年（21），王莽又转运全国的粮食、丝帛前往西河郡、五原郡、朔方郡和渔阳郡，每一郡以百万计，企图再次讨伐匈奴。然而，这一次更加失败，王莽的军队根本调动不起来，而且进一步惹恼了匈奴，各部一起入侵北部边境，北部边塞因此被蹂躏得破败不堪。就在这时，须卜当病死了，王莽还不甘心，他把自己庶出的女儿陆逯任嫁给已被封为后安公的大且渠奢做妻子，对他十分尊宠，目的终究还是想出兵扶立他做单于。

王莽的计划最终没有实现，他心目中的傀儡单于没有扶立起来，他自己却先倒下了。更始元年（23），更始军攻入长安，王莽被斩首分尸，王昭君的女儿须卜居次云和外孙奢也一起被更始军诛杀于长安。第二年，更始帝刘玄派使者出使匈奴，授给单于西汉式样的玺绶，授给王侯以下的人印绶，并将跟随云和须卜当来到中原的匈奴亲属全部送回。呼都而尸单于十分骄横，对更始政权的使者说："匈奴与汉朝本来是兄弟。匈奴后来发生内乱，孝宣皇帝帮助呼韩邪单于登位，所以我们向汉朝称臣，以示尊敬。现在汉朝也发生了内乱，皇位被王莽篡夺。我们匈奴也出兵攻打了王莽，使他边境空虚，百姓骚动，人心思汉，最终使王莽失败。汉朝复兴，这也是靠了我们匈奴的力量，汉朝应当重新尊敬我们！"世事真如白云苍狗，又过了一年，更始政权的使者回到长安，发现更始政权也失败了，东汉光武帝刘秀在这一年（公元25年）定都洛阳。从此，汉朝与匈奴关系的篇章翻开了新的一页。

二、两汉之间,盛产天子

新朝末年的形势像极了秦朝末年那一幕,《史记》里面"秦失其鹿,天下共逐之"那句话,换成"莽失其鹿,天下共逐之"也是完全可以成立的。

天凤年间(14—19),外事方面,王莽调兵、转粮、扶立傀儡单于,一心想制服桀骜不驯的匈奴,搞得手忙脚乱;内政方面,据《资治通鉴·汉纪三十》:"法令烦苛,民摇手触禁,不得耕桑,徭役烦剧,而枯旱、蝗虫相因,狱讼不决。吏用苛暴立威,旁缘莽禁,侵刻小民,富者不能自别,贫者无以自存,于是并起为盗贼,依阻山泽,吏不能禽而覆蔽之,浸淫日广";"荆州饥馑,民众入野泽,掘凫茈而食之,更相侵夺"。天凤四年(17),荆州新市悄悄冒出一帮盗贼,后来很快就聚集了几万人,为首的王匡、王常领着这帮人藏匿在绿林山中,他们不提政治诉求,也没有什么名号,后来的人为了述说历史,给他们冠名"绿林军",这帮人就成了后人眼里的绿林好汉。王莽听信下属,认为这帮盗贼翻不起什么大浪,"时运适然,且灭不久",因此未加措意。同年,在山东的莒(今山东日照市一带)也群盗蜂起,"合数万人",为首的是琅琊的樊崇,"勇猛,皆附之",他们跟绿林军一样也没有什么组织称号和政治主张,后来跟奉命讨伐他们的王莽军队作战,"恐其众与莽兵乱,乃皆朱其眉以相识别,由是号曰'赤眉'"。无论绿林还是赤眉,他们原本不过是盗贼,农闲时抢劫,农忙时种地,不敢杀官吏,不想跟王莽政权作对,更无意推翻王莽政权。(《资治通鉴·汉纪三十》:初,四方皆以饥寒穷愁起为盗贼,稍群聚,常思岁熟得归乡里,众虽万数,不敢略有城邑,日阕而已;诸长吏牧守皆自乱斗中兵而死,贼非敢欲杀之也,而莽终不谕其故。)刚愎自用、偏听偏信的王莽不了解情况,既不能循循善诱使这些盗贼改邪归正,又一再错过彻底剿灭他们的机会。故左将军公孙禄建议不要攻打匈奴,要全力擒拿国内盗贼,王莽不听;翼平郡的连率(官职,相当于汉朝的太守)田况很有讨贼本领,他上书提出平贼方略,王莽又不听。绿林、赤眉在王莽军队连年累月不痛不痒的进剿中不但没有被消灭,反而学会了攻城拔寨、镇抚吏民,在战斗中逐渐得到了锻炼成长,势力越来越大,影响越来越广,"贼由是遂不制"。看到这种情况,有一个"隆准日角"的家伙坐不住了。地皇三年(22),刘秀和他的哥哥刘縯在舂陵(今湖北枣阳市)聚众造反。当初,刘秀曾经跟人一起拜访穰县(今河南邓州市)的蔡少公,蔡少公对图谶颇有研究,他说:"刘秀当作天子!"有人问:"这说的是国师公刘秀吧?"王莽新朝有个刘秀任职国师,跟舂陵造反这个刘秀同名。舂陵刘秀半开玩笑说:"你怎么知道说的不是我呢?"在座的人都哈哈大笑。刘氏兄弟手下的舂陵军势力比较绿林、赤眉而言相对弱小,只有"子弟七八千人",但兄弟俩有一个天生的优势是绿林、赤眉无法比拟的——他俩姓刘,是汉高祖刘邦的九世孙,这在当时是用来号令天下、拉拢豪杰推翻王莽新朝、恢复刘氏汉室政权的最鲜艳夺目的旗帜。

后来,绿林军分成新市兵、下江兵两股势力,新市兵又有了平林兵加入,这三支兵力复以舂陵军的加入而重新汇成一股力量,于公元23年立舂陵戴侯的曾孙刘玄为皇帝,刘玄在平林兵中号"更始将军",所以刘玄就被称为更始帝,这一年就被称为更始元年。同年,更始军攻陷长安,王莽被诛,新朝覆灭。

更始政权取代新朝后却没有足够的权威号令四方,谁都不把它当回事,结果更是天下大乱。《后汉书·光武帝纪》:"是时长安政乱,四方背叛。梁王刘永擅命睢阳,公孙述称王巴蜀,李宪自立为淮南王,秦丰自号楚黎王,张步起琅邪,董宪起东海,延岑起汉中,田戎起夷陵,并置将帅,侵略郡县。"这还不包括北方边郡那些拥兵自重的地方势力,诸如上谷的耿况、渔阳的彭宠、平襄的隗嚣、三水的卢芳、河西的窦融等。赤眉的樊崇一开始接受了更始政权的

册封,但他随即叛离并率部杀气腾腾直逼长安,向更始政权叫板。至于舂陵的刘秀,在更始元年一去河北镇抚诸郡之后,便如蛟龙入海完全不受约束。他在河北励精图治、稳扎稳打,隐然有了帝王气象。他的哥哥刘縯则因"威名益盛",这一年早些时候在更始内部的倾轧中被无端杀害了。

混乱的局面愈演愈烈,接着就是人人称帝,天子林立:更始元年(23),故赵缪王的儿子刘林诈称卜者王郎为成帝的儿子刘子舆。十二月,立王郎为天子。建武元年(25)正月,平陵县人方望拥立前汉孺子刘婴为天子。四月,公孙述自称天子。六月,刘秀即皇帝位。同在六月,赤眉立刘盆子为天子。十一月,刘永自称天子。建武二年(26)十一月,铜马、青犊、尤来的残兵在上郡共立孙登为天子。建武三年(27),李宪自称天子。建武五年(29)十二月,卢芳在九原县自称天子。加上更始帝刘玄,中原大地在短短的七年里一共出现过十位天子,这是乱世出天子的年代,是中国历史上罕见的一幕。

建武元年(25),赤眉像螳螂捕蝉那样攻陷长安,更始败亡。第二年,刘秀的军队又像背后的黄雀捕捉螳螂那样降服了赤眉,而王郎、刘婴、刘永、刘盆子、孙登、李宪死的死降的降,在刘秀挥舞着恢复汉室的大旗统一天下的征途中都没有制造出什么大的麻烦和障碍。只有公孙述顽强地支撑到建武十二年(36)才落败,他拒绝做投降的天子,力战而死。而卢芳则一直在匈奴和刘秀的东汉王朝之间左右摇摆,以求一逞。

公孙述(?—36),字子阳,扶风茂陵人。他是个能吏,王莽新朝末年任职蜀郡太守,目睹天下纷乱,本想"保郡自守,以待真主",但在地方豪杰的拥戴和部属的劝说下禁不住诱惑,于更始二年(24)称蜀王。同年,部属又力劝他"即大位",他很有自知之明,说:"帝王有命,吾何足以当之?"部属说帝王没有什么命不命的,谁有能力谁就可以称帝王:"能者当之,王何疑焉!"公孙蜀王听了觉得有道理,当夜又梦见有人对他说:"八厶子系,十二为期。"醒来后大为兴奋:我也是天子的命呢!继而又很踌躇:这十二年的天子是做好呢,还是不做好呢?他将梦告诉妻子,说:"虽贵而祚短,若何?"妻子觉得能当十二年的天子就很满足了,便怂恿丈夫:"朝闻道,夕死尚可,况十二乎!"于是,公孙述便自称天子。刘秀肃清了其他地方割据势力后,反复赐书劝降公孙述，公孙述恃蜀都险富拒不理会，最后东汉大军压境，属下"皆劝降"，公孙述坚决不从，他说："废兴命也，岂有降天子哉！"建武十二年（36），东汉大将吴汉、臧宫率兵攻破成都，公孙述在短兵交接中"被刺洞胸"，当夜不治身亡，在天子位不多不少正好十二年。

三、匈奴的野心

东汉初期,不仅国内的形势跟西汉初期相似,对外与匈奴的关系也跟西汉初期有些相似。西汉初期,高祖刘邦的发小卢绾跟匈奴暗中勾结,事情败露后,逃到长城外观望,期待着有朝一日亲自进京请罪;刘邦死后,他怕遭到吕后清算,举家逃奔匈奴。东汉初期,也有一个人逃到长城外左右观望,一会儿跑去投靠匈奴一会儿又跑回东汉,这个人也姓卢,他叫卢芳。

卢芳,字君期,生卒年月不详,安定郡三水县(郡治所在今宁夏固原市)人,住在左谷中。新朝时期,王莽左手提刀右手抡斧,对着社会的弊端一通乱砍,本想给腐朽的社会机制来个健康的塑形,却因不合时宜、用力过猛,结果搞得朝野鸡飞狗跳、怨声载道。这个时候社会舆论不是寄望于执政者找到一条更好的出路,而是"天下咸思汉德",仿佛回到过去刘氏家天下的时代就能够国泰民安、四海升平似的。卢芳摸准了世人的心态,谎称自己是武帝的曾孙刘文伯,说曾祖母匈奴谷蠡浑邪王之姊为武帝皇后,生了三个儿子,遭巫蛊之祸,太子(即长子)被杀,皇后获罪死,中子次卿逃亡到长陵,幼子回卿逃到了左谷。霍光将军立次卿为帝(即宣帝),迎回回卿。回卿不出,住在左谷,生子孙卿,孙卿生子文伯。我们知道,霍光扶立的宣帝根本不是武帝的儿子,而是武帝的曾孙,也就是说,不是卢芳所说的次卿,而是文伯一辈。不知是那时候的人比较淳朴天真,还是卢芳行骗的伎俩实在高超,他这样的谎话居然能够让安定郡一带的人笃信不疑。卢芳把自己粉饰得根正苗红后,在政治上就可以有企图了,他趁王莽末年天下大乱时与三水属国羌胡起兵。更始政权征卢芳为骑都尉,镇抚安定以西,卢芳从此有了割据一方的资本。更始政权败亡后,出现了人人可争天下的局面,卢芳冒称刘氏子孙,三水的豪杰们都认为他应当继承宗庙,于是共立卢芳为上将军、西平王,派遣使者与匈奴往来结好。

这正好中了匈奴的下怀。王莽败亡后,豪杰蜂起,天下大乱,匈奴看到有机可乘,妄图像汉宣帝庇护呼韩邪那样,辅佐卢芳做皇帝,在中原扶立傀儡政权。匈奴对卢芳的使者说:"匈奴本与汉约为兄弟。后来匈奴衰弱了,呼韩邪单于归顺于汉,汉为其发兵加以保护,单于世世称臣。现在汉祚也中绝了,刘氏来归我,我也当立他,让他尊事我。"于是派遣句林王率领数千骑迎接卢芳,卢芳与兄卢禽、弟卢程俱往匈奴。起初,五原人李兴、随昱,朔方人田飒,代郡人石鲔、闵堪,纷纷起兵自称将军。建武四年(28),单于派遣无楼且渠王入五原塞,与李兴等往来通好,告知李兴匈奴想立卢芳为汉帝。建武五年(29),单于立卢芳为汉帝,以卢程为中郎将,率领匈奴骑兵回到安定。同年,李兴、闵堪带兵到单于庭迎接卢芳入塞,定都九原县。卢芳被立为帝后,掠取了五原、朔方、云中、定襄、雁门五个郡,大致在今天山西忻州以北到内蒙古鄂尔多斯一带。卢芳勾结匈奴侵害掳掠,边境百姓苦不堪言。

卢芳被匈奴拥立为帝的时候是东汉光武帝刘秀称帝的第五年,彼时"东方既平",刘秀于是派骠骑大将军杜茂讨伐卢芳。《后汉书·杜茂列传》:

> 七年,诏茂引兵北屯田晋阳、广武,以备胡寇。九年,与雁门太守郭凉击卢芳将尹由于繁畤,芳将贾览率胡骑万余救之,茂战,军败,引入楼烦城。时卢芳据高柳,与匈奴连兵,数寇边民,帝患之。十二年,遣谒者段忠将众郡弛刑配茂,镇守北边,因发边卒筑亭候,修烽火,又发委输金帛缯絮供给军士,并赐边民,冠盖相望。茂亦建屯田,驴车转运。

杜茂的军队遭到卢芳部将贾览的抵抗,双方在繁畤进行的军事较量以杜茂军队的失败而告终,杜茂被迫采取了守势。卢芳扼据北边的高柳,与匈奴连兵。刘秀心里很忌惮他,只好增加兵力,拜王霸为讨虏将军抗击卢芳。《后汉书·王霸列传》：

> 九年，霸与吴汉及横野大将军王常、建义大将军朱祐、破奸将军侯进等五万余人，击卢芳将贾览、闵堪于高柳。匈奴遣骑助芳，汉军遇雨，战不利。吴汉还洛阳，令朱祐屯常山，王常屯涿郡，侯进屯渔阳。玺书拜霸上谷太守，领屯兵如故，捕击胡虏，无拘郡界。明年，霸复与吴汉等四将军六万人出高柳击贾览，诏霸与渔阳太守陈䜣将兵为诸军锋。匈奴左南将军将数千骑救览，霸等连战于平城下，破之，追出塞，斩首数百级。霸及诸将还入雁门，与骠骑大将军杜茂会攻卢芳将尹由于崞、繁畤，不克。
>
> 十三年，增邑户，更封向侯。是时，卢芳与匈奴、乌桓连兵，寇盗尤数，缘边愁苦。诏霸将弛刑徒六千余人，与杜茂治飞狐道，堆石布土，筑起亭障，自代至平城三百余里。凡与匈奴、乌桓大小数十百战，颇识边事，数上书言宜与匈奴结和亲，又陈委输可从温水漕，以省陆转输之劳，事皆施行。

这一带的战斗互有胜负，而卢芳和匈奴的军队稍占上风，这是因为建武十二年（36）前，刘秀的大军还在跟巴蜀的公孙述作战，不能集中力量对付卢芳。卢芳虽然在跟刘秀的军事较量中暂时有利，但其内部早已不和：卢芳以事诛杀了五原太守李兴兄弟，引得朔方太守田飒、云中太守桥扈心生恐惧，两人不久叛离卢芳归降了刘秀，这对卢芳来说是沉重的打击。建武十二年（36），卢芳与部属贾览共攻云中，但久攻不下，其留守九原的部将随昱阴谋胁迫卢芳投降。卢芳得知其部属外附汉室后，扔下部众和辎重，仅带着十几个心腹逃亡匈奴。

建武十六年（40），卢芳再次入据高柳县，遣使洛阳请求归降东汉。他之所以这样做，是因为光武帝刘秀悬赏捉拿卢芳，匈奴单于得知刘秀的悬赏后，生怕卢芳回到东汉后自己辛辛苦苦立他做皇帝的努力最终一无所获，心里盘算着将卢芳送回给东汉，这样可以从东汉领到一笔丰厚的赏金。卢芳原本与匈奴就不是一条心，双方不过是结成暂时的利益联盟，他窥破匈奴的企图，回到东汉后宣称是自愿归降，借以掩饰内心的不安和尴尬，给自己挽回一点点颜面。这样一来，匈奴便不好意思向东汉邀赏，但想到竹篮打水一场空，心里实在窝火，于是匈奴大举劫掠东汉边境，"北边无复宁岁"。《后汉书·南匈奴列传》：

> 匈奴闻汉购求卢芳，贪得财帛，乃遣芳还降，望得其赏。而芳以自归为功，不称匈奴所遣，单于复耻言其计，故赏遂不行。由是大恨，入寇尤深。二十年，遂至上党、扶风、天水。二十一年冬，复寇上谷、中山，杀略抄掠甚众，北边无复宁岁。

卢芳回到东汉后，光武帝封他为代王，赐缯二万匹，令其与匈奴和平相处。卢芳上书谢恩说：

> 臣芳过托先帝遗体，弃在边陲。社稷遭王莽废绝，以是子孙之忧，所宜共诛，故遂西连羌戎，北怀匈奴。单于不忘旧德，权立救助，是时兵革并起，往往而在。臣非敢有所贪觊，期于奉承宗庙，兴立社稷，是以久僭号位，十有余年，罪宜万死。陛下圣德高明，躬率众贤，海内宾服，惠及殊俗。以肺附之故，赦臣芳罪，加以仁恩，封为代王，使备北藩。无以报塞重责，冀必欲和辑匈奴，不敢遗余力，负恩贷。谨奉天子玉玺，思望阙庭。（《后汉书·王张李彭卢列传》）

卢芳投靠匈奴是铁一般的事实，所以他干脆坦陈自己跟匈奴的密切关系，希望光武帝考虑到当时军阀混战的情况能够宽恕他。刘秀没有责备他也没有原谅他，叫他明年（即建武十七年）正月进京朝见。建武十六年（40）冬天，卢芳打点行装入朝，当他南下走到半路时，接到光武帝的诏书，"有诏止，令更朝明岁"，明岁即建武十八年（41）。卢芳只得就地返回。他被这份诏书搞得一头雾水，回想起自己过去朝秦暮楚，在东汉和匈奴之间观望摇摆，眼下已经没有多少可以兜售的资本了。他心里忧郁恐惧，于是再次背叛东汉倒向匈奴，匈奴倒是不计前嫌，遣数百骑迎接卢芳及其妻子出塞。《后汉书》说"芳留匈奴中十余年，病死"，照此推算，直到建武二十四年（48）匈奴分裂、二十六年（50）南匈奴向东汉称臣的时候卢芳还在世，彼时他应该在北匈奴中，只是恐怕既无力也无颜再次回到东汉了，不知道他看见匈奴分裂、南匈奴向东汉称臣的时候心里做何感想。

四、光武帝的安内策略

建武二年（26），攻占长安的赤眉军暴虐三辅，三辅是西汉时治理京畿地区的三位官员京兆尹、左冯翊和右扶风，后指这三位官员管辖的地区，大致在今天陕西中部地区。刘秀派遣大树将军冯异率军征讨赤眉，平定三辅，他亲自为冯异壮行，并谆谆告诫冯异："三辅地区遭受王莽、更始之灾，又被赤眉、延岑暴虐，生灵涂炭，哀告无门。将军奉命讨伐叛逆，宜将那些投降的营寨首领送到京城洛阳，遣散小民，让他们回家耕田种桑。摧毁营寨堡垒，使他们不能再聚众为害。出征讨伐并非为了屠城掠地，关键在于平息叛乱、安抚百姓。将士们不得掳掠，不要给郡县的百姓造成痛苦！"冯异叩头领命，他率军平暴安民，行经之处传播威望和信誉，盗贼纷纷缴械投降。

这是光武帝刘秀平定天下过程中实施怀柔政策的一个缩影，他不喜欢穷兵黩武，他征战是为了和平，除暴是为了安良，他是个内心柔和的人。《资治通鉴》里记述了这样一个故事：

甲申，帝幸章陵，修园庙，祠旧宅，观田庐，置酒作乐，赏赐。时宗室诸母因酣悦相与语曰："文叔少时谨信，与人不款曲，唯直柔耳，今乃能如此！"帝闻之，大笑曰："吾治天下，亦欲以柔道行之。"十二月，还自章陵。

刘秀在家族长辈面前说他要以柔和之道治理天下，这是他内心世界的自然流露，《后汉书》里很少有他龙颜大怒、诛杀大臣的记载。建武十六年（40）秋季九月，河南尹张伋和各郡太守十余人在丈量土地时作弊，被逮捕入狱处死。后来，刘秀语气和缓地对虎贲中郎将马援提及这件事，说："我十分悔恨先前杀了很多人。"马援回答说："他们的死和罪过相当，有什么多不多呢？只是已经死了的人，不能再复生了。"一个集权专制的皇帝处死了几个该当死罪的地方官员后能够及时反省，这在中国历史上不多见，在这方面，刘秀与动辄诛杀大臣的汉武帝形成非常鲜明的对比。武帝求贤若渴，也很懂得挖掘、使用人才，但他性情严厉刻薄，即使是平日宠信的大臣，只要犯点小错，或者略有欺瞒行为，便立即将其处死，从不宽恕。御史大夫汲黯实在看不下去，劝说道："陛下您辛辛苦苦求来贤才，但还未发挥他的才干就把他杀了。以有限的贤才，供陛下无限的诛杀，恐怕天下的贤才将要被您杀尽，将来陛下和谁一同治理国家呢？"汲黯是个耿直敢言的社稷之臣，他曾多次犯颜直谏，说这番话时显得非常愤怒，根本不怕武帝杀掉他。武帝听后完全不当回事，笑着对汲黯说："什么时候也不会没有人才，只怕你不能发现罢了，如果善于发现，何患没有人才！所谓'人才'，就如同有用的器物，有才干而不肯充分施展，与没有才干一样，不杀他留着干什么！"汲黯道："我虽无法用言词说服陛下，但心里仍觉得陛下说得不对，希望陛下从今以后能够改正，不要以为我愚昧不懂道理。"武帝转身对周围大臣说："汲黯自称阿谀奉承，当然不是，但说他自己愚昧，难道不确实是这样吗？"武帝肆意诛杀大臣还能振振有词说出这么一大套，相比之下，刘秀的确是一位非常仁厚的皇帝，在这方面他甚至超过了西汉时期以仁厚爱民为后世称道的文帝。

建武十二年（36），东汉的最后一个对手、割据巴蜀的公孙述败亡。光武帝在马背上得到天下后，立即从马背上跳下来，从此马放南山刀枪入库，"非警急，未尝复言军旅"，转以礼乐教化治理天下。他孜孜不倦日理万机，"帝每旦视朝，日昃乃罢，数引公卿、郎、将讲论经理，夜分乃寐"。皇太子见光武帝昼夜辛勤劳苦，劝谏道："陛下有夏禹、商汤的圣明，却没有黄帝、老子涵养本性的福分。希望您爱惜身体颐养精神，悠游岁月自求宁静。"刘秀说：

"我自乐此,不为疲也!"他用武将打天下,用文官治天下,身体力行感化身边的部属大臣,邓禹、贾复等手握兵权的将军深深体察圣意,纷纷主动交出兵权。(《资治通鉴·汉纪三十五》:邓禹、贾复知帝偃干戈,修文德,不欲功臣拥众京师,乃去甲兵,敦儒学。帝亦思念,欲完功臣爵土,不令以吏职为过,遂罢左、右将军官。耿等亦上大将军、将军印绶,皆以列侯就第,加位特进,奉朝请。)

在"偃干戈,修文德"的理念下,光武帝对待匈奴的策略就是主动修好,固守边疆,对来犯的匈奴采取防御策略,不主动出击。《后汉书·南匈奴列传》:"光武初,方平诸夏,未遑外事。"建武三年(27),渔阳的彭宠反叛并勾结匈奴。第二年,光武帝本打算亲自帅师征讨,但大司徒伏湛的一番劝谏让光武帝坚定了欲事边外必先服近的思想,彻底抛弃了讨伐匈奴的想法。

彭宠是南阳郡宛县人,他的父亲彭宏在西汉哀帝时任职渔阳太守。更始帝立,拜彭宠为偏将军,代行渔阳太守职事。刘秀镇慰河北,彭宠归从刘秀,刘秀承更始帝令封彭宠为建忠侯,赐号大将军。彭宠自以为攻城拔寨有功,期望很高,心想将来一定能封个王侯什么的。刘秀即帝位后,原来彭宠手下的吴汉、王梁均位列三公,而彭宠却没有加升,心殊怏怏,时常叹息:"我的功劳应当封王,现在却成这样,陛下忘了我吗?"他越想越气不过,仗着渔阳殷富,遂起兵反叛,"遣使以美女缯彩赂遗匈奴,要结和亲。单于使左南将军七八千骑,往来为游兵以助宠"。

彭宠反叛后,光武帝本打算亲自征讨他,大司徒伏湛劝谏光武帝说:

> 臣闻文王受命而征伐五国,必先询之同姓,然后谋于群臣,加占蓍龟,以定行事,故谋则成,卜则吉,战则胜。其《诗》曰:"帝谓文王,询尔仇方,同尔弟兄,以尔钩援,与尔临冲,以伐崇墉。"崇国城守,先退后伐,所以重人命,俟时而动,故参分天下而有其二。陛下承大乱之极,受命而帝,兴明祖宗,出入四年,而灭檀乡,制五校,降铜马,破赤眉,诛邓奉之属,不为无功。今京师空匮,资用不足,未能服近而先事边外;且渔阳之地,逼接北狄,黠虏困迫,必求其助。又今所过县邑,尤为

困乏。种麦之家，多在城郭，闻官兵将至，当已收之矣。大军远涉二千余里，士马罢劳，转粮限阻，今兖、豫、青、冀，中国之都，而寇贼从横，未及从化。渔阳以东，本备边塞，地接外虏，贡税微薄。安平之时，尚资内郡，况今荒耗，岂足先图？而陛下舍近务远，弃易求难，四方疑怪，百姓恐惧，诚臣之所惑也。复愿远览文王重兵博谋，近思征伐前后之宜，顾问有司，使极愚诚，采其所长，择之圣虑，以中土为忧念。（《后汉书·伏侯宋蔡冯赵牟韦列传》）

伏湛认为东汉"承大乱之极"，"今京师空匮，资用不足"，没有经济能力支撑大军远征，而且"大军远涉二千余里，士马罢劳，转粮限阻"，粮草转运也是大问题，所以不应"舍近务远，弃易求难""未能服近而先事边外"，而应当"以中土为忧念"。伏湛的这个意见正好契合了光武帝"吾治天下，亦欲以柔道行之"的思想，所以他接到伏湛的奏言，就决定不亲自征讨彭宠了。（《后汉书·光武帝纪》：帝览其奏，竟不亲征。）

光武帝放弃亲自征讨彭宠后，还主动与匈奴修好。"至六年，始令归德侯刘飒使匈奴，匈奴亦遣使来献，汉复令中郎将韩统报命，赂遗金币，以通旧好。而单于骄踞，自比冒顿，对使者辞语悖慢，帝待之如初。"匈奴看到东汉政局尚未稳定，对东汉的态度非常傲慢，收了东汉的钱财，照样到东汉的边境抢劫掳掠。这种情况下，东汉不得不采取军事防御措施。"九年，遣大司马吴汉等击之。经岁无功，而匈奴转盛，抄暴日增。十三年，遂寇河东，州郡不能禁。于是渐徙幽、并边人于常山关、居庸关已东，匈奴左部遂复转居塞内。朝廷患之，增缘边兵郡数千人，大筑亭候，修烽火。"在匈奴分裂之前，除吴汉、杜茂、王霸之外，东汉在抵御匈奴方面比较有名望和成就的还有骑都尉张堪、辽东太守祭肜、伏波将军马援。

张堪，字君游，南阳郡宛人，生卒年月不详。他在征讨公孙述时表现卓著，被征拜为骑都尉。建武十五年（39），镇守在晋阳、广武一带的骠骑大将军杜茂因牵涉军吏杀人案件被免官，张堪接替杜茂统领了他的军队。随后，张堪率军击破了在高柳的卢芳、匈奴联兵，拜为渔阳太守，在渔阳大有作为，

"捕击奸猾，赏罚必信，吏民皆乐为用"。匈奴曾经以一万骑侵入渔阳，张堪率数千骑奔袭，大破匈奴兵，使渔阳郡界得以安宁。于是在狐奴（属渔阳郡，今北京顺义区）开稻田八千多顷，劝民耕种，百姓得以富裕起来。百姓为张太守大唱赞歌："桑无附枝，麦穗两岐。张君为政，乐不可支。"张堪任渔阳太守前后八年，匈奴慑于他的威名不敢犯边。后卒于官。

祭肜（？—73），字次孙，颍川颍阳人，建武十七年（41）拜辽东太守。当时匈奴、鲜卑和乌桓联合起来，势力非常强盛，屡次攻到塞内来抢劫杀人，东汉朝廷为此感到忧虑，增派兵力在边境驻防，"郡有数千人，又遣诸将分屯障塞"。祭肜走马上任后，厉兵秣马，在很多地方设置了侦察瞭望的哨所，加强警戒。他骁勇有力，身先士卒，"虏每犯塞，常为士卒前锋，数破走之"。建武二十一年（45），鲜卑一万多骑兵进犯辽东，祭肜率领几千士卒迎击，他披坚执锐，冲杀到敌军阵中，杀得鲜卑军大溃而逃。此役，汉军斩鲜卑军三千余首级，获马数千匹。"自是后鲜卑震怖，畏肜，不敢复窥塞。"祭肜不仅军事指挥能力出色，而且很有政治眼光和外交手腕。他看到匈奴、鲜卑和乌桓联合起来力量强大，成为东汉边防的大患，想方设法分化瓦解他们。"二十五年，乃使招呼鲜卑，示以财利。其大都护偏何遣使奉献，愿得归化，肜慰纳赏赐，稍复亲附。其异种满离、高句骊之属，遂骆驿款塞，上貂裘好马，帝辄倍其赏赐。其后，偏何邑落诸豪并归义，愿自效。"祭肜循循善诱，教鲜卑去攻击匈奴，他对鲜卑大都护偏何说："想立功，就去攻击匈奴，把匈奴头领的脑袋砍下来给我看。"偏何拍着胸脯指天发誓："我一定做到！"他果然出兵攻击匈奴左伊秩訾部，斩首二千余级，提着匈奴人的脑袋来领赏。其后，鲜卑每年都攻击匈奴，砍下匈奴人的首级来领取赏赐，东汉渔阳一带的边境遂得以安宁。"自是匈奴衰弱，边无寇警，鲜卑、乌桓并入朝贡。"祭肜"为人质厚重毅，体貌绝众"，他恩威并施镇抚北方的少数民族，在鲜卑、乌桓的声望很高。《后汉书》："肜之威声，畅于北方，西自武威，东尽玄菟及乐浪，胡夷皆来内附，野无风尘。乃悉罢缘边屯兵。"祭肜去世后，"乌桓、鲜卑追思肜无已，每朝贺京师，常过冢拜谒，仰天号泣乃去。辽东吏人为立祠，四时奉祭焉"。一个边塞的太守如此深得外族敬仰，在汉史上不多见。

马援（前14—49），字文渊，扶风茂陵人。他的先祖赵奢是战国时期赵国的名将，爵号马服君，所以赵奢的子孙就改为姓马。历史上很多位高权重、声名显赫的人在发迹之前都没有什么宏大志向，例如西汉的大将军卫青，小时候为家奴，相士说他命中富贵，他自嘲只要不挨冻受饿就满足了。更多人则是小时候立下高不可攀的宏伟目标，却往往经不起砥砺考验，一挫而志气衰，再挫一下志气就没了，从此习惯了随波逐流，时不时还破罐子破摔，一辈子碌碌无为，最后与草木同朽。马援就不一样，他不但"少有大志"，而且"老当益壮"；不但"穷当益坚"，而且富而思进，一辈子奋发有为。他十二而孤，复遭兄丧，面对厄运却没有消沉，"敬事寡嫂，不冠不入庐"，勤事田牧，"至有牛、马、羊数千头，谷数万斛"。无论厄运、贫穷、富裕都没有让他意志消散，他常跟别人说："丈夫为志，穷当益坚，老当益壮。"王莽末年，马援为陇右一方割据势力隗嚣的属下，后归附光武帝，为东汉统一天下立下赫赫战功。天下统一之后，很多当年南征北战的将军都解甲归田，享受天伦之乐去了，而马援虽已年迈，却仍屡屡请缨东征西讨。他说："我受厚恩，年龄紧迫而余日已经不多，时常以不能死于国事而恐惧。现在获得出征机会，死了也心甘瞑目。"

建武二十年（44），马援平定交趾女子徵侧及女弟徵贰反叛后回到京师。这次征战，军吏经瘴疫病死的十有四五，马援的许多亲朋好友都来道贺慰劳他，免不了为他担心，劝他以后不要再带兵打仗，但马援毫不在意。座中有个平陵人孟冀，素以足智多谋称，马援对他说："我希望你有善言勉励我，你反而同众人一样吗？过去伏波将军路博德开置七郡，才封了数百户。现在我只有微小功劳，却食邑三千户，功劳小赏赐厚，何以能长久呢？先生有什么能帮助我吗？"孟冀说："我没有想到。"马援说："现在匈奴、乌桓还在北部侵扰，我想请求带兵讨伐。"接着他说了一句豪情万丈、让人热血沸腾的话："男儿应当死于边野，以马革裹着尸体回来安葬，哪能睡在床上守着妻子儿女呢？"孟冀说："真正的烈士，应当是这样的。"

马援从交趾回来一个多月后，匈奴、乌桓侵犯扶风。马援以三辅侵骚，园陵危逼，请求带兵出征，获准。第二年（45）秋，马援率三千骑出高柳，行雁门、代郡、上谷等边塞。乌桓军探见汉军杀到，立即逃散，马援无所得而回。

建武二十四年（48），马援已经六十二岁高龄，"武威将军刘尚击武陵五溪蛮夷，深入，军没，援因复请行"。光武帝刘秀怜惜马援年纪大了，起初没有允许，马援不服气地说："臣尚能披甲上马。"刘秀让他试试，他便飞身上马，"据鞍顾眄，以示可用"。光武帝笑道："矍铄哉是翁也！"刘秀于是派遣马援率领中郎将马武、耿舒、刘匡、孙永等四万多人征讨五溪。就在这次征战中，马援不幸身染疾病，不久殁于军旅，忠实地践行了他那句"男儿要当死于边野，以马革裹尸还葬耳，何能卧床上在儿女子手中邪"的豪言壮语。

马援以伏波将军之名流芳青史，堪称军人的楷模、将军的典范。

第七章 匈奴第二次分裂与称臣

一、匈奴再次分裂为南北两部

呼韩邪单于可能是匈奴单于中子女最多的,他至少有六个阏氏,其中包括王昭君,这些阏氏一共为他生了十几个儿子,其中一个是王昭君生的伊屠智牙师。在呼韩邪单于的众多阏氏中,呼衍王的两个女儿很受宠爱,大女儿为颛渠阏氏,小女儿为大阏氏。颛渠阏氏生了两个儿子,大的叫且莫车,小的叫囊知牙斯;大阏氏生了四个儿子,长子雕陶莫皋、次子且麋胥都比且莫车大,三子咸、四子乐都比囊知牙斯小。颛渠阏氏地位最尊贵,且莫车最得呼韩邪单于喜爱。建始二年(前31),呼韩邪单于快要病死的时候想传位给且莫车,且莫车的母亲颛渠阏氏说:"匈奴混乱十多年了,这种状况像头发一样不能断绝,幸亏靠了汉朝的帮助,匈奴才得以安定,现在国内平定的时间还不长,百姓打仗死伤很多。且莫车年纪还小,老百姓未能归心于他,如果让他继位,恐怕会再次使匈奴处于险境。我与大阏氏是亲姊妹,谁生的儿子都一样,不如立雕陶莫皋为单于。"大阏氏说:"且莫车虽然年纪小,有大臣们帮着处理国家大事,如果现在舍弃尊贵的,拥立卑贱的,恐怕以后还会出乱子。"呼韩邪单于最后听从了颛渠阏氏的建议,立雕陶莫皋为单于,同时立下约令,要他将来传位给弟弟。这是匈奴单于传位规则的重大改变,在此之前,基本上是父死子继,在此之后直到匈奴再次分裂之前,基本上是兄终弟及。

呼韩邪单于的两个阏氏在各自的儿子继位问题上深明大义,互相谦让,在匈奴历史上绝无仅有。呼韩邪单于的儿子起初严格遵照约令,将单于位置依次

传给弟弟：雕陶莫皋继位为复株累单于，传位给弟弟且麋胥，是为搜谐单于；再传给弟弟且莫车，是为车牙单于；再传给弟弟囊知牙斯，是为乌珠留单于。当传到乌珠留单于的时候，问题就来了，按理他应当将单于位置传给弟弟咸，可是他没有这么做，《汉书·匈奴传》说："乌珠留单于立，以第二阏氏子乐为左贤王，以第五阏氏子舆为右贤王。"这个第二阏氏就是上文提到的大阏氏。左贤王地位仅次于单于，一般情况下是继位单于的不二人选，可是咸比乐大，乌珠留单于却将乐提拔为左贤王，把咸贬为左犁汗王。后来，王莽大立呼韩邪十五子，咸被王莽立为孝单于，乌珠留单于很愤怒，更将咸贬为於粟置支侯，这是"匈奴贱官也"。本来咸已不可能在乌珠留单于去世后继位为单于，可是后来情况发生了变化。始建国五年（13）乌珠留单于死的时候，掌握朝政大权的是王昭君的女婿，他跟王昭君女儿看到王莽之前立咸为孝单于，"故遂越舆而立咸为乌累若鞮单于"。《汉书·匈奴传》：

> 乌累单于咸立，以弟舆为左谷蠡王。乌珠留单于子苏屠胡本为左贤王，以弟屠耆阏氏子卢浑为右贤王。乌珠留单于在时，左贤王数死，以为其号不祥，更易命左贤王曰"护于"。护于之尊最贵，次当为单于，故乌珠留单于授其长子以为护于，欲传以国。咸怨乌珠留单于贬贱己号，不欲传国，及立，贬护于为左屠耆王。

这里说"左贤王数死"，死掉的左贤王可能包括咸的弟弟乐。后来乌珠留单于认为左贤王名号不祥，故改为护于，并让其子担任护于，准备将来接班，这样做实际上改变了呼韩邪单于当初"传国于弟"的约令，也可见匈奴内部争立单于的斗争很激烈。却不曾想王昭君女儿夫妇为了迎合王莽扶立咸，让乌珠留单于的愿望彻底落空。

天凤五年（18），乌累单于死，他的弟弟舆继位为单于，这就是呼都而尸道皋若鞮单于。匈奴称"孝"为"若鞮"，自呼韩邪单于向汉朝称臣后，与汉亲密，他见汉朝皇帝的谥号都有个"孝"字，很羡慕，此后单于的完整头衔都加上"若鞮"。

呼都而尸单于的头衔虽然也加了"若鞮",但他在单于传位上的所作所为却不能称为"孝"。他效法他的哥哥乌珠留单于改变乃父"传国于弟"的约令,企图将单于位置传给他自己的儿子。为了达到这个目的,他残忍地将单于储副左贤王杀掉,这个左贤王就是王昭君的儿子伊屠智牙师。[《后汉书·南匈奴列传》:初,单于(即呼都而尸单于)弟右谷蠡王伊屠知(智)牙师以次当为左贤王。左贤王即是单于储副。单于欲传其子,遂杀知牙师。知牙师者,王昭君之子也。]

呼都而尸单于杀掉伊屠智牙师的行为引起了一个人的极端不满,他就是呼韩邪单于之孙、乌珠留单于之子比。比当时的官职是右薁鞬日逐王,统领南部边境和乌桓,南部边境八部共有四五万兵马。比见到伊屠智牙师被杀,口出怨言说:"按照兄弟次序来说,右谷蠡王(即伊屠智牙师)应当继位;按照儿子的身份来说,我是前任单于(即乌珠留单于)的长子,我应当继位。"他心里猜忌呼都而尸单于,害怕遭到跟伊屠智牙师同样的下场,因此很少参加单于庭聚会。呼都而尸单于也开始怀疑比,派了两名骨都侯去监视比统领的军队。呼都而尸单于去世后,他的儿子左贤王乌达鞮侯继位为单于。乌达鞮侯继位当年就死了,他的弟弟左贤王蒲奴立为单于。比始终未能当上单于,更加心怀愤恨和不满。

当时匈奴国内连续几年出现严重干旱和蝗虫灾害,赤地千里、寸草不生、人畜乏食,加上瘟疫,人畜死亡过半。(《后汉书·南匈奴列传》:匈奴中连年旱蝗,赤地数千里,草木尽枯,人畜饥疫,死耗太半。)这是呼韩邪单于附汉百年来最严重的自然灾害,这场天灾对内部已经裂痕明显的匈奴来说是个极其严峻的考验。天怒人怨让新上位的蒲奴单于忧心忡忡,他害怕东汉趁匈奴衰弱的机会出兵偷袭,于是主动向东汉示好,派遣使者到渔阳请求和亲。光武帝刘秀的精力都放在国内,周边少数民族只要不侵犯东汉边境,他很少搭理他们,但出于礼节,他还是派了中郎将李茂回访匈奴。比已经铁了心要跟蒲奴单于分道扬镳,他利用地处南部边境的便利条件,在建武二十三年(47)密派汉人郭衡揣着匈奴地图到西河太守处请求归顺东汉。蒲奴单于安置在南部的两位骨都侯察觉出比的叛变意图,趁着五月份在茏城举行祭祀的机会向蒲奴单于禀报

了这一情况，认为右薁鞬日逐王比素来图谋不轨，应当立即将其铲除，免使国家发生祸乱。他们的这一番密谋恰好被当时在单于帐下的比的弟弟渐将王无意间窃听到，他旋即遁去，驰以告比。比听了大吃一惊，马上召集自己统管的南部边境八部人马合共有四五万人，准备等那两个骨都侯一回来就杀掉他们，然后投靠东汉。两个骨都侯回来的时候一路小心翼翼，快要到时他们识破了比的计谋，立即掉头策马逃走，将情况报告给蒲奴单于。蒲奴单于派出一万骑兵攻打比，但一见比人多势众且早已严阵以待，吓得未敢进攻就退回去了。

建武二十四年（48）春，匈奴南部八部大人一道商议立比为呼韩邪单于。呼韩邪单于是比的祖父，当年在走投无路的情况下选择归顺西汉，从此呼韩邪的南匈奴得以安宁，匈奴南部八部大人因此让比袭用呼韩邪单于的名号，希望也像当年呼韩邪单于那样得到汉朝的庇护。于是比来到五原塞向东汉示好，表示愿意永远做东汉的属国，抵御东汉北部的敌虏。光武帝刘秀让大臣们讨论这件事，朝廷有的大臣认为"天下初定，中国空虚，夷狄情伪难知，不可许"。五官中郎将耿国"素有筹策，数言边事，帝器之"，他提出了相反意见："臣以为宜如孝宣故事受之，令东扞鲜卑，北拒匈奴，率厉四夷，完复边郡，使塞下无晏开之警，万世安宁之策也。"当时乌桓、鲜卑经常侵扰东汉边境，刘秀觉得耿国说的有道理，于是采纳了他的意见。这一年冬天十月，得到东汉首肯的比自立为呼韩邪单于，并"遣使诣阙奉藩称臣"，匈奴第二次正式分裂为南匈奴和北匈奴两部，比为南匈奴单于，蒲奴为北匈奴单于。

匈奴第一次分裂是在经历五单于并立、互相混战后分成南匈奴和北匈奴，而第二次则是在原来南匈奴基础上的再次分裂。第二次分裂之前，匈奴内部没有爆发战争，南部八部大人商议后取得东汉首肯，匈奴右薁鞬日逐王比自立为单于并归附东汉，这实际上是以比为首的匈奴南部八部大人集体叛国的行为。分裂对一个国家和民族来说是最致命的打击，自此以后，匈奴再也没有统一过，直到这个强盛一时、桀骜不驯的民族完全消失在尘沙漫漫、芳草连天的朔漠之中。

二、南匈奴向东汉称臣

建武二十五年（49）春天，南匈奴单于比再次派使者到东汉洛阳，献上匈奴国内的珍宝，表示愿意以藩国之礼称臣，请求东汉派使者督察保护，单于愿意送儿子侍奉朝廷，希望缔结从前的盟约，即呼韩邪单于与西汉宣帝之间的旧约。刘秀是一位非常谨慎务实的皇帝，在接受南匈奴称臣这样重大的事情上，他采取的接受仪式与西汉宣帝接受呼韩邪单于称臣时那种盛大铺张的场面完全不同，刘秀甚至都没有让单于比到洛阳来。建武二十六年（50）春天，刘秀派中郎将段郴、副校尉王郁出使南匈奴，将南匈奴单于庭定在距五原郡（今内蒙古包头市西边）西部边塞仅八十里远的地方，随后又让南匈奴部众居住在云中郡。单于比亲自延迎东汉使者，使者手执诏书，对比说："单于应当伏在地上拜接诏书！"单于比感到委屈羞愧，没有立刻伏拜受诏，他朝左边看了看，再朝右边看了看，过了好一会儿，才伏在地上称臣接受诏书。（《后汉书·南匈奴列传》：顾望有顷，乃伏称臣。）伏拜完毕，单于比让翻译跟使者说："单于刚刚即位，在手下人面前实在感到羞惭，希望使者不要当着众人的面让单于屈尊。"在场的骨都侯等人见此情形，一个个都忍不住流下了眼泪。这些铁骨铮铮的匈奴汉子，最终没有能够拗得过命运的安排，在外敌、内乱和天灾的轮番侵袭下无奈地低下了他们倔强的头颅。

虽然仪式从简，但刘秀通过东汉使者和南匈奴一来一往，还是将必要的程序走完了，各方面大致上仿照汉宣帝对待呼韩邪单于的旧例。建武二十六年

(50）秋天，南匈奴遣子入侍，东汉朝廷颁给南匈奴单于金质的玺印和绶带，表示朝廷对他的册封，确立上下君臣关系，又赏赐给单于冠带、衣裳、车马、宝剑、弓箭、黑节、黄金、乐器鼓车、棨戟甲兵、饮食什器以及大量锦绣、缯絮。另外专门设置"使匈奴中郎将"，这是一个二千石的高级官职，其职责是护卫南匈奴。《后汉书·百官志》：

> 使匈奴中郎将一人，比二千石。本注曰：主护南单于。置从事二人，有事随事增之，掾随事为员。

单于比这回伏拜称臣，跟西汉时期他的祖父呼韩邪单于向汉宣帝称臣有本质区别。西汉时期的南匈奴除了在经济上依赖汉朝援助救济、政治上受到保护之外，在法律上仍然是一个相对独立的国家，军事、内政、司法都还是独立的；而东汉时单于比的南匈奴则丧失了作为一个国家的完全的独立性，主要表现在六方面。

首先，单于每年正月、五月、九月祭祀天神的时候都要祭祀汉朝皇帝，匈奴使者正月初一参加朝廷举行的朝拜庆贺，拜祭陵墓和宗庙后，由东汉谒者护送回匈奴。《后汉书·南匈奴列传》："匈奴俗，岁有三岁祠，常以正月、五月、九月戊日祭天神。南单于既内附，兼祠汉帝"；"元正朝贺，拜祠陵庙毕，汉乃遣单于使，令谒者将送，赐彩缯千匹，锦四端，金十斤，太官御食酱及橙、橘、龙眼、荔支；赐单于母及诸阏氏、单于子及左右贤王、左右谷蠡王、骨都侯有功善有，缯彩合万匹。岁以为常"。这种兼有宗教性质和政治色彩的朝拜体现了这样一个含义：南匈奴已成为东汉的一个"臣"。此外，每一任南匈奴单于死后，东汉均派中郎将率军前往吊唁，"祭以米酒，分兵卫护之"，以防南匈奴权力交接时生乱。同时，派使者带着皇帝的玺书前去镇抚慰问新单于，授给印绶，赠给冠和头巾、三套深红色的单衣、一把童子佩刀和一根织带，又赐给四千匹彩色丝帛，分别赏给王和骨都侯以下的各位官员。"单于薨，吊祭慰赐，以此为常。"

其次，南匈奴丧失了内政、司法独立。《后汉书·南匈奴列传》："异姓有呼衍氏、须卜氏、丘林氏、兰氏四姓，为国中名族，常与单于婚姻。呼衍氏为左，兰氏、须卜氏为右，主断狱听讼，当决轻重，口白单于，无文书簿领焉。"同传又说："令中郎将置安集掾史将弛刑五十人，持兵弩随单于所处，参辞讼，察动静。"本来匈奴人之间的日常争执辞讼都是由匈奴名族自行处理，现在东汉中郎将属下的安集掾吏也参预其事，是东汉直接干预南匈奴内政、司法的体现，表明南匈奴已经丧失了内政、司法独立。

再次，东汉通过数额巨大的礼物赏赐和经济援助，从经济上控制南匈奴，使南匈奴在经济上对东汉产生了严重依赖。建武二十六年（50）南匈奴称臣当年秋季，东汉对南匈奴加大赏赐。《后汉书·南匈奴列传》："秋，南单于遣子入侍，奉奏诣阙。诏赐单于冠带、衣裳、黄金玺、盭绶，安车羽盖，华藻驾驷，宝剑弓箭，黑节三，驸马二，黄金、锦绣、缯布万匹，絮万斤，乐器鼓车，棨戟甲兵，饮食什器。又转河东米𥻨二万五千斛，牛、羊三万六千头，以赡给之。"当时南匈奴只有四五万人，这笔赏赐堪称丰厚。只要南匈奴忠诚归顺，这种级别的赏赐不是问题，如"（建武）二十九年，赐南单于羊数万头"。章和二年（88），当时的南匈奴单于屯屠何向朝廷上书说："臣伏念先父归汉以来，被蒙覆载，严塞明侯，大兵拥护，积四十年。臣等生长汉地，开口仰食，岁时赏赐，动辄亿万，虽垂拱安枕，惭无报效之地。"永元三年（91），司徒袁安上书说："且汉故事，供给南单于，费直岁一亿九十余万，西域岁七千四百八十万。"这么大额的经济援助，对东汉来说虽然是不小的开支，可是从另一个角度看，假使东汉一旦切断这种援助，南匈奴的经济势必陷于枯竭崩溃。东汉通过礼物赏赐和经济援助牢牢掌控着南匈奴的经济命脉，使它在经济上对东汉产生无法抗拒的依赖，在政治上就更加不得不依附东汉了。

又次，纳贡变成制度化、常态化。呼韩邪单于向西汉称臣时，基本内容有三项：朝拜、进贡、质子。东汉时，将这些内容和程序进一步完善，使之具体化、制度化。《后汉书·南匈奴列传》："单于岁尽辄遣使奉奏，送侍子入朝，中郎将从事一人将领诣阙。汉遣谒者送前侍子还单于庭，交会道路。元正朝贺，拜祠陵庙毕，汉乃遣单于使，令谒者将送。"南单于每年都要送一个儿子到东汉，东汉则将其现有的质子送还给匈奴，这一送一还在道路上交接完成。

这样一种安排，一方面使南匈奴单于的子孙对汉朝文化有更多了解，另一方面东汉可以更好地了解、沟通、控制南匈奴。另外，每年正月初一固定的朝贺也将使南匈奴在政治上对东汉产生更多归属感。

复次，南匈奴在军事上也丧失了独立性。东汉派遣军队驻扎在南匈奴居住地对单于实行护卫，特别是建武二十六年（50）冬，东汉朝廷诏令南匈奴单于庭迁至西河郡美稷（治所在今内蒙古准格尔旗西北）后，"因使中郎将段郴及副校尉王郁留西河拥护之，为设官府、从事、掾史。令西河长史岁将骑二千、弛刑五百人，助中郎将卫护单于，冬屯夏罢。自后以为常，及悉复缘边八郡"。西汉时，呼韩邪单于第一次到长安朝拜后，西汉朝廷也派兵护送他回去并在匈奴驻地护卫，但那只是临时性质的；东汉在南匈奴居住地驻军护卫则是"自后以为常"。一个国家有权向另一个国家派驻军队，表明受派驻军队的国家已丧失军事独立性。刚刚另立门户的南匈奴自身的军事力量也确实不够强大，明显的例子是章和二年（88）南匈奴单于屯屠何向朝廷上书请求出兵讨伐北匈奴。

最后，东汉将南匈奴安置在北部边境，在不改变匈奴传统官制的前提下分地而治。建武二十六年，朝廷诏令南匈奴入居云中，云中属于东汉的疆域，大致在今天内蒙古托克托一带。此前一年，南单于派弟弟左贤王莫率领一万多兵力攻打并活捉了北匈奴单于的弟弟薁鞬左贤王，北匈奴的薁鞬骨都侯与右骨都侯率领三万多部众前来投奔南单于。第二年秋天，南匈奴所俘获的北匈奴薁鞬左贤王率领部众和南部的五位骨都侯合起来三万多人，叛变北归，在距北单于庭三百多里的地方，共同立薁鞬左贤王为单于。但在一个多月以后，他们互相攻打，五位骨都侯都死了，左贤王接着自杀，这些骨都侯的儿子们各自拥兵自守。这一年冬天，以前叛变的五位骨都侯的儿子又率部众三千人投奔南部，北单于派骑兵追击，将他们统统俘获，南单于派军队抵御，迎战不利。东汉朝廷可能考虑到云中距离北单于庭太近，容易生变，于是又诏令南单于迁到西河郡的美稷居住。西河郡在今天内蒙古、山西、陕西交界，美稷即今内蒙古准格尔旗，从地理位置上看，南匈奴单于庭已稍稍南迁。接着，东汉朝廷将南匈奴诸王安置在边境八郡。《后汉书·南匈奴列传》："南单于既居西河，亦列置诸部王,助为扞戍。使韩氏骨都侯屯北地,右贤王屯朔方,当于骨都侯屯五原,呼衍骨都侯屯云中,郎氏骨都侯屯定襄,左南将军屯雁门,栗籍骨都侯屯代郡,皆领部众为郡县侦罗耳目。"南单于和他的部王所居住的地方,大致在今天山西、内蒙古、陕西一带的接壤之处。

第七章 匈奴第二次分裂与称臣

三、微妙的三角关系

西汉时期,呼韩邪单于称臣后,西汉对南北匈奴采取拉一个打一个的策略,优待南匈奴,疏远北匈奴。当时北匈奴在西边,南匈奴在东边,西域大部分国家尚在西汉的控制之下,北匈奴没有能力借助西域诸国的力量向东侵扰南匈奴和西汉。在北匈奴郅支单于被西汉使者甘延寿、陈汤攻杀之前,西汉、南匈奴、北匈奴基本相安无事。到了东汉时期,南匈奴向东汉称臣后,东汉依然对南北匈奴采取一拉一打的策略。然而,东汉、南匈奴和北匈奴三者之间的关系已不同于西汉时期,一是因为南匈奴居住在东汉北部边境,北匈奴占据着匈奴原来住地,南北匈奴相隔很近,容易发生摩擦;二是因为北匈奴控制着西域大部分国家,势力还很强大;三是因为南北匈奴是在没有发生战争的情况下分裂的,分裂后双方都想凭借武力消灭对方统一匈奴。所以,在很长一段时间里,东汉、南匈奴和北匈奴三者之间存在着一种非常微妙的三角关系:南匈奴想借助东汉的力量消灭北匈奴,但东汉不同意,南匈奴内部对此有些不满;北匈奴埋怨东汉护着南匈奴,使北匈奴不能统一匈奴全国,不但伺机攻击南匈奴,而且时常侵扰东汉边境;东汉不想看到南北匈奴统一,不希望南匈奴消灭北匈奴,更不允许北匈奴消灭南匈奴,为了维持这种均衡,东汉同意开放边境贸易与北匈奴做买卖,这又引起南匈奴不满。北匈奴自恃力量强大,怨气也大,时常对东汉边境构成威胁,最终被东汉军队彻底击溃。在这个过程中,东汉与北匈奴在西域展开的争夺十分关键,也十分激烈。

北匈奴看到东汉将南匈奴安置在西河郡帮助汉朝御敌戍边，很惶恐，主动送还了之前掳掠去的许多汉人，以示友好。北匈奴出来抄掠的军队每次经过南匈奴附近，或回头经过汉兵侦察敌情的岗亭，总是道歉："我们打的是逃亡的奠鞬日逐王（即南单于比），并非胆敢侵犯汉人。"建武二十七年（51），北单于派遣使者到武威郡请求和亲，光武帝让大臣们讨论，久议不决，皇太子刘庄（即后来的明帝）说："南单于刚刚归顺，北部的敌虏害怕被攻打，所以侧耳而听，争着想归附正义。现在朝廷不能出兵，却反而和北部敌虏往来，臣恐怕南单于将会生出二心，愿意投降的北部敌虏将不会再来投降了。"光武帝认为皇太子说得有道理，于是诏令武威太守不要接纳北匈奴使者。第二年，北匈奴再次派使者来到京都洛阳进献马匹和皮裘，并提出三个请求：一是请求和亲；二是请求赐给乐器；三是请求率领西域各国的胡人一道前来东汉进贡朝拜。

北匈奴如此执着，又是贡献礼物又是请求和亲，还说要率领西域各国的胡人一起来进贡朝拜，听起来是一件普天同庆的好事。但北匈奴的伎俩被东汉的司徒掾班彪一眼看穿，他上书光武帝说：匈奴历来用心险恶奸诈，一旦中了他们的圈套，就会被他们轻视欺侮。现在他们眼见南匈奴归顺了东汉，害怕东汉与南匈奴合谋对付他们，所以多次乞求和亲，又从远方赶来牛马与东汉做生意，派遣有名的王侯进贡，这都是企图向外显示他们国力富强。北匈奴贡献的东西越多，意味着他们国内越空虚；要求归附亲近越急迫，表明他们内心的恐惧越厉害。班彪提出建议："现在既然未能帮助南匈奴讨伐北匈奴，那么也不宜和北匈奴断绝联系，按照怀柔笼络的原则，于礼数不能没有回复。臣以为可以给他们一些赏赐，大致与他们所献来的东西价值相当，公开将前代的呼韩邪和郅支行事的结果晓谕告知他们。"谙习史事、"沈重好古"的司徒掾班彪索性连答复北匈奴的文稿都起草好了，非常精彩：

单于不忘汉恩，追念先祖旧约，欲修和亲，以辅身安国，计议甚高，为单于嘉之。

往者，匈奴数有乖乱，呼韩邪、郅支自相仇隙，并蒙孝宣皇帝垂恩救护，故各遣侍子称藩保塞。其后郅支忿戾，自绝皇泽；而呼韩附亲，忠孝

弥著。及汉灭郅支，遂保国传嗣，子孙相继。

今南单于携众南向，款塞归命。自以呼韩嫡长，次第当立，而侵夺失职，猜疑相背，数请兵将，归扫北庭，策谋纷纭，无所不至。惟念斯言不可独听，又以北单于比年贡献，欲修和亲，故拒而未许，将以成单于忠孝之义。

汉秉威信，总率万国，日月所照，皆为臣妾。殊俗百蛮，义无亲疏，服顺者褒赏，畔逆者诛罚，善恶之效，呼韩、郅支是也。

今单于欲修和亲，款诚已达，何嫌而欲率西域诸国俱来献见？西域国属匈奴，与属汉何异？单于数连兵乱，国内虚耗，贡物裁以通礼，何必献马裘？今赍杂缯五百匹，弓鞬韇丸一，矢四发，遣遗单于。又赐献马左骨都侯、右谷蠡王杂缯各四百匹，斩马剑各一。单于前言先帝时所赐呼韩邪竽、瑟、空侯皆败，愿复裁赐。念单于国尚未安，方厉武节，以战攻为务，竽瑟之用，不如良弓利剑，故未以赍。朕不爱小物于单于，便宜所欲，遣驿以闻。（《后汉书·南匈奴列传》）

这篇答辞堪称外交文书的典范之作，北匈奴提出的三个请求全部都回答了，而且全部都拒绝了，居高临下且义正辞严，让对方不得不心服口服。文稿说了五层意思，就如上面划分的自然段，一段一层意思。一开始先打感情牌，对北单于请求和亲表示赞赏；接着提及呼韩邪和郅支单于的故事，暗示北单于：东汉欢迎呼韩邪那样的人，不喜欢郅支那样的人；顺着说到现在的南匈奴和北匈奴，指出南匈奴归顺东汉是匈奴内部分裂造成的，跟东汉无关，还说本来南单于一直要求东汉出兵铲除北匈奴，东汉念及北匈奴的诚意才没答应南匈奴的请求，言下之意很明白：东汉随时可以借南匈奴出兵的请求消灭北匈奴；再下来宣告大国威信，"服顺者褒赏，畔逆者诛罚"，呼韩邪和郅支就是例子，你北单于就看着办吧！文稿最精彩的是最后一段，对北匈奴提出的和亲请求，无论直接答复同意或不同意都不合适，因为东汉实际上不想跟北匈奴和亲，但如果明确答复不同意，不仅把今后的路子断了，也不符合怀柔笼络的原则。班彪很巧妙地将这个问题跟北匈奴请求率领西域诸国来朝拜联系在一起，说单于想和亲，已经表达了诚意，为什么又猜疑而想率领西域各国都来进贡朝见呢？这里其实已经隐含否定了北匈奴的请求，却把否定的原因归到北匈奴身上去了。北匈奴请求率领西域诸国来朝拜，很显然是想借此炫耀他们在西域的领袖地位。此前西域诸国几次请求送质子到长安并请求东汉派出都护，光武帝都以先安内为务拒绝了，北匈奴趁机又成了西域的霸主。回答北匈奴的这个请求，同样不能简单地表示同意或者不同意，班彪避实就虚地说，你们北匈奴想来就自己来呗，为什么又猜疑而想率领西域各国都来进贡朝见呢？西域诸国属于北匈奴跟属于东汉有什么分别？弦外之音就是不承认你北匈奴自以为是的在西域的霸主地位。对北匈奴贡献的礼物，班彪说你们国内连年战乱，国力已空虚耗尽，何必打肿脸充胖子又送马匹又送皮裘？对北匈奴提出的请赐乐器的问题，班彪明确地予以拒绝。这个问题非常有意思，北匈奴说西汉时期赐给呼韩邪单于的竽、瑟、箜篌现在都坏了，"愿复裁赐"，北匈奴借乐器提到呼韩邪，有两层含义：一是向东汉暗示北单于才是匈奴的正统国君；二是北匈奴现在生活很美好，需要乐器。班彪说，你们国内现在战乱频繁，连安定的生活环境都还没有，"方厉武节，以战攻为务"，要乐器干什么？乐器不如良弓利剑有用，所以不给你们乐器不是朝廷吝啬小物件，而是赏赐的物品要有用。班彪这样答复的意思是：你不要再拿呼韩邪来说事，那一页已经翻过去了，你们北匈奴现在没有资格享受乐器带来的美好生活，还是好好练兵吧，没准哪天我们会在战场上刀兵相见呢！

早在班彪担任河西大将军窦融的从事时，光武帝就"雅闻彪才"，对班彪起草的章奏非常满意，这次听了他的建议、看了他草拟的答辞，"帝悉纳从之"。建武三十一年（55），北匈奴再次派来使者，光武帝仅以玺书回复北单于，赐给他彩色丝帛，不派使者。

北匈奴见软的不行便来硬的，明帝永平六年（63），"时北匈奴犹盛，数寇边，朝廷以为忧"。永平八年（65），"复数寇抄边郡，焚烧城邑，杀略甚众，河西城门昼闭，帝患之"。在这种情况下，东汉朝廷审时度势，改变了光武帝一贯的怀柔策略，对北匈奴采取武力打击，以保障边境安宁。

汉朝匈奴四百年

四、东汉大军征伐北匈奴

东汉对北匈奴开战经历了一个很长的转变过程。光武帝初期,"方平诸夏,未遑外事";建武二年(26)彭宠反叛、与匈奴勾结时,他本来要亲自征讨,后来在大司徒伏湛的建议下改变了主意,此后一直将精力放在国内。建武二十四年(48)匈奴国内分裂兼遭受严重天灾的时候,光武帝征询左中郎将臧宫的意见,臧宫说:"我愿带领五千骑兵去匈奴立功!"光武帝说:"常胜之家,难与虑敌,吾方自思之。"他认为臧宫以前常打胜仗,有些轻敌,还是让他自己深思熟虑一下为好,结果他深思熟虑了三年也没有想好。建武二十七年(51),臧宫又与捕虏将军马武上书光武帝,建议趁着天灾和内乱,一举出兵灭掉北匈奴,永绝后患。《后汉书·吴盖陈臧列传》:

二十七年,宫乃与杨虚侯马武上书曰:"匈奴贪利,无有礼信,穷则稽首,安则侵盗,缘边被其毒痛,中国忧其抵突。虏今人畜疫死,旱蝗赤地,疫困之力,不当中国一郡。万里死命,县在陛下。福不再来,时或易失,岂宜固守文德而堕武事乎?今命将临塞,厚县购赏,喻告高句骊、乌桓、鲜卑攻其左,发河西四郡、天水、陇西羌胡击其右。如此,北虏之灭,不过数年。臣恐陛下仁恩不忍,谋臣狐疑,令万世刻石之功不立于圣世。"诏报曰:"《黄石公记》曰,'柔能制刚,弱能制强'。柔者德也,刚者贼也,弱者仁之助也,强者怨之归也。故曰有德之君,以所乐乐人;无德之君，以所乐乐身。乐人者其乐长，乐身者不久而亡。舍近谋远者，劳而无功；舍远谋近者，逸而有终。逸政多忠臣，劳政多乱人。故曰务广地者荒，务广德者强。有其有者安，贪人有者残。残灭之政，虽成必败。今国无善政，灾变不息，百姓惊惶，人不自保，而复欲远事边外乎？孔子曰：'吾恐季孙之忧，不在颛臾。'且北狄尚强，而屯田警备传闻之事，恒多失实。诚能举天下之半以灭大寇，岂非至愿；苟非其时，不如息人。"自是诸将莫敢复言兵事者。

臧宫和马武认为趁着北匈奴内乱和天灾的绝佳时机，出兵联合"高句骊、乌桓、鲜卑攻其左，发河西四郡、天水、陇西羌胡击其右"，这样，"北虏之灭，不过数年"。但光武帝并不这么看，他认为东汉国内还不安定，而且"北狄尚强"，一时半会儿难有把握灭掉北匈奴，与其陷入战争泥潭，不如远离战争。皇帝态度如此坚决，此后再没有人敢谈论出兵攻打匈奴，"自是诸将莫敢复言兵事者"。

明帝初期，北匈奴一边不断侵犯东汉边境，致使"河西城门昼闭"；一边假惺惺遣使请求和亲。明帝打算派遣使者回报北匈奴来使，与北匈奴通好谋求边境安宁，给事中郑众上书劝谏。此人曾经出使北匈奴，受到北匈奴要挟跪拜，最后是拔剑以死相抗方免受辱。郑众称：北匈奴单于之所以要挟汉朝使者，目的是想离散南匈奴单于的部众，坚定西域各国对北匈奴的效忠之心。北单于还吹嘘已同汉朝和解通好，向邻近敌国夸耀，使西域那些打算归附汉朝的国家畏缩猜疑，使流亡在外怀念故土的人对汉朝绝望。汉朝使者到过北匈奴以后，北单于便十分傲慢自负，如果再派使者，北匈奴一定会自以为得计，而北匈奴群臣中反对与汉朝为敌的人也不敢再说话了。所以，郑众的意见是不要再派使者去北匈奴，北部边境有大军镇守，北匈奴一定不敢来犯。

郑众是朝廷的文官，文官的态度是这样，朝廷里那些武官的态度就更激进了，代表人物是耿秉。《后汉书·耿秉列传》说耿秉"尤好将帅之略。以父任为郎，数上言兵事。常以中国虚费，边陲不宁，其患专在匈奴。以战去战，盛王之道。显宗既有志北伐，阴然其言。永平中，召诣省闼，问前后所上便宜方

略,拜谒者仆射,遂见亲幸。每公卿会议,常引秉上殿,访以边事,多简帝心"。耿秉提出"以战去战",明帝又"既有志北伐",对北匈奴开战就只是时间问题了。

永平十五年(72),在耿秉的请求下,明帝亲自主持召开了一次专门讨论北伐事宜的高级军事会议,会议集中了当时东汉军队中的精英,除耿秉外,还有"明习边事"的显亲侯窦固、威震北方的太仆祭肜以及虎贲中郎将马廖、下博侯刘张、好畤侯耿忠。《资治通鉴·汉纪三十七》记载:

> 谒者仆射耿秉数上言请击匈奴,上以显亲侯窦固尝从其世父融在河西,明习边事,乃使秉、固与太仆祭肜、虎贲中郎将马廖、下博侯刘张、好畤耿忠等共议之。耿秉曰:"昔者匈奴援引弓之类,并左衽之属,故不可得而制。孝武既得河西四郡及居延、朔方,房失其肥饶畜兵之地,羌、胡分离,唯有西域,俄复内属,故呼韩邪单于请事款塞,其势易乘也。今有南单于,形势相似,然西域尚未内属,北房未有衅作。臣恩以为当先击白山,得伊吾,破车师,通使乌孙诸国以断其右臂。伊吾亦有匈奴南呼衍一部,破此,复为折其左角,然后匈奴可击也。"上善其言。议者或以为"今兵出白山,匈奴必并兵相助,又当分其东以离其众。"上从之。十二月,以秉为驸马都尉,固为奉车都尉;以骑都尉秦彭为秉副,耿忠为固副,皆置从事、司马,出屯凉州。

于是,据《后汉书·南匈奴列传》载,"(永平)十六年(73),乃大发缘边兵,遣诸将四道出塞,北征匈奴"。《资治通鉴·汉纪三十七》记述了东汉军队这次北征:

> 春,二月,遣肜与度辽将军吴棠将河东、西河羌、胡及南单于兵万一千骑出高阙塞,窦固、耿忠率酒泉、敦煌、张掖甲卒及卢水羌、胡万二千骑出酒泉塞,耿秉、秦彭率武威、陇西、天水募士及羌、胡万骑出张掖居延塞,骑都尉来苗、护乌桓校尉文穆将太原、雁门、代郡、上谷、渔阳、

右北平、定襄郡兵及乌桓、鲜卑万一千骑出平城塞，伐北匈奴。窦固、耿忠至天山，击呼衍王，斩首千余级；追至蒲类海，取伊吾卢地，置宜禾都尉，留吏士屯田伊吾卢城。耿秉、秦彭击匈林王，绝幕六百余里，至三木楼山而还。来苗、文穆至匈河水上，卢皆奔走，无所获。祭肜与南匈奴左贤王信不相得，出高阙塞九百余里，得小山，信妄言以为涿邪山，不见虏而还。肜与吴棠坐逗留畏懦，下狱，免。

仔细研究这次北伐的进攻路线，其跟战前的部署有很大出入。按照战前会议上耿秉的建议，是集中兵力先断北匈奴右臂："当先击白山，得伊吾，破车师，通使乌孙诸国以断其右臂。伊吾亦有匈奴南呼衍一部，破此，复为折其左角，然后匈奴可击也。"会议上有人提出，专攻一处恐怕会遭到北匈奴"并兵相助"，因此"当分其东以离其众"，也就是用一部分兵力攻击北匈奴东部，使之不能增援西翼。据此，攻击的重点应当是白山（今天山北麓）、伊吾（今新疆哈密市）、车师，也就是西翼，可是实战中东汉军队却将兵力平均分成四路，同时向北推进，导致攻击失去了重点。这次北征，东汉军队没有取得理想的战果，除窦固、耿忠率领的部队取得小胜外，其余三路兵马均一无所获，东汉战前制定的断北匈奴右臂的目标没有实现。第二年，朝廷再次"遣奉车都尉窦固、驸马都尉耿秉、骑都尉刘张出敦煌昆仑塞，击西域，秉、张皆去符、传以属固"，"遂破白山，降车师"。此后，东汉跟北匈奴再次在西域展开激烈的较量。

第八章 断北匈奴右臂：东汉重夺西域

一、从西域伸过来的橄榄枝

王莽强行改匈奴单于之玺为章,改西域诸国王为侯,引起匈奴和西域诸国强烈不满。其后,匈奴跟莽新政权交恶,大肆侵略新朝北部边境,西域诸国趁机反叛,纷纷与莽新政权断绝关系,并再次倒向匈奴。靠近匈奴的焉耆国最为出格,第一个背叛王莽并杀害了西域都护但钦,王莽对此无可奈何,这是始建国五年(13)的事情。之后,王莽委派李崇为西域都护,但"数年莽死,崇遂没,西域因绝"。

在西域诸国纷纷倒向匈奴的时候,有一个国家仍然保持着对汉朝的忠诚,这就是莎车国。《后汉书·西域传》:"匈奴单于因王莽之乱,略有西域,唯莎车王延最强,不肯附属。"西汉元帝在位期间,莎车国曾经送延到长安做过侍子。延在长安生活、成长,受到汉朝文化的熏陶,仰慕汉朝大国,熟习汉朝的典礼和法律,他当了莎车国王后经常告诫他的儿子要世代尊奉汉朝,不能做有负汉朝的事。延于天凤五年(18)去世,他的儿子康继位。光武初年,康率领邻国抵御匈奴,护卫原都护将士及其家属一千多人,千里传书河西郡,关切地询问中原国家的情况,真诚地倾诉对汉朝的想念和仰慕。建武九年(33),康去世,其弟贤继承王位。贤出兵打败了拘弥国、西夜国,杀了这两个国家的国王,立其兄康的两个儿子为拘弥王、西夜王。建武十四年(38),贤与鄯善王安一道派使者到洛阳进贡礼品,自此西域才重新跟东汉往来。西域各国深受匈奴横征暴敛之苦,咸愿归属东汉,希望朝廷重新设置都护。光武帝刘秀因为

中原刚刚平定,不肯满足西域各国的愿望,拒绝设置西域都护。

建武十七年(41),贤再次派使者进贡,请求朝廷派都护。光武帝就这件事征询大司空窦融的意见,窦融认为贤父子兄弟相互约定侍奉汉朝,又十分诚恳,最好授予官位使其安心。光武帝于是通过贤派来的使者,赐给贤西域都护的印绶,以及车舆、旗帜、黄金和彩色丝帛。敦煌太守裴遵知道后,上书说:贤是外国少数民族之人,朝廷不能将这么大的权力授予他,那样会造成西域其他国家的不平衡感,让他们失望。光武帝终其一生凡事皆有决断力,在这件事情上却显得十分犹豫纠结,他看了裴遵的奏书,改变了主意,诏令收回都护印绶,重新赐给贤汉大将军印绶。贤的使者不肯换印绶,被裴遵强行夺去,贤自此怀恨在心。虽然没有得到都护的印绶,贤仍然谎称自己是都护,以都护的名义向西域各国发送文书,西域各国全都服从他的管治,称贤为"单于"。贤的权力欲望膨胀,逐渐变得骄蛮横暴,在西域称王称霸,想征税就征税,想打谁就打谁,搞得西域各国惶恐不安。

建武二十一年(45)冬天,车师前王、鄯善、焉耆等十八个国家派王子到洛阳侍奉东汉皇帝,进献国内的珍宝。他们见到光武帝刘秀,一个个流着眼泪叩头,恳求朝廷派都护,保护他们的国家和人民。当时东汉国内刚安定不久,北方边境上乌桓与匈奴、鲜卑连兵为寇,致使"郡县损坏,百姓流亡,边陲萧条,无复人迹"。光武帝决定不插手西域事务,只是赏赐给这些国家的王子一笔厚礼,将他们打发回去了事。莎车王贤仗着自己军队强大,妄图吞并西域,加紧进攻其他国家,各国听说东汉不派都护,侍子们都回来了,感到十分忧愁恐惧,无奈之下只好给敦煌太守裴遵发文书求救,恳求朝廷留下侍子做样子给莎车看,宣称侍子被留下了,朝廷不久将派出都护,希望借此能够暂且制止贤的入侵。裴遵将情况报告朝廷,光武帝同意接受各国侍子,但是派都护的事始终没有下文。第二年,贤知道内情后立刻嚣张起来,他致信鄯善王安,命令他切断西域通往东汉的道路。安不从,并杀贤使者,贤大怒,发兵击鄯善。安迎战不利,遁入山中,贤杀掠一千多人而去。同年冬天,贤攻打龟兹,杀其王、并其国。鄯善、焉耆等国侍子久滞敦煌,惆怅思家,陆续逃回各国。鄯善王上书,愿意再派王子入朝侍奉,并再次请求派都护,以免遭受蹂躏。光武帝铁了心不蹚西域这趟浑水,他答复说:"现在朝廷使者和大军没法派出,假如各国力不从心的话,东西南北随你们自己投靠哪方好了。"于是鄯善、车师诸国再次依附匈奴,莎车王贤从此更加横蛮暴虐。

　　光武帝刘秀考虑到国内形势,始终不肯重新设置西域都护,在当时来看或许是谨慎务实的。只是他可能没有想到,他将西域诸国拒之门外后,他的继任者为了断匈奴右臂,重新攀上西域这根曾经一再殷勤伸过来的橄榄枝所不得不付出的代价实在太大了。

二、耿恭的坚守：车师保卫战

东汉于永平十六年（73）派出四路大军征讨北匈奴，收效甚微，于是决定第二年出兵西域，断掉北匈奴的右臂，目标就是车师。车师处于东汉通往西域的北道东边，"北与匈奴接，前部西通焉耆北道，后部西通乌孙"，地理位置十分重要。车师有车师前国和车师后国，两者相距五百多里，车师前国在东，距离东汉较近，车师后王是车师前王的父亲。统率这次战斗的主将是汉明帝的姐夫、奉车都尉窦固，副将有驸马都尉耿秉、骑都尉刘张。《后汉书·耿弇列传》：

十七年夏，诏秉与固合兵万四千骑，复出白山击车师。……固以后王道远，山谷深，士卒寒苦，欲攻前王。秉议先赴后王，以为并力根本，则前王自服。固计未决。秉奋身而起曰："请行前。"乃上马，引兵北入，众军不得已，遂进。并纵兵抄掠，斩首数千级，收马、牛十余万头。

眼看汉军气势汹汹杀来，车师后王安得大为震恐，战战兢兢跑到城门外面迎接耿秉，摘去王冠，抱住马足投降，车师前王也随之投降。车师遂平，大军回国。

汉军凯旋后，窦固上书建议重新设置西域都护及戊己校尉。明帝诏准，任命陈睦为西域都护；任命司马耿恭为戊校尉，屯驻车师后国金蒲城（故址在今新疆吉木萨尔县);任命谒者关宠为己校尉,屯驻车师前国柳中城(故址位于今新疆鄯善县鲁克沁镇),各设置驻军数百人。耿恭作为刘张的司马,参加了降服车师的战斗,他是耿秉的从兄,兄弟俩并肩作战。耿秉的父亲是耿国,光武帝时任职五官中郎将,主张接纳南匈奴称臣;耿国的哥哥是东汉开国大将耿弇,"弇兄弟六人皆垂青紫,省侍医药,当代以为荣"。耿弇、耿国都是耿恭的伯父,耿恭的父亲耿广早卒。《后汉书·耿弇列传》:"恭字伯宗,国弟广之子也。少孤。慷慨多大略,有将帅才。"耿恭被任命为戊校尉,驻守车师后国,不意在这里遭遇了一场东汉历史上最为艰苦卓绝的保卫战。

车师土地肥沃,位居交通要冲,北匈奴决不会轻易让东汉得到这个地方。永平十八年(75)三月,北匈奴左鹿蠡王率领二万骑兵袭击车师,当时耿恭的驻军只有几百名士卒,他命令司马带领三百人去救援车师,这三百名士卒半路上遇到北匈奴兵,当场被北匈奴骑兵全部杀死。北匈奴破杀了车师后王安得,立即挥兵围攻耿恭所在的金蒲城。耿恭率领士卒"乘城搏战",他让士兵把毒药涂抹在箭镞上,然后对着城下的北匈奴兵大声呼喊:"我们汉家的箭是神箭,谁中谁倒霉!"话音一落拉开强弩"嗖""嗖"一通劲射,那些中箭的北匈奴兵看见自己的伤口一下子发炎溃烂,个个惊慌失色。这时恰好天降狂风暴雨,耿恭趁势率众杀出,北匈奴兵死的死伤的伤,顿时惊恐万状乱作一团,纷纷说:"汉军像神一样,真是太可怕了!"于是解围撤兵离去。

北匈奴兵撤去后,耿恭仔细勘察了地形,他看到疏勒城(故址位于今新疆奇台县以南)旁边有一条小溪,认为可以坚守,于是在这一年的五月份移师驻扎疏勒城。七月,北匈奴又来围攻,耿恭招募了几千名敢死队员勇往直前闯入敌阵,北匈奴骑兵被打散逃走。北匈奴正面围攻不成,便切断疏勒城的水源,企图困死汉兵。耿恭和他的将士们在城中打井,直下地面五十丈仍见不到一滴水,被困在城里的汉军将士们没有饮用水,又累又渴至极,只好喝马尿,马尿喝完了,再用马粪榨汁解渴。面对如此绝境,耿恭仰天长叹道:"听闻昔日贰师将军李广利拔出佩刀刺向山体,就有飞泉涌出。今天汉朝恩德圣明,怎么会走投无路呢?"他整了整衣冠对着井口再一次叩拜,为将士们祈祷。过了一会儿,井里果然冒出了泉水,将士们齐声欢呼"万岁"。耿恭命令士卒将水

洒向空中让北匈奴兵看见，北匈奴兵大为惊讶，以为汉军真的有神助。北匈奴兵攻城攻不下，断水断不成，只好再一次撤兵离去。

耿恭和他的将士们度过了水荒却仍然面临生死考验：他们区区几百人，随时可能遭到数万北匈奴兵的突袭和围剿，指望西域都护陈睦来救援已无可能，因为这一年十一月，焉耆和龟兹两国背叛东汉，将都护陈睦、副校尉郭恂及将士二千余人全部杀害，己校尉关宠也被北匈奴围困在柳中城不得脱身。更为严峻的是，明帝在这一年八月驾崩了，适逢国家大丧，救兵迟迟不至。车师眼看汉军势单力弱，再次倒向北匈奴，跟北匈奴一起围攻汉军。耿恭与将士们同仇敌忾，击退了敌人的一次又一次进攻。绝望中的他们得到了车师后王夫人的救助，这位可敬的夫人不知姓甚名谁，只知道她的祖先是汉人，她私下将车师和匈奴的情报告诉耿恭，又暗地里供给他们粮饷。汉军得到她的救助，勉强苦撑了几个月，最后粮食全都吃完了，汉军"乃煮铠弩，食其筋革"，真正到了山穷水尽的地步。此时全军将士仅剩下寥寥几十个人，耿恭抱着必死之心跟部下推心置腹，大家宁死不向北匈奴投降。北匈奴知道耿恭他们已无路可走，一心想逼迫其投降，派使者招诱耿恭说："你要是投降，就封你为白屋王，把美女嫁给你做妻子。"耿恭假意答应，引诱北匈奴使者上城来亲手杀了他，将他的尸体在城上用火炙烤。北匈奴使者的随从看见后嗷嗷大叫，跑去向单于哭诉，单于气得发疯，传令增兵围城，但始终无法攻破城门。

耿恭和他的将士们的命运到了极其危急的关头，如果一直这么耗下去，他们必定凶多吉少，突围的希望十分渺茫，距离万里之遥的东汉朝廷及时派兵救援是耿恭他们生还的唯一希望。可是明帝刚晏驾不久，章帝将这个问题交给大臣们讨论，司空第五伦认为不宜救，司徒鲍昱则主张派兵救援，他的一番话打动了章帝："如今派人前往危险艰难之地，发生了紧急情况便将他们抛弃，这种做法是对外纵容蛮夷的暴行，对内伤害效死的忠臣。以后边境太平无事就好，若是北匈奴再度侵犯边塞，陛下派谁去守卫疆土呢？耿恭、关宠两校尉各自仅有数十人，而北匈奴数万人围攻他们，历久不能攻克，这是北匈奴兵弱力竭的明证。我建议命令敦煌、酒泉两郡太守各率领精锐骑兵二千人，日夜兼程急行军去解救他们。北匈奴的军队疲惫已极，一定不敢抵挡，四十天之内即可返回塞内。"章帝于是派征西将军耿秉屯驻酒泉郡，代理太守职务；派酒泉太守段彭与谒者王蒙、皇甫援征发张掖、酒泉、敦煌三郡士卒及鄯善的军队一共七千余人，前往救援耿恭。

酒泉郡太守段彭等人率军于建初元年（76）正月赶到柳中城集结，进击车师，攻打交河城，斩杀三千八百人，俘虏三千余人，缴获骆驼、驴、马、牛、羊共三万七千头。北匈奴军惊慌逃遁，车师再度投降东汉。当时关宠已经战死，谒者王蒙等人打算引兵东归。耿恭的一位军吏范羌此前受派去敦煌取将士们的御寒衣物，恰好遇上王蒙的援军，范羌便随军一道出塞返回车师。范羌坚持要求去救耿恭，但耿恭所在的疏勒城在几百里外，王蒙等将领不敢前往，便分出两千兵力交给范羌。范羌率军前往救援耿恭，途中积雪一丈多深，援军赶到疏勒城时已是筋疲力尽。耿恭等人夜间在城中隐隐听到兵马声，以为北匈奴军又来攻城了，大为惊怖。范羌从远处喊道："我是范羌，汉朝派部队迎接校尉来了！"听到范羌的叫喊声，城中的汉军齐呼"万岁"，遂开城门，彼此互相紧紧拥抱，惊喜激动得痛哭流涕。次日，耿恭他们同救兵一道返回。北匈奴派兵追击，汉军边战斗边撤退。耿恭和将士们饥饿已久，从疏勒城出发时还有二十六人，但沿途不断有人牺牲，抵达玉门关时只剩下十三人。这十三人个个衣衫褴褛，鞋履洞穿，面容憔悴，形销骨立。中郎将郑众亲自为耿恭及其部下安排洗浴，更换衣帽，并向朝廷上书说："耿恭以微弱的兵力固守孤城，抵抗北匈奴数万大军，经年累月，耗尽了全部心力。凿山打井，煮食弓弩，先后杀伤敌人数以千计，忠勇俱全，没有使汉朝蒙羞。耿恭的忠义节操古今未有，应当赐给他荣耀的官爵，以激励将帅。"耿恭到达洛阳后，司徒鲍昱认为耿恭"节过苏武，宜蒙爵赏"，章帝于是任命耿恭为骑都尉。

这一年，章帝诏令撤销西域都护和戊己校尉。当初汉军降服车师后，窦固即派军中假司马班超出使西域；汉军从车师撤兵后，西域各国再次纷纷背叛东汉倒向北匈奴，北匈奴在西域的势力重新抬头。朝廷诏令正在西域出使的班超返回洛阳，班超接到诏令时，刚刚平定了疏勒国的叛乱，随即动身沿着南道回国，却被疏勒、于阗国人轮番苦留，于是他决定继续留在西域镇抚各国，在西域演绎了惊心动魄、险象环生的传奇故事。

三、班超的神奇：镇定西域

东汉历史上有两个家族在为朝廷效力的过程中，有过几代人互相紧密共事的经历，在汉朝历史上绝无仅有，这两个家族就是窦家和班家。窦家的窦融在王莽败亡后至东汉初年以张掖属国都尉、凉州牧的身份镇守河西时，班家的班彪在窦融军中任职从事，当时窦融给光武帝刘秀的奏书全都出自班彪手笔，受到刘秀赞赏。明帝永平十六年（73），窦固以奉车都尉的身份率军讨伐北匈奴，曾为兰台令史、当时赋闲在家的班超（32—102）被任命为假司马随军远征，班超从此立功西域。窦固是窦融弟弟窦友的儿子，班超则是班彪的小儿子。和帝永元元年（89），窦融的曾孙窦宪率师讨伐北匈奴，班彪的大儿子班固为中护军，窦宪大破北匈奴，在燕然山勒石纪功，铭文即是班固的杰作。两个家族的三次合作共事为东汉的建立、稳定和发展做出了重要贡献，在历史上留下佳话。

在永平十六年（73）汉军讨伐北匈奴的战斗中，窦固让班超率领一支小分队攻打伊吾，新兵蛋子班超率部在蒲类海（今新疆东部的巴里坤湖）跟北匈奴作战，指挥若定，很有章法，杀死了很多北匈奴兵。窦固见班超的小分队拎着很多北匈奴兵的首级回来，大为高兴，认为班超有军事指挥才能，战斗结束后派遣他跟随从事郭恂一道出使西域。

出使西域正是班超的梦想。十年前，当他和母亲随着校书郎哥哥班固来到京城洛阳的时候，因为家里贫穷，哥哥一个人的薪水难以维持全家人的生计，班超于是经常帮官家抄书，挣一些俸银补贴家用，"常执勤苦，不耻劳辱"。长年累月单调枯燥的抄写工作没有磨灭班超胸中的鸿鹄之志，有一回，他望着台面上层叠的卷帙，扔掉手中的笔停止抄写，感慨道："大丈夫纵然没有别的志向，也应当效仿傅介子、张骞那样出使异域，建功立业以获取封侯，怎么能长期做这种替别人抄抄写写的事呢？"身边的人听到后都取笑他，班超鄙夷道："凡夫俗子岂知壮士之志！"如今，窦固的信任与赏识终于让生得"燕颔虎颈"，"为人有大志、不修细节"的抄书郎班超有了大显身手、立功异域的机会。

收服鄯善

班超沿着东汉通往西域的南道首先来到鄯善。鄯善原来叫楼兰，昭帝元凤四年（前77）傅介子刺杀楼兰王后改称鄯善，这里离阳关只有一千六百多里，是距离东汉比较近的西域国家。今天新疆吐鲁番市有个鄯善县，但那里不是古代的鄯善（楼兰）国所在，鄯善县在西域北道，汉代属于车师国，而汉代的鄯善（楼兰）国在西域南道。班超到了鄯善国，鄯善国王广起初对他恭敬礼貌，后来忽然变得冷淡。班超对鄯善王前恭后倨的态度变化很警觉，他猜测一定是有北匈奴使者来了，鄯善王犹豫该向哪一边示好的缘故。班超于是把鄯善的侍者叫过来，诈他说："北匈奴使者来了好几天了，他们现在在哪儿？"侍者一听，以为班超知道有北匈奴使者来了，惊恐之下招供了全部情况，原来真的有北匈奴使者到了鄯善。班超把侍者关押起来，召集全体部属三十六人一起宴饮，酒酣耳热之际，班超激发部属，说："你们和我都身处绝域，想立大功以求富贵。现在北匈奴使者来了才几天，鄯善王广便对我们没有了敬意，如果他把我们抓起来送给北匈奴，那我们的骸骨就会被拿去喂豺狼了。你们看怎么办好呢？"部属都说："这种危急存亡的关头，您说怎么办就怎么办。"班超说："不入虎穴，焉得虎子。现在只有趁夜晚天黑，用火攻击北匈奴人，他们不知道我们有多少人，一定会大为惊恐，我们便可趁势全歼他们。消灭了北匈奴人，鄯善王就会吓破胆，我们便大功告成了。"部属听说要去杀北匈奴使

者,而且要全歼,有些犹豫地说:"要不要跟从事商量一下?"从事即郭恂,班超涨红着脸怒道:"是吉是凶,在于今日。从事是庸俗的文官,听了我们的计划必定会因害怕而泄露机密。一个人死了没有名声,哪里能称得上壮士?"大家说:"好!"初更时分,班超率领部属悄悄摸到北匈奴使者住处。这时正好刮起了大风,班超命令十个人持鼓隐蔽在北匈奴使者住处后边,嘱咐他们一看到火着起来就使劲击鼓大声呐喊;其余的人手持弓箭武器,埋伏在北匈奴使者住处门前两边。大家各就各位之后,班超顺风点火,那十个部属看见火苗,立即大力击鼓喧哗,梦中惊醒过来的北匈奴人不明就里,吓得乱作一团,慌忙往外逃窜,出来一个被杀死一个,其中班超就手刃了三个北匈奴人。逃出来的北匈奴使者和随从三十几个人全部被杀,没有来得及逃出来的大约一百人全被活活烧死。第二天,班超将情况告知从事郭恂,郭恂听班超说昨晚去袭击了北匈奴使者,顿时大吃一惊,当听到北匈奴使者和随从一百多人全部被歼灭的时候,郭恂的脸色一下子变了,露出滑稽尴尬的表情,心想这么好的立功机会怎么没有我的份呢?班超知道他的意思是想要分功,便举着手像宣誓一样对郭恂说:"您虽然没有一同去杀敌,我怎么会存心独占这份功劳呢?"郭恂这才笑眯眯地说:"仲升(班超字),看你说到哪里去了嘛。"班超召来鄯善王广,将北匈奴使者的首级指示给他看,鄯善举国上下都被吓傻了。班超说:"你们不要害怕,汉朝会保护你们。"于是,鄯善王便把自己的儿子送到洛阳做人质。

班超回到洛阳向窦固禀报,窦固大喜,详细奏报明帝,并请求另外选派使者出使西域。明帝对窦固说:"像班超这样的好官吏为什么不用,却要另选他人呢?现在任命班超为军司马,让他去完成未完成的功业。"就这样,班超再次受命出使西域。窦固想多派些士兵给班超,班超说:"把原来的三十多个人给我就足够了。如果有什么不测,人多了更是累赘。"

收服于阗

班超在南道继续完成他新的使命,他沿着这条路向西,下一站便是于阗。于阗地区附近过去有个强国叫莎车,光武帝建武年间,东汉不肯派西域都护,匈奴也因内部分裂力量削弱，莎车王贤便在西域称王称霸，奴役各国，邻近的于阗深受其害。(《后汉书·西域传》：莎车将君得在于阗暴虐，百姓患之。)莎车将领君得的暴虐激起于阗国人的反抗，明帝永平三年（60），于阗的一个部族首领都末与弟兄一道杀掉了君得，于阗的另一个部族首领休莫霸则同汉人韩融等人联合杀掉都末兄弟，休莫霸自立为于阗王，联合拘弥国攻打莎车并杀死了莎车驻守在皮山的将领，而后率兵回国。休莫霸的行为激怒了莎车王贤，贤派太子、国相率领西域几个国家的军队二万人，气势汹汹杀向于阗，本想好好教训一下休莫霸，结果却被休莫霸杀得丢盔弃甲，莎车军队战死一万多人。贤心有不甘，不久再次征调西域各国军队合共几万人，这一回他亲自挂帅，向休莫霸兴师问罪。休莫霸又一次打得莎车军队狼狈逃窜，贤损兵折将过半，他本人幸得脱身逃回莎车。休莫霸乘胜追亡逐北，举兵包围莎车，却不幸身中流矢而死，于阗不得不退兵。

休莫霸死后，于阗国相苏榆勒等人共同立休莫霸哥哥的儿子广德为国王。后来，莎车遭到北匈奴与龟兹等国的军队围攻，广德趁机派弟弟辅国侯仁率军进攻贤。莎车连年惨遭兵燹，贤渐渐无力招架，于是派使者向广德求和。此前广德的父亲被莎车抓去关押了几年，这时贤将广德的父亲放了回去，而且把女儿嫁给了广德，与他结为兄弟，广德率兵退走。第二年，莎车相且运等人不满贤骄傲横暴，秘密谋反，打算将城邑献给于阗。莎车王贤是于阗王广德的岳父，且运在贤与广德之间玩这种离间的把戏，于阗王广德居然不顾亲情，率领三万人的部队进攻莎车。贤据城抵御，派使者责问广德："我放回了你父亲，嫁女儿给你做妻子，你为什么还要来攻打我？"广德说："您是我妻子的父亲，很长时间没见面了，希望各带两个人在城外相会结盟。"要见岳父直接到家里来嘛，为何要带三万军队来约到城外去呢？傻傻的贤还就此事去问且运的意见，且运心里说大王您算是问对人了，嘴上却说："广德身为您的女婿，是最亲的人，应该出城见他。"贤于是毫无顾忌地出城，一到城外即被广德拿下，且运等人趁机打开城门放于阗军队进城。广德俘虏了贤的妻子儿女，一举吞并了莎车国，用铁链锁住岳父贤，将他带回于阗国，一年多后杀了他。

不管莎车、于阗如何耀武扬威、打打杀杀，这个时候说到底北匈奴才是西

域的老大。莎车王贤有个儿子在北匈奴做人质,所以北匈奴一听说广德灭掉了莎车,立即出兵干预,派出部王征调焉耆、尉黎、龟兹等十五个国家的军队共三万多人,陈兵包围了于阗。广德一看北匈奴来者不善,赶紧乞降,送太子去北匈奴做人质,约定每年向北匈奴进贡毛絮。

以上就是班超收服于阗的背景。《后汉书·班梁列传》:"是时于阗王广德新攻破莎车,遂雄张南道,而匈奴遣使监护其国。"说的就是上述情况。班超此番来到于阗,于阗王广德自恃有北匈奴做靠山,对班超"礼意甚疏"。班超不跟他计较,他了解到于阗这个国家的风俗迷信巫术,于阗的巫师对广德说:"神人发脾气了,为什么要亲近汉朝?汉朝使者有一匹浅黑色马,赶快牵来祭我。"广德派国相私来比去班超那里要那匹马,班超假装答应,并要那个巫师亲自来牵马。过了一会儿,巫师大摇大摆走了过来,班超不跟他半句废话,立刻将他斩首,并逮捕了私来比,痛笞其数百皮鞭。班超将巫师的首级扔到广德面前,以严厉的言辞责备他。广德早就听说班超在鄯善国杀死了北匈奴使者,这时见到血淋淋的巫师首级,吓得惊恐万状,转身就去击杀了北匈奴使者,向班超投降。"超重赐其王以下,因镇抚焉。"这样,班超不费一兵一卒就将于阗和莎车一起降服了。

收服疏勒

从莎车沿着南道再往西就是疏勒国,北道上的车师后国有个疏勒城,两者一东一西,一为国家一为城池,疏勒国就是今天新疆的喀什,是西域南北两道在最西边的交汇点。当时,龟兹王建是北匈奴扶植的,他倚仗北匈奴的威势,据有天山北道,攻破疏勒国,杀死了疏勒国王,立龟兹人兜题为疏勒王。永平十七年(74)春天,班超抄小路前往疏勒。到了离兜题居住的槃橐城九十里的地方,班超派遣部下田虑去槃橐城敦促兜题投降,并嘱咐田虑说:"兜题本不是疏勒国人后代,疏勒国人一定不会听从他的命令,他若不投降,你就逮住他。"田虑到达槃橐城劝说兜题投降,兜题见他势单力薄,完全没有投降的意思。田虑趁他不备,出其不意上前捆绑了他,兜题的随从没有料到汉朝使者这么威猛，吓得半死，纷纷夺门逃散。田虑绑了兜题后立即驰告班超，班超拍马赶到槃橐城，召集疏勒全体将士官吏，痛陈龟兹倒行逆施的恶行，扶立故疏勒国王兄长的儿子忠为疏勒王，疏勒国人皆大欢喜。疏勒王忠和他的下属请求班超杀掉兜题，班超没有同意，释放了兜题示以威信。疏勒国跟龟兹从此结下了仇怨。

永平十八年（75），明帝去世，焉耆和龟兹趁着东汉国丧，攻杀了西域都护陈睦，驻守在都护治所的士卒两千多人全部罹难。其时北匈奴围攻驻守在车师前国的己校尉关宠和驻守在车师后国的戊校尉耿恭，班超孤立无援，而龟兹、姑墨等国多次发兵攻打疏勒，形势非常危急。班超率众镇守槃橐城，跟疏勒王忠构成首尾之势，以极少的兵力坚守了一年多。章帝初登帝位，因陈睦被杀害，担心班超兵力单薄不能自保，诏令他返回洛阳。班超接到诏令后起程回国，他要离开的消息一传开，立即在疏勒国引起轰动。疏勒全国忧愁恐惧，都尉黎弇神情绝望地说："汉朝使者离开疏勒国后，疏勒国一定会再次被龟兹所灭，我真不忍心看到汉使离去！"言罢拔刀自杀。班超很无奈，但天子有诏，不得不遵行。他从南道回国，走到于阗的时候，于阗国自王侯以下都号哭着说："我们依靠汉使就像依靠父母一样，真不能离开啊！"争相抱着班超的马脚，使班超不能离开。班超看着于阗国人又哭又抱，深为眼前的场面所感动，又想到自己最初的志向还没有全部实现，便转身返回疏勒国。自从班超离开后，疏勒有两个城市投降了龟兹，同尉头国连兵为祸。班超一回到疏勒国便捕杀了谋反的人，打败了尉头国军队，杀死六百多人，恢复了疏勒国的安定局面。

破姑墨，请援兵

班超孤军奋战，巧妙地利用西域各国的兵力去降服那些屈服于北匈奴、背叛东汉的国家。例如，收服疏勒国后遭到焉耆和龟兹围攻时，他借用疏勒国的兵力抗击外敌，平定内乱。班超不仅利用葱岭以东各国的兵力，还将战略眼光投向葱岭以西，跟西域当时的强国康居联络，借用康居国的兵力，与疏勒、于

阗、拘弥的军队一道，合共一万人，以迅雷不及掩耳之势击破姑墨。（《后汉书·班梁列传》：建初三年，超率疏勒、康居、于阗、居弥兵一万人攻姑墨石城，破之，斩首七百级。）

班超意欲乘胜一举平定西域诸国，可是手下没有自己的嫡系部队，单靠西域各国的兵力总不是办法，于是他上书朝廷请求增派兵力：

> 臣窃见先帝欲开西域，故北击匈奴，西使外国，鄯善、于寘即时向化。今拘弥、莎车、疏勒、月氏、乌孙、康居复愿归附，欲共并力破灭龟兹，平通汉道。若得龟兹，则西域未服者百分之一耳。臣伏自惟念，卒伍小吏，实愿从谷吉效命绝域，庶几张骞弃身旷野。昔魏绛列国大夫，尚能和辑诸戎，况臣奉大汉之威，而无铅刀一割之用乎？前世议者皆曰取三十六国，号为断匈奴右臂。今西域诸国，自日之所入，莫不向化，大小欣欣，贡奉不绝，惟焉耆、龟兹独未服从。臣前与官属三十六人奉使绝域，备遭艰厄。自孤守疏勒，于今五载，胡夷情数，臣颇识之。问其城郭大小，皆言"倚汉与依天等"。以是效之，则葱领可通，葱领通则龟兹可伐。今宜拜龟兹侍子白霸为其国王，以步骑数百送之，与诸国连兵，岁月之间，龟兹可禽。以夷狄攻夷狄，计之善者也。臣见莎车、疏勒田地肥广，草牧饶衍，不比敦煌、鄯善间也，兵可不费中国而粮食自足。且姑墨、温宿二王，特为龟兹所置，既非其种，更相厌苦，其势必有降反。若二国来降，则龟兹自破。愿下臣章，参考行事。诚有万分，死复何恨。臣超区区，特蒙神灵，窃冀未便僵仆，目见西域平定，陛下举万年之觞，荐勋祖庙，布大喜于天下。（《后汉书·班梁列传》）

班超在奏书中将自己的报国热情、收服西域的重要性、平定西域诸国的策略阐述得清清楚楚。奏章送达御座，章帝相信班超可以成功，于是诏命班超的好友、平陵人徐干为假司马，调拨减刑的罪人及志愿人员一千人给班超。这一年是建初五年（80）。

打通南道

建初元年（76）东汉撤销了西域都护和戊己校尉后，西域国家感觉失去了东汉的依靠，立场又开始摇摆，某些原先附属东汉的国家叛变，重新倒向北匈奴。莎车以为东汉不会再出兵了，于是向龟兹投降，而疏勒都尉番辰则反叛东汉。可是出乎他们的意料，正好徐干率兵赶到，班超便和徐干合兵先收拾番辰，把番辰打得大败，斩首一千余级，俘虏甚众。建初八年（83），朝廷任命班超为将兵长史。第二年，朝廷又增派假司马和恭等四人率军八百人到班超驻地。兵力增强后，班超便发动疏勒、于阗的军队攻击莎车。

莎车暗地里派人用重利贿赂疏勒王忠，疏勒王忠经不起诱惑，听从莎车的指使，背叛班超，向西逃至乌即城（故址大致在今新疆喀什西南阿克塔拉一带）负隅顽抗。班超另立疏勒的府丞成大为疏勒王，调动疏勒国没有背叛的军队攻击固守乌即城的疏勒王忠。过了半年，康居国派遣精兵援救忠，班超攻打不下。当时月氏刚与康居国联姻，两国互相亲善，班超派遣使者带着很多锦帛送给月氏王，让月氏去说服康居王罢兵。康居王果然罢了兵，还活捉了疏勒王忠，将他押回疏勒，乌即城只好向班超缴械投降。

其后三年，疏勒王忠游说康居王，向他借兵，杀回并占据了损中（今新疆疏勒县），又暗中与龟兹密谋，派遣使者向班超诈降。班超识破了他们的诡计，于是将计就计佯装接受投降。疏勒王忠大喜，随即轻车简从只带了几个骑兵去见班超。班超表面上设帐安排酒宴乐队欢迎，暗地里埋下伏兵，等待疏勒王忠的到来。疏勒王忠来了，就在双方饮酒作乐之时，班超令士兵捆了疏勒王忠，把他杀了，乘胜攻击他的军队，杀死了七百多人，西域南道就这样打通了。

击莎车，退月氏

第二年，班超征发了于阗等国的军队二万五千人，再次攻打莎车，而龟兹王派遣左将军纠集温宿、姑墨、尉头等国的军队合计五万人，援救莎车。班超

召集将校和于阗王商议说:"眼下敌众我寡,最好的计策是表面上各自散去,于阗的军队从这里往东,我则从这里往西,等夜里听到鼓声再出发前往莎车。"暗地里放松对俘虏的监禁,好让他们通风报信。龟兹王听到这个消息后窃喜,亲自率领一万骑兵到西边阻击班超;温宿王率领八千骑兵往东边拦截于阗王。班超得悉两路敌军已经出发,密令各部率领军队于鸡鸣时分奔赴莎车军营。敌人完全没有料到班超会杀一个回马枪,大为惊恐,慌忙逃窜。班超的军队追击敌人,杀死敌军五千余人,缴获大批财物、马匹。莎车遂降。龟兹等国溃败作鸟兽散,班超从此威震西域。

月氏曾帮助东汉进攻车师国有功劳。后来,月氏向东汉贡献珍珠宝贝、符拔、狮子,并请求东汉以公主许婚。班超拒绝了月氏的请求,遣还他们的使者。从此月氏怨恨东汉。

永元二年(90),月氏派遣副王谢率领七万人马攻击班超。班超兵力少,军士都很惊恐。班超晓谕军士说:"月氏兵虽然多,可是跋涉数千里,翻越葱岭来犯,交通运输极为不便,有什么可忧虑的呢?只要我们收藏好粮食,坚守不出,敌人便会因饥饿而投降。不过几十天便可以击败敌人。"月氏副王谢率军攻击班超,不能取胜,又进行掠夺抢劫,也毫无所得。班超估计敌人军粮已尽,必定会向龟兹求救,于是派遣军队数百人在东路拦截。月氏副王谢果然派遣骑兵赍送金银珠玉去贿赂龟兹,班超的伏兵突然杀出,全歼敌人,派人将月氏使者的脑袋送给副王谢。谢大为惊骇,立即派遣使者向班超请罪,只求让他能活着回去。班超放了月氏副王谢,让他回国。月氏从此受到极大震动,每年都向东汉进贡。

威服西域

班超打通南道后,随即转向北道。永元三年(91),东汉大军在窦宪的率领下彻底击溃了北匈奴,原来依附北匈奴的龟兹、姑墨、温宿纷纷归附东汉。朝廷重新设置并任命班超为西域都护,徐干为长史,立龟兹的侍子白霸为龟兹王,派遣司马姚光护送他回国。班超与姚光共同胁迫龟兹废除原国王尤利多,立白霸为王,派遣姚光将尤利多带回到洛阳。班超驻扎在龟兹它乾城(故址在今新疆阿克苏地区新和县西南),徐干屯兵疏勒。西域除了焉耆、危须、尉犁这几个国家以前杀过汉朝都护陈睦,因此怀有二心,不敢归诚;其余各国都拥护东汉。

永元六年秋天(94),班超调动龟兹、鄯善等八国军队合共七万人,以及自己属下的吏士、商人一千四百人讨伐焉耆。军队到达尉犁边界,班超派人晓谕焉耆、尉犁、危须说:"都护这次到这里来,只想要安定、抚慰三国。如果想要改过从善,就应该派首领来迎接我们,那么你们王侯以下都会得到赏赐,抚慰完毕我们便会回师,现在赏赐你们国王彩色丝绸各五百匹。"焉耆王广派遣他的左将北鞬支献上牛酒迎接班超,班超责备北鞬支:"你虽然是匈奴侍子,可你掌握着国家大权,我作为汉朝都护亲自来到,你们国王不及时迎接,都是你的罪过。"有人对班超说,可就便杀了北鞬支。班超说:"这不是你们能考虑到的,这个人的权力比国王还要大。现在我们还没有进入他们的国境便杀了他,会使他们产生疑惧,如果他们加强防备,守住险要,我们怎么能够到得了他们的城下呢?"于是赏给北鞬支财物,打发他回去了。随后,焉耆王广与其他头领在尉犁迎接班超,献上珍珠宝物。

焉耆国有一处险阻是苇桥,这里是进入焉耆国的必经之路。国王广拆毁了苇桥,以阻止汉朝的军队进入他们的国境。班超改道从别处涉过齐衣带以上的深水过河,在离都城二十里的大泽中扎营。广万万没有料到汉军从天而降,大为惊恐,将全国人赶到山林中躲藏起来。焉耆左侯元孟曾在洛阳当过人质,他秘密派人把这件事告诉了班超,班超把使者杀了,表示不信用。班超约会各国国王,并扬言要对他们重加赏赐。于是焉耆王广、尉犁王汛和北鞬支等三十人一同与班超相会。焉耆的国相腹久等十七人害怕被杀头,脚底抹油溜之大吉,危须王也拒不奉命前来。班超坐定,怒气冲冲地诘问焉耆王广:"危须王为什么不来?腹久一班人为什么逃跑?"说罢,喝令吏士把焉耆王广、尉犁王汛等抓起来,在陈睦遇害的旧城斩杀了他们,把他们的脑袋送往京师洛阳。又驱使军队抄劫掳掠,斩首五千余级,生俘一万五千人,缴获马牛羊等牲畜三十余万头,改立元孟为焉耆王。班超留在焉耆安抚其国人,此后西域五十余国都送人质到东汉表示归服。

如果在东边的敦煌与西边的疏勒国之间画一条轴线，再围绕这条轴线画一个椭圆，轴线南边的弧线就是通往西域的南道，北边的弧线则是北道。班超镇抚西域诸国的足迹就是从敦煌出发，顺时针沿着南道一路向西，到了疏勒国再沿着北道一路向东折返，正好转了一圈。班超自明帝永平十六年（73）开始，到和帝永元六年（94），终于使西域五十多个国家全部归附东汉，他的忠诚、智慧、眼光、毅力和成就得到了朝廷的嘉许，章帝在诏书中对班超出使西域做了高度评价："超遂逾葱领，迄县度，出入二十二年，莫不宾从。改立其王而绥其人。不动中国，不烦戎士，得远夷之和，同异俗之心，而致天诛，蠲宿耻，以报将士之仇。"班超最终实现了他曾经立下的封侯宏愿，被封为定远侯，食邑千户。

永平十二年（100），"久在绝域"的班超"年老思土"，他看着当初跟随自己出使西域的部属一个个相继辞世，只剩下自己还在距离京师万里之遥的异国他乡，越来越思念故土亲人。他上书和帝，表示"臣不敢望到酒泉郡，但愿生入玉门关"，并让他的儿子班勇"随献物入塞"，希望"及臣生在，令勇目见中土"。班超的妹妹班昭也上书说："所与相随时人士众，皆已物故。超年最长，今且七十。衰老被病，头发无黑，两手不仁，耳目不聪明，扶杖乃能行"；"超有书与妾生诀，恐不复相见。妾诚伤超以壮年竭忠孝于沙漠，疲老则便捐死于旷野，诚可哀怜"。和帝看了后深受感动，于是征召班超归国。（《后汉书·班梁列传》：书奏，帝感其言，乃征超还。）班超于永元十四年（102）八月回到洛阳，受拜为射声校尉，一个月后病逝，享年七十一岁。这位在西域立下卓越功勋的三朝元老去世后倍享哀荣，"朝廷悯惜焉，使者吊祭，赠赗甚厚"。

《后汉书·班梁列传》说"超在西域三十一年"，从明帝永平十六年（73）班超跟随窦固转战蒲类海算起，到和帝永元十四年（102）回到洛阳，连头连尾不过三十年，《后汉书》的说法有错误，但说班超在西域三十年是没有问题的。

建初八年（83），朝廷派遣卫侯李邑走南道护送乌孙使者回国。李邑刚到于阗，正碰上龟兹进攻疏勒，他感到前途渺茫，不敢前进，于是上书朝廷，认为平定西域不可能成功，又极力毁谤班超，说班超拥妻抱子，在国外享受安乐，没有心思考虑国内的事情。风声传到班超耳朵里，班超叹息道："我非曾参而有三至之谗，恐怕现在会有人怀疑我了。"章帝知道班超忠心耿耿，狠狠地责备李邑说："假如班超拥妻抱子，那么思念家乡的士卒一千多人怎么能够都跟班超同心同德呢？"命令李邑到班超那里接受他的指挥，还传诏班超："如果李邑在国外任职，那就留他在你那里做从事。"班超却派遣李邑带领乌孙侍子回京师。徐干对班超说："李邑以前毁谤你，企图使你平定西域的功业失败，现在何不遵循皇帝的旨意把他留下来，另派官吏护送侍子呢？"班超说："你怎么这样没见识呢？正因为李邑毁谤我，所以我现在才派遣他回国。我问心无愧，还怕别人讲什么呢？为泄私愤图快意而把他留下来，不是忠臣的行为。"

　　班超被召还的时候，朝廷任命戊己校尉任尚接替班超为都护，交接工作时，任尚对班超说："君侯在外国三十多年，而我惭愧地继您之后，责任重大，智虑浅短，您该有可以教我的经验吧。"班超说："我年纪老了，变得愚笨了，您出任大职，我班超怎能比得上呢？迫不得已，我愿意说几句不甚高明的话。塞外官吏士卒，本来就不是孝子顺孙，都是因为有罪过才被迁徙来补充边疆的屯兵，而蛮夷则禽兽心肠，很难驯服容易坏事。现在您秉性严厉有些急躁，水至清则无大鱼，严于监察则不得下属的欢心。您应该宽容冷静，简易行事，小过失从宽处理，紧紧抓住重要的环节就行了。"班超离开后，任尚私下对自己的亲信说："我以为班君有什么奇策，现在他所说的不过平常言论罢了。"任尚到任短短数年，西域反叛作乱，导致他被免职召还，就像班超所告诫的那样。

第九章 北匈奴的覆亡

一、新的形势和考验

第九章 北匈奴的覆亡

皇帝号称天子,顾名思义,就是昊天上帝的嫡长子。皇帝自称秉承天意治理天下,其权力是至高无上的。可是,一个人手里的权力大并不意味着他自身的能力大、眼光远、办法多。从历史的记载看来,天子跟昊天上帝之间的信息沟通似乎也不是那么通畅顺达,每当发生严重天灾的时候,天子往往不知所措。永平十八年(75),京师洛阳及兖、豫、徐州大旱,明帝的诏书提到了这次严重的旱灾:"自春已来,时雨不降,宿麦伤旱,秋种未下,政失厥中,忧惧而已。"面对天灾,上天的嫡长子除了忧惧之外没有一点办法,明帝下诏两个月之后在忧惧中升了天,把忧惧留给了他的儿子章帝。章帝照样没有办法,他问司徒鲍昱:"何以消复旱灾?"鲍昱说,皇上您刚继承大统,眼下这天灾跟您没有半毛钱关系,一定是以前流放的犯人太多,他们未必全都有罪,现在让他们各回各家各找各妈,这样便可招致祥和之气,旱灾自然就会消除。章帝居然就信了。

可是校书郎杨终还有意见,他上书说:"近年在北方讨伐匈奴,在西域开通三十六国,致使百姓连年服徭役,转运繁巨、费用浩大。忧愁苦难的人民足以感动天地,陛下应当留意省察。"言下之意就是,要想上天不降灾异,征伐北匈奴和镇抚西域的军队必须统统撤回来。可是这涉及国家重大军事外交政策调整,初登大位的章帝一时拿不定主意,便将杨终的奏书交给群臣讨论。牟融、鲍昱都认为:"孝顺之子不改父亲的主张。讨伐北匈奴、屯驻西域都是先帝的决策，不应有所变化。"这就是凡是先帝所钦定的都要不折不扣地遵照执行的意思。牟融、鲍昱的话实在是愚笨得很，因为任何相反的意见都可以从历史经验中找到例证，在历史的长河中谁都能摸着不同的石头过河，重要的是要将历史的经验跟现实紧密联系起来。熟读《春秋》的校书郎杨终要举出历史上改变祖宗成法的例子来反驳牟融、鲍昱他们简直易如反掌，他说，秦二世胡亥不改前代政策续修长城就失去了天下，光武皇帝就一再拒绝了西域各国的归附。他再随便举了《春秋》里的两个例子，然后联系现实提出警告说，如今在伊吾屯田和楼兰驻防的士卒久不还乡，这不符合上天之意，看看眼下的旱灾吧，此乃上天的警示！章帝一听，嗯，现实。现实是国家正在经受严重的旱灾，这仗是不能打了，西域也别去管了。章帝最终采纳了杨终的意见，诏令撤销西域都护和戊己校尉，并召还正在西域镇抚各国的班超。

　　撤销西域都护和戊己校尉这件事折射出章帝在新形势下处理与南北匈奴、西域和周边少数民族的关系方面经验和智慧捉襟见肘，他的前任明帝制定的断北匈奴右臂战略等于被完全放弃了。此后在他的任期内，东汉不仅放弃断北匈奴右臂，还时不时为北匈奴的右臂疗伤。章帝元和元年（84），武威太守孟云上书说，北单于想赶着牛马来到边境跟汉人做买卖。章帝诏令孟云派遣驿使迎接、慰问北单于的部属，昔日战场上的敌人、对手成了今天集市上的伙伴、顾客，北单于派遣大且渠伊莫訾王等人赶着一万多头牛马前来与东汉的商人交易。这样的交易不是一次两次，有时候众王侯首领也会前来，东汉朝廷在北匈奴人途经的郡县周到地为他们准备官舍，给他们赏赐和优待。南匈奴得知后心里很不爽，派出轻装骑兵由上郡出发，在要害处设伏，当北匈奴商贩赶着牛马经过时，将人和牲口统统拦截掠夺，驱赶入塞。

　　第二年，南单于派一千多名士兵以打猎为名，一直打到了涿邪山（据说在今蒙古国境内满达勒戈壁附近一带），在这里与北匈奴温禺犊王部不期相遇，双方激烈交战后南匈奴获胜，他们斩了温禺犊王的首级回来。东汉既然准许北匈奴到边境从事贸易，如今受东汉庇护的南匈奴不但抢走北匈奴赶集的人口和牲畜，还借打猎的名义一直打到北匈奴家门口，北匈奴对东汉朝廷自然不会没有怨言。这一年冬天，武威太守孟云上书说："北匈奴已经跟东汉通好了，可是南匈奴又去抢劫杀人，北单于说汉朝欺骗他们，扬言要进犯边境。我认为最好将俘虏送还给北匈奴，以便给他们心理上的安慰。"章帝召集百官商议，大臣们都认为夷狄狡诈，贪心不足，得到俘虏以后，还会妄自夸大，不能开这个先例。太仆袁安说："北匈奴派使者进贡请求和亲，还把被掳去的人归还汉朝，这说明他们害怕大汉声威，而不是先违背条约。孟云以大臣的身份守卫边疆，不应对夷狄不讲信用。让俘虏回去，足以表明中国对他们的宽大，而使边境百姓得到安宁，没有什么比这样更好了。"司徒桓虞起初反对袁安，后来又改变主意赞同袁安，太尉郑弘、司空第五伦等都恨袁安，郑弘还大声激怒桓虞说："凡是主张释放俘虏的，都是对皇上不忠。"桓虞当场叱责他，第五伦和大鸿胪韦彪恼怒得脸都变了颜色。司隶校尉将全部情况奏明皇上，袁安等都把印绶交给皇上请罪。章帝下诏说：

> 昔猃狁、獯粥之敌中国，其所由来尚矣。往者虽有和亲之名，终无丝发之效。竞堉之人，屡婴涂炭。父战于前，子死于后。弱女乘于亭障，孤儿号于道路。老母寡妻设虚祭，饮泣泪，想望归魂于沙漠之表，岂不哀哉！传曰："江海所以能长百川者，以其下之也。"少加屈下，尚何足病？况今与匈奴君臣分定，辞顺约明，贡献累至，岂宜违信，自受其曲？其敕度辽及领中郎将庞奋倍雇南部所得生口，以还北虏。其南部斩首获生，计功受赏如常科。（《后汉书·南匈奴列传》）

章帝在诏书中将东汉对北匈奴的无可奈何和委曲求全表露得再明白不过：明明知道过去的和亲"终无丝发之效"，却还要准许北匈奴来到边境从事贸易活动，而且还要给北匈奴的部王好吃好住好款待。南匈奴已经臣属东汉，但他们抢劫了北匈奴的人口和牲畜。章帝不是勒令南匈奴将抢来的人口和牲畜归还给北匈奴，而是由朝廷出双倍的价钱从南匈奴手里买回那些人口牲畜再送回给北匈奴。南匈奴兵杀死北匈奴兵、获得俘虏，仍像以前那样给予计功奖赏。东汉朝廷这样委曲求全无非就是一个目的：息事宁人，既希望北匈奴不犯边境，也希望南匈奴安分守己。

北匈奴得知章帝诏书自然欢喜，南匈奴就更无理由不满，于是南单于又命令奠鞬日逐王师子率领几千轻骑出塞袭击北匈奴，杀死并俘获一千人，回来又向东汉朝廷邀功领赏。

章帝在位十几年时间里（76—88）北匈奴很少侵犯东汉边境，这与其说跟章帝对北匈奴的温和策略有关，毋宁说是这段时间北匈奴遭受严重的天灾、内乱和外患使然。建初八年（83），北匈奴三木楼訾首领稽留斯等人率领三万八千人，带了两万匹马、十多万头牛羊，来到五原塞边关向东汉投降，北匈奴就是在遭受这次大规模的叛变之后才向东汉朝廷乞求边市贸易的。为什么会有这么多北匈奴人向东汉投降呢？可能有几方面的原因。一是东汉加强了边境警卫守备，北匈奴很难入侵边境抢掠财物人口。《资治通鉴·汉纪三十七》："是岁〔永平十七年（74）〕，北匈奴大入云中，云中太守廉范拒之。吏以众少，欲移书傍郡求救，范不许。会日暮，范令军士各交缚两炬，三头火，营中星列。虏谓汉兵救至，大惊，待旦将退。范令军中蓐食，晨，往赴之，斩首数百级，虏自相轥藉，死者千余人，由此不敢复向云中。"北匈奴不但没有抢到东西，反而遭受惨重损失。二是严重的自然灾害。《后汉书·南匈奴列传》："其年〔建初元年（76）〕，南部苦蝗，大饥，肃宗禀给其贫人三万余口。"南匈奴遭受蝗灾，北匈奴自然也逃不过，但是南匈奴有东汉的救助而北匈奴没有。东汉对南北匈奴厚此薄彼，优待南匈奴、疏远北匈奴，自然容易使北匈奴阵营产生分化。这种分化的势头持续升温，元和二年（85）正月，北匈奴首领车利、涿兵等人逃入东汉边塞，总共有七十三起。看到北匈奴衰弱耗损、众叛亲离，南匈奴和周边那些小国不约而同一起攻击北匈奴，"南部攻其前，丁零寇其后，鲜卑击其左，西域侵其右"。章和元年（87），鲜卑打得北匈奴大败而逃，杀死优留单于犹不解恨，还剥了他的皮。北匈奴因战败、单于被杀，国中大乱，屈兰、储卑、胡都须等五十八部二十万人口，其中能当兵作战的只有八千人，纷纷到云中、五原、朔方、北地向东汉投降。加上蝗灾和饥饿，第二年仍然不断有北匈奴人投降东汉。众叛亲离的北匈奴"不复自立，乃远引而去"。可是，他们又能够逃到哪里去呢？等待他们的将是毁灭性打击。

二、勒石燕然：窦宪击溃北匈奴

从中元元年（56）到章和二年（88）这三十三年里，南匈奴一共死了七个单于。章和二年新立的休兰尸逐侯鞮单于屯屠何是南匈奴单于比的儿子，他可能想一雪乃父当年所受之耻，看到深陷内忧、外患与天灾之中的北匈奴已经十分孱弱，甫一即位便磨刀霍霍准备收拾北匈奴。屯屠何雄心勃勃，仗着东汉的庇护，企图一举扫平漠北，统一匈奴，"破北成南，并为一国"。他上书东汉朝廷，表示"愿发国中及诸部故胡新降精兵，遣左谷蠡王师子、左呼衍日逐王须訾将万骑出朔方，左贤王安国、右大且渠王交勒苏将万骑出居延，期十二月同会虏地"，他自己则"将余兵万人屯五原、朔方塞，以为拒守"。他说自己手里的兵力不够，"兵众单少，不足以防内外"，因此恳求东汉出兵合力歼击北匈奴。他似乎已然成竹在胸，居然指名道姓点将东汉："愿遣执金吾耿秉、度辽将军邓鸿及西河、云中、五原、朔方、上郡太守并力而北，令北地、安定太守各屯要害，冀因圣帝威神，一举平定。"屯屠何一边上书等待朝廷批准，一边雷厉风行地做好了战前准备："已敕诸部严兵马，讫九月龙祠，悉集河上。"

像过去每次商议出兵攻打匈奴一样，朝廷里总会出现和、战两种意见，这次主和的代表是尚书宋意，他的理由是：自从汉兴以来，征伐匈奴很多次了，但是战果不佳，利少害多，"其所克获，曾不补害"；光武帝刘秀对匈奴采取羁縻政策，使"边人得生，劳役休息"，四十多年来的经验证明这个策略是对

的；鲜卑贪图东汉的奖赏攻打北匈奴，对东汉有利，如果现在把北匈奴灭了，那么鲜卑就会侵扰东汉边境。因此，他认为趁北匈奴请求和亲的机会，"宜因其归附，以为外扞，巍巍之业，无过于此"，不能事事都顺着南匈奴，"坐失上策，去安即危"。主战一方的代表执金吾耿秉则认为："今幸遭天授，北虏分争，以夷伐夷，国家之利，宜可听许。""以夷伐夷"并不是耿秉的独创，西汉联合乌孙攻击匈奴、东汉初期祭肜怂恿鲜卑乌桓攻击匈奴、班超在西域利用一些国家的兵力镇抚其他国家的叛乱都是以夷伐夷，而且都收到了不错的效果，所以耿秉认为可以借助南匈奴的力量去征伐北匈奴。当时章帝刚晏驾不久，继位的和帝只有十岁，由窦太后临朝听政。正当她面对和、战双方意见相持不下而犹豫不决的时候，朝廷里发生了一件刺杀事件，从而戏剧性地催生了东汉军队的主帅——窦太后的胞兄、此前毫无军事实战经验的窦宪，他受命率师出征，意外地给了北匈奴石破天惊的一击。

故事还得从窦太后说起。窦太后是东汉开国元勋、大司空窦融的曾孙女，窦氏家族"一公、两侯、三公主、四二千石，相与并时"，十分显赫，"于亲戚、功臣中莫与为比"。古今富贵显赫家族的子孙往往骄横跋扈、不守法纪，窦氏家族的孩子们为这种不良社会现象多提供了一条例证，《后汉书·窦融列传》说窦氏"子孙纵诞，多不法"。不守法可以快意一时，但终究不会有好下场。窦太后的祖父窦穆、父亲窦勋都坐罪死于狱中，一个尊贵荣华的家族转眼间崩塌衰败，幸好窦家还有一个才貌双全的女儿。窦太后刚入选长乐宫时，章帝听闻她有才华又貌美如花，"及见，雅以为美"，遂于建初三年（78）立为皇后，"宠幸殊特，专固后宫"。当初，宋贵人生了太子刘庆，梁贵人生了皇子刘肇，而窦皇后却没有生子。在母以子贵的后宫里，即使贵为皇后，没有亲生儿子也是没有保障的，窦太后于是倚仗权势将梁贵人的儿子刘肇"养为己子"。梁贵人是梁竦的女儿，梁竦的哥哥梁松娶了光武帝的女儿，梁松、梁竦的父亲则是开国元勋梁统。宋贵人是当初马太后为章帝选纳的，马太后是开国元勋、伏波将军马援的小女儿。马太后于建初四年（79）去世后，窦皇后宠盖后宫，开始蓄意陷害宋贵人。她授意自己的兄弟在外面搜寻宋家的微小过失，让宫中的侍者在内部监视宋贵人的一举一动。终于有一天，他们找到了一个牵强的把柄:宋贵人生病想吃新鲜的兔子肉,吩咐娘家求购活兔子。窦家的人知道这个情况后告诉窦皇后,窦皇后便诬告宋贵人用兔子行巫蛊之术。章帝偏听偏信,令太子搬出太子宫,住到承禄观去;接着下诏废去刘庆的皇太子名号,改封为清河王,立刘肇为皇太子;再接着将宋贵人逐出内宫,囚禁于丙舍(东汉宫中正室两边的房屋,以甲乙丙为等次,第三等舍称丙舍)。宋贵人含恨仰药自尽。刘肇被立为太子后,窦皇后复于建初八年(83)匿名诬陷梁竦,梁竦获罪被诛,梁贵人忧愤而死。从此,后宫人人畏惧,集体失声,窦皇后宠爱日隆,在后宫无人可比。

窦太后的哥哥窦宪因妹妹立为皇后拜官为郎,稍后迁为侍中、虎贲中郎将,窦宪的弟弟窦笃为黄门郎,兄弟亲幸,宠贵日盛,就连王侯、公主和贵戚阴家、马家等家族都忌惮他们。明帝的女儿沁水公主有一块园田,就是著名的沁园,既有田园风光又有园林景致,是耕读、休闲、居住的好地方,词牌名"沁园春"就跟沁园有关。胆大包天的窦宪仗着妹妹的威势,用贱价向沁水公主强买沁园,沁水公主慑于窦氏家族的权势不敢跟他计较。后来有一天,章帝出行经过沁园,看见园田换了主人,问窦宪怎么回事?窦宪支支吾吾答不上来,章帝知道真相后大怒,严厉斥责窦宪,说窦宪这样强买沁水公主的园田,跟当年赵高指鹿为马有什么分别?公主的财产都胆敢染指,普通百姓还能逃得过你窦宪的欺凌吗?章帝最后撂下狠话:"国家弃宪如孤雏腐鼠耳!"不要你窦宪在朝廷里做官,就像扔掉一只孤零零的小鸡和一只死了发腐的老鼠一样,无足轻重。窦宪听了吓得直哆嗦,好在他妹妹特意换掉皇后的服饰以示谦卑,向章帝求情,这事才算过去。章帝勒令窦宪将园田归还给公主,窦宪虽然没有被治罪,但想得到重用是不可能了。

章和二年(88),章帝晏驾,和帝刘肇继位,窦皇后升为窦太后。当时和帝只有十岁,朝政大权掌握在窦太后手里,笼罩在窦宪头上的政治阴霾瞬间散去。他"内干机密,出宣诰命","兄弟皆在亲要之地",拉帮结派,内外协附,朝廷中没有人能奈何得了他。

窦宪权力很大,气量却很小,睚眦之怨莫不报复。明帝永平年间,谒者韩纡曾审理过窦宪父亲窦勋的案件,窦宪对韩纡怀恨在心,指使门客斩杀了韩纡的儿子，用其人头祭祀父亲窦勋。章帝晏驾后，齐殇王的儿子、都乡侯刘畅赴京城吊祭，他得宠于窦太后，窦太后传诏在上东门接见他。窦宪生怕刘畅分了他在内宫的大权，派刺客将刘畅刺杀在皇宫禁卫军中，转而嫁祸于刘畅的弟弟、利侯刘刚，并煞有介事地派侍御史和青州刺史共同审案。但是，窦宪毕竟不能一手遮天，更何况这个被杀的刘畅不是普通百姓，他是光武帝刘秀的兄长刘縯的曾孙，按辈分算起来是和帝的堂兄。尚书韩棱认为："凶手就在京城，不应舍近求远。而现在的做法，怕要让奸臣讥笑。"窦太后有意为兄长护短，听了韩棱的话后大怒，严厉地责备韩棱，但韩棱仍然坚持自己的看法。太尉掾何敞对太尉宋由说："刘畅是皇室宗亲，封国藩臣，到京城来祭吊先帝，上书听候命令，身在武装卫士当中，却遭到这样的惨死。执法官吏盲目地追捕凶手，既不见凶手的踪影，也不知他们的姓名。我作为您的属下，主管捕审罪犯，打算亲自到判案现场，督察查明案件，参与案件审理。"宋由同意了何敞的请求。案件终于被查了个水落石出，真相大白于天下。窦太后无奈，只好将窦宪禁闭在内宫。

就在这个时候，南匈奴单于屯屠何请求朝廷出兵征伐北匈奴，朝廷对于出兵还是不出兵这个问题还没有定论。窦宪害怕被杀，于是自告奋勇请求带兵攻打北匈奴，将功赎罪。但是，朝廷很多大臣不同意出兵征讨北匈奴，三公及九卿接连上书劝阻出兵，认为"匈奴不犯边塞，而无故劳师远涉，损费国用，徼功万里，非社稷之计"。奏书一封接着一封呈上，却始终如泥牛入海，太尉宋由害怕了，不敢继续在奏章上署名，九卿逐渐自动停止劝谏，唯独司徒袁安、司空任隗最不怕死，他们坚定不移，脱帽力争，先后上书约达十次。大臣们都为他俩捏一把汗，但袁、任二人却神情镇定，举止如常。侍御史鲁恭言辞更加激烈，他说：

> 夫戎狄者，四方之异气，与鸟兽无别。若杂居中国，则错乱天气，污辱善人，是以圣王之制，羁縻不绝而已。今匈奴为鲜卑所破，远藏于史侯河西，去塞数千里，而欲乘其虚耗，利其微弱，是非义之所出也。今始征发，而大司农调度不足，上下相迫，民间之急，亦已甚矣。群僚百姓咸曰

不可，陛下奈何以一人之计，弃万人之命，不恤其言乎！上观天心，下察人志，足以知事之得失。臣恐中国不为中国，岂徒匈奴而已哉！（《后汉书·卓鲁魏刘列传》）

鲁恭反对攻打北匈奴的理由很充分：不仁义，财政不充裕，不得民心。他说"圣王之制，羁縻不绝而已"，"欲乘其虚耗，利其微弱，是非义之所出也"，跟西汉时匈奴五单于并立期间萧望之反对出兵攻打匈奴的意见很相似。那一次朝廷采纳了萧望之的意见，但这一次窦太后没有接受鲁恭的意见，她不顾袁安、任隗多番劝谏，毅然决然出兵攻打北匈奴。窦太后"以一人之计，弃万人之命"，初衷就是为了她的兄长窦宪。趁着南匈奴的请求，顺势让窦宪奔赴疆场，胜，则皆大欢喜；败，即使罪该当死，也总比默默地死在牢狱里强。"乃拜宪车骑将军，金印紫绶，官属依司空，以执金吾耿秉为副，发北军五校、黎阳、雍营、缘边十二郡骑士，及羌胡兵出塞。"就这样，此前从未带过兵打过仗、毫无军事实战经验的窦宪以主帅的身份率师征伐北匈奴，副以对北匈奴有实战经验的执金吾耿秉，窦太后心想这样他的哥哥就安全了。窦宪率师出征的官衔级别非常高，"依司空"就是说按照司空的级别。司空属于三公之一，与太尉、司徒并列，当时没有丞相一职，三公就是大臣中最高级别的官职。

汉朝对匈奴作战时选择军事主帅没有明确的标准，全凭最高掌权者的个人旨意，要说任人唯贤吧，未必是；要说任人唯亲呢，也不是。汉武帝就重用过后来证明不合格的李广利，他第一次率军征伐大宛国时狼狈撤军，受到武帝严厉斥责。卫青以车骑将军身份在元光六年（前129）第一次远征匈奴就直捣茏城。他们两位之前都没有任何军事实战经验。但无论如何，窦太后委任负罪在身的哥哥窦宪为征伐北匈奴的最高军事统帅着实让人大跌眼镜，窦宪此前担任过侍中、虎贲中郎将，不过是在宫禁中负责警卫工作，并没有行军打仗的经验，更不用说率领千军万马远征漠北。然而，历史往往就这样出人意料，匪夷所思，昔日的京城恶少、今天的囚犯窦宪受命率领一帮"羌胡边杂之师"，竟然"一举而空朔庭"，将北匈奴彻底击溃。《后汉书·窦融列传》：

第九章　北匈奴的覆亡

明年［永元元年（89）］，宪与秉各将四千骑及南匈奴左谷蠡王师子万骑出朔方鸡鹿塞，南单于屯屠河将万余骑出满夷谷，度辽将军邓鸿及缘边义从羌胡八千骑，与左贤王安国万骑出稠阳塞，皆会涿邪山。宪分遣副校尉阎盘、司马耿夔、耿谭将左谷蠡王师子、右呼衍王须訾等，精骑万余，与北单于战于稽落山，大破之，虏众崩溃，单于遁走，追击诸部，遂临私渠比鞮海。斩名王以下万三千级，获生口马、牛、羊、橐驼百余万头。于是温犊须、日逐、温吾、夫渠王柳鞮等八十一部率众降者，前后二十余万人。

这是一次出乎意料的空前的大捷，窦宪、耿秉策马登上燕然山，这里距离鸡鹿塞三千多里，"刻石勒功，纪汉威德，令班固作铭"，其辞曰：

惟永元元年秋七月，有汉元舅曰车骑将军窦宪，寅亮圣明，登翼王室，纳于大麓，惟清缉熙。乃与执金吾耿秉，述职巡御，理兵于朔方。鹰扬之校，螭虎之士，爰该六师，既南单于、东乌桓、西戎氐羌侯王君长之群，骁骑三万。元戎轻武，长毂四分，云辎蔽路，万有三千余乘。勒以八阵，莅以威神，玄甲耀日，朱旗绛天。遂陵高阙，下鸡鹿，经碛卤，绝大漠，斩温禺以衅鼓，血尸逐以染锷。然后四校横徂，星流彗埽，萧条万里，野无遗寇。于是域灭区单，反旆而旋，考传验图，穷览其山川。遂逾涿邪，跨安侯，乘燕然，蹑冒顿之区落，焚老上之龙庭。上以摅高、文之宿愤，光祖宗之玄灵；下以安固后嗣，恢拓境宇，振大汉之天声。兹所谓一劳而久逸、暂费而永宁者也。乃遂封山刊石，昭铭上德。其辞曰：

铄王师兮征荒裔，剿凶虐兮截海外，夐其邈兮亘地界，封神丘兮建隆嵑，熙帝载兮振万世。（《后汉书·窦融列传》）

这场空前的大胜仅仅是开始。自从建初元年（76）耿恭从车师撤离后，东汉撤销了西域都护和戊己校尉，车师前国、车师后国又被北匈奴控制。趁着在稽落山大败北匈奴的势头，第二年（90），窦宪派副校尉阎耆率领骑兵二千余人袭击北匈奴在伊吾的驻军，重新占领了这块富庶之地。车师深感震恐，前后王国的国王都分别派遣王子到洛阳充当人质。

同一年，南单于屯屠何再次请求出兵彻底消灭北匈奴，窦宪派左谷蠡王师子等人率领左右两部八千骑兵从鸡鹿塞出发，中郎将耿谭派遣从事充当监军。大军行进到涿邪山，然后兵分左右两部：左部沿西北方向越过西海直抵河云北，右部先沿着匈奴河西向北挺进，南渡甘微河，再向西北与左部会合，"二军俱会，夜围北单于"。北单于大为惊恐，率精兵千余人仓促应战，被南匈奴兵击伤，从马背上滚下来，他连滚带爬再骑上马，带领数十名轻骑逃之夭夭。这是一场出其不意攻其不备的漂亮的大胜仗："得其玉玺，获阏氏及男女五人，斩首八千级，生虏数千口而还。"通过两年征战，南匈奴抓获大批俘虏，接纳所有投降的敌人，部众鼎盛，统管着三万四千户，人口达二十三万七千三百人，其中能够当兵打仗的有五万零一百七十人。按旧例，中郎将下面设两名从事，中郎将耿谭鉴于新投降的北匈奴人数众多，上书要求增加从事到十二人。

燕然勒石后，窦宪曾招降北匈奴，他派军司马吴汜、梁讽带着黄金丝绸去见北单于，"宣明国威，而兵随其后"。吴、梁二人一路走一路招，前后招降了万余人，他们在西海上追上了北单于，"单于稽首拜受"。吴、梁对北单于说，你只要像呼韩邪单于那样向汉朝称臣，大汉朝廷就保你国人平安享福。北单于听了很高兴，立马跟着吴、梁返回，走到私渠海时，听闻窦宪的军队已经入塞，他犹豫了，只派他弟弟右温禺鞬王带着贡品去汉朝做人质，随梁讽一同入京朝见。窦宪一看北匈奴单于没有亲自前来，奏报窦太后，将北单于派来充当人质的弟弟送了回去。永元二年（90）九月，北单于再次派遣使者到边塞表示臣服，并请求入京朝见。十月，窦宪派班固、梁讽前往迎接，正好赶上南匈奴左谷蠡王师子等率军出击北匈奴，班固他们走到私渠海只得返回。窦宪心里想，回来也好，不要北匈奴来朝拜了，干脆灭了它算了。后来就发生了大战河云北、夜围北单于的战斗。永元三年（91）二月，窦宪再次率军讨伐北匈奴，他派遣左校尉耿夔、司马任尚兵出居延塞，沿着西北方向挺进，在金微山包围了北匈奴单于。此战，汉军大败北匈奴军队，俘虏北匈奴单于的老母亲，

斩杀大部落王以下五千余人,北匈奴单于遁逃不知所终。窦宪这次讨伐北匈奴,是汉军有史以来出塞攻击匈奴距离最远的一次,距居延塞足足有五千余里。经此一役,北匈奴烟消云散,不复为国,其散落各部渐渐消失在历史的记忆里。

窦宪这个军事菜鸟,以戴罪之身指挥千军万马对北匈奴发起一次又一次石破天惊的攻击,连战连捷,战果辉煌,堪称中国古代军事史上的奇迹。范晔在《后汉书》中将窦宪跟卫青、霍去病做了比较和评论,他说:

> 卫青、霍去病资强汉之众,连年以事匈奴,国耗太半矣,而猾虏未之胜,所世犹传其良将,岂非以身名自终邪!窦宪率羌胡边杂之师,一举而空朔庭,至乃追奔稽落之表,饮马比鞮之曲,铭石负鼎,荐告清庙。列其功庸,兼茂于前多矣,而后世莫称者,章末衅以降其实也。

范晔的意思是,卫青、霍去病率领强盛时期的汉朝军队,连年征战,耗费了大半的国力也没有取得对匈奴作战的最后胜利,而窦宪率领一帮羌胡少数民族的杂牌军就一举端掉北匈奴的老巢,战功比卫青、霍去病大多了,可是后世却不称颂窦宪而盛赞卫青、霍去病,是因为窦宪后来的罪过减损了他的功劳。窦宪立功后私欲膨胀,妄图篡夺帝位,被诛,这样的结局毫无疑问会影响到后世对他的评价。但就事论事,卫青、霍去病面对的匈奴是尚处于强盛时期的统一的匈奴,而窦宪面对的是经过分裂再分裂的北匈奴,两者的实力不可同日而语、等量齐观,如果说前者匈奴是一只恶虎的话,后者北匈奴充其量不过是一只病猫而已。不过无论如何,窦宪大破北匈奴后燕然勒石堪称震古烁今、彪炳史册的辉煌胜利,他的历史功绩不容抹杀。

第十章 东汉与南匈奴相与偕亡

一、南匈奴君弱臣强引发的内乱

南匈奴单于屯屠何借助东汉的力量将北匈奴一举击溃,北单于逃亡不知去向,当时投降的北匈奴人数量有二十多万,全部归南匈奴管理。屯屠何有能力打江山却无命管天下,他在征伐北匈奴的战争结束后不久就死了。继位的是先单于宣的弟弟,也就是屯屠何的叔父安国。这一年是和帝永元五年(93)。

安国担任南匈奴左贤王的时候,在南匈奴中并没有称誉,他坐上单于位置后自然也不会深孚众望。而早前地位比他低的左谷蠡王师子则勇敢威猛、足智多谋,单于宣和屯屠何都很喜欢师子行事果敢、有魄力,多次派他带兵出塞攻打北匈奴。窦宪第一次征伐北匈奴的时候,师子率领的南匈奴骑兵作为先头主力在稽落山大战北匈奴军;第三次征伐北匈奴大战河云北,师子的部队仍然担任主力。师子不负所望,每次打了胜仗回来,都会受到单于的奖赏,东汉皇帝也对他刮目相看。南匈奴国人因此普遍敬重师子,不归附安国,这让安国心里很窝火,他想借着单于的权力除掉师子这颗眼中钉。师子以前常带兵攻打北匈奴,在投降的北匈奴人当中有不少曾遭受师子驱赶抄掠,因此对师子心怀怨恨,安国就利用这个矛盾,跟那些新投降的北匈奴人密谋杀掉师子。安国当上单于后,师子也顺次升任左贤王,他察觉出安国和新投降的北匈奴人的阴谋,为策安全,他带着他的人马移驻五原郡边境,与安国保持距离。安国每次召集在单于庭开会,师子总是借口生病不参加。五原郡是东汉度辽将军屯驻之所,行度辽将军皇甫棱了解情况后袒护师子,这让安国虽奈何不了皇甫棱,却对师子更加咬牙切齿，必除之而后快。

在集权专制领导体制下，大臣功高震主很容易引起君臣之间互相猜忌，导致政局不稳。如果君强臣弱，臣性命堪虞；如果臣强君弱，君成木偶傀儡；如果臣的势力足以抗君而君的势力不足以诛臣，则可能有一番龙争虎斗。单于安国跟左贤王师子之间就属于第三种情况，师子能力强、功劳大、声誉高，安国虽为单于，但能力、威望都不足以服众。更麻烦的是，安国缺乏驾驭臣下的领导艺术，气量狭小妒忌心强，对能力、威望超过自己的人不是充分利用其才干，而是一心把他当作异己加以剪除。更错误的是，刚刚当上单于的安国可能忘了，他所领导的国家早已不是一个独立自主的国家，他的权力受到东汉使匈奴中郎将的直接制约。

永元六年（94），当时的中郎将杜崇也跟安国不和，安国觉得很憋屈，手下的人不归附自己，中郎将不但不维护他作为单于的权威，还跟自己抬杠，心里很气不过。于是安国上书朝廷告发杜崇，杜崇知道后，暗示西河太守扣下安国的奏章，让他告不成。杜崇还猪八戒倒打一耙，与当时的行度辽将军朱徽上书告安国的状，说："南单于安国疏远原有的南匈奴人，跟新投降的北匈奴人亲近，企图杀掉左贤王师子以及左大且渠刘利等人。又，右部投降的北匈奴人谋划一同胁迫安国起兵背叛，请西河、上郡、安定做好防备。"和帝将奏章交给公卿大臣商议，大臣们认为：蛮夷反复无常，虽然难于推测知悉，但有大军镇守，他们必定不敢轻举妄动。现在最好派有谋略的使者到单于庭，与杜崇、朱徽及西河太守合力察看其动静。如果没有其他变故，可命令杜崇等人到安国处，召集单于身边的大臣，责备单于部众中为害边境的残暴之徒，共同评议他们的罪行。如果他们不肯听从，要杜崇他们临机处置，等事情结束以后，以主客的礼节考虑给以赏罚，这也可以向百蛮展示声威。和帝采纳了这个意见，于是朱徽、杜崇率军奔赴单于庭。由于事先没有知会南匈奴，安国半夜里听说汉军来了，心里没底，大为惊恐，顾不得问清楚缘由，丢下帐篷慌忙逃走，接着率领军队和新投降的北匈奴人企图杀掉师子，师子闻讯带着整个部落躲进五原郡曼柏城。安国兵临城下剑拔弩张，师子紧闭城门避其锋芒。安国的军队一时无法攻进城内，干脆屯兵驻扎在五原郡，摆出一副打持久战的架势。朱徽晓谕安国，为他们调解，安国说什么也不听。为防不测，杜崇、朱徽征调各郡的骑兵陆续奔赴五原郡，安国的部众看到汉军从四面八方源源不断地围集过来，越来越感到恐慌，安国的舅舅骨都侯喜为等人担心殃及自己，就把安国给杀了。

安国被杀后，双方的对峙自然消解，左贤王师子继任单于，然而南匈奴内部的矛盾并没有得到解决。新投降的五六百个北匈奴人趁夜偷袭师子，被护卫单于的安集掾王恬率兵击退。之后，新投降的北匈奴人互相串通，十五部二十多万人集体反叛，强迫扶立前任单于屯屠何的儿子奠鞬日逐王逢侯为单于。叛军杀掠官吏百姓，烧毁驿馆帐篷，洗劫一番之后驮着辎重向朔方逃窜，企图回到漠北老家去。朝廷派行车骑将军邓鸿等率领四万兵马围剿叛军。冬天，邓鸿等率军抵达美稷，逢侯率领叛军从冰上越过险要处，向满夷谷（东汉西河郡美稷县西北，在今内蒙古准格尔旗）遁去。南匈奴与东汉军队，以及鲜卑、乌桓、羌胡的部队一路追杀，歼灭叛军一万七千多人。逢侯及其部众逃出塞外，汉军没法追击。第二年正月，大军班师回朝。

鲜卑、乌桓、羌胡的部队领了奖赏各自散去。邓鸿回到京师，他因逗留失去战机，致使叛军逃逸。朱徽、杜崇跟南匈奴单于安国不和，阻止安国上书，是造成南匈奴爆发大规模内乱的主要原因，两人自然罪责难逃。最后，三人皆下狱而死。

逢侯的叛军在境外分为两部，他自己统领右部驻守在涿邪山下，左部驻扎在朔方郡西北，两部相距数百里。永元八年（96）冬天，左部的北匈奴人相互猜疑而背叛，一万多人全部投降东汉，倦鸟知返回到朔方塞，行度辽将军庞奋将他们分别安置在北部边境的各个郡。逢侯的部众饥饿穷困，又遭到鲜卑攻打，逃进塞内的人络绎不绝。

师子还没有坐上单于位置的时候很有威望，在单于任内却不见有什么作为，他死于永元十年（98），先单于的儿子檀继位。师子死的时候，逢侯所部叛军仍然逍遥塞外。南单于檀连续几年派兵攻打逢侯，俘获甚众，逢侯的处境越发窘迫。安帝元初四年（117），逢侯被鲜卑打败，部众分散后投奔南匈奴。走投无路的逢侯在第二年春天率领一百多名骑兵逃到朔方边关向东汉投降，当时的度辽将军邓遵上书朝廷，建议将逢侯迁到颍川郡（治所在今河南禹州市）居住。至此，南匈奴内部的这场叛乱方告平息。

二、北匈奴死灰复燃再争西域

窦宪虽然给了北匈奴无比沉重的一击，但并没有彻底斩草除根，被打散的北匈奴至少还有四部分残余。

其一是北单于带领的部众，"逃亡不知所在"，这是《后汉书·南匈奴列传》的说法；同传的"论曰"又说"单于震慑屏气，蒙毡遁走于乌孙之地"；《后汉书·袁安列传》也说"北单于为耿夔所破，遁走乌孙，塞北地空，余部不知所属"。两处的说法虽有出入，但北单于往西北方向逃亡应该是可以确信的，至于逃亡时带走多少人则无从查考。这些人逃到乌孙西北的地方，在那里建立了悦般国。《魏书·西域列传》"悦般国"条：

> 悦般国，在乌孙西北，去代一万九百三十里。其先，匈奴北单于之部落也。为汉车骑将军窦宪所逐，北单于度金微山，西走康居，其羸弱不能去者住龟兹北。地方数千里，众可二十余万。凉州人犹谓之"单于王"。

乌孙西北即康居地界，所以北单于"遁走乌孙"的说法是可信的。这些人有没有可能跟强盛时期迁居西域的匈奴人以及郅支单于时代散落在西域的匈奴人聚居在一起？从他们建立悦般国，后来灭掉奄蔡、粟特，再将势力延伸到欧洲的历史轨迹来看，这种可能性是存在的，兹不赘述。

其二是大约有几十万人被当时日益强盛的鲜卑兼并，《后汉书·乌桓鲜卑列传》：

> 和帝永元中，大将军窦宪遣右校尉耿夔击破匈奴，北单于逃走，鲜卑因此转徙据其地。匈奴余种留者尚有十余万落，皆自号鲜卑，鲜卑由此渐盛。

"落"即户，以一户三到五口人计算，十余万落就有五六十万人。

其三是北单于的弟弟於除鞬率领的部众。其四是散落在漠北的北匈奴人。后两部分北匈奴人跟东汉之间仍然有一些瓜葛。

永元三年（91），北单于的弟弟右谷蠡王於除鞬自立为单于，率领右温禺鞬王、骨都侯以下的部众数千人居住在蒲类海，派使者来到边境关口诚恳地表示愿意归顺东汉。大将军窦宪上书请求立於除鞬为北单于，设置中郎将进行监护，就像对待南匈奴单于一样。朝廷中有人赞同，也有人反对。司徒袁安、司空任隗等人认为：光武帝招抚南匈奴，并不是说可以让他们永远安居内地，而只是一种权宜之计，为的是能利用他们去抵御北匈奴；如今北方大漠已经平定，应当命令南匈奴单于返回他的北方王庭，统领归降部众，没有理由再另封於除鞬为北单于，徒然增加国家的经费开支。两种意见奏报后，朝廷一时难以定夺。袁安担心朝廷批准窦宪的主张，便独自呈递密封奏书，写道：

> 南单于屯（即屯屠何，下同）先父举众归德，自蒙恩以来四十余年，三帝积累，以遗陛下。陛下深宜遵述先志，成就其业。况屯首唱大谋，空尽北虏，辍而弗图，更立新降，以一朝之计，违三世之规，失信于所养，建立于无功。……《论语》曰："言忠信，行笃敬，虽蛮貊行焉。"今若失信于一屯，则百蛮不敢复保誓矣。又乌桓、鲜卑新杀北单于，凡人之情，咸畏仇雠，今立其弟，则二虏怀怨。兵、食可废，信不可去。且汉故事，供给南单于费直岁一亿九十余万，西域岁七千四百八十万。今北庭弥远，其费过倍，是乃空尽天下，而非建策之要也。（《后汉书·袁张韩周列传》）

和帝诏令将袁安的奏章交群臣讨论，袁安又与窦宪进一步争执，互相诘难。窦宪仗势凌人，言辞骄横，诋毁袁安，袁安始终不动摇，可是和帝最终动摇了，他听从了窦宪的建议，立於除鞬为北单于。永元四年（92），朝廷派遣耿夔授给於除鞬北单于玺绶，赏赐给他四把玉剑、一辆四马驾的马车，车上有翠羽作装饰的车盖；同时比照南单于旧例，派中郎将任尚持符节驻守伊吾，保护北单于。

窦宪大破北匈奴立下战功后"威名益盛"，气焰嚣张，野心膨胀图谋弑君篡位。但他的阴谋没有得逞，最终被年少的和帝有惊无险地巧妙拿下。永元四年（92），和帝通过亲信宦官郑众秘密穿针引线，出其不意地解除了窦氏父子兄弟的兵权，将他们逐出京城回到自己的侯国，然后迫令他们自裁。《后汉书·窦融列传》：

> 宪既负重劳，陵肆滋甚。四年，封邓叠为穰侯。叠与其弟步兵校尉磊及母元，又宪女婿射声校尉郭举，举父长乐少府璜，皆相交结。元、举并出入禁中，举得幸太后，遂共图为杀害。帝阴知其谋，乃与近幸中常侍郑众定议诛之。以宪在外，虑其惧祸为乱，忍而未发。会宪及邓叠班师还京师，诏使大鸿胪持节郊迎，赐军吏各有差。宪等既至，帝乃幸北宫，诏执金吾，五校尉勒兵屯卫南、北宫、闭城门，收捕叠、磊、璜、举，皆下狱诛，家属自徙合浦。遣谒者仆射收宪大将军印绶，更封为冠军侯。宪及笃、景、瑰皆遣就国。帝以太后故，不欲名诛宪，为选严能相督察之。宪、笃、景到国，皆迫令自杀，宗族、宾客以宪为官者皆免归本郡。

窦宪死后，於除鞬回到北单于庭的计划成了镜花水月。永元五年（93），於除鞬眼看自己在朝廷的靠山倒了，带着他的人马叛逃回北部，和帝派将兵长史王辅率一千多骑兵和都护任尚一同追捕叛军，威逼利诱於除鞬带着部众回到关内。於除鞬一回来就被斩杀，部众悉数被屠。

於除鞬和他的叛众被消灭后，星散漠北的北匈奴却仍然像幽灵一般时常出没，从后来北匈奴跟东汉打交道的情况看，这部分北匈奴人口不在少数，具体多少则无从知晓。永元十六年（104），北单于派使者到朝廷进献贡品，意图跟东汉亲近通好，订立像呼韩邪那样待遇的盟约。北单于既没有什么像样的礼物，也没有遣子入侍。和帝以其礼数不足为由拒绝了其请求，只是给了很多赏赐，不派使者答礼。元兴元年（105），和帝晏驾，刚出生一百多天的刘隆继位为殇帝，朝政由邓太后执掌。同年，北单于再次派使者到敦煌进献礼品，说国家贫穷，不能准备丰足的礼物，希望朝廷派使者前来，他将派儿子入朝侍奉。邓太后也没有报答北单于的使者，只给予赏赐而已。东汉朝廷以这种外交行为暗示北匈奴：东汉不承认北匈奴作为一国的合法地位。

北匈奴见软的一套行不通便来硬的，目标仍然是西域。和帝晏驾后，西域国家纷纷背叛，正好给了北匈奴寻求突破的机会。《后汉书·西域传》："及孝和晏驾，西域背畔。安帝永初元年（107），频攻围都护任尚、段禧等。"这个任尚就是接替班超的西域都护，当初交接时，他曾向班超请教驾驭西域诸国的领导艺术，班超告诉他"宜荡佚简易，宽小过，总大纲"，他当作耳边风，私下对他的亲信说："我以班君当有奇策，今所言平平耳。"结果没几年，西域就叛乱了，任尚"以罪被征，如超所言"。和帝驾崩后，襁褓中的殇帝在位一年就夭折了，继位的安帝也只有十三岁，仍由邓太后执掌朝政大权。邓太后临朝之初，仍维持既往在西域屯兵的政策。延平元年（106），朝廷任命梁慬为西域副校尉，梁慬走马上任行至河西时碰上西域各国反叛，在疏勒的都护任尚遭到围攻。任尚上书求救，朝廷命令梁慬率领河西四郡（即武威郡、张掖郡、酒泉郡、敦煌郡）及羌胡五千骑兵迅速赶往救援。在梁慬的大军赶到之前，任尚之围已解，任尚随即被免职召回，继任的西域都护段禧、骑都尉赵博固守在它乾城。它乾城在龟兹，是班超任西域都护以来的都护治所。它乾城很小，梁慬认为不够坚固，于是百般劝说龟兹王白霸：我带兵进来和您一起守护龟兹国都城。白霸说那敢情好，他不顾手下的极力劝阻，点头让梁慬率兵进城。梁慬一进龟兹国都城，立即派兵去迎接段禧、赵博，合计军士有八九千人。白霸手下的龟兹官员纷纷反叛，联合温宿、姑墨几万兵士包围了龟兹国都城。双方连续交战数月，胡兵败走，龟兹得以安定。西域都护段禧等虽然保住了龟兹，但通往中原的道路已被切断，命令、文件均无法传递。这样音书不达的日子煎

熬了一年多，朝廷很忧虑，大臣们都认为：西域阻碍重重而且距离遥远，又屡次反叛，官兵在那里屯戍垦田，经费消耗没有止境。而连年的自然灾害加上接踵而来的国丧，让邓太后似乎有些力不从心。永初元年（107），东汉朝廷撤销西域都护，派遣骑都尉王弘征调关中兵，将段禧和梁懂、赵博以及伊吾庐和柳中的屯田官兵统统接回汉朝本土，"自此遂弃西域"。东汉的官兵一撤走，北匈奴立即乘虚而入，"即复收属诸国，共为边寇十余岁"。

唇亡齿寒，东汉将西域拱手让给北匈奴后，最靠近西域的敦煌必然会受到北匈奴的威胁。敦煌太守曹宗担心北匈奴凶暴祸害，于元初六年（119）上书，请求派遣长史索班率领一千多人驻守伊吾，招降安抚西域。车师前王和鄯善王于是前来投降。没过多久，北匈奴率领车师后王一起进攻杀害了索班等人，接着又打跑了车师前王。曹宗因此请求出兵攻打北匈奴，既替索班报仇，又可进兵夺取西域。邓太后召来班勇问计。班勇，字宜僚，是班超的儿子，有乃父的大将风度。永初元年（107）西域反叛汉朝时，朝廷派班勇作为军司马，与哥哥班雄从敦煌出兵，迎接西域都护和屯田官兵回国。班勇回顾了武帝以来汉朝与匈奴争夺西域的历史，针对当时的实际情况，不赞同曹宗出兵攻打北匈奴的主张："今曹宗徒耻于前负，欲报雪匈奴，而不寻出兵故事，未度当时之宜也。夫要功荒外，万无一成，若兵连祸结，悔无及已。况今府藏未充，师无后继，是示弱于远夷，暴短于海内，臣愚以为不可许也。"他提出的建议是：

> 旧敦煌郡有营兵三百人，今宜复之，复置护西域副校尉，居于敦煌，如永元故事。又宜遣西域长史将五百人屯楼兰，西当焉耆、龟兹径路，南强鄯善、于阗心胆，北扞匈奴，东近敦煌。如此诚便。（《后汉书·班梁列传》）

朝廷最终采纳了班勇的部分建议，恢复敦煌郡营兵三百人，设西域副校尉，驻扎在敦煌，但是没有派遣长史率兵屯楼兰。（《后汉书·班梁列传》：虽复羁縻西域，然亦未能出屯。）后来北匈奴果然多次与车师共同进犯边地，河西一带深受其害。

延光二年（123），敦煌太守张珰上书提出了经略西域的上、中、下三策：酒泉属国的二千多将士在昆仑塞集结，进攻呼衍王，从根本上消灭"专制西域，共为寇钞"的北匈奴军事力量，接着征调鄯善的五千兵力威胁车师后部，这是上策；如果不能出兵，可以设置军司马并派五百将士，由四个郡供给他们耕牛、粮食，让他们出兵占领柳中，这是中策；如果还不能做到，那么最好放弃交河城，收聚鄯善等国的人，让他们全部进入边关，这是下策。当时邓太后已经驾崩，安帝将张珰的对策交给朝廷大臣讨论，尚书陈忠上疏，曰：

> 戎狄可以威服，难以化狎。西域内附日久，区区东望扣关者数矣，此其不乐匈奴慕汉之效也。今北虏已破车师，势必南攻鄯善，弃而不救，则诸国从矣。若然，则虏财贿益增，胆势益殖，威临南羌，与之交连。如此，河西四郡危矣。河西既危，不得不救，则百倍之役兴，不訾之费发矣。议者但念西域绝远，恤之烦费，不见先世苦心勤劳之意也。方今边境守御之具不精，内郡武卫之备不修，敦煌孤危，远来告急。复不辅助。内无以慰劳吏民，外无以威示百蛮。蹙国减土，经有明诫。臣以为敦煌宜置校尉，案旧增四郡屯兵，以西抚诸国。庶足折冲万里，震怖匈奴。（《后汉书·郭陈列传》）

安帝采纳了陈忠的意见，就在当年夏天，任命班勇为西域长史，率领五百名解除了枷锁的刑徒驻守柳中。

接着，班勇没有费多大劲就打通了西域。延光三年（124）正月，班勇抵达楼兰（鄯善），鄯善王归附。龟兹王白英起初犹豫不决，班勇用汉室的恩威开导他，白英最终率领姑墨和温宿向班勇投降。随后，班勇调集步兵、骑兵一万多人开赴车师前国，赶跑了驻扎在伊和谷的北匈奴伊蠡王，俘获五千余人。然后，回师屯驻柳中，一边备战，一边种田。这是汉朝历史上第三次打通西域。

自西汉武帝时期至东汉安帝延光年间，汉朝（包括王莽新朝）因各种原因数次与西域诸国通友好、绝往来，《后汉书·西域传》称之为"三绝三通"。

武帝时，西域有三十六个国家内附西汉，西汉为西域设置使者、校尉统领

保护西域，宣帝时改称西域都护。元帝时设置戊、己二校尉，在车师前王庭垦荒种地。王莽篡位后，贬抑和改换侯王，西域各国埋怨反叛，与中原政权断绝关系，再次从属匈奴。此为一绝。

建武年间，西域各国派使者请求归属东汉，并请求派都护。光武帝认为天下初定无暇外事，最终没有答应。永平十六年（73），明帝任命将帅征伐北匈奴，占领了伊吾卢地，设立宜禾都尉垦种荒地，终于打通了西域，重新设立都护和戊己校尉。此为一通。

明帝去世后，焉耆、龟兹进攻杀害了都护陈睦，陈睦的部属全军覆没，北匈奴、车师包围了戊己校尉。建初元年（76）春天，酒泉太守段彭在交河城大败车师军队，章帝不愿意为了对付夷狄而使东汉困苦穷乏，于是接回戊己校尉，不再派都护。此为二绝。

章帝建初二年（77），东汉撤销在伊吾屯田的士卒，北匈奴趁机派兵把守伊吾，当时军司马班超留在于阗镇抚西域各国。和帝永元元年（89），窦宪大败北匈奴。翌年，窦宪派副校尉阎磐率领两千多骑兵袭击伊吾，打败了驻扎此地的北匈奴兵。永元三年（91），班超平定西域，朝廷任命班超为都护，驻龟兹。又设置戊己校尉，带领五百士兵，驻扎在车师前部高昌壁，又设置戊部候，位于车师后部候城，两地相距五百里。永元六年（94），班超收服焉耆，随后西域五十多个国家送人质到洛阳，归附汉朝。此为二通。

和帝去世，西域背叛。安帝永初元年（107），西域多次包围都护任尚、段禧等人，朝廷认为西域艰险遥远，耗费巨大，诏令撤去都护，自此又放弃了西域。北匈奴立刻恢复统管西域各国，联合它们侵犯东汉边境十几年。此为三绝。

班勇为东汉第三次打通西域后，挥兵进逼车师后国。延光四年（125）秋，他调集敦煌、张掖、酒泉六千骑兵和鄯善、疏勒、车师前部兵马，痛击车师后国王军就，把军就打得落花流水，斩首、俘虏八千多人，缴获马畜五万多头。尤其大快人心的是活捉了军就和北匈奴持节使者，班勇命令将血债累累的仇敌押到索班遇害的地方，斩了他们的头，替索班报仇雪耻，并将首级传送到京师洛阳。

顺帝永建元年（126），班勇另立车师后国故王的儿子加特奴做国王，又派另一将校杀了东且弥王，也另立了他的同族人为王，一举平定了车师六国。同年冬天，班勇调集各国士兵攻打北匈奴呼衍王，呼衍王逃走，他的部下二万余人全部缴械投降，单于的堂兄也在俘虏之列，班勇命令加特奴亲手杀了他，从而让车师与北匈奴加深仇隙。北单于亲自率领万余骑兵进入车师后国金且谷，班勇派假司马曹俊快马去救援，北单于退走，曹俊追斩北匈奴贵人骨都侯，呼衍王迁居在枯梧河上。从此以后，车师再没有北匈奴势力的踪迹，城郭也很安定。

阳嘉三年（134）夏天，车师后国司马率领加特奴等一千五百人，袭击了在阐吾陆谷的北匈奴人，毁坏了他们的庐帐，杀了几百人，俘虏了单于的母亲、叔母和几百名妇女，得到十多万头牛羊、一千多辆车，还有非常多的兵器和杂品。阳嘉四年（135）春天，北匈奴呼衍王率领人马入侵车师后国。车师后国接近北匈奴，是西域的屏障，朝廷命令敦煌太守征调各国军队援救车师，连同玉门关候、伊吾司马，合起来有六千三百骑兵，袭击在勒山的北匈奴，汉军战况不利。秋天，呼衍王又率领二千人进攻并打败了车师后国。桓帝元嘉元年（151），呼衍王率领三千多骑兵入侵伊吾，伊吾司马毛恺派五百官兵在蒲类海东面与呼衍王交战，全军覆没，呼衍王接着攻打伊吾军队驻守的城邑。夏天，朝廷派敦煌太守司马达率领敦煌、酒泉、张掖属国的四千多官兵前往援救，出边关，赶到蒲类海，呼衍王闻讯率兵退走，汉军无功而返。

永兴元年（153），车师后国王阿罗多与戊部候严皓不相投合，因而愤恨反叛，攻打、包围了汉军屯田的且固城，杀死杀伤官兵。车师后国候炭遮带领其他人背叛阿罗多向汉朝官吏投降。阿罗多急迫无奈，带领他的母亲、妻子、孩子和一百多骑兵逃往北匈奴，敦煌太守宋亮上书奏立原车师后国王军就做人质的儿子卑君为后国王。后来，阿罗多又从北匈奴回来拉拢了不少人，与卑君争夺王位。戊部校尉阎详担心阿罗多招引北匈奴祸乱西域，于是公开告示，答应恢复阿罗多的国王地位，阿罗多这才向阎详投降。于是，阎详强行收回赐给卑君的印绶，重新立阿罗多为国王；将卑君带回敦煌，车师后国三百帐人供其支配役使，用他们的赋税作为俸禄，一帐相当于汉的一户。

自顺帝阳嘉年间以后，东汉朝廷的威信逐步下降，西域各国骄蛮放纵，转而相互欺凌攻打。桓帝元嘉二年（152），长史王敬被于阗人杀害。永兴元年（153），车师后国王攻打东汉的屯田部队。虽然也有降服的国家，但他们并没有受到东汉惩戒，于是逐渐对中原疏远而轻慢了。

三、东汉提前敲响的丧钟：党锢之祸

桓帝延熹七年（164），东汉朝廷一位重量级的人物——故太尉、司空、邟乡侯黄琼去世，葬礼在他的故乡江夏举行，参加葬礼的有远近知名人士多达六七千人。葬礼上，一位粗布长衫儒生模样的人孑然而来，但见他以酒洒地，边祭奠边痛哭，祭毕独自离去，不与旁人交接一语。大家都不知道他是谁，后经询问主持丧礼的人才猜到这个人十有八九是洪都名士徐稚，于是让能说会道的陈留人茅容快马去追。茅容在半途中追上了徐稚，沽酒买肉与之饮谈。平素"自耕稼，非其力不食"的徐稚这一回很给面子，两人畅叙欢快。当谈及稼穑之事，徐稚的话匣子"啪"的一声就打开了；当谈及国家大事，徐稚的话匣子却又"啪"的一声就关上了。临别，徐稚对茅容说："大树将倒，不是一根绳子能够系得住的，为什么还要在这棵树上栖息而不找一个安宁的地方待着呢？"

徐稚的特立独行犹如一面明亮的镜子，清晰地照射出东汉后期社会政治生态的一个侧面：像黄琼那样"首居公位"的权臣受到名士的格外推崇和期许，"海内由是翕然望之"，一些清高耿介的名士却远离庙堂不愿为官。桓帝延熹二年（159），当时著名的处士徐稚、姜肱、袁闳、韦著、李昙五个人均被认为"德行纯备，著于人听"而受到鼎力举荐，"桓帝乃以安车玄纁，备礼征之"，可是这五个人没有一个愿意接受朝廷的征召，"并不至"。徐稚的家乡洪都离江夏不远，最初黄琼在家中教授经书，徐稚曾经向黄琼请教要旨，后来黄

琼步入仕途官越做越大,徐稚就和黄琼断绝了来往,"稚尝为太尉黄琼所辟,不就"。当社会上很多人将国家的希望和未来深切地寄托在几个居要职、负名望的人身上,而很多"德行纯备"的人却竭力逃避做官、不愿为社会服务的时候,表明这个国家和社会正步入或处于纲纪废弛、混乱失序的状态。孔子《论语》:"邦有道则仕,邦无道则可卷而怀也。"东汉当时正是处于孔子说的"邦无道"、徐稚说的"大树将颠"的时代。黄琼去世后不到两年发生的"党锢之祸",无情地给外强中干的东汉王朝提前半个世纪敲响了预示着必然走向灭亡的丧钟,而且敲了一次还嫌不够,时隔一年又敲了第二次。

所谓"党锢之祸",就是东汉宦官以"党人"的罪名将士人终身禁锢,不许他们出来做官。前后有两次:第一次发生在桓帝延熹九年(166),翌年桓帝崩,灵帝继位;灵帝建宁元年(168)又发生了第二次,一直延续到中平元年(184)黄巾之乱爆发方告结束。

宦官何以有这么大的本事,竟然能够禁锢党人?此事说来话长,这里长话短说。宦官又称宦者、中官、内官、内臣、内侍等,作为供帝王及其家族役使的官员,其历史至少可以追溯到周朝,《周礼》置官即有宦者之数。"宦"乃星座名,宦者四星在帝座之西,故用作帝王近幸者之称谓。汉袭秦制,设中常侍官,乃皇帝近臣,给事左右、职掌顾问应对,武帝时那个滑稽搞笑的东方朔就曾任职此官,由此可知西汉前期的宦官并非全是阉人,"亦引用士人"。但是不可否认,在嫔妃云集的后宫中听差跑腿进进出出,阉人的确具有正常男人所没有的竞争优势,所以自东汉光武帝刘秀开始,宦官的人选便摈除了士人,"悉用阉人,不复杂调它工"。刘秀一世英明,他想到了阉人不会扰乱皇帝的后宫,却万万没有想到有朝一日宦官会乱了大汉的江山。章帝去世后,他的儿子和帝继位时年仅十岁,窦太后顺手揽过了朝政大权,外戚专权的一幕再次上演。窦太后的哥哥窦宪率师击溃北匈奴后,窦氏家族权倾朝野,耳目充塞内外,窦宪竟妄图取和帝而代之。和帝日夜孤坐在宫殿里的龙椅上,"内外臣僚,莫由亲接",身边能使唤的只有几个宦官。他经过暗中观察选中了"谨敏有心儿"的郑众,依靠他的穿针引线有惊无险地剪除了窦氏。郑众立了大功,所有宦官跟着集体沾光,"于是中宫始盛焉"。

如果皇帝登基时已届有能力独立施政的年龄，则无论外戚还是宦官都不容易在宫里兴风作浪、在宫外为所欲为。然而不幸的是，东汉自和帝以降，历任皇帝继位时年龄都很小，最小的殇帝仅"百余日"，最大的桓帝也只"时年十五"，而且除汉献帝刘协外，他们每个人都没有活过四十岁。那么问题就来了，皇帝还小的时候不能不依靠皇太后，于是皇太后掌权，外戚专权；小皇帝慢慢长大，终于可以自理朝政了，可是尝到了权力滋味的皇太后、外戚还要继续专权。皇帝左看看右看看，各要害部门和重要岗位全是外戚的爪牙死党，要摆脱外戚的控制只能依靠身边的宦官，因此宦官与外戚必然有得一拼。皇帝和宦官结成同盟与外戚互相倾轧成了东汉和帝至桓帝时期朝廷政治的一大特色，这期间历经和帝、殇帝、安帝、少帝、顺帝、冲帝、质帝、桓帝，其中殇帝、少帝、冲帝、质帝不仅年龄小，在位时间也很短。桓帝时，外戚梁冀仗着妹妹是太后，专权到了登峰造极的地步："梁冀一门，前后七侯，三皇后，六贵人，二大将军，夫人、女食邑称君者七人，尚公主者三人，其余卿、将、尹、校五十七人。冀专擅威柄，凶恣日积，宫卫近侍，并树所亲，禁省起居，纤微必知。"四方进贡的礼品，最好的先送到梁府，其次的才轮到桓帝；迁调的文武百官先到梁府谢恩，然后才敢去尚书台接受指示。"冀秉政几二十年，威行内外，天子拱手，不得有所亲与"，刘氏天下俨然成了梁氏的天下。延熹二年（159）秋，梁太后死了，桓帝先跟宦官在厕所细声商议，然后又在内室小心密谋，再然后召集单超、徐璜、具瑗、左悺、唐衡五个心腹宦官，桓帝亲口在单超的手臂上齿血为盟，最后合力一举铲除了梁氏及其爪牙。为桓帝立下大功的五个宦官全部在同一天封侯，史称"五侯"，宦官在东汉朝廷的势力达到前所未有的高峰，"自是权归宦官，朝廷日乱矣"。第二年，五侯之一的单超死了，其余四侯变得越来越骄横，"辜较百姓，与盗无异，虐遍天下，民不堪命"。历史事实表明，集权专制制度下无论外戚专权还是宦官专权，结果都将不可避免地导致横征暴敛和腐败不公，最终惨受其害的是广大老百姓。

东汉后期社会风气有一个显著的特征是推崇名士、品评人物，《世说新语》里开篇就是一则关于德行的故事：

  陈仲举言为士则,行为世范,登车揽辔,有澄清天下之志。为豫章太守,至,便问徐孺子所在,欲先看之。主簿曰:"群情欲府君先入廨。"陈曰:"武王式商容之闾,席不暇暖。吾之礼贤,有何不可?"

  这个陈仲举名陈蕃,仲举是他的字,历史上那个有志扫除天下却不愿打扫庭院的少年就是他。他本人就是名士,其言行举止都是士人的楷模,所以他更推崇名士。他要去做太守的郡叫豫章,就是今天的南昌,当地有个名士叫徐稚,字孺子,也就是前面提到的去江夏哭祭黄琼的那个人,《后汉书》说他"恭俭义让,所居服其德",是当时声望很高的名士,所以陈蕃到豫章后第一时间就去拜访他。陈蕃的下属提醒他说部众都希望他先到官署视事,陈蕃说:"周武王打了胜仗后连休息都顾不上就去表彰商容,我现在这样礼贤下士有什么不可以呢?"名士之间互相标榜、推崇,很容易形成集群效应,所以当时攀附名士蔚然成风,当中最抢眼"吸粉"的是李膺(字元礼)。同样是《世说新语》的故事:"李元礼风格秀整,高自标持,欲以天下名教是非为己任。后进之士,有升其堂者,皆以为登龙门。"有个叫荀爽的人是荀子的后代,兄弟八人被誉为"荀氏八龙",荀爽更被称为是龙中之龙。就是这样一个名人,有一回去拜访李膺,为李膺赶了一会儿马车,回去后就在"朋友圈"里狂"晒":"今天我为李先生赶马车啦!"可以想象李膺当时名气之大与"粉丝"之多。门下士人一多,互相议论时事、品评人物是自然而然的事情,最出名的莫过于陈寔,他虽出身寒微却品行高洁,曾任职太丘长,"陈太丘"就成了后世对他的称谓。他死后有三万多人前往吊丧,人们都说,宁愿被官府判罚徒刑,也不愿得到陈君的差评,可见他点评的威力有多大。

  桓帝延熹年间,洛阳的太学生有三万多人,这些有道德、有文化、有理想的读书人与德高望重的名士很容易打成一片,名士李膺、陈蕃、王畅(字淑茂)都是太学生们的偶像,太学生中间流行这样一句赞美他们的话:"天下模楷李元礼,不畏强御陈仲举,天下俊秀王淑茂。"于是,朝廷内外受这样的风气影响,竞相以品评朝政的善恶得失为时尚,自三公九卿以下的朝廷大臣无不害怕受到这种舆论的谴责和非议,因此争先恐后地登门和他们结交。一个有身份有地位的人要是跟名士毫不沾边，社会舆论就会耻笑他，他自己也会感到脸面无光羞于见人。像李膺、陈蕃、王畅那样的名士本身就是朝廷命官，受他们的影响，太学生们积极参政议政，成为宦官专权时代的一股清流。永兴元年（153），宦官赵忠的父亲去世，归葬冀州，他僭越身份，用皇帝和王侯才能享用的玉衣装殓死者，州刺史张穆获悉后命令剖棺查验。桓帝听闻这件事后大怒，张穆被判罚做苦役，洛阳数千名太学生前往宫门请愿上书，为张穆申冤，桓帝看到太学生的奏章后赦免了张穆的罪行。皇甫规是讨羌名将，长期在西北镇抚羌族叛乱，因宦官谗言被桓帝召回京都洛阳，以他的功劳本该理所当然加封侯爵，中常侍徐璜、左悺却企图用封侯为筹码勒索财物，三番五次派遣亲信向皇甫规旁敲侧击，皇甫规始终不肯屈从。徐璜等人恼羞成怒，诬陷皇甫规贿赂叛乱的羌族、制造羌族假投降，将皇甫规交给有关官吏审问治罪。皇甫规的部属商议筹集一笔钱财送给徐璜等人了事，但皇甫规坚决不干，徐璜等人就以皇甫规没有肃清叛羌余众为名，将其关押到廷尉狱，判处其服苦役。太学生张凤等三百余人前往宫门为皇甫规诉冤，恰好遇上朝廷大赦，皇甫规才回到家中。太学生仰慕、结交名士，为受冤屈的官员请愿申冤，动辄成群结党，成了一股新兴的强大的政治力量。他们两次大规模的请愿申冤矛头直指宦官势力，宦官们对他们自然恨得咬牙切齿，桓帝对这股新兴的政治力量也不能不加以注意。

在这样的背景下，"党锢之祸"大戏的帷幕终于在桓帝延熹九年（166）徐徐拉开。

南阳宛县有个叫张泛的富商跟皇宫里的一个妃子沾亲带故，张泛本人善于雕刻供人赏玩的物品，不时送一些给宦官作为礼物，靠着朝廷这层关系，张泛在宛县横行霸道、为非作歹。南阳太守成瑨下令逮捕了张泛，不久后朝廷颁布大赦令，但成瑨全然不顾，诛杀了张泛，并将其宗族和宾客共二百余人全部处死，事后才奏报朝廷。晋阳县的赵津是个小黄门（汉代低于黄门侍郎一级的宦官），贪污残暴，骄纵恣肆，成了全县的大祸害。太原太守刘瓆派人将赵津逮捕，也是在朝廷颁布大赦令之后仍然将赵津诛杀。这两起案子引起了朝廷宦官的警觉，中常侍侯览授意张泛的妻子向官府告状为张泛鸣冤，朝廷宦官趁机

诬陷成瑨和刘瓆,桓帝勃然大怒,将成、刘二人征召回京都洛阳,囚禁于监狱。在宦官的指使下,成、刘二人被论罪,后来死在狱中。

中常侍侯览在家乡防东县无恶不作残害百姓,他在母亲去世后回到家乡大肆为母修建坟墓。山阳太守翟超任命张俭担任东部督邮,张俭上书朝廷弹劾侯览的罪行,奏章却被侯览截住无法呈送桓帝,张俭索性将侯览家的坟墓和房屋悉数摧毁,尽没其财产,然后再详细奏报侯览的罪行,但奏章仍然不能上达御座。中常侍徐璜的侄儿徐宣担任下邳县令,残暴酷虐,他想娶前汝南太守李暠的女儿为妻但没有如愿,便率领吏卒冲进李家,将李暠的女儿抢回自己家中,当作箭靶活活射死。东海国相黄浮知悉后,逮捕了徐宣和他的家属,不分男女老幼,一律严刑拷问,然后将徐宣斩首示众。宦官向桓帝控诉,桓帝震怒,翟超、黄浮两人都被剃光头发并铁圈束颈,送往左校营罚服苦役。

成瑨被捕后,他的部属、当初建议逮捕张泛的功曹岑晊逃亡在外,亲戚朋友竞相为他掩护藏匿,唯独名士贾彪将岑晊拒之门外,为此人们纷纷指责贾彪。但贾彪的一番辩解说明他对当时的形势有非常清醒的认识和判断,他说:"《左传》上说:'时机成熟才行动,不要连累其他人。'岑晊胁迫他的长官闯出大祸,是他自己贻害自己,我恨不得挥动兵器来对待他,岂能反过来掩护隐匿他?"然而,士人与宦官之间积怨已久,矛盾斗争愈演愈烈,根本停不下来。河南尹人张成精通占术,不知道他用什么法术推算出朝廷将要颁布大赦令,他对自己的占术十分自信,竟然叫他的儿子去杀人,他儿子真的就去杀人了,司隶校尉李膺督促属吏逮捕了张成父子。不久,朝廷果然颁布了大赦令,张成父子均在赦免之列。监狱里的张成一定为自己精准的占术洋洋得意,李膺了解张成父子杀人的动机后心中更加愤怒,下令将张成父子处斩。张成平素以占术结交宦官,桓帝偶尔也召来张成算上一卦,于是宦官指使张成的徒弟牢修上书,控告李膺等人专门蓄养太学生,结交名士,互相标榜,结成朋党,诽谤朝廷,迷惑和扰乱风俗,等等。桓帝览奏,盛怒,下诏全国逮捕党人,明白布告天下共讨之。公文要经过太尉、司徒、司空三府会签,太尉陈蕃拒绝签署,桓帝益怒,直接下令逮捕李膺等人,囚禁在黄门北寺监狱。李膺等人的供词牵涉太仆杜密、御史中丞陈翔,以及太学生陈寔、范滂等二百多人。有人事先闻风而逃，朝廷悬赏缉拿，派遣出去搜捕党人的使者相望于道。陈蕃再次上书，极力规劝桓帝，桓帝干脆以陈蕃推荐征召的官员不称职为由，革了陈蕃的太尉官职。

陈蕃被免职后，朝廷文武大臣大为震动恐惧，再没有人敢向朝廷替党人求情。这时名士贾彪挺身而出，他于桓帝永康元年（167）亲自来到洛阳，说服城门校尉窦武、尚书霍谞等人，请求他们出面营救党人。窦武、霍谞分别上书桓帝，桓帝怒气稍解，派中常侍王甫前往监狱审问范滂等党人。王甫居高临下诘问范滂互相结党意欲何为，却被范滂气贯长虹的一番陈词所打动。范滂等人颈束大枷，手戴铁铐，脚挂铁镣，布袋蒙住头脸，暴露在台阶下面，王甫示意手下除去范滂等人身上的刑具。李膺等人在口供中牵连出许多宦官子弟，宦官们深恐事态继续扩大殃及自身，这时正好发生日食，宦官们于是以日食为借口请求桓帝赦免范滂、李膺等人。六月，大赦天下，党人共二百余人全部被遣送回原籍，他们的姓名被编写成册，分送太尉、司徒、司空三府，党人终身不许再出来做官。这就是第一次"党锢之祸"。

永康元年（167）十二月，桓帝去世，继位的灵帝只有十二岁，窦皇后升格为太后，掌握朝政大权。窦太后是东汉开国元勋窦融的后代，父亲窦武是窦融的玄孙，被任命为大将军。当初桓帝宠幸来自民间的宫女田圣，曾想立田圣为皇后，陈蕃时任太尉，以田氏出身卑微为由极力阻止，建议立名门出身的窦贵人为皇后。窦武、窦太后父女因此对陈蕃心存感激，掌权后立即任命陈蕃为太傅，大小政事全部交付陈蕃处理。陈蕃和窦武同心协力辅佐皇室，征召天下闻名的贤才，之前被禁锢的党人又出来做官了，李膺、杜密、尹勋、刘瑜等人全都入朝为官，共同参与朝廷政事。真是一朝天子一朝臣，人治之下的朝廷官场简直如儿戏！

天下的士人欢呼雀跃，"莫不延颈想望太平"。但是他们高兴得太早了，被猝然到来的貌似河清海晏的景象迷糊了双眼，浑然没有察觉到河海深处早已暗涛汹涌危机四伏。灵帝的奶妈赵娆跟女尚书（宫内掌管奏章文书的女官）天天围在窦太后身边，与中常侍曹节、王甫等人互相勾结，谄媚窦太后。窦太后从宦官那里得到甜言和蜜语，宦官从窦太后那里得到宠信和官爵。陈蕃、窦

武他们这才发现问题很严重，再这样下去不得了，宦官们迟早又要操纵大权扰乱天下，"今不诛之，后必难图"，于是密谋将他们统统杀掉或废黜。

建宁元年（168）八月的一天，正好遇上日食天象，陈蕃劝说窦武赶紧下手，窦武立即禀告窦太后，窦太后一听窦武说"宜悉诛废"宦官，大吃一惊。陈蕃、窦武他们不知仔细考虑过没有，这时灵帝还小，窦太后临朝称制，如果宫里一个宦官都不留，那么今后谁到太后的内宫去听她发号施令呢？皇宫里突然少了那样一群行走了一百多年的特殊男人，太后和妃子们必然会感到不习惯和难以适应，窦太后完全没有做好这种思想准备，因此她只同意诛杀其中有犯罪行为的宦官，而不同意不分青红皂白将他们全部杀掉或废黜。最终，在禁宫独断专行的中常侍管霸和苏康等被坐罪处死。窦武多次向窦太后请求诛杀曹节等人，但窦太后犹豫不决，事情就此拖延下来。

同月，金星侵犯房宿上将星，深入太微星座。侍中刘瑜一向精于天文，感到大事不妙，于是上书窦太后，认为天象对将相不利，建议紧闭宫门严加防备；同时写信警醒窦武、陈蕃宜早定大计，以防意外。窦武、陈蕃立即做了一番人事安排，任命亲信的小黄门山冰接替黄门令魏彪，然后由山冰出面，弹劾和逮捕长乐尚书郑飒，送往北寺监狱囚禁。陈蕃建议窦武当场诛杀郑飒不必审问，窦武没有听从，命山冰等人审问郑飒，郑飒的供词牵涉曹节、王甫等宦官，窦武打算将其一并上奏收捕。

窦武办完奏章的事就休假出宫回家住宿。不知为何他没有直接向窦太后禀奏，而是由侍中刘瑜呈递，这真是致命的错误。负责主管奏章的宦官得到消息，先行报告长乐五官史朱瑀。朱瑀秘密拆阅窦武的奏章，得知窦武在奏章里请求诛杀全部宦官，气得诟骂道："宦官犯罪，自然可以诛杀，可是我们没有什么罪过，却为何要全都遭到灭族？"随即大声呼喊说："陈蕃、窦武奏请皇太后废黜皇帝，大逆不道！"连夜召集一向亲近的健壮宦官、长乐从官史共普、张亮等十七人共同歃血盟誓，合谋诛杀窦武等人。曹节随即借护卫的名义挟持了灵帝，发布诏书，放出了囚禁在北寺监狱的长乐尚书郑飒，又派人到后宫劫持了窦太后，夺取皇帝的玺印，然后命郑飒持节率领侍御史、谒者去逮捕窦武等人。事已至此，以陈蕃、窦武为首的外戚、士大夫阵营与以曹节为首的宦官阵营的斗争已经到了你死我活的地步。宦官阵营控制着灵帝和太后，可以名正言顺地对外发号施令，宣告陈蕃、窦武等谋反，陈蕃、窦武已陷入异常被动的局面。最终，陈蕃被杀害，窦武遭到围捕后自杀，窦武的亲族、宾客、姻戚悉数被诛杀，侍中刘瑜、屯骑校尉冯述也被屠灭全族。宦官又诬陷虎贲中郎将刘淑和前尚书魏朗两人与窦武等人通谋，两人被迫自杀。自三公九卿以下，凡是陈蕃、窦武所推荐的官员及其学生门徒和过去的部属，全部被免除官职，从此不许再出来做官，直接受牵连致死的党人有一百多人，他们的妻子儿女全部被流放到边远地区。宦官又借势扩大搜捕，因此而被处死、放逐、废黜、禁锢的又有六七百人之多，窦太后也被软禁于云台。曹节等宦官升官加爵，志得意满，士大夫们个个垂头丧气。这就是第二次"党锢之祸"。

熹平五年（176），永昌郡太守曹鸾上书请求解除对党人的禁锢，灵帝看完奏章龙颜大怒，下令捕杀了曹鸾，又下诏各州、各郡官府，重新调查党人的学生、门徒、旧部、父亲、儿子、兄弟，凡是当官的，全都遭免职禁锢，不许再做官，处分扩大到包括党人同一家族中五服之内（即自高祖至玄孙九代的男系后裔及其配偶）的亲属。直到光和二年（179），上禄县长和海上书，认为五服之禁既不符合古代的典章制度，也不符合正常的法令规章，灵帝看到奏章后醒悟，于是对党人的禁锢自伯叔祖父以下才得以解除。中平元年（184），黄巾之乱爆发，灵帝害怕党人与乱军相勾结，在北地郡太守皇甫嵩和中常侍吕强的建议下，诏令大赦天下党人，被流放到边疆地区的党人及其家属都可以重返故乡，只有张角不在赦免范围之内。至此，第二次"党锢之祸"方告结束。

从事件的经过来看，第一次"党锢之祸"是朝廷的士大夫阵营打压宦官，宦官阵营诬陷士大夫结党营私，引起桓帝疑心忌惮，宦官阵营依靠桓帝借机报复士大夫阵营所造成的；第二次"党锢之祸"则是赤裸裸的宫廷政变，一方是外戚士大夫阵营，另一方是宦官阵营，起初处于有利地位的外戚士大夫阵营由于虑事不周、行事不密，被宦官阵营扭转局势，宦官挟持了灵帝和太后，最终取得了这场政变的胜利。第二次"党锢之祸"延续时间长、波及面广，对东汉后期政治社会影响至深至重，党锢解禁之日已是黄巾揭竿之时。经过两次"党锢之祸"轮番销蚀，东汉中央集权益趋羸弱。为扑灭黄巾军等乱党，朝廷只好听任地方势力发展壮大，于是董卓（？—192）、曹操（155—220）等豪强四起，军阀混战，历史的车轮就此易辙，仿佛退到了东周末年诸侯割据的时代，东汉王朝陷入风雨飘摇。

四、南匈奴在挣扎中与东汉偕亡

南匈奴频频造反

如果用一个成语来形容东汉王朝二百年的盛衰历史，最准确的恐怕莫过于"虎头蛇尾"。东汉在开国皇帝刘秀执政期间就出现了"光武中兴"，此后历经明帝、章帝、和帝三朝，在短短的半个多世纪里国力迅速达到了极盛。然而，随着和帝驾崩，朝政受制于戚宦，外族侵扰，属国反叛，再加上连年的自然灾害，致使东汉王朝一下子跌入低谷，其后在长达一百多年的时间里走势一直如"L"形，再也没有能力走出"V"形反转，直到最后灭亡。"百花开落虽天定，倘不烘开落或迟"，吟诵清朝诗人袁枚这两句《唐花》诗，很容易联想到东汉王朝的盛衰历史而不禁为之扼腕三叹！

元兴元年（105）冬十二月，时年二十七岁的和帝驾崩，继位的殇帝刘隆才出生一百多天，朝政大权掌握在邓太后手中。襁褓中的殇帝还没有来得及睁大眼睛好好看一看他的江山百姓，便在第二年即延平元年（106）八月夭折了。接连崩掉两个皇帝，或许是东汉王朝由盛转衰的不祥之兆，东汉从此再也没有重现和帝以前的盛世荣光。邓太后一心想专权，特意找了一个只有十三岁的孩子来做皇帝，他就是安帝刘祜。史书上说安帝的府第"数有神光照室，又有赤蛇盘于床笫之间"，可惜这样的祥瑞并没有给安帝和东汉王朝带来天下太平、百姓安康。相反，从他继位那年起，国家连年遭受了严重的自然灾害：

延平元年（106），"冬，十月，四州大水，雨雹"；永初元年（107），"是岁，郡国十八地震，四十一大水，雨雹"；永初二年（108），"六月，京师及郡国四十大水，大风，雨雹"；永初三年（109），"是岁，京师及郡国四十一雨水，并、凉二州大饥，人相食"。眼看东汉多灾多难，东边、北边的乌桓和鲜卑趁机侵扰、反叛，永初三年（109），"六月，乌桓寇代郡、上谷、涿郡"；"九月，雁门乌桓及鲜卑叛，败五原兵于高渠谷"。连老实安分了半个世纪的南匈奴也按捺不住蠢蠢欲动了。

永初三年（109）夏天，汉人韩琮跟随南单于檀入朝来到京师洛阳，他在京师的时候一定对东汉遭受的严重天灾有所闻睹。回到南匈奴驻地后，韩琮极力游说南单于檀造反，他说："关东发生了大水灾，老百姓全都饿死了，可以趁机起兵攻打关东。"南单于看到鲜卑和乌桓都已反叛，心想眼下东汉天子小天灾大，是个起兵的好时机，于是发兵反叛，攻击美稷的中郎将耿种。朝廷派行车骑将军何熙、副中郎将庞雄率领羽林五校营士和缘边十郡（即五原、云中、定襄、雁门、朔方、代郡、上谷、渔阳、辽西、右北平）兵力二万余人前往戡乱，辽东太守耿夔率部屯雁门，与何熙部共击南匈奴叛军。

南单于亲自率领军队将耿种包围在美稷，双方连战数月，南匈奴的攻击波一浪高过一浪，耿种兵寡势弱，紧急向朝廷求救。永初四年（110）正月，行度辽将军梁慬率领八千余人火速赶往增援，兵抵属国故城，与南匈奴军队展开激战。汉军势如破竹，斩杀了这支叛军头目，杀死三千多人，俘虏了他们的老婆孩子，缴获了很多财物。南单于未肯善罢甘休，亲自率领七八千骑兵迎击汉军，包围了梁慬。梁慬披甲出击，所向披靡，南单于见势不妙引兵回到虎泽。三月，这次平叛的汉军统帅何熙率领大军进逼五原曼柏，何熙本人却不幸暴病殁于军中。去世前，他派庞雄、梁慬及耿种率领步兵和骑兵一万六千人大举进攻虎泽。大军压境，步步紧逼，南单于惊恐万状，他后悔听信了韩琮的谗言，又气又急大骂韩琮："你不是说汉人都死光了吗？这些人都是从哪来冒出来的？"于是派使者向汉军乞降。南单于脱去帽子，赤着双脚向庞雄等人跪拜，说自己犯了死罪。东汉朝廷很大度，赦免了他的罪行，待他友好如初。南单于将掳掠去的东汉男女百姓和被羌人掳掠去辗转卖到南匈奴的汉人合起来一万多人全部送还东汉。

如果说南单于檀的反叛是因为匈奴桀骜不驯的天性和东汉遭受的天灾引起的话,那么下面这起叛乱则主要应归咎于东汉官员管理水平的欠缺。

东汉每年提供给南匈奴的费用超过一亿钱,这么庞大的开支当然不是白给的,南匈奴除向东汉朝拜、纳贡、质子外,还负有协助东汉守卫边防、抗击外族入侵、平定叛乱等义务。鲜卑自占领北匈奴领地之后,不出几年便成为东汉北方边疆的大患,居住在美稷的南匈奴人首当其冲,时时受到威胁。《后汉书·乌桓鲜卑列传》:

> 建光元年秋,其至鞬复畔,寇居庸,云中太守成严击之,兵败,功曹杨穆以身捍严,与俱战殁。鲜卑于是围乌桓校尉徐常于马城。度辽将军耿夔与幽州刺史庞参发广阳、渔阳、涿郡甲卒,分为两道救之;常夜得潜出,与夔等并力并进,攻贼围,解之。鲜卑既累杀郡守,胆意转盛,控弦数万骑。延光元年冬,复寇雁门、定襄,遂攻太原,掠杀百姓。二年冬,其至鞬自将万余骑入东领候,分为数道,攻南匈奴于曼柏,薁鞬日逐王战死,杀千余人。三年秋,复寇高柳,击破南匈奴,杀渐将王。

自建光元年(121)起,度辽将军耿夔与南匈奴温禺犊王呼尤徽率领南匈奴人连年出塞征讨鲜卑,《后汉书·耿夔列传》:"建光中,复拜度辽将军。时鲜卑攻杀云中太守成严,围乌桓校尉徐常于马城。夔与幽州刺史庞参救之,追虏出塞而还。"耿夔班师回到塞内以后,命令南匈奴各部把守险要的地方防备来犯之敌。此后,由于鲜卑连年侵扰边境,耿夔频繁征调南匈奴人,使得这些人都心怀怨恨,图谋反叛。

安帝延光三年(124)夏天,南匈奴一部首领阿族等人反叛,叛军胁迫呼尤徽一道离开,呼尤徽感戴汉朝的恩德,誓死不跟叛军同流合污,他说:"我已经老了,蒙受汉的恩德,我宁愿死也不会跟你们走!"阿族叛军正要杀掉他,幸好有人相救,呼尤徽得以不死。阿族等人于是率领妻子儿女、驮着辎重逃走,没有逃出多远就遭到中郎将马翼的部队追杀,几被歼灭殆尽,汉军缴获

的马、牛、羊有一万多头。耿夔不细心体察民情,过分征用南匈奴兵力是导致叛乱的主要原因,他因此被免去了度辽将军一职。

顺帝永和五年(140)夏天,南匈奴左部句龙王吾斯、车纽等人反叛,三千多南匈奴骑兵入侵西河郡,还纠合右贤王部,两军共七八千骑兵包围美稷,杀害了朔方郡和代郡的长史。度辽将军马续与中郎将梁并、乌桓校尉王元征调边境的部队以及乌桓、鲜卑、羌胡的兵力合起来二万多人,出其不意袭击并打败了叛军。吾斯等人接着卷土重来,攻陷城邑。朝廷派使者责备单于,宣明恩德和信义,勒令单于招降叛军。单于休利并未参与叛乱谋划,他脱去帽子,走出营帐,诚惶诚恐地来到中郎将梁并处请罪,却正赶上梁并因病被征召回洛阳,五原太守陈龟接任中郎将。陈龟下车伊始,将叛乱归咎于单于未能管束好部下,严厉地逼迫单于休利,休利及其弟左贤王均自杀。陈龟还不罢休,又想将单于的近亲迁到内地郡县,在投降的南匈奴人中引起骚动猜疑。朝廷免去陈龟的中郎将职位,将他治罪下狱。大将军梁商认为羌胡新近反叛,徒众刚刚聚合,很难以武力制服,建议用招降的方法,并举荐度辽将军马续负责招降一事。顺帝采纳了梁商的意见,诏令马续招降反叛的南匈奴人,梁商又致信马续,为平叛出谋划策。马续依照梁商的计策行事,前后招降了右贤王的部属抑鞮等一万三千人。

然而反叛的骨干分子仍然不肯投降。同年秋天,句龙吾斯等人立句龙王车纽为单于。叛军向东招引乌桓,向西收聚羌戎和各部胡人,总共纠集了数万人,来势汹汹,"攻破京兆虎牙营,杀上郡都尉及军司马,遂寇并、凉、幽、冀州四州",朝廷不得不将西河、上郡和朔方三郡的郡府暂时迁移到别处以策安全。冬天,中郎将张耽奉命领兵攻打车纽叛军,双方在马邑交战,汉军歼敌三千人,俘获的人口、武器和牛羊甚众。车纽率领各部首领、骨都侯乞降,而吾斯仍然负隅顽抗,几番寇掠边境州县,数年间逍遥法外。汉安二年(143)冬天,中郎将马寔招募刺客刺杀了句龙吾斯,将他的首级传送洛阳;翌年,继续进兵追剿叛军余党。

休利单于自杀后,吾斯等人拥立的车纽单于当然不会得到东汉朝廷的承认,南匈奴在三年间一直没有单于。汉安二年(143),东汉朝廷在洛阳举行仪式，册立时在京师的兜楼储为呼兰若尸逐就单于。顺帝亲临大殿，大鸿胪持节拜授单于玺绶，导引单于上殿。顺帝赐给单于青盖驾驷、鼓车、安车、驸马骑、玉具刀剑等物，又赐给彩布二千匹。礼毕，行中郎将持节护送南单于回到美稷单于庭，太常、大鸿胪与各国的侍子在广阳城门外面聚会送行。这次册封典礼十分隆重，朝廷举行宴会赏赐，演出歌舞和角抵百戏，顺帝亲临胡桃宫观看。

永寿元年（155），南匈奴左薁鞬台耆、且渠伯德等人反叛，入侵抄掠美稷、安定，属国都尉张奂击败了台耆、伯德，迫使其投降。当时，张奂刚刚调任安定属国都尉，甫一到任就碰上南匈奴左薁鞬台耆、且渠伯德等七千多人反叛，东羌也响应他们。张奂手下的士卒大约只有二百人，听到警报立即果断出击，军吏认为力量不及敌人，叩头阻止，张奂不听，率兵屯驻长城，一边收集兵士壮大力量，一边派部将王卫招诱东羌并迅速占据龟兹，使南匈奴叛军不能与东羌取得联络。东羌各部首领禁不住诱惑，相率倒戈与张奂和好，一起攻击左薁鞬台耆等部，汉羌联军连战连捷，南匈奴叛军节节败退，伯德越发恐惧，不得不率领部众投降，郡界得以安宁。东羌感激张奂的恩德，送上马二十匹、金镰八枚，张奂先是照单全收，然后把主簿叫到羌人面前，用酒浇地，说："使马如羊，不以入厩；使金如粟，不以入怀。"将马和金全部退还给东羌。羌人性贪，但对清廉的官吏特别尊敬，以前的属国都尉多有好贪财货者，羌人深以为苦，张奂洁身正己，于是威德大行。

延熹元年（158）十二月，桓帝诏命安定属国都尉张奂为北中郎将，进驻南匈奴单于庭所在地美稷。不久，南匈奴各部众同时反叛，与乌桓、鲜卑等联合侵犯沿边九郡，东汉边境危急，张奂奉命率军讨伐。叛军纵火焚烧度辽将军府大门，引军屯据赤阬，与张奂的军队隔火相望。烽烟滚滚，汉军士卒大为惊恐，纷纷准备逃亡。张奂泰然自若安坐帐中，跟他的学生门徒照常讲诵经书，军心由是稍安。张奂故技重施，密派使者劝说乌桓暗中与东汉和好，然后命令乌桓斩杀南匈奴叛军首领，迫使群龙无首的南匈奴叛军投降。张奂将这次叛乱归咎于南匈奴单于居车儿，认为居车儿没有能力统治南匈奴，先行将他拘禁，然后奏请朝廷改立左谷蠡王为单于。朝廷否决了张奂的奏请，诏复张奂：

"《春秋》主张大居正,以君位传子为常道。居车儿一心归向朝廷,他有什么罪过要罢黜他?立即送他返回单于庭!"

后来还发生了一件比拘禁南匈奴单于更恶劣的事情。光和二年(179),中郎将张脩因为与单于呼征合不来,竟然擅自杀掉呼征,改立右贤王羌渠为单于。张脩为自己的胆大妄为付出了代价,被朝廷用囚车押解至廷尉处治罪,最后被处以极刑。

压垮东汉王朝的最后一根稻草

灵帝大概是东汉历史上最昏庸的皇帝,他的众多昏庸的表现当中,对江山社稷造成最致命危害的莫过于倚重宦官到了畸形的、无以复加的地步。张让、赵忠、夏恽、郭胜、孙璋、毕岚、栗嵩、段珪、高望、张恭、韩悝、宋典十二人均任职中常侍,封侯贵宠,史称"十常侍"。这固然跟灵帝初登大位时年纪尚小(当时只有十二岁),发生第二次"党锢之祸"后宦官得势、党人长期遭到禁锢有关。然而,随着年纪渐长,灵帝却继续打压党人,习惯性地依赖宦官,像个断不掉奶的婴儿,甚至说:"张常侍是我爹,赵常侍是我娘。"灵帝对宦官言听计从,宦官奸佞邪恶更加无所忌惮,以致朝政日非,民怨沸腾。中平元年(184)春,以张角为首的黄巾起义爆发,成了压垮东汉王朝的最后一根稻草,"旬月之间,天下响应",迅速波及青、徐、幽、冀、荆、扬、兖、豫八州,大致包括今天湖南、湖北、江西、安徽、浙江、上海、江苏、山东、河南、河北、天津、北京,以及辽宁南部和朝鲜西北部,大半个国家陷入混乱之中,由是"京师震动"。虽然暴乱的熊熊火苗在当年冬天被基本扑灭,但飘散到各地的火种却仍然此起彼伏持续酿成火灾,官兵四处救火,朝廷手忙脚乱。同年,西羌造反,叛军杀死护羌校尉,劫持西北一带名声很响的汉人边章、韩遂,攻杀金城太守,烧掠州郡,朝廷经年不能戡乱。中平四年(187),前任中山国相张纯联合前泰山太守张举、乌桓大人丘力居反叛,张举称天子,张纯称弥天将军、安定王。叛军发布公文通告各州、郡,宣称张举将取代东汉政权,要求灵帝退位,命令公卿奉迎。千疮百孔的朝廷此时对平息叛乱已感到有心无力，遂采纳太常刘焉的建议，将部分刺史改为州牧，允许其拥有地方军政大权，以期迅速扑灭乱党。这项临时抱佛脚的策略后来被证明不过是搬起石头狠狠地砸自己的脚，各地州牧以平息叛乱为由纷纷招兵买马，没有州牧的地方也不甘落后争相效仿，由是豪杰蜂起。朝廷这才猛然发觉那些地方豪强比张角、张遂、张纯等乱党更加让人头痛，然而悔之晚矣，地方豪强手握重兵，眼中哪里还有什么天子朝廷？东汉朝廷的威望从此渐渐失去，越来越变得有名无实。

地方在戡乱，朝廷在喋血。中平六年（189）年四月，灵帝去世。灵帝有两个儿子，大儿子刘辩是何皇后所生，何皇后的哥哥何进任职大将军；小儿子刘协是王美人所生，由董太后亲自抚养。当初，群臣请立太子，灵帝觉得长子刘辩轻佻无威仪，想立刘协为太子，还在犹豫未定间一场重病袭来，灵帝生命垂危，去世前将刘协托付给宦官出身的上军校尉蹇硕。蹇硕统领西园八校尉（另外的七校尉：虎贲中郎将袁绍为中军校尉，屯骑校尉鲍鸿为下军校尉，议郎曹操为典军校尉，赵融为助军左校尉，冯芳为助军右校尉，谏议大夫夏牟为左校尉，淳于琼为右校尉），军权很大，连大将军何进也要听他指挥。灵帝驾崩时，蹇硕在宫内，何进在宫外，蹇硕计划先杀掉何进，然后立刘协为帝。他召何进入宫，预谋在宫中下手。何进不知有危险，即刻乘车前往。蹇硕的司马潘隐与何进早有交谊，在宫门迎接何进时使劲向他使眼色。何进大惊，立即驰车抄近道跑回自己控制的军营，陈兵戒备，声称身体有恙不再进宫。蹇硕谋杀何进未成，没有能够立刘协为帝。四月十三日，刘辩当上了皇帝，史称少帝，何皇后升格为何太后，主持朝政。得势后的何进对蹇硕怀恨在心，暗中谋划除掉蹇硕，中军校尉袁绍建议何进干脆将宦官全部诛灭以绝后患。蹇硕心里惴惴不安，写信给中常侍赵忠等人说：何进与天下的党人策划要诛灭所有宦官，我们要先下手为强，关闭宫门把何进抓起来杀掉。他的建议没有得到赵忠等宦官同意。中常侍郭胜与何进同郡，何太后及何进能有贵宠的地位，他帮了很大忙，因此他亲近信赖何氏，认为何进兄妹不至于诛杀全部宦官。郭胜与赵忠等人商议后，不但拒绝蹇硕的提议，还把蹇硕的信送给何进看。何进命令宦官逮捕蹇硕，将他下狱处死。蹇硕被诛后，何进接管了他手下的全部禁军。

宦官与外戚之间的派系争斗并没有因为蹇硕被杀而结束,以何进为代表的外戚势力与以张让、赵忠为代表的宦官势力之间展开了最后的殊死较量。黄巾之乱爆发当年(184),灵帝迫于形势压力不得不解除了对党人长达十六年的禁锢;同一年,任命何皇后的兄长何进为大将军并封他为慎侯,统率左、右羽林军以及屯骑、步兵、越骑、长水、射声等五营将士,守卫京城洛阳。彼时灵帝已经亲政,而宦官在朝中的权势空前膨胀,外戚无由专权。中平五年(188),朝廷设置西园八校尉,由宦官出身的蹇硕统领,大将军何进也受其节制,宦官的势力更压外戚一头。谁知天有不测风云,第二年灵帝突然病死,紧接着蹇硕被诛,继位的少帝只有十四岁,这样一来,外戚的势力迅速抬头,外戚与宦官之间的矛盾随之无可避免地凸显出来。

历史往往惊人相似,可是有人偏偏不长记性,不长记性的后果就是难免重蹈历史的覆辙,对大将军何进来说,这一轮覆辙就是要他掉脑袋。灵帝初年窦武、陈蕃谋诛宦官反被宦官诛杀的宫廷流血事件才刚刚过去二十年,何进竟然稀里糊涂地做了第二个窦武、陈蕃。司隶校尉袁绍一再提醒何进要早做决断,他却优柔寡断,明明自己手中的京城禁卫军对付宦官已绰绰有余,却偏要劳师动众舍近求远去地方调兵,而且他相中的偏偏又是"粗猛有谋"的董卓——一个手里握有重兵、心中图谋不轨的西北军阀。当初,灵帝诏令在陇西一带征讨韩遂等乱党的董卓回京任职少府,董卓拒不奉诏;后来朝廷又诏令他交出兵权,出任并州牧,他仍坚辞不就。董卓看准了朝廷软弱无力,局势动荡不安,"于是驻兵河东,以观时变"。当何进召其进京时,董卓认为时机成熟了,于是带着数千兵马"即时就道"开赴洛阳,一边赶路一边上书请求逮捕张让等中常侍。

岂料董卓还在半路上,何进的人头已经落了地。灵帝去世后,何进对蹇硕在宫中设局那样的阴谋十分警惕,因此称病不入宫陪丧,也不送灵帝的棺椁到墓地。中平六年(189)八月的一天,何进来到长乐宫奏告何太后,请求捕杀全体中常侍。何进的出现引起了中常侍张让等人的警觉,加上之前何进密谋的时间太长,消息颇有泄露,宦官们惧而思变,困兽犹斗。惯于宫廷权谋的张让深知这种你死我活的较量往往是先下手为强,后下手遭殃,他跟段珪商议说:

"大将军何进自称有病,不参加先帝的丧礼,不送葬到墓地去,如今突然入宫,这是什么意图?难道窦武事件竟要重演吗?"张让、段珪等派人去窃听何进兄妹的谈话,获知全部谈话内容,于是率领自己的党羽数十人,手持武器,偷偷从侧门进去,埋伏在殿门下。何进出来后,就假传太后的旨意召他入宫晋见。何进一入宫,立即被宦官杀死。张让、段珪等伪造诏书,任命前太尉樊陵为司隶校尉,少府许相为河南尹。尚书觉得诏书可疑,请求大将军何进出来共同商议,中黄门一把将何进的人头扔给尚书,说:"何进谋反,已被处死了!"

何进的部下军官吴匡、张璋在皇宫外听说何进已被杀,立即率军想冲进宫内,但宫门已关闭。虎贲中郎将袁术与吴匡等共同攻击皇宫,用刀劈砍宫门,中黄门等手持武器,防住宫门。袁术于是纵火焚烧南宫,以此逼迫宫中交出张让等人。张让等人胁持何太后、少帝、陈留王刘协,劫持宫内的其他官员从天桥阁道逃向北宫。尚书卢植手持长戈站在阁道的窗下,仰头斥责段珪,段珪惊恐害怕,于是放开何太后,何太后从窗口跳下,得以幸免。袁绍假传圣旨召来樊陵、许相处死,又捉住赵忠等人杀掉,随后关上北宫门,派兵对宦官大开杀戒,宫里凡是未留胡须的男人,无论少长一律杀死,二千余人毙命内宫,当中不乏遭受无妄之灾者。

张让、段珪等被困宫中,无计可施,只好带着少帝、陈留王刘协等数十人步行出门,当夜到达小平津,没有公卿跟随。尚书卢植、河南中部掾闵贡夜里到达黄河岸边,闵贡厉声斥责张让等人,威胁说:"你们如今还不快死,我就杀死你们!"言毕拔剑斩杀了数名宦官。张让等又惊又怕,连连拱手再拜,最后向少帝叩头辞别说:"我们死了,请陛下自己保重!"于是投河自尽。

董卓率军赶到洛阳,远远望见城中火烟滚滚,知道发生了变故,命令部队急速前进,天未亮时来到城西,听说少帝在北边,又与大臣们一起赶到北芒山下奉迎。少帝骤见董卓大军来到,吓得哭泣。大臣们对董卓说:"皇帝有诏,要军队后撤。"董卓置若罔闻,反问道:"你们这些人身为国家大臣,不能辅佐王室,致使皇帝在外流亡,为什么要军队后撤?"董卓上前参见少帝,少帝说起话来语无伦次,董卓又与陈留王刘协交谈问起事变经过,刘协的回答条理分明,周详备至。董卓十分高兴,觉得刘协贤能,而且又是董太后养大的,他

认为自己与董太后同族，于是心里有了废黜少帝、改立刘协为皇帝的念头。

此后，董卓凭借谋略和兵权将东汉朝廷玩得团团转。他接纳了何进、何苗兄弟部下的投靠，又指使吕布杀掉上司、执金吾丁原，自己接管了丁原的部队，这样一来手中兵力大增，在朝廷里一手遮天，为所欲为：以久雨为理由罢免了司空刘弘，由自己接任；以灭族为威胁，迫使有名望的人士如蔡邕等出来做官，装点门面。董卓公然指责灵帝"令人愤毒"，声称要废掉少帝，改立陈留王刘协为帝，袁绍表示异议，董卓手按剑柄，呵叱袁绍："小子，你胆敢这样放肆！天下大事，难道不由我决定！我要想这样做，谁敢不服从？你以为董卓的刀不锋利吗！"吓得袁绍连司隶校尉的官衔也不敢要了，离开洛阳逃奔冀州。

董卓废黜少帝时在中平六年（189）九月初一，文武百官聚集于崇德前殿，何太后在被谋害之前不得不按照董卓的意思下了最后一道诏书："皇帝为先帝守丧期间，没有尽到做儿子的孝心，而且仪表缺乏君王应有的威严。如今，废他为弘农王，立陈留王为皇帝。"太傅袁隗将少帝刘辩身上佩带的玺绶解下来，进奉给陈留王刘协，然后扶弘农王刘辩下殿，向坐在北面的刘协称臣。何太后哽咽流涕，群臣心中悲伤，殿内鸦雀无声，没有一个人敢说话。弘农王刘辩后来也被董卓派人鸩杀。

第二年正月，函谷关以东的各州、郡全都起兵讨伐董卓，推举渤海太守袁绍为盟主。这些组织涣散、纪律松弛的地方联合部队史称"关东军"，后来被证明不过是一帮酒囊饭袋，"日置酒高会，不图进取"。曹操对此深以为耻，只有他和孙坚两人率领各自的军队跟董卓展开过真正的军事较量，历史没有遗忘这两个勇于担当的人。

关东军动辄几十万人聚在一起吃吃喝喝的浩大声势还是把做贼心虚的董卓吓到了，他一意孤行迁都长安，命人一把大火将洛阳周边几百里内的建筑烧成焦土，驱赶着数百万人离乡背井往关中大迁徙，"步骑驱蹙，更相蹈藉，饥饿寇掠，积尸盈路"。长安在王莽末年惨遭赤眉军洗劫，宫室与文武官舍无一幸存，此时简陋的宫廷陈设倒是恰如其分地衬托了皇帝不再尊贵威严的地位。董卓于初平二年（191）夏天来到长安，他的倒行逆施激起了普遍的愤怒，一年后被司徒王允等设计杀死，他的家族被悉数诛灭。董卓的部将李傕、郭汜请求朝廷赦免遭到拒绝后孤注一掷率军进攻并控制了长安，尔后李傕、郭汜开始内斗，李傕胁持献帝，郭汜胁持大臣，双方互相攻打，混战中飞箭流矢射到了献帝跟前，长安一片狼藉。无政可理的献帝只是忙于差人给李、郭说和，以他这时的地位和威信当然不会有什么效果。兴平二年（195）七月，献帝请求李傕放他回洛阳，求了十次才得到准许。

献帝东归洛阳的过程毋宁说是一次逃难与历险。李傕、郭汜同意献帝东归后随即反悔，于是派兵一路追击拦截，企图劫持献帝返回长安。朝廷官兵且战且走，一路上官兵死伤无数，女眷辎重被丢下不管，皇室器物、符契、简策、法典、图籍等也被丢得精光。献帝有时不得不住在以荆棘为篱的房舍中，门窗洞开不能关闭；与群臣们举行朝会时，兵士们趴在篱笆上观望，相互拥挤取乐。不久，粮食吃光了，宫女们全都以野菜、野果充饥。天子朝廷狼狈衰败，无以复加。

如果说灵帝在位时东汉中央朝廷多少还有一点点权威的话，那么，到了中平六年（189）夏天灵帝去世后，这一点点残剩的权威已如风中的柳絮，被董卓之乱一阵狂风猛刮得飘散殆尽了。建安元年（196）七月，献帝辗转流亡整整一年之后回到洛阳，旧时繁华的国都早已成废墟，往日豪华的宫殿再也不见雕栏玉砌，只剩下断垣残壁掩映于荆棘杂草中；往日一呼百应的文武大臣不知去了哪里，再也没有人来叩拜进贡；往日锦衣玉食养尊处优的郎官再也不能呼僮唤仆，不得不亲自去挖野菜果腹，在外面饿死或者被杀俱无人管。（《后汉书·献帝纪》：是时，宫室烧尽，百官披荆棘，依墙壁间，州郡各拥强兵，委输不至。郡僚饥乏，尚书郎以下自出采稆，或饥死墙壁间，或为兵士所杀。）这是东汉王朝彻底衰败的标志，也是它行将灭亡的预示。不久，献帝被曹操奉迎到许都（今河南许昌市），史称曹操"挟天子以令诸侯"，实际上此时皇帝成了一桩纯粹的摆设，权威荡然无存，根本不能号令诸侯。曹操后来之所以脱颖而出，统一北方，靠的是他自身的军事实力与治国才能，跟奉迎献帝并无多大关系。董卓之乱后，军阀混战的局面进一步升级，东汉王朝宛若汪洋大海中的一叶扁舟，惨遭群雄割据的汹涌波涛肆意摇荡，完全失去了自主的方向，倾覆和沉没是它无可避免的下场。

东汉与南匈奴的末日

中平五年（188），朝廷征调南匈奴的兵力配合幽州牧刘虞讨伐张纯，羌渠单于派左贤王率骑兵开赴幽州（辖境相当于今北京市、河北北部、辽宁南部及朝鲜西北部）。南匈奴国内的人害怕单于没完没了地发兵，于是右部醯落和休屠各胡白马铜等十多万人反叛，进攻并杀害了羌渠单于。羌渠被杀后，他的儿子右贤王於扶罗继位，但是於扶罗得不到全体南匈奴人的一致认可，国内杀害羌渠的人再次叛乱，共同拥立须卜骨都侯为单于。於扶罗自己无力控制矛盾复杂的局面，于是亲自跑到洛阳请求东汉朝廷裁决。彼时朝廷正为黄巾军的事情搞得焦头烂额，不早不晚偏偏又赶上灵帝去世，哪里还有时间和精力处理南匈奴内部的事情？於扶罗眼看诉求得不到解决，失望怨恨之余趁着混乱一路劫掠，可是当时由于社会不安宁，各地百姓已有足够的警觉性，纷纷聚众保守，於扶罗损兵折将得不偿失，四处碰壁之后心灰意冷。于是，他想回到南匈奴驻地美稷去，却痛苦地发现再也回不去了——南匈奴国人不接受他。於扶罗被迫流亡在外，最后在河东平阳（今山西临汾市）安顿下来。这样，南匈奴实际上分成了两部：一部在美稷，须卜骨都侯为单于；一部在平阳，单于是於扶罗。兴平二年（195）冬，於扶罗死了，其弟呼厨泉继位为单于。呼厨泉同样不为南匈奴国人所接受，无法回到美稷去。

当初被羌渠单于派往幽州、由左贤王率领的南匈奴骑兵部队到底有多少人，最后下落如何，等等，史书都没有留下明确的记载。《资治通鉴·汉纪五十一》告诉我们，幽州牧刘虞到任后，派使者去鲜卑部落晓以利害，责令他们将张举和张纯的人头送来，悬以重赏。鲜卑首领丘力居等随即自动归降，张举、张纯仓皇逃到塞外，其部下全都投降或逃散。至此，张纯叛乱已被平息。刘虞上奏，请求将征集的各部队全部遣散。中平六年（189）三月，张纯的门客王政刺杀了张纯，将张纯的人头送呈刘虞。根据这个记载，南匈奴左贤王率领的骑兵部队刚到幽州不久就被遣散了，但是他们究竟去了哪里呢？当时兵荒马乱，这一部分南匈奴骑兵很可能没有再回到南匈奴的驻地美稷，他们可能留在今天河北、河南一带趁乱劫掠。据《后汉书·列女传》记载：兴平年间（194—195），蔡文姬"为胡骑所获，没于南匈奴左贤王"，这个左贤王很可能就是羌渠单于派往幽州的左贤王，蔡文姬当时在家乡陈留被南匈奴掳走，陈留就是今天河南开封的陈留镇。蔡文姬在南匈奴十二年，生了两个儿子。曹操是蔡文姬父亲蔡邕的好朋友，蔡邕对董卓被杀表示惊讶和惋惜，王允怒将其下狱杀害。曹操同情蔡邕后嗣无人，于是派使者带着金璧将蔡文姬赎了回来，蔡文姬跟左贤王生的两个孩子则留在南匈奴。蔡文姬后来"感伤乱离，追怀悲愤，作诗二章"，就是后人熟知的《悲愤诗》。这里抄录其一，有助于我们了解东汉末年的战乱形势以及东汉与南匈奴之间既联合又斗争的关系：

汉季失权柄，董卓乱天常。志欲图篡弑，先害诸贤良。逼迫迁旧邦，拥主以自强。海内兴义师，欲共讨不祥。卓众来东下，金甲耀日光。平土人脆弱，来兵皆胡羌。猎野围城邑，所向悉破亡。斩截无孑遗，尸骸相撑拒。马边县男头，马后载妇女。长驱西入关，迥路险且阻。还顾邈冥冥，肝脾为烂腐。所略有万计，不得令屯聚。或有骨肉俱，欲言不敢语。失意机微间，辄言毙降虏。要当以亭刃，我曹不活汝。岂复惜性命，不堪其詈骂。或便加棰杖，毒痛参并下。旦则号泣行，夜则悲吟坐。欲死不能得，欲生无一可。彼苍者何辜，乃遭此厄祸！边荒与华异，人俗少义理。处所多霜雪，胡风春夏起。翩翩吹我衣，肃肃入我耳。感时念父母，哀叹无穷已。有客从外来，闻之常欢喜。迎问其消息，辄复非乡里。邂逅徼时愿，骨肉来迎己。己得自解免，当复弃儿子。天属缀人心，念别无会期。存亡永乖隔，不忍与之辞。儿前抱我颈，问母欲何之。"人言母当去，岂复有还时。阿母常仁恻，今何更不慈？我尚未成人，奈何不顾思！"见此崩五内，恍惚生狂痴。号泣手抚摩，当发复回疑。兼有同时辈，相送告离别。慕我独得归，哀叫声摧裂。马为立踟蹰，车为不转辙。观者皆歔欷，行路亦呜咽。去去割情恋，遄征日遐迈。悠悠三千里，何时复交会？念我出腹子，匈臆为摧败。既至家人尽，又复无中外。城郭为山林，庭宇生荆艾。

白骨不知谁，纵横莫覆盖。出门无人声，豺狼号且吠。茕茕对孤景，怛咤糜肝肺。登高远眺望，魂神忽飞逝。奄若寿命尽，旁人相宽大。为复强视息，虽生何聊赖！托命于新人，竭心自勖厉。流离成鄙贱，常恐复捐废。人生几何时，怀忧终年岁！

美稷的南匈奴须卜骨都侯单于在中平六年（189）就死了，这一部南匈奴从此再没有单于，由年老的王侯掌管国内事务，此后史籍关于美稷南匈奴的记载阙略。平阳的南匈奴起初依附袁绍，后来又叛离袁绍投靠袁术。兴平二年（195）献帝东归洛阳时，南匈奴右贤王去卑率军在队伍后面阻击李傕等，使李傕等不能劫持献帝。建安七年（202），这一部南匈奴在平阳遭到曹操的军队围攻，乖乖地缴械投降。当初，南匈奴长期居住在塞内，与编入户籍的平民待遇大致相同，只是不用交纳贡赋。时值丧乱，朝廷担心他们户口迅速增加难以控制，曹操为防后患，将平阳的南匈奴分成五部：左部大约一万余落（户），在太原故兹氏县（今山西汾阳市）；右部大约六千余落，在祁县；南部大约三千余落，在蒲子县（今山西隰县）；北部大约四千余落，在新兴县（今山西忻州市）；中部大约六千余落，在大陵县（今山西文水县），总共大约三万落，人口十至十五万。王侯以下一律降格为编户齐民（即正式编入政府户籍的平民百姓），每部以其贵族为首领，另配备汉人为司马对其实行监督，实权掌握在曹魏政权手中，单于徒有虚名。单于每年所享受的绵、绢、钱、粮待遇与诸侯王相同，子孙可以世袭封号。建安二十一年（216），呼厨泉单于前来朝拜魏王，曹操趁机将他扣留在邺城（今河北临漳县），放右贤王去卑回去监理其国内事务，《后汉书·南匈奴列传》关于平阳南匈奴的记载到此为止。这里虽然说使右贤王去卑"归监其国"，但其部众被切割成几块，散居在山西汾水之滨，听任别人摆布，哪里还有国家的样子？所以说，南匈奴作为一个国家，到这个时候实际上已经灭亡了。过了四年，当公元220年春天到来，汉献帝改元"延康"，似乎在祈祷东汉王朝能够像春天万物复苏那样重新焕发新的生命力，可是命数已极的东汉王朝仅仅延喘了十个月就再也撑不下去了。这一年十月，自然的冬天和政治的冬天联袂而来，汉献帝不得不将帝位禅让给垂涎已久的魏王曹丕，东汉在无声无息中灭亡。

又过了一年，即魏文帝黄初二年（221），刘备在巴蜀称帝，孙权在东吴称王，自此三国鼎立，汉朝和匈奴这对宿敌一同被湮没在滚滚的历史洪流中。

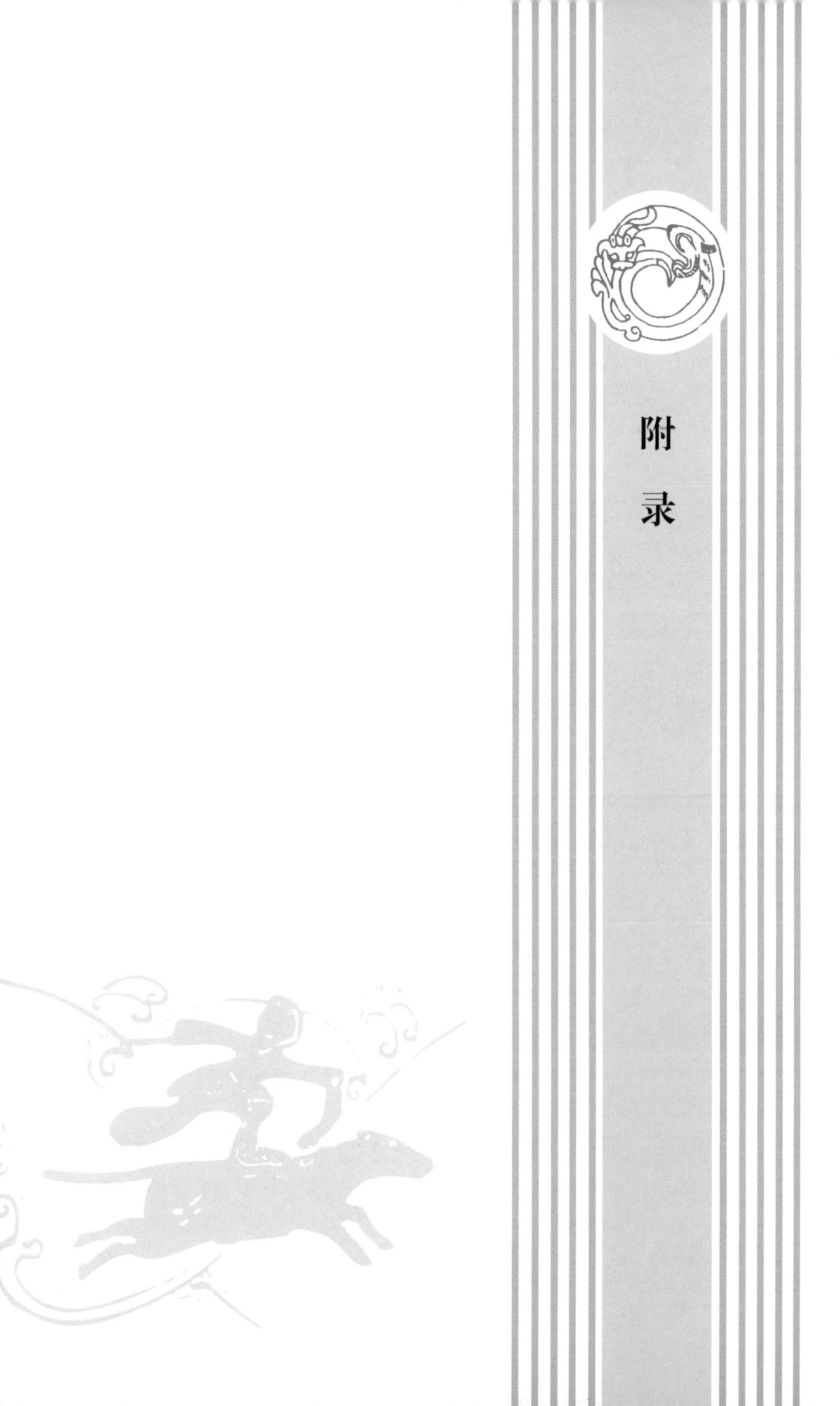

附录

一、汉朝匈奴大事年表

年号	公元纪年	事件
秦二世元年	前 209	冒顿弑父头曼，自立为单于。
高祖元年	前 206	秦朝灭亡。
高祖五年	前 202	汉高祖刘邦称帝，后定都长安。
高祖七年	前 200	高祖被匈奴围于平城，用陈平计，七日解围。
高祖九年	前 198	汉取家人子名为长公主，以妻单于，使刘敬往匈奴结和亲约。
高祖十二年	前 195	高祖崩，惠帝刘盈继位。
惠帝三年	前 192	汉以宗室女为公主，嫁匈奴冒顿单于。
惠帝七年	前 188	惠帝崩，高后（吕雉）临朝称制。
高后八年	前 180	高后崩，文帝刘恒继位。
文帝六年	前 174	冒顿薨，稽粥立，号老上单于。 老上单于初立，汉复遣宗室女翁主为单于阏氏。
文帝十四年	前 166	匈奴老上单于十四万骑入朝那萧关。
文帝后元三年	前 161	老上单于薨，子军臣单于立。
文帝后元七年	前 157	文帝崩，景帝刘启继位。
景帝五年	前 152	汉遣公主嫁匈奴军臣单于。
景帝后元二年	前 141	景帝崩，武帝刘彻继位。
武帝建元二年	前 139	张骞出使西域大月氏。
武帝建元六年	前 135	匈奴来请和亲，廷议许。

续表

年号	公元纪年	事件
武帝元光二年	前 133	汉军在马邑设伏，汉匈正式拉开战争序幕，从此和亲遂绝。
武帝元光六年	前 129	车骑将军卫青出上谷，骑将军公孙敖出代，轻车将军公孙贺出云中，骁骑将军李广出雁门，各万骑，击匈奴于关市下。
武帝元朔二年	前 127	卫青、李息出云中以西至陇西，赶跑了白羊、楼烦王，遂取河南地。
武帝元朔三年	前 126	匈奴军臣单于薨，伊稚斜单于立。
武帝元朔五年	前 124	车骑将军卫青将三万骑出高阙，卫尉苏建为游击将军，左内史李沮为强弩将军，太仆公孙贺为骑将军，代相李蔡为轻车将军，皆领属车骑将军，俱出朔方；大行李息、岸头侯张次公为将军，俱出右北平；凡十余万人，击匈奴。汉军大胜而归。
武帝元朔六年	前 123	卫青将六将军出定襄，击匈奴，斩首虏万余人。
武帝元狩二年	前 121	骠骑将军霍去病率万骑出陇西，大破匈奴，夺取河西走廊。混邪王率四万人降汉，号称"十万"。
武帝元狩四年	前 119	卫青、霍去病远征漠北，卫青追捕单于未果，霍去病击溃匈奴左地。李广自杀。
武帝元狩六年	前 117	霍去病薨。
武帝元鼎二年	前 115	张骞出使乌孙。
武帝元鼎三年	前 114	伊稚斜单于薨，乌维单于立。
武帝元封三年	前 108	赵破奴击破车师，俘虏楼兰王。
武帝元封五年	前 106	卫青薨。
武帝元封六年	前 105	乌维单于薨，乌斯庐立，号"儿单于"。细君远嫁乌孙。
武帝太初元年	前 104	李广利征伐大宛。
武帝太初三年	前 102	儿单于薨，呴犁湖单于立。
武帝太初四年	前 101	呴犁湖单于薨，且鞮侯单于立。解忧嫁乌孙。
武帝天汉元年	前 100	苏武出使匈奴。
武帝天汉二年	前 99	李广利讨伐匈奴。李陵败降。

续表

年号	公元纪年	事件
武帝太始元年	前96	且鞮侯单于薨,狐鹿姑单于立。
武帝征和二年	前91	巫蛊之祸起,丞相公孙贺、太子刘据、卫皇后、丞相刘屈氂先后卷入其中,酿成严重政治事件。
武帝征和三年	前90	李广利兵败降匈奴。
武帝征和四年	前89	武帝下轮台诏,休兵养民。
武帝后元二年	前87	武帝崩,昭帝刘弗陵继位,霍光辅政。
昭帝始元二年	前85	狐鹿姑单于薨,壶衍鞮单于立。
昭帝始元六年	前81	苏武回到长安。
昭帝元凤四年	前77	傅介子刺杀楼兰王,楼兰改称鄯善。
昭帝元平元年	前74	昭帝崩,宣帝刘询继位。
宣帝本始二年	前72	西汉乌孙联军大败匈奴。常惠斩杀龟兹贵人姑翼。
宣帝地节二年	前68	壶衍鞮单于薨,虚闾权渠单于立。
宣帝元康元年	前65	冯奉世矫制攻杀莎车王。
宣帝神爵二年	前60	虚闾权渠单于薨,握衍朐鞮单于立。匈奴日逐王降汉,罢僮仆都尉,汉始置西域都护,郑吉为首任都护。
宣帝神爵四年	前58	稽侯狦立为呼韩邪单于。握衍朐鞮单于兵败自杀,屠耆单于立。
宣帝五凤元年	前57	呼揭单于、车犁单于、乌藉单于立。匈奴五单于并立。
宣帝五凤二年	前56	屠耆单于兵败自杀,呼揭单于、乌藉单于、车犁单于相继投降。闰振单于、郅支单于立,匈奴复为三单于并立。
宣帝五凤四年	前54	闰振单于兵败郅支单于,被杀。匈奴第一次分裂成南匈奴和北匈奴。
宣帝甘露三年	前51	南匈奴呼韩邪单于到长安朝拜称臣。
宣帝黄龙元年	前49	宣帝崩,元帝刘奭继位。
元帝初元元年	前48	初置戊己校尉,屯田车师故地。
元帝建昭三年	前36	郅支单于被陈汤、甘延寿攻杀于康居。
元帝竟宁元年	前33	南匈奴呼韩邪单于来朝,元帝以后宫良家子王嫱字昭君赐单于。元帝崩,成帝刘骜继位。
成帝建始二年	前31	呼韩邪单于薨,雕陶莫皋立,是为复株累若鞮单于。

续表

年号	公元纪年	事件
成帝鸿嘉元年	前20	复株累单于薨,且糜胥立,是为搜谐若鞮单于。
成帝元延元年	前12	搜谐单于薨,且莫车立,是为车牙若鞮单于。
成帝绥和元年	前8	车牙单于薨,囊知牙斯立,是为乌珠留若鞮单于。
成帝绥和二年	前7	成帝崩,哀帝刘欣继位。
哀帝元寿二年	前1	南匈奴单于及乌孙大昆莫伊秩靡皆来朝,汉以为荣。哀帝崩,平帝刘衎继位。
平帝元始二年	2	掌管朝政大权的王莽向南匈奴颁布"新四条",勒令南匈奴遵行,引起南匈奴不满。
王莽居摄元年	6	平帝崩,孺子刘婴继位,王莽摄政。
王莽始建国元年	9	王莽始建国,国号"新"。秋,遣五威将至南匈奴庭,授单于印,改汉印文,去玺曰章。南匈奴不悦。
王莽始建国五年	13	乌珠留若鞮单于薨,咸立,是为乌累单于。西域诸国以王莽失恩信,焉耆先叛,杀都护但钦。
王莽天凤二年	15	王莽改匈奴曰"恭奴",单于曰"善于",赐印绶。
王莽天凤五年	18	乌累单于薨,舆立,是为呼都而尸道皋若鞮单于。
更始元年	23	春,刘玄称帝,年号"更始"。九月,更始军攻入长安,王莽被诛,新朝覆灭。
光武建武元年	25	光武帝刘秀称帝。
光武建武二十二年	46	呼都而尸道皋若鞮单于薨,乌达鞮侯单于立。
光武建武二十三年	47	乌达鞮侯单于薨,蒲奴单于立。
光武建武二十四年	48	南边八部大人立乌珠留若鞮单于之子比为呼韩邪单于,匈奴第二次分裂成南匈奴和北匈奴。
光武建武二十六年	50	南匈奴称臣,诏听南单于入居云中,始置使匈奴中郎将,将兵卫护匈奴。
光武建武二十七年	51	北匈奴遣使诣武威求和亲,帝召公卿廷议,不纳。
光武建武中元元年	56	比薨,弟莫立,是为丘浮尤鞮单于。帝遣使赍玺书拜授玺绶,赐以衣冠及缯彩,是后遂以为常。
光武建武中元二年	57	莫薨,弟汗立,是为伊伐於虑鞮单于。光武帝崩,明帝刘庄继位。
明帝永平二年	59	汗薨,比之子适立,是为醢僮尸逐侯单于。

续表

年号	公元纪年	事件
明帝永平六年	63	适薨，莫之子苏立，是为丘除车林鞮单于。数月，苏薨，适之弟长立，是为湖邪尸逐侯鞮单于。
明帝永平八年	65	始置度辽将军，屯五原郡曼柏城，隔绝南北匈奴交往。
明帝永平十六年	73	东汉出兵讨伐北匈奴。
明帝永平十八年	75	耿恭死保车师。明帝崩，章帝刘炟继位。
章帝建初八年	83	北匈奴三木楼訾大人稽留斯等率三万余人款五原塞降。
章帝元和元年	84	北匈奴求合市，诏许之。
章帝元和二年	85	长薨，汗之子宣立，是为伊屠於闾鞮单于。
章帝元和三年	86	班超打通西域南道。
章帝章和元年	87	北匈奴大乱，屈兰储等五十八部、二十八万人到云中、五原、朔方、北地投降。
章帝章和二年	88	章帝崩，和帝刘肇继位。南匈奴单于宣薨，长之子屯屠何立，是为休兰尸逐侯鞮单于。
和帝永元元年	89	窦宪率兵讨伐北匈奴，一举而空朔庭，北匈奴从此烟消云散不复为国。
和帝永元三年	91	窦宪扶立於除鞬为北单于。
和帝永元四年	92	窦宪被诛。北单于叛逃，被杀。
和帝永元五年	93	屯屠何薨，宣弟安国立。
和帝永元六年	94	安国被杀，适之子师子立，是为亭独尸逐侯鞮单于。南匈奴内乱。班超平定西域。
和帝永元九年	97	西域都护、定远侯班超遣甘英使大秦、条支。
和帝永元十年	98	师子薨，长之子檀立，是为万氏尸逐鞮单于。
和帝永元十四年	102	八月，班超回到洛阳，拜为射声校尉，九月卒。
和帝永元十六年	104	北匈奴请求和亲，和帝以其旧礼不备，未许。
和帝元兴元年	105	和帝崩，殇帝刘隆继位。
殇帝延平元年	106	殇帝崩，安帝刘祜继位。
安帝永初三年	109	关东水潦，南匈奴反。
安帝延光三年	124	檀薨，弟拔立，是为乌稽侯尸逐鞮单于。
安帝延光四年	125	安帝崩，顺帝刘保继位。

续表

年号	公元纪年	事件
顺帝永建三年	128	拔莫,弟休利立,是为去特若尸逐就单于。
顺帝永和五年	140	南匈奴句龙王吾斯、车纽等反,休利被迫自杀,吾斯立车纽为单于。
顺帝汉安元年	142	秋八月,南匈奴句龙王吾斯与薁鞬、台耆等复反。
顺帝汉安二年	143	兜楼储在京师立,是为呼兰若尸逐就单于。中郎将马寔遣人刺杀句龙王吾斯。
顺帝建康元年	144	顺帝崩,冲帝刘炳继位。
冲帝永熹元年	145	冲帝崩,质帝刘缵继位。
质帝本初元年	146	质帝崩,桓帝刘志继位。
桓帝建和元年	147	兜楼储单于薨,居车儿立,是为伊陵尸逐就单于。
桓帝永寿元年	155	秋,南匈奴左薁鞬台耆、且渠伯德等反,寇美稷,安定属国都尉张奂率兵破之。
桓帝延熹元年	158	十二月,南匈奴诸部并叛,与乌桓、鲜卑寇缘边九郡。张奂复破之。
桓帝延熹九年	166	第一次党锢之祸。
桓帝永康元年	167	桓帝崩,灵帝刘宏继位。
灵帝建宁元年	168	第二次党锢之祸。
灵帝熹平元年	172	车居儿薨,子某立,是为屠特若尸逐就单于。
灵帝光和元年	178	屠特若尸逐就单于薨,子呼征立。
灵帝光和二年	179	中郎将张修斩呼征,立羌渠为单于。
灵帝中平四年	187	前中山相张纯反叛,朝廷征发南匈奴兵讨伐叛军,致使南匈奴国人怨望。
灵帝中平五年	188	南匈奴国人反,攻杀羌渠,子於扶罗立,是为持至尸逐侯单于。国人杀其父者复叛,共立须卜骨都侯为单于。
灵帝中平六年	189	夏,灵帝崩,太子刘辩(少帝)继位。秋,董卓废少帝,立刘协为献帝。
献帝初平元年	190	三月,董卓胁迫献帝迁都长安。
献帝兴平二年	195	於扶罗薨,弟呼厨泉继位为单于。

续表

年号	公元纪年	事件
献帝建安元年	196	七月,献帝东返洛阳。八月,曹操迎献帝至许都,奉天子以令诸侯。
献帝建安二十一年	216	夏,曹操封为魏王。秋,呼厨泉朝魏于邺,被曹操扣留。
魏黄初元年	220	汉献帝禅位于魏王曹丕,东汉亡。
魏黄初二年	221	刘备于蜀都称帝,孙权在东吴称王,三国鼎立。

二、汉朝历代皇帝年表

政权	序号	谥号	姓名	在位时间	世系
西汉	1	高祖	刘邦	前202—前195	
	2	惠帝	刘盈	前195—前188	刘邦子
	3	高后	吕雉	前188—前180	刘邦妻，称制
	4	文帝	刘恒	前180—前157	刘邦子
	5	景帝	刘启	前157—前141	刘恒子
	6	武帝	刘彻	前141—前87	刘启子
	7	昭帝	刘弗陵	前87—前74	刘彻子
	8	废帝	刘贺	前74	刘彻孙
	9	宣帝	刘询	前74—前49	刘彻曾孙
	10	元帝	刘奭	前49—前33	刘询子
	11	成帝	刘骜	前33—前7	刘奭子
	12	哀帝	刘欣	前7—前1	刘奭孙
	13	平帝	刘衎	前1—6	刘奭孙
新	14	假皇帝	王莽	6—23	6—9年摄政
更始	15	更始帝	刘玄	23—25	
东汉	16	光武帝	刘秀	25—57	
	17	明帝	刘庄	57—75	刘秀子
	18	章帝	刘炟	75—88	刘庄子
	19	和帝	刘肇	88—105	刘炟子

续表

政权	序号	谥号	姓名	在位时间	世系
东汉	20	殇帝	刘隆	105—106	刘肇子
	21	安帝	刘祜	106—125	刘炟孙
	22	顺帝	刘保	125—144	刘祜子
	23	冲帝	刘炳	144—145	刘保子
	24	质帝	刘缵	145—146	刘炟曾孙
	25	桓帝	刘志	146—167	刘炟曾孙
	26	灵帝	刘宏	167—189	刘炟玄孙
	27	少帝	刘辩	189	刘宏子
	28	献帝	刘协	189—220	刘宏子

三、匈奴历代单于年表

政权	序号	名号	在位时间	世系
统一的匈奴	1	头曼单于	？—前209	
	2	冒顿单于	前209—前174	头曼子
	3	老上单于（稽粥）	前174—前161	冒顿子
	4	军臣单于	前161—前126	稽粥子
	5	伊稚斜单于	前126—前114	军臣弟
	6	乌维单于	前114—前105	伊稚斜子
	7	儿单于（乌师庐）	前105—前102	乌维子
	8	呴犁湖单于	前102—前101	乌师庐叔父
	9	且鞮侯单于	前101—前96	呴犁湖弟
	10	狐鹿姑单于	前96—前85	且鞮侯子
	11	壶衍鞮单于	前85—前68	狐鹿姑子
	12	虚闾权渠单于	前68—前60	壶衍鞮弟
	13	握衍朐提单于（屠耆堂）	前60—前58	乌维耳孙
西汉南匈奴	14	呼韩邪单于（稽侯狦）	前58—前31	虚闾权渠子
	15	复株累若鞮单于（雕陶莫皋）	前31—前20	呼韩邪子
	16	搜谐若鞮单于（且麋胥）	前20—前12	雕陶莫皋弟
	17	车牙若鞮单于（且莫车）	前12—前8	且麋胥弟
	18	乌珠留若鞮单于（囊知牙斯）	前8—13	且莫车弟
	19	乌累若鞮单于（咸）	13—18	囊知牙斯弟

354

续表

政权	序号	名号	在位时间	世系
西汉南匈奴	20	呼都而尸道皋若鞮单于（舆）	18—46	咸弟
	21	乌达鞮侯单于	46（数月）	舆子
东汉南匈奴	22	呼韩邪单于（比）	48—56	囊知牙斯子
	23	丘浮尤鞮单于（莫）	56—57	比弟
	24	伊伐於虑鞮单于（汗）	57—59	莫弟
	25	醢僮尸逐侯鞮单于（适）	59—63	比子
	26	丘除车林鞮单于（苏）	63（数月）	莫子
	27	湖邪尸逐侯鞮单于（长）	63—85	适弟
	28	伊屠於闾鞮单于（宣）	85—88	汗子
	29	休兰尸逐侯鞮单于（屯屠何）	88—93	长弟
	30	安国单于	93—94	宣弟
	31	亭独尸逐侯鞮单于（师子）	94—98	适子
	32	万氏尸逐鞮单于（檀）	98—124	长子
	33	乌稽侯尸逐鞮单于（拔）	124—128	檀弟
	34	去特若尸逐就单于（休利）	128—140	拔弟
	35	呼兰若尸逐就单于（兜楼储）	143—147	
	36	伊陵尸逐就单于（居车儿）	147—172	
	37	屠特若尸逐就单于（某）	172—178	居车儿子
	38	呼征单于	178—179	屠特子
	39	羌渠单于	179—188	右贤王
		须卜骨都侯单于	188—189	族人所立
	40	持至尸逐侯单于（於扶罗）	188—195	羌渠子，其孙即刘渊
	41	呼厨泉单于	195—216	於扶罗弟

汉朝匈奴四百年

跋

曾经翻看过一些关于汉朝与匈奴关系的著作,老实说都不满意,于是决定自己写一本,就是这本《汉朝匈奴四百年》。书稿写出来后,满以为很容易就能出版,可是先后联系了几家出版社,最终都不了了之。想到古今中外许多杰出的作品都有一波三折的出版经历,心里也就释然。

我对文字的简洁晓畅有变态的追求。短短的一篇文字,我通常会反复修改三十遍甚至五十遍以上,直到自己觉得文字如行云流水、文气贯通略无阻滞为止。可是,在最终定稿前,我会一直认为还没有达到这个境界,就继续不停地改了又改。本书已然十数易稿,我还打算再易几稿,最后正式出版才有效制止了我继续易稿的欲望和冲动。我读别人的文字作品,如果发现有明显错误的字句甚至标点符号,又或者句子结构别扭、意思含混不清,我的阅读兴趣会很快降至零。还有一种文字,本来是现代白话文,读着读着冷不防冒出文言文来,就好像在平坦的路上行车,突然遇到不平不稳的沙井盖,车轮碾过时"哐当"一声,令人很不舒服。这样的文字恕我也无法卒读。因为这个缘故,我虽然读过不少本书,但真正从头到尾读完的却不多。有时候我很惭愧自己喜欢吹毛求疵,也许错过了一些瑕不掩瑜的佳构;有时候我却很自豪自己坚持宁缺毋滥,筛掉了那些没有价值的率易之作,所以至今也不后悔。

中国古代文士认为自己的作品有多好就说多好,这是一种负责任的坦诚,说明撰著该作品确有必要。到了现代,越来越多作者套话连篇,动辄在序言里说什么"学力不逮""错误在所难免""希望读者批评指正"之类的话。如果这样的话是实话,明知"学力不逮""错误在所难免"为何还要撰著?读者有什么义务批评指正?如果这样的话是谦虚话,我想用下面这句话来警示这些作者:没有一定的高度,不适合如此低调。我也会时时以这句话自勉。我写作本书,目的是为对汉朝和匈奴历史感兴趣的读者提供通俗而不乏一定深度的读物,以我的知识储备、文字修养、写作能力等而言绰绰有余。至于作品佳处,我相信用心的读者自然能够体会得到。

谢谢用心的读者!

琴　心
二〇二一年一月二十九日
于中山大学康乐园